타잔 경제학

타잔 경제학

변화와 생존을 위한 8가지 경제 원칙

월 페이지 지음 | 이수경 옮김

Tarzan
Economics

한국경제신문

Tarzan Economics

"음악은 작곡가가 만든 리듬에 따라 움직이지만 글은 독자의 속도에 따라 움직인다."

데이비드 새파이어(David Safir), 경제학자, 2019년 10월

"타잔 경제학은 코로나19 시대에 우리가 직면한 어려운 문제를 날카롭게 상기시킨다. 우리는 정글 한가운데로 떨어지지 않으려고 낡은 덩굴줄기에 매달려 있다. 그런데 새로운 줄기로 옮겨 탈 자신감이 없다. 낡은 줄기를 언제 놓느냐, 그것이 관건이다. 이 책은 낡은 줄기가 당신을 놓아버릴지도 모른다는 사실을 일깨우는 경고 신호다."

짐 그리핀(Jim Griffin), 기술 전문가, 2020년 8월

차례

새로운 시각으로 미래를 대비하라

나는 런던올림픽이 열린 2012년 여름 스포티파이(Spotify)에 합류했다. 첫날 참여한 업무는 글로벌 음반 산업의 연감을 만드는 일이었다. 구태의연한 방식이 아니라 뭔가 참신한 접근법을 찾고 싶었는데, 좀처럼 아이디어가 떠오르질 않았다. 당시 음반 업계는 고장 난 음반처럼 똑같은 말만 되풀이하고 있었다. CD는 내리막길이다, 불법 음원 유통은 갈수록 기승이다, 다운로드가 그 틈을 메우기는 역부족이다, 스트리밍 서비스는 글로벌 음반사들의 회계 장부의 '반올림 오차'나 마찬가지다.

아이디어가 막혀 머리를 싸매고 있는데 누군가 내게 크리스 타이넌(Chris Tynan)이라는 동료를 소개해줬다. 그는 사내에 몇 안 되는 데이터 과학자로, 사람들의 음악 소비 패턴을 시각화해 보여주는 스포티파이의 첫 데이터 대시보드를 만든 주역이었다. 타이넌은 직원들에게 데이터를 뽑아 건네면서 중요한 것을 일깨우곤 했다. 상대방 얼굴을 똑바로 쳐다보면서 "이 데이터를 어떻게 활용할 겁니까?"라고 물었다. 그는 복잡한 자료 속에서 허우적대다 방향을 잃기 전에 먼저 상식적 관점으로 접근할 필요성을 일깨워주고 싶어 했다. 이는 내가 앞으로 본문에서 강조할 점이기도 하다.

먼저 우리는 매우 간단한 아이디어 하나를 떠올렸다. 즉 데이터를 뽑아 그해 우리의 스트리밍 플랫폼의 톱 앨범 차트를 작성했다. 음악 산업은 유달리 차트에 집착한다. 차트는 인기 있는 곡을 사람들에게 노출하고 그렇게 노출되면 더 인기가 높아지기 때문이다. 톱 앨범 차트는 당연히 대중이 좋아할 만한 것이었다.

차트에서 1위를 차지한 앨범은 벨기에 태생 오스트레일리아 가수 고티에(Gotye)의 〈메이킹 미러스(Making Mirrors)〉였다. 고티에는 2011년 싱글 "썸바디 댓 아이 유스투 노우(Somebody That I Used to Know)"의 성공으로 세계적 명성을 얻었다. 분명 이 곡은 '둥두- 둥두-' 하는 특유의 반주 때문에 애플 맥북에서 재생할 때 더 매력적으로 들렸을 것이다. 라나 델 레이(Lana Del Rey)의 앨범 〈본 투 다이(Born to Die)〉는 차트 아래쪽 8위에 위치했다.

그때 우리는 이 데이터를 활용할 방법을 깨달았다. 우리는 살면서 많은 앨범을 만난다. 그중 어떤 것은 한 곡도 버릴 것이 없는 명반으로 칭송받는가 하면, 어떤 가수는 '원 히트 원더(one-hit wonder: 한 곡만 빅히트를 친 후 쉽게 잊히는 가수-옮긴이)'에 그치고 만다. 그리고 앨범에는 '명곡'과 '채우기용 곡'이 섞여 있기 마련이다. 판매량을 보여주는 앨범 매출액과 달리 스트리밍은 음악 소비 패턴을 보여주므로, 이 점을 이용하면 더 정확한 목록을 만들 수 있겠다 싶었다.

통계에 빠삭한 동료들이 이런 방법을 제안했다. 중앙값(전체 데이터 중 가운데의 값) 개념을 이용하는 것이었다. 우리는 중앙값에 해당하는 곡을 기준으로 앨범 차트를 다시 정리했다. 예컨대 앨범에 열한 곡이 수록됐다면 그중 여섯 번째로 인기가 많은 곡이 스트리밍된 횟수를 기준으로 앨범 순위를 매기는 식이다. 이렇게 하면 판매량이 아니라 앨범 수록곡들이 소비된 패턴을 알 수 있다. 히트곡으로 인한 왜곡을 줄이고, '앨범 전체'가 실제로 소비된 방식을 파악할 수 있다. 그것은 해당 앨범이 명곡으로 가득한지 아니면 채우기용 곡으로 가득한지 알아내는 우리만의 방식이었다.

새로 정리한 차트의 결과는 이랬다. 고티에의 앨범은 1위에서 밀려났을 뿐 아니라 10위권 밖으로 뚝 떨어졌다. 반면 델 레이의 앨범은 8위에서 1위로 곧장 상승했다. 스트리밍이 음원 소비 패턴을 드러내준 덕분에 우리는 고티에가 '원 히트 원더'라는 사실을 알게 됐다. "썸바디 댓 아이 유스투 노우"는 누구나 알고 좋아하지만 나는 그의 다른 노래를 아는 사람을 이제껏 본 적이 없다. 델 레이의 경우 "비디오 게임스(Video Games)"와 "본 투 다이"만 히트곡이라 말하기는 힘들었다. 팬들은 그녀의 앨범 전체를 사랑했고 "블루 진스(Blue Jeans)", "오프 투 더 레이시즈(Off to the Races)" 등 다른 곡들도 위의 두 곡 못지않게 좋아했다.

나는 통계학에서 경제학으로 관점을 전환해 이 데이터의 상업적 활용을 생각해봤다. 만일 위의 두 뮤지션을 무대에 세우려는 축제 기획자가 나를 찾아와 공연 비중에 관해 조언을 구한다면? 나라면 고티에에게는 4분 4초(그의 유일한 히트곡의 길이다)만 할당하라고, 그리고 델 레이에게는 1시간을 주면서 앙코르를 위해 1시간을 더 쓸수 있는 선택권도 주라고 말할 것이다. 팬들은 그녀의 노래 전부를 사랑하니까 말이다.

음악의 비즈니스적 측면으로 눈을 돌려보자. 물리적 앨범과 다운로드 판매 대신 스트리밍을 통해 수익이 창출되자 아티스트들은 새로운 전략을 택하기 시작했다. 30초 이상 스트리밍돼야 수익이 발생하고 곡 길이와 상관없이 저작권료가 동일하기 때문에, 노래가 점점 짧아지고 후렴구인 코러스가 더 앞으로 이동하기 시작했다. 2분이 다 돼서야 보컬의 목소리가 나오는 유투(U2)의 "웨어 더 스트리츠 해브 노 네임(Where the Streets Have No Name)" 같은 옛날 노래들은 요즘 세상에서 대중의 관심을 끌기가 힘들어졌다.

음악 창작자들이 택한 생존 전략은 간단했다. '지루하게 만들지 마라. 코러스를 빨리 등장시켜라.' 노래가 짧아지는 것은 사람들의 주의력 지속 시간이 짧아졌음을 의미했다. 과거에는 앨범이 이야기의 클라이맥스 같은 것이었지만 이제는 결말의 역할을 한다. 앨범이 나왔다는 것은 이제 향후 몇 년간 흥미로운 일이 없을 것이라는 의미다. 더는 관심을 기울일 동기를 못 느낀다. 예전에는 팬들이 자신이 좋아하는 밴드가 오랫동안 안 보이면 스튜디오에서 다음 명반을 준비하고 있을 것이라는 기대감을 품었지만, 이제는 밴드가 휴식기에 들어갔겠거니 하며 특별히 관심을 쏟지 않는다. 대신 그들은 관심을 다른 곳으로 돌린다. 음악 산업은 과거 그 누구도 전혀 예상하지 못한 두 가지를 이뤘다. 즉 음악 산업의 가치는 더 높아졌고 개인적 친밀감은 약해졌다. 일찍이 2002년 데이비드 보위(David Bowie)가 예측했듯 "음악은 수돗물 같은 것"이 되었다. 언제든 틀면 나오므로 특별히 관심을 기울일 필요가 없는 것이다.

이런 딜레마는 우리에게 '주의력 경제학(attention economics)'을 환기시킨다. 주의력 경제학은 뒤에서 자세히 살펴볼 것이다. 일단 지금은 제품이나 서비스가 판매되는 방식에만 집중하는 것에서 그것이 실제로 소비되는 방식을 이해하는 것으로 전환하는 일이 핵심임을 기억하라. 이 전환은 2012년에도 감지되었지만 지금은 그 경향이 훨씬 뚜렷해졌다. 심지어 모든 업계와 분야에서 흔하게 목격된다. 연말의 폭식을 상쇄하려고 새해 첫 달에 헬스클럽에 등록한 사람의 숫자는 그중 몇 명이 실제로 헬스클럽을 이용했는지, 그리고 어떤 식으로 이용했는지 말해주지 않는다. 지난 분기의 자동차 판매량은 그 차들이 현재 어떻게 이용되고 있는지는 말해주지 않는다. 주택 시장이 과열되거나 침체되고 있다는 사실만으로는 주택들에 어떤 사람이 살고 있는지, 그들이 어떤 삶을 영위하고 있는지 알 수 없다. 가판대에 배포된 신문 부수만으로는 독자들에게 몇 부나 팔렸는지 알 수 없고 실제로 몇 부가 읽혔는지는 더더욱 알 수 없다. 언제나 신문 판매 부수는 소비자에게 실제로 판매된 부수가 아니라 배급 창고로 되돌아오는 부수를 토대로 계산됐다.

우리는 시장에 대해 충분히 안다고 생각할지 모르지만 사실은 잘 모른다. 피터 드러커(Peter Drucker)는 말했다. "고객이 구매하는 것과 기업이 고객에게 판매한다고 생각하는 것은 좀처럼 일치하지 않는다." 바로 그래서 당신에게 이 책이 필요하다. 당신이 안다고 생각하는 것을 새로운 시각으로 볼 수 있게 해주기 때문이다. 새로운 시각으로 명확한 그림을 보면 새로운 전략으로 언제, 어떻게 갈아타야 할지 현명하게 판단할 수 있다. 과거와 너무나도 달라진 이 시대에 파괴적 변화를 통해 피벗(pivot)하는 방법을 간파할 수 있다.

만일 지금 당신이 《타잔 경제학》 종이책을 읽고 있다면 수백 년 넘게 출판 산업을 지탱해온 '상품'을 손에 들고 있는 것이다. 출판사는 책을 파는 노하우는 많지만 그 책들이 실제로 소비되는지, 소비된다면 어떤 식으로 소비되는지에 대해서는 거의 알지 못한다. 출판 업계는 미리보기 기능과 추천사를 통해 좋은 책임을 알리는 등 마케팅 방법에는 훤하지만 소비자의 독서 패턴은 알기 힘들다. 물론 킨들(Kindle) 같은 서비스를 통해 판매되는 전자책의 경우는 얘기가 다르지만 말이다. 출판사들은 이 점에 주목해야 한다. 전자책은 종이책이 알려주지 못하는 정보를 말해준다. 종이책 발행인은 독자가 책을 끝까지 읽었는지, 읽다가 어느 페이지에서 중단했는지 알 방법이 없다. 게다가 설령 안다고 해도 독자가 책을 읽었다는 사실과 그 책이 마음에 들었는지 여부는 별개 문제다.

나는 한 베테랑 출판인의 이야기를 듣고 이 문제를 더 깊이 생각해보게 됐다. 그의 경험상 구매자의 80퍼센트는 산 책을 읽지 않는다는 것이었다. 다시 말해 그는 판매되는 책 10권 중 8권은 진열용 유리 테이블에 놓이거나, 먼지 쌓인 책꽂이로 직행하거나, 또는 누군가에게 선물로 전달될 것임을 알면서 매년 출판사 운영 예산을 세운다. 내가 무용지물이 되는 비율이 그렇게 높은 상품을 만드는 사업에서 무슨 의미를 찾을 수 있겠느냐 했더니 그는 이렇게 대답했다. "그래서 우리 업계에선 이렇게들 말합니다. 음반 컬렉션은 주인이 어떤 사람인지 보여주고, 소장 도서들은 주인이 어떤 사람이 되고 싶어 하는지 보여준다고요." 백번 맞는 말이다.

다른 미디어 산업에 비해 음악 산업은 사람들의 진짜 모습에 대해 훨씬 더 많은 것을 알려준다. 음악 산업이 중요한 것은 다른 업계보다 먼저 위기를 겪었다가 먼저 회복했기 때문만이 아니라 사람들의 본모습을 가장 먼저 발견했기 때문이다. 앞으로 본문에서는 그 변화를 보여준 대표적 사례로 음악 산업을 자주 언급할 것이다. 어쨌거나 디지털 시대에 음악 산업은 탄광 속의 위험을 제일 먼저 알려주는 카나리아 같은 존재였다.

사실 다른 대부분의 업계에서는 우리가 고티에와 델 레이의 앨범이 포함된 차트를 정리할 때 사용한 간단한 통계학적 방법을 활용하기 힘들 것이다. 하지만 시대가 변하고 있다. 피트니스 앱은 헬스클럽 등록률이 아니라 실제 운동량을 말해준다. 스마트 카는 판매량이 아니라 운행 기록을 알려준다. 아마존 에코(Amazon Echo)나 구글 홈(Google Home) 같은 인공지능 기기는 누가 얼마에 집을 샀느냐가 아니라 사람들이 집 안에서 생활하는 방식을 파악하게 해준다. 종이 매체 기반이던 기존 신문사들은 디지털로의 전환을 꾀하고 있으며 열람 시간을 토대로 수익을 창출하는 새로운 플랫폼도 생겨나고 있다. 전자책과 오디오북은 출판사가(또는 온라인 서점이) 책 판매 부수가 아니라 책이 얼마나 소비되는지, 어느 정도 속도로 읽히는지 알 수 있게 해준다.

그러나 이들 업계는 모두 음악 산업이 먼저 간 길을 따라가는 중이다. 음악 산업은 디지털 파괴를 가장 먼저 온몸으로 겪었고 가장 먼저 헤쳐 나왔다. 디지털 파괴는 다른 업계들보다 20년 먼저 출발할 수 있는 유리한 포지션을 음악 산업에 안겨줬다. 스트리밍 덕분에 음악 산업은 매출과 사용자 범위 측면에서 최고점에 이르고 있을 뿐만 아니라(과거 사용되던 휴대용 CD 플레이어 개수보다 현재 사용되는 스마트폰 개수가 더 많다) 음악 콘텐츠가 소비되는 방식까지 간파하고 있다. 스트리밍은 곡이 재생된 횟수, 사용자의 다운로드와 스킵, 그리고 무엇보다도 공유 여부를 알려준다. 음악 산업은 분명히 회복되고 있으며 그 이유는 너무나도 자명하다. 이것은 자신의 콘텐츠가 판매되는 방식이 아니라 소비되는 방식에 관해 '모든 것'을 알고 있는 산업이다. 이는 한마디로 패러다임의 전환이다.

음악 산업이 중요한 이유는 어느 업계보다도 먼저 해냈기 때문이다. 따라서 우리 모두 음악 산업에서 배워야 한다. 그 길을 당신도 따라갈 수 있도록 이 책이 도와줄 것이다.

언제 새로운 줄기로 옮겨 탈 것인가

귀한 주의력을 이 책에 쏟기로 결정한 것을 보면 당신은 새로운 아이디어에 열려 있는 사람이다. 파괴적 혁신의 출발점은 아이디어다. 예컨대 A에서 B까지 가기 위해 과거보다 더 빠르고 효율적인 방법을 생각해내는 것이다. 물론 이것은 과거에 상상하지 못했던 무언가를 가능하게 해주는 혁신에 비하면 훨씬 약한 혁신이다.

우리가 주목해야 할 것은 거의 마법처럼 보이는 파괴적 혁신이다. 1920년대 라디오의 등장과 전기용품의 대중화, 1990년대 디지털 예술의 등장이 대표적 예다. 우리는 시장 규칙을 재정의해 제품을 글로벌 서비스로 변신시키는 '게임 체인저'에 주목한다. 일테면 자동차를 이용해 맞춤형 온디맨드(on demand) 운송 서비스를 제공하는 기업을 떠올려보라.

파괴적 혁신을 위해서는 낡은 아이디어를 버리고 새로운 아이디어를 움켜잡을 때를 알아야 한다. 기술 전문가 짐 그리핀은 샌프란시스코에서 열린 2009년 슈퍼노바(Supernova) 콘퍼런스 연설 때 낡은 아이디어에서 새 아이디어로 옮겨 타는 것을 '타잔 경제학'이라 표현했다. 그는 불법 파일 공유 사이트 냅스터(Napster)와 수많은 유사 서비스의 등장에 음악 업계가 보인 반응을 언급하면서 이렇게 말했다. "우리는 정글 속의 덩굴줄기에 매달려 있다. 하지만 그러면서도 앞으로 나아가고 싶어서 다음 줄기를 향해 손을 뻗는다. 문제는 타이밍이다. 언제 낡은 줄기를 놓고 새 줄기를 붙잡을 것이냐가 관건이다."

스페이사이드에서 생산된 맛 좋은 셰리 캐스크 숙성 몰트위스키처럼 그리핀의 말도 이제 충분한 숙성기를 거쳤다. 20년 전 음악 산업은 거대한 파괴를 마주했다. 그리고 그 파괴에 제대로 대응하지 못한 채 10년을 보냈지만 이후 피벗으로 성장하는 방법을 알아냈다. 오늘날 온라인, 오프라인을 막론하고 수많은 업계가 음악 산업이 목격했던 것과 유사한 파괴를 위태롭게 마주하고 있다. 당신이 갈피를 잡지 못한 채 10년을 낭비하는 일 없이 곧장 성장의 길로 들어설 수 있게 돕는 것이 이 책의 목적이다.

'피벗'이란 지금까지 고수해온 익숙한 비즈니스 모델이나 전략을 계속 고수하면 상황이 더 악화될 뿐이므로 그것을 버리는 것을 말한다. 새로운 줄기를 붙잡으려면 불확실성을 응시하고 미지의 것에 대한 두려움을 마주해야 한다. 이 책이 낡은 줄기를 손에서 놓는 데 필요한 자신감을 불어넣어줄 것이다.

코로나19 위기는 이미 시작된 파괴적 변화를 한층 가속화했다. 화려한 상점가는 이미 쇠퇴의 길에 접어들고 있었고, 코로나19 이전에는 온라인 쇼핑을 하지 않던 소비자도 이제는 인터넷에 접속해야 한다. 그리고 그중 많은 이들은 상점이 다시 정상화된 후에도 오프라인 상점으로 돌아가지 않을 것이다. 코로나19 확산 이후 어느 시점에는 화상 회의 시스템 사용자가 급증하면서 줌(Zoom)의 기업 가치가 세계 7대 항공사의 가치를 합친 금액을 넘어서기도 했으며, 심지어 제너럴일렉트릭(General Electric)도 추월했다. 이러한 변화의 씨앗은 코로나19 이전에 이미 뿌려져 있었다. 타잔 경제학은 소리 없이 우리 모두의 삶에 다가오고 있었다.

과거 대학생이 선호하던 세 가지 고소득 직업 분야는 회계, 금융, 법률이었다. 이제는 데이터 과학, 소프트웨어 엔지니어링, 제품 관리다.●

이 중 회계 분야는 고객에게 더 품질 높고 빠른 서비스를 더 낮은 비용에 제공하는 스마트폰용 앱들의 등장으로 빠르게 변했다. 스트라이프 아틀라스(Stripe Atlas)라는 서비스를 제공하는 기업 스트라이프(Stripe)는 단순히 기존 회계 공급망을 파괴적으로 혁신하는 것을 넘어서 아예 그것을 대체하는 쪽으로 움직이고 있다. 이런 기업들은 수많은 서류 작업, 복잡한 법률적 사항, 과도한 수수료 등을 없앰으로써 몇 개월씩 걸리던 회사 설립 과정을 단 며칠에 끝낼

● 앨라나 아크타르(Allana Akhtar), 조이 해든(Joey Hadden), "대졸 신입사원 고연봉 직종 상위 25개 (The 25 highest-paying entry-level jobs for college grads)", 〈비즈니스 인사이더(Business Insider)〉, 2020년 6월.

수 있게 해준다.

만일 당신이 회계를 전공하는 학생이고 파괴적 혁신을 통해 피 벗하기를 원한다면, 당신이 졸업할 때쯤에는 이 업계가 공부를 시 작했을 때와는 완전히 달라져 있을 것임을 먼저 알아야 한다. 언젠 가는 문제가 사라지기를, 또는 그저 사소한 문제로 변하기를 막연 히 바라면서 낡은 줄기만 꼭 붙잡고 있다가는 아무것도 이루지 못 한다. 이 업계에 뛰어드는 파괴적 혁신가들의 목표는 기본적인 회 계 기술이라는 테두리를 훨씬 뛰어넘는다.

한편 수천 명의 직원이 일하는 조직의 경영자라면 이 점을 명심 해야 한다. 당신 업계에 냅스터 순간(Napster moment, 1999년 음악 파일 공유 사이트 냅스터의 등장이 음원 저작권 시장을 뒤흔들었듯 시장 판도를 바꾸는 급 격한 혁신이 등장해 기존 업계가 혼란에 빠지거나 위태로워지는 시점을 말한다-옮긴 이)이 도래할 가능성을 무시한 채 그럭저럭 수익이 나고 있다는 이 유로 낡은 줄기를 계속 붙잡고 있으면, 그것을 손에서 놓기가 점점 더 힘들어지고 새로운 줄기는 손이 닿지 않는 곳으로 점점 더 멀어 진다.

금융업 종사자들 역시 이제 타잔 경제학을 마주해야 한다. 새로 운 주자들이 디지털 개미처럼 그들의 피크닉을 서서히 잠식하고 있기 때문이다. 최근 모두가 목격한 금융 시장의 거품과 붕괴에도 불구하고 사람들은 은행이 돈을 버는 원리를 의도적으로 무시해왔 다. 학생들은 부분 지급 준비 제도 기반의 대출(이 때문에 은행은 금고 에 1달러가 있어도 10달러를 대출해줄 수 있다)에 대해 제대로 배우지 않는 다. 직원들은 재무 도구로 수백만 달러를 벌었다는 회계팀의 발표에 좀처럼 의문을 품지 않으며, 대신 누가 그 수백만 달러를 잃었는지 알고 싶어 하지도 않는다. 과거에는 은행이 수익을 올리면 그저 좋은 일로만 여겼다. 하지만 이제 시대가 변했다. 사람들은 그 수익이 어떻게 만들어졌는지 알고 싶어 한다.

레볼루트(Revolut)와 트랜스퍼와이즈(TransferWise) 같은 기업들은 은행의 예측 가능한 수익 토대인 수수료 구조를 혁신적으로 파괴했다. 과거에 대개 소비자의 금융 거래에 부과되는 수수료(예컨대 달러 계좌에서 파운드 계좌로 송금 시 발생하는 3퍼센트의 수수료)에서 창출되는 수익은 은행의 다른 사업 부문들을 돌아가게 만들었다. 여기에는 카지노 산업에 대한 투자도 포함됐다.

법률가 역시 과거 대학생 직업 선호도에서 최상위를 차지했지만 이제는 파괴적 혁신이 주는 부담감으로 삐걱대고 있는 직업군이다. 지난 20년간 기술을 이용해 법률 분야를 파괴적으로 혁신하려는 시도가 있어왔지만, 여전히 많은 법률 회사가 변화의 필요성을 감지하지 못하거나 변화에 저항하고 있다. 이런 현실은 일반적인 법무팀 조직도에 상하 관계로 이어진 직원 수가 얼마나 많은지만 봐도 알 수 있다. 게다가 적지 않은 비용을 잡아먹는 법무팀 인력의 약 3분의 1은 법률 전문가도 아니다. 원인 없는 결과는 없는 법, 괜히 많은 비용을 잡아먹는 게 아니다. 그 3분의 1은 기술로 대체할 수 있는 조직의 군살에 해당한다.

이 업계에도 변화의 징후는 나타나고 있다. 대표적인 혁신 주자는 도큐사인(DocuSign)과 패스트케이스(Fastcase)다. 근본적으로 법률 분야 직종이 판매하는 '상품'은 신뢰다. 전자 서명 기업 도큐사인은 신뢰를 디지털화해 제공한다. 패스트케이스는 성과 분석을 기반으로 변론의 검색 및 작성을 도와주는 법률 데이터 서비스를 제공한다. 이런 솔루션들은 종이 서류에 대한 변호사들의 신성한 집착을 버리게 하는 것 이상의 많은 변화를 가능하게 할 것이다.

변호사들이 낡은 줄기를 헛되이 붙잡고 있는 동안에도 다른 한 쪽에서는 타잔 경제학이 계속 그 힘을 발휘한다. 그런데 이 분야의 냅스터에 해당하는 혁신 기업들의 제품이나 서비스는 바이러스 같은 성격을 지닌다. 즉 만일 내가 도큐사인을 사용하면 내 고객도 모두 사용해야 한다. 이런 '네트워크 효과' 때문에 혁신적 기술을 채택하는 이들이 늘어날 수밖에 없다. 새로운 기술을 외면하는 개인이나 조직은 자신의 아이디어를 실현하고 발전시키는 데 어려움을 겪을 것이다. 직원 4명에서 시작한 스타트업이 400명이나 4,000명으로 덩치가 커지면 법무팀 규모도 금세 커져 전체 인력의 10분의 1을 차지하게 될 수 있다. 하지만 법률 분야의 기술이라는 새로운 줄기를 붙잡는 조직은 그 비율을(그리고 거기에 따르는 비용도) 절반으로 줄일 수 있다.

낯선 것에 대한 두려움은 변화에 대한 저항을 낳기 마련이다. 그러나 그 두려움은 부적절한 두려움이다. 기술은 법률이라는 분야를 파괴적으로 변화시키는 것이지 변호사들을 파괴하는 것이 아니기 때문이다. 이 사회에 변호사는 언제나 필요할 것이다. 인간은 본래 실수투성이에 불완전하며 늘 사고를 치는 존재니까.

이 책이 필요한 직종은 법률, 금융, 회계 말고도 수없이 많다. 조직 상층부에 있는 경영진도, 그들에게 고용되길 꿈꾸는 대학생도 이

책을 읽어야 한다. 파괴적 혁신을 통해 피벗하려면 움직여야 할 때라는 확신이 필요하다. 낡은 줄기를 붙잡고 있는 것이 무의미하다는 것을, 새로운 줄기로 손을 뻗어야 할 때라는 것을 깨달아야 한다.

💲 음악 산업, 먼저 해낸 선두주자

낡은 줄기를 손에서 놓고 새로운 줄기를 붙잡은 음악 산업의 전례를 들여다봄으로써 당신도 파괴적 혁신을 통해 피벗할 수 있다. 중요한 것은 음악 산업이 먼저 해냈다는 사실이다. 이 업계는 강력한 기술적 파괴를 다른 어떤 업계보다 먼저 겪었고 먼저 회복했다. 그것이 우리가 음악 산업에 주목해야 하는 이유다.

20년 전으로 돌아가 음악 산업이 경험한 파괴가 얼마나 강력했는지 생각해보자. 2000년 6월 〈이코노미스트〉에는 "냅스터가 울린 경종"이라는 제목의 글이 실렸다. 밑에 달린 부제는 "이제 음반 업계도 인터넷을 적극적으로 끌어안아야 할 때"였다. 이 글은 냅스터 같은 불법 파일 공유 사이트들의 성공이 음반 업계가 디지털 미래를 향한 피벗을 "망설이는 사이에" 일어났으며 그들의 성공은 음반 업계의 안일함에 대한 "질책"이라는 말로 끝을 맺었다. 그 후 10년 동안 이 업계는 변화에 맞서 싸우느라 엄청난 비용을 소비하고 엄청난 수익을 잃었다. 뒤에서 살펴보겠지만, 그 파괴의 10년 동안 음반 업계가 떨쳐낼 수 없었던 불편한 진실은 소비자가 음악을 구매하는 것보다 훔치는 것이 더 쉽다는 사실이었다.

음악 산업은 10년 동안 암울한 수익 곡선을 지켜봐야 했지만 이후 망설임을 멈추고 피벗을 시작했다. 다시 말해 CD와 다운로드 판매라는 모델에서 구독과 스트리밍이라는 모델로 돌아섰다. 스포티파이는 단순하고 명확한 목표를 내걸고 시작된 기업이었다. "훔쳐서 듣는 것보다 더 나은 서비스를 만들자. 그러면 사람들이 자연히 찾아올 것이다." 국제음반산업협회(International Federation of the Phonographic Industry)에서 발표한 2020년 글로벌 음악 보고서에 따르면, 현재 3억 4,000만 명 이상의 사람들이 매월 사용료를 지불하고 합법적으로 음악을 듣는다. 새 천 년의 시작을 앞두고 〈이코노미스트〉의 글이 제안했던 것처럼 말이다.

운 좋게도 나는 음악 업계가 혁신적인 피벗을 막 시작하고 있을 때 이 업계에 들어왔다. 그 전에는 고향 스코틀랜드 에든버러에서 배트맨처럼 이중생활을 했다. 낮에는 정부 기관의 경제학자로 일했고(시커먼 정장에 파란 셔츠, 붉은 넥타이 차림으로), 밤에는 디제이 겸 저널리스트로 변신했다. 필라델피아의 힙합과 브라질의 펑크에 대한 글을 써서 영향력 있는 음악 잡지 〈스트레이트 노 체이서(Straight No Chaser)〉에 기고했다.

나는 음악과 함께하는 삶에 눈뜨기 시작한 10대 때 수동적 청취자에서 적극적 참여자로 변했다. 그 계기는 뉴욕 출신의 힙합 그룹 정글 브라더스(Jungle Brothers)의 1989년 앨범 〈던 바이 더 포시스 오브 네이처(Done by the Forces of Nature)〉에 실린 "인 데이즈 투 컴(In Dayz 2 Come)"을 들은 일이었다. 이 곡의 가사는 진실성을 희석하지 않고, 또 주류 음악계에 들어가지 않고 그들의 음악과 메시지를 최대한 많은 이들에게 전달하는 것이 중요하다고 말하고 있었다. 30년 전에 이 가사를 쓴 래퍼 마이크 지(Mike Gee)는 거기에 담긴 깊은 의미에 대해 나중에 이렇게 말했다.

—— 나는 가급적 겸손한 태도로 나를 나타내고 가슴에서 나오는 진실을 말하고 싶었다. 사람들이 그것을 이해하고 느낄 수 있었으면 했다. 당시엔 다들 음악을 하나의 사업 분야로 봤다. 랩 음악은 순수한 공연이 아니라 비즈니스가 되어 있었다. 그것은 예술이 아니라 게임이었다. 물론 그 게임을 계속하려면 우리 음반이 잘 팔려야 한다. 그러나 나는 그저 음반 판매량을 늘리기 위해 내 영혼을 팔고 싶지는 않다.

이 말은 나와 내 음악적 여정을 중심가에서 다소 떨어진 골목길로 이끌었다. 디제이의 역할은 예술적 진실성을 희석하지 않고 사람들에게 음악을 전달하는 것이다. 진실성이 희석된 주류 음악계에 의지하지 않고도 사람들이 댄스 플로어에서 계속 춤추게 만드는 것. 그리고 '로코노미스트(rockonomist, 'rock'과 'economist'의 합성어 – 옮긴이)'의 역할도 비슷할 터였다. 메시지를 희석하거나 청중을 잃는 일 없이 꼭 필요한 조언과 교훈을 사람들에게 전달해야 한다.

정글 브라더스를 알게 된 10대 시절에서 시간이 훌쩍 흐른 2006년, 일자리를 찾고 있던 나의 목표는 로코노미스트가 되는 것이었다. 어떻게든 음악 업계에 발을 들여놓고 싶었다. 내가 사랑하는 업계를 변화시키고 싶었으니까. 하지만 당시 음악 업계에는 경제학 전문가의 수요가 없었다. 이 업계의 경제학에 대해 쓴 글도 별로 없었다. 내가 구할 수 있는 것은 업계의 '바이블'로 불리는 돈 패스먼(Don Passman)의 《음악 산업에 대해 알아야 할 모든 것(All You Need to Know About the Music Business)》뿐이었다. 이 책은 이 분야의 수많은 약어와 저작권료 시스템을 이해하는 데 큰 도움이 됐다.

나는 여러 회사와 단체에 이력서를 넣었다. 그나마 운이 좋으면 불합격했다는 회신이라도 왔다. 여기저기 문을 두드리느라 손이 아팠고 어느 문도 열리지 않아 머리까지 아팠다.

그런 날들 중 하나였던 2006년 3월 16일이었다. 지방소득세 문제를 처리하느라 관공서에 들러 지루하기 짝이 없는 시간을 보낸 후 집에 가려고 35번 버스를 탔다. 그리고 누군가 두고 내린 〈파이낸셜타임스〉를 집어 들었다. 보통은 에든버러의 시내버스에 버려진 신문을 줍지 않지만 〈파이낸셜타임스〉라면 다르다. 비용 대비 편익이 높은 신문이니까. 끝에서 두 번째 페이지에 실린 기고문에 시선이 확 꽂혔다. 제목은 "디지털 개미들이 음악 산업의 피크닉을 망친다", 글쓴이는 당시 영국음악저작권협회(Performing Right Society)의 CEO 애덤 싱어(Adam Singer)였다.

빙고! 나와 똑같은 문제를 고민하는 사람을 발견했다는 확신이 들었다. 우리 아버지는 사람들에게 다가가는 것을 절대 수줍어하지 말라고 가르치셨다(돌아오는 최악의 말이라야 '꺼져'일 것이므로). 그래서 나는 싱어에게 그가 쓴 글에 이의를 제기하는 편지를 보냈다. 그리고 며칠 안에 그에게 연락이 왔다. "문제가 뭐라고 생각하는지 1,000단어 이내로 써서 보내주십시오. 그런 다음 런던으로 한번 오

시죠. 직접 만나서 당신이 생각하는 해결책을 들어보고 싶군요."

이번에 두드리는 문은 이미 살짝 열려 있다는 직감이 왔다. 그날 저녁 나는 희극 배우 빌리 코널리(Billy Connolly)가 포크록 밴드 험블범스(Humblebums)의 멤버 시절에 공연한 적이 있는 에든버러의 유명한 포크 음악 술집 샌디벨스(Sandy Bell's)에 앉아서 싱어에게 다음 날까지 꼭 답장을 보내리라 다짐했다. 내가 그에게 보낸 글의 제목은 "종이가 타자기와 함께 사라지지 않은 이유"였다. 글의 요지는, 타자기가 사라졌어도 종이 소비는 그 어느 때보다 많아진 것처럼 CD가 사라지더라도 사람들은 변함없이 음악을 즐길 것이라는 것이었다. 매체(타자기)와 메시지(종이에 적힌 글)를 구분해서 생각해야 한다는 점을 납득시키고 싶었다. 나는 음악 산업의 종말을 예견하는 많은 비관론자를 향해 그들의 생각이 틀렸다고 말하고 싶었다. 음악이 유통되는 방식을 변화시키면 해결책을 찾을 수 있다고 알려주고 싶었다. 우리는 저작권 침해 행위에 맞서 싸우는 데만 골몰할 것이 아니라 거기서 뭔가 배워야 했다.

버스에 버려진 신문을 집어 든 날로부터 2주도 채 안 돼, 나는 음악저작권협회 사무실에서 싱어를 만나기 위해 런던 킹스크로스 역으로 향하는 기차에 올랐다. 그 전날 운 좋게도 앨런 크루거(Alan Krueger)와 마리 코널리(Marie Connolly)가 암표상의 경제학을 분석한 "로코노믹스(Rockonomics)"라는 제목의 연구 보고서를 우연히 접했다. 내 머릿속을 채우고 있던 주제와 연결 지점이 많았다. 기차가 런던에 도착할 즈음엔 글 곳곳에 줄을 치느라 형광펜 두 개를 다 썼다.

우리는 경영진 사무실이 있는 층의 유리 온실처럼 생긴 방에서 마주 앉았다. 싱어는 몇 시간 동안 나에게 날카로운 질문을 쏟아부었다. 디지털 개미들이 음악 산업의 피크닉을 갉아먹는 것을 막을 방법이 무엇이라 생각하느냐 물었다. 대화를 하면서 나는 두 관심 분야인 경제학과 음악을 연결해 설명하려 노력했다. 5년간 학교에서 들은 강의 내용을 열심히 떠올리면서 내가 아는 것을 당장 변화시키고 싶은 업계에 적용할 방법에 대한 이런저런 아이디어를 제시했다.

여기에는 음악 카탈로그의 가격 책정을 위한 경매 방식을 설계하는 것(음반 업계가 100년의 역사 동안 시도해본 적 없는 방식이다), '번들(bundle)' 전략을 부활시킬 방안을 연구하는 것 등이 있었다. 디지털 개미들이 10파운드를 내고 앨범을 사는 대신 아이튠즈 스토어에서 한 곡당 79펜스에 원하는 인기곡만 구매했기 때문이다.

불법 음원 유통이라는 골치 아픈 주제가 테이블에 올랐을 때, 나는 지금까지 취해진 많은 조치(예컨대 사용자를 고소하거나 인터넷 접속을 차단하는 것)가 오히려 음악 산업에 마이너스 요인으로 작용한다고 지적했다. 소비자의 흐름에 역행하는 정책은 디지털 수익을 성장시키지 못한다. 이유는? 사람들의 인터넷 접속을 차단해놓고선 어떻게 디지털 수익을 기대한단 말인가. 싱어 역시 이런 날카로운 말로써 관점의 전환을 보여줬다. "불법 유통이 안 된다는 건 그만큼 인기 없는 상품이라는 뜻이죠."

우리는 둘 다 영화관에서 영화 상영 전에 불법 다운로드 근절 캠페인 영상을 틀어주는 것이 쓸데없는 바보짓이라는 데 공감했다.

기꺼이 돈을 내고 영화표를 구매한 이들에게 그런 메시지를 보여주는 것은 무익한 자살 행위다. 첫째 이는 그들이 다시 영화관에 오지 않게 만드는 셈이고, 둘째 그들은 애초에 영화를 불법 다운로드해서 보는 사람들이 아니기 때문이다. 싱어는 이런 불편한 진실에 동의했지만 주변 사람들을 설득하는 것이 쉽지는 않으리라고 생각했다.

나는 기차를 타고 에든버러로 돌아오는 5시간 내내 음악 업계가 해결해야 할 문제들을 생각했다. 다음 날 싱어에게서 연락이 왔다. 그는 내게 음악저작권협회 최초의 수석 경제학자가 되어 달라고 했다. 수많은 문을 두드린 끝에 마침내 하나가 활짝 열린 것이다. 그러나 내 앞에 놓인 과제가 만만치는 않았다. 변화를 택하도록 사람들을 설득하려면 먼저 많은 불편한 진실을 인지시켜야 하고, 또 그 과정에서 내가 잘리는 일이 없어야 했기 때문이다.

운 좋게도 회사에서 잘리는 일은 없었고, 나는 조직에 새로운 관점을 도입해 저작권 산업이 위기를 뚫고 회복의 방향으로 나아가는 데 힘을 보탤 수 있었다. 이제 나는 디지털 파괴의 강력한 물살을 온몸으로 맞고 있는 다른 많은 이들에게 새로운 관점을 제공하고 그들이 돌파구를 찾는 데 힘을 보태고 싶다.

💲 경제학은 경제학자보다 훨씬 오래전부터 존재했다

제목에 '경제학'이 들어갔으니 이 책을 읽으려면 경제학에 관한 지식이 웬만큼 있어야 한다고 짐작한 독자들이 있을 것이다. 그런 오해를 바로잡기 위해 미리 분명히 밝혀둔다. 경제학 지식은 이 책을 읽기 위한 필요조건이 아니다. 내가 이렇게 말하면 대다수 경제학자들은 탐탁지 않게 여기겠지만, 충분히 합리적인 경제학은 경제학자와 전혀 관계없이 존재한다. 당신은 자신이 생각하는 것보다 경제학에 대해 더 많이 알고 있다.

내가 경제학을 처음 만난 것은 10대 초반 축구 경기장에서였다. 여기서 말하는 축구란 선수들이 골대를 향해 발로 공을 몰고 가는 그 축구가 아니라 미식축구다. 어느 날부턴가 영국 텔레비전에서 과감한 결정을 내려 일요일 저녁마다 전주의 미식축구 하이라이트를 보여주기 시작했다. 우리 부모님이 텔레비전 시청을 허락하실 만큼 이른 시간이었고 나는 대번에 미식축구에 빠져들었다.

갑자기 내 인생에 완전히 새로운 스포츠가 나타났다. 축구나 럭비와 달리 미식축구는 경기 특성상 멈춤과 재개가 반복되고 진행 상황을 눈여겨보며 뭔가 계산해야 하는 순간이 많았기 때문에 나는 어느새 통계적 계산에 몰두하고 있었다. 이 스포츠는 나를 소년 경제학자로 만들었다. 나는 확률 이론은 몰랐지만 써드다운이고 8야드를 더 전진해야 하는 상황에서 쿼터백이 택할 수 있는 전략을 나름대로 계산해보느라 바빴다. 핵심성과지표(KPI)가 뭔지도 몰랐지만 감독이 와이드리시버가 6야드 전진하는 것보다 러닝백이 6야드 전진하는 것을 더 중요하게 여기는 이유가 뭔지 생각해보곤 했다.

나는 철자 시험에서 'asymmetry(비대칭)'은 제대로 못 썼을지 몰라도, 공을 패스할 시간을 확보한 보통 수준의 쿼터백이 패스 시간을 확보하지 못한 슈퍼스타 쿼터백보다 더 낫다는 사실을 알게 되자 오펜시브 태클(쿼터백이 패스할 시간을 벌어주는 역할을 함)이 두 번째로 연봉이 높은 포지션인 이유를 금세 이해할 수 있었다.

한번은 미식축구 팀 중에 어느 팀이 최고의 팬들을 보유했는지 분석해보겠다는 목표를 세웠다. 어설픈 경제학적 시각을 동원해 경기장 수용 인원, 도시 인구, 도시당 팀 개수, 심지어 팀당 경기장 수 등의 데이터를 살펴봤다. LA 레이더스의 경기장은 미국 내에서도 손꼽히는 큰 규모였지만, LA는 미국 최대 도시였고 이곳을 연고지로 하는 팀은 한 팀 더 있었으므로 그 점을 감안해야 했다. 탐구심 넘치는 소년인 나는 질문의 답을 찾는 데 필요한 모든 데이터(도시 인구, 도시당 팀 개수, 경기장 수용 인원)를 제공해 달라고 유명 스포츠 잡지에 편지를 보내기도 했다. 두 나라의 경제를 비교할 때 인구수로 나눠 '1인당' 수치를 비교하는 것처럼 나는 정확한 개념과 프로세스를 알기도 훨씬 전에 데이터 정규화를 시도하고 있었던 것이다.

이 책이 독자 여러분에게 바라는 것은 약간의 상식적 사고뿐이다. 내가 경제학을 공부하는 과정에서 늘 가장 중요했던 것은 상식적 관점이었다. 수학 교사였던 우리 아버지는 내가 경제학이라는 학문을 공부하기 훨씬 이전인 열한 살 때 경제학을 가르치는 방법을 알려주셨다. 아버지는 말씀하셨다. "네 설명을 듣는 사람들 중에 학습 의욕이 가장 적은 사람을 찾아내 그 사람을 이해시키는 데 집중해라. 그러면 나머지는 저절로 따라온다." 아버지의 기본 믿음은 이랬다. 경제학을 가장 배워야 할 사람은 (1) 자신이 경제학을 이해하지 못할 것이라 생각하고 (2) 경제학에 대해 알고 싶지도 않지만 (3) 알아야 하는 사람이다.

이 책은 경제학자를 위한 경제서도 아니고 음악 산업 종사자를 위한 책도 아니다. 물론 그들도 흥미롭게 읽겠지만 말이다. 이 책은 자신이 몸담은 분야의 위기를 느껴 새로운 돌파구를 찾고 싶은 모든 이들을 위한 것이다. 안타깝게도 코로나19 탓에 이 '모든 이들'은 정말로 모든 이들을 의미하게 됐다. 현재를 위기로 느끼지 않는 사람은 아무도 없을 테니까.

💲 데이터를 볼 때는 입체적인 관점을 가져라

내가 말끔한 정장 차림으로 정부 기관에서 일할 당시의 얘기다. 우리에게는 생각하는 방법을 일러주는 그린북(Green Book)이라는 지침서가 있었다. 그린북은 비용 편익 분석 방법에 대한 명확하고 필수적인 가이드라인을 제시했고, 공공 사업의 투자 효율성을 판단하는 기준으로 삼을 구체적인 가치도 규정해줬다. 중요한 투자 사업을 진행할지 말지 판단할 때도 그린북을 토대로 결정했다. 그린북은 단순한 지침서가 아니라 사고 방법을 정해주는 틀이었다. 단순히 조직화된 사고를 유도하는 지침이 아니라 생각 자체를 구속하는 장치였다. 그런데 그것이 내게 뜻밖의 값진 교훈을 일깨워줬다.

공공 수영장 신축 사업의 비용과 편익을 따지는 경우를 예로 들어보자. 우리는 그린북의 지침에 따라 초기 비용 및 운영 비용을 계산한 후 편익 항목들의 가치를 평가했다. 여기에는 예상 세수, 건설 공사가 증가시킬 일자리와 경제 활동 등이 포함된다. 그리고 스프레드시트의 데이터 열을 검토하면서 편익이 비용을 초과하는지 살펴본 후 초과하면 수영장 건설을 추진하기로 결정했다.

그런데 나는 다른 관점으로 문제를 바라보는 것이 중요함을 깨달았다. 더 넓은 시야로 접근하면 보이지 않던 문제나 지점이 보이고 더 나은 답을 찾을 수 있는 것이다. 수영장 건설에는 이런 편익이 있다. 수영장이 생기면 사람들의 건강이 향상되고 이는 고용 창출이나 세수 증가보다 훨씬 더 거시적인 효과를 발생시킨다. 사람들이 운동을 열심히 하면 국민보건서비스(NHS)의 잠재 비용을 줄이는 데 기여한다. 따라서 수영장 건설에 대한 투자(하나의 데이터 열)는 NHS의 비용(또 다른 데이터 열)을 줄일 수 있다. 하지만 보건복지부는 스포츠 예산을 관리하지 않으므로 문제를 그런 관점으로 바라보지 않는다. 또 디지털문화미디어체육부는 보건 예산을 관리하지 않으므로 그런 해법을 고려하지 않는다. 이 두 부서는(즉 두 데이터 열은) 야간 항해 중인 선박들처럼 서로 거리를 둔 채 제 갈 길만 간다.

우리는 이런 현상을 도처에서 목격할 수 있다. 특히 예술 분야에서 정부 예산을 얻어내는 데 애를 먹는 모습이 그렇다. 왜 우리는 박물관에 투자해야 할까? 많은 관람객으로 비용을 뽑기 위해서가 아니라 사람들의 배움을 촉진하기 위해서다. 왜 초등학생의 음악 교육에 투자해야 할까? 중학교에 들어갔을 때 수학 성취도를 향상시킬 수 있기 때문이다. 왜 예술에 투자해야 할까? 단순히 공립 극장의 관객 수를 늘려주기 때문이 아니라 민주주의에 대한 참여도를 높일 수 있기 때문이다. 별개처럼 보이는 데이터 열들도 자세히 들여다보면 사실 서로 밀접히 관련돼 있다.

본문에서는 먼저 힘겨운 10년 동안 낡은 줄기에 매달려 있던 음악 업계가 새로운 줄기로 옮겨 타면서 이후 10년 동안 성공적으로 성장한 과정을 들려줄 것이다. 현재 코앞에 다가온 냅스터 순간을 불안하게 지켜보고 있는 이들로서는 이런 성공이 부러울 것이다. 음악 산업의 지난 20년간의 스토리는 낡은 줄기에서 새 줄기로 옮겨 타는 방법에 대한 힌트를 들려준다.

나는 "당신 삶을 완전히 변화시킬 단 하나의 법칙" 같은 '낚시성' 책 제목은 딱 질색이다. 단 하나의 법칙 같은 것은 없으며 우리는 각자 다른 존재다. 대신 나는 각자의 상황에 맞춰 활용할 수 있는 8가지 원칙을 제시하려 한다. 책 말미에는 스포티파이가 기업 공개를 준비하던 시기에 내가 만든 개념인 '건설자와 농부'를 소개할 것이다. 독자마다 이 책을 다른 방식으로 활용할 수 있음을 설명하기 위해서다. 건설자는 농부가 하지 못하는 것을 만들어내고 농부는 건설자가 하지 못하는 것을 단계적으로 이뤄낸다. 책을 다 읽고 나면 당신은 자신이 어떤 유형인지 이해한 상태에서 8가지 원칙을 활용할 수 있을 것이다. 그리고 당신이 돕고자 하는 그 어떤 개인이나 조직보다도 더 빠르게 피벗할 수 있을 것이다.

책을 쓰는 동안 출간을 맡아줄 가능성이 있는 여러 출판사에서 8가지 원칙을 한데 묶지 말고 각각을 개별 권으로 만들면 어떻겠느냐고 제안했다. 이는 출판사들이 으레 택하는 전략이다. 주제를 하나 잡아서 내용을 200페이지로 길게 늘리는 것. 하지만 그런 제안은 나에게 먹히지 않았다. 그런 얄팍한 전략은 독자들에게 먹히지 않을 터였다. 나는 원 히트 원더인 고티에와 꾸준히 사랑받는 델 레이에게서 얻은 교훈을 상기했다. 즉 독자들이 한 장(章)이 아니라 모든 장을 기꺼이 읽는 책을 쓰기로 다짐했다. 뒤에서 다시 설명하겠지만 주의력은 귀한 자원이다. 독자들은 저자가 '망작'에 시간과 에너지를 낭비했다는 사실을 금세 알아챈다. 그리고 주의력이 갈수록 더 부족해지고 있기 때문에 그런 종류의 책은 서가 구석 자리로 밀려날 수밖에 없다. 이 책은 그런 책이 아니라고 감히 확신한다. 나는 영양가 높은 8가지 원칙을 한데 엮어 소개하되, 그것을 실제로 활용하는 방법에 대한 조언도 들려줄 생각이다.《타잔 경제학》은 채우기용 곡은 하나도 없는 명곡으로 가득한 앨범이다.

이 책의 목적은 당신이 상황을 제대로 평가하도록, 당신의 삶이나 당신이 속한 조직에 대해 올바른 질문을 던지도록, 당면한 도전 과제를 명확히 직시하도록 돕는 것이다. 그럼으로써 새로운 줄기로 과감히 갈아타야 할 때를 판단할 수 있도록 말이다. 그리고 새로운 줄기를 붙잡는 것만이 능사는 아니다. 올바른 줄기를 택하는 것 또한 중요하다. 책을 다 읽고 나면 오늘날 기술적 파괴가 얼마나 빠르게 진행되는지, 현재 상황이 얼마나 불안정한지 새삼 실감하게 될 것이다. 자전거를 탈 때처럼 계속 페달을 밟으며 전진하지 않으면 당신은 넘어지고 말 것이다.

자, 출발할 준비가 되었는가?

1

타잔 경제학

20년 전 CD 판매량이 연일 최고치를 경신하고 있을 당시(가격도 계속 상승했다) 음반 업계 경영자들은 수익을 저울로 잴 수 있었다. 그저 비유적 표현이 아니다. 그들은 음악이 아니라 무게를 기준으로 대량의 CD를 거래하곤 했다. 플라스틱 케이스에 담긴 디스크의 끝없는 수요가 예측 가능했으므로 출고되는 CD 한 무더기는 곧 수익을 발생시키는 예측 가능한 현금을 의미했다.

화물 운반대에 쌓인 CD 상자들에 내용물 정보를 표시하는 것은 별 의미가 없었다. 음반 회사에게는 롤링스톤스(The Rolling Stones)인지 킬러스(The Killers)인지보다 무게가 스톤 단위냐 킬로그램 단위냐가 더 중요했다. 하지만 당시 업계 풍경을 비웃고 싶어질지 몰라도 CD의 시대에 음반 시장은 이후 다시 못 누릴 최고 전성기를 누렸다. 2000년에 글로벌 음악 산업의 규모는 250억 달러에 육박했다. 20년이 지난 현재는 그 수치보다 10퍼센트 이상 낮은 상태다. 이는 물가 상승률을 고려하지 않은 수치다.

2008년 출간된 흥미로운 소설 《킬 유어 프렌즈(Kill Your Friends)》는 CD가 주도한 음악 시장의 호황기였던 1990년대를 배경으로 신인 발굴 담당자들의 경쟁과 이기심을 적나라하게 보여준다. 이 이야기를 읽는 독자들은 대형 음반 회사의 A&R(Artists and Repertoire) 매니저가 "어떤 음악을 좋아하세요?"라는 질문에 어떻게 반응할지 짐작하기 어렵지 않다. 소설의 저자는 그런 질문을 하는 것을 차익거래자에게 어떤 종류의 상품을 좋아하느냐고 묻는 것, 또는 투자은행 직원에게 좋아하는 통화가 무엇이냐고 묻는 것에 비유한다. 당시 음반 업계는 최고 절정기를 누리고 있었지만 얼마나 깊이 침체될 수 있는지 곧 깨달을 날을 앞두고 있었다. 얼마나 수익을 올리고 있는지(또는 적어도 얼마나 무게가 나가는지)는 잘 알았을지 몰라도 얼마만큼 잃을 수 있는지는 아직 모르고 있었다.

음반 업계가 낡은 줄기를 쉽사리 놓지 못했던 이유를(그리고 일부 사람들이 지금도 그 시절에 향수를 느끼는 이유를) 이해하려면 이 산업의 황금기에 도를 넘은 풍경이 얼마나 만연했는지 살펴볼 필요가 있다. 여기서 '도를 넘은'이란 표현이 중요하다. 음반사 간부들은 헬리콥터를 이용해 전용기 타는 곳으로 이동했다. 당시 나는 막대그래프를 보며 "목표 판매량 막대기가 아무리 길어도 얼마든지 팔아치울 수 있다"고 딱 잘라 말하는 업계 종사자를 봤다. 이 업계의 자만과 도를 넘은 풍경은 결국 CD라는 물리적 상품의 희소성(디지털 파일과 달리 CD 개수는 한정돼 있다), 공급을 통제할 수 있는 데서 오는 레버리지, 업계 관계자들의 두려움과 탐욕 같은 요인들이 한데 버무려져 빚어진 결과였다. 언젠가 나는 '비정상이 정상'이라는 표현을 듣고 쓸쓸한 침을 삼키지 않을 수 없었다. 그것은 낡은 줄기가 끊어지지 않고 계속 유지되는 방식을 표현한 말이었다. 내가 선정한, 도를 넘은 행태 '베스트 3'은 다음과 같다. 당신은 이런 관행들이 단순히 음악 분야에만 국한되지 않는 이유를 알 수 있을 것이다.

💲 비정상이 정상인 사례 1: 페이올라

첫 번째는 페이올라(payola)다. 이는 음반사가 자사의 신곡이 라디오 전파를 타게 만들기 위해 '독립 라디오 프로모터'에게 돈을 건네는 것이다. 라디오에 많이 나오면 곡 인지도와 앨범 판매 수익이 올라가기 때문이다. 이때 '독립'이라는 말이 중요하다. 독립 라디오 프로모터는 음반사 소속도 라디오 방송국 소속도 아니었으며, 이 양방향 협상에서 먼저 접촉할 파트너를 고를 수 있었다. 페이올라에 대해 사람들이 일반적으로 알고 있는 것과 달리 이 프로모터는 대개 먼저 방송국을 찾아가 곧 발매 예정인 앨범을 라디오에 자주 틀 계획이 있는지 의사를 타진했다. "물론이다, 우리는 그 가수 좋아한다. 앨범이 나오면 계속 틀어댈 것이다"라는 대답이 돌아오면 일단 프로모터의 일차 목표는 완료다.

다음으로 프로모터는 음반사를 찾아가 이 기회를 판매했다. "당신들이 2만 달러만 내면 지역 최대 라디오 방송국에서 이 곡이 밤낮으로 나오게 할 수 있습니다." 프로모터가 아니더라도 해당 곡은 어차피 라디오에 나올 예정이었지만, 그는 방송국의 의중을 아는 상태에서 그것을 모르는 다른 쪽인 음반사를 이용하는 것이었다. 음반사는 프로모터에게 돈을 지불했고, 방송국은 내부 정보를 알려준 대가로 두둑한 사례금을 챙겼으며, 노래는 페이올라가 종종 야기한다고 여겨지는 시장 질서 왜곡 없이 라디오 방송을 탔다. 음반사는 이미 방송될 예정이던 곡을 내보내는 데 돈을 쓴 것이다.

💲 비정상이 정상인 사례 2: 차트 조작

두 번째는 차트 조작이다. 음반사가 차트를 조작해 노래를 40위권 안으로 진입시키기 위해 모종의 판매 촉진 전술을 사용했다. 41위와 40위의 차이는 40위와 39위의 차이보다 훨씬 더 크기 때문이다. 일단 '톱 40' 차트에만 들어가면 순위 상승에 저절로 속도가 붙었다. 한 음반사 간부는 가장 중요한 교통 수단이 '밴드왜건(bandwagon, 퍼레이드 앞에서 분위기를 띄우며 행렬을 이끄는 악대 마차. 이 마차를 뒤따라가는 군중처럼 유행에 따라 상품을 소비하는 현상을 '밴드왜건 효과'라 한다-옮긴이)'이라 말했다. 밴드왜건에 너도나도 올라타려 하니까 말이다. 차트는 밴드왜건에 해당하는 곡들의 인지도를 더 높였고 따라서 인기도 끌어올렸다.

소비자가 어떤 음반을 구매했는지에 대한 전체 데이터를 파악할 수 있는 전자 판매시점관리(point of sale, POS) 시스템이 없던 과거에는 차트 회사가 불완전한 정보로 순위를 집계했다. 즉 선별된 일부 음반 매장의 판매량을 조사해 이를 토대로 순위를 추정 집계했다. (딱하게도 현재 텔레비전과 라디오의 시청률 및 청취율 조사도 비슷한 방법에 의지한다.)

음반사가 곡을 차트에 진입시키는 수법은 이랬다. 차트 회사의 음반 판매량 조사에서 대상이 되는 매장들에 가짜 구매자들을 보내 음반을 대량 구매함으로써 수요를 증가시키는 것이다. 더 효과적인 방법도 있었다. 음반사의 판촉 담당자가 영향력 높은 몇몇 대형 음반 소매상과 친밀한 관계를 구축한 뒤, 그들의 협조를 얻기 위해 앨범에 덧붙이는 사은품이나 연말연시 할인 행사를 지원했다. 세일이 시작되면 판매량이 올라가기 마련이었다. 일단 곡이 차트에 진입하면 투자 대비 수익을 뽑아내는 데 충분한 홍보 효과가 발생했다.

🌲 비정상이 정상인 사례 3: 음반 판매량 인증

비정상적 행태의 세 번째 사례는 음반 판매량 인증이다. 앨범 판매량이 50만 장을 넘으면 '골드', 100만 장을 넘으면 '플래티넘' 인증을 받았다. 이 시스템이 비정상적으로 일그러진 과정을 이해하려면 먼저 출하량(음반사가 유통 업체에 납품하는 양)과 판매량(소비자가 실제로 구매하는 양)을 구분해야 한다. 음반 판매량 인증은 후자가 아니라 전자를 기준으로 했다. 팔리지 않은 음반이 반품되어 음반사 창고로 돌아갈 때 유통 업체는 손해를 보지 않았다. 유통 업체는 '팔든지 반품하든지' 하면 되므로 이는 과잉 출하를 초래하는 데 영향을 미쳤다. 음반사가 유통 업체에게 "건즈앤로지스 앨범을 몇 장 발주할 거냐"고 물으면 유통 업체가 "몇 장 보낼 거냐"고 되묻는 식이었다. 물론 그 양은 많을수록 좋았다.

한편 음반사 경영진이 받는 보너스도 실판매량이 아니라 출하량을 기준으로 책정됐다. 음반사가 새 앨범 100만 장을 제작해 출하하면 해당 앨범이 플래티넘 인증을 얻을 뿐만 아니라 경영진도 두둑한 보너스를 챙겼다. 만일 앨범이 잘 안 팔려서[그런 앨범은 '스티프 (stiff)'라고 불렸다] 유통 업체가 50만 장을 반품 처리하면 음반사의 재정은 타격을 받아도 플래티넘 등급이나 경영진 보너스는 영향을 입지 않았다. '플래티넘만큼 출하, 골드만큼 반품'이라는 표현이 그래서 생겨났다.

이는 음악 업계의 수많은 사기와 비정상적 행위 중 불과 세 가지만 소개한 것이다. 그러나 이런 종류의 행태는 비단 음악 업계에만 존재하는 것이 아니다. 정치 로비스트에게는 그들만의 페이올라가 있다. 로비스트가 부유한 기부자에게 돈을 받는 대가로 그 사람이 만나고 싶어 하는 정치인과 연결해주는 것을 생각해보라. 금융 트레이더들은 특정 종목이 FTSE 100 지수나 다우존스 산업평균 지수에 편입되거나 해당 지수에서 제외될 것이라는 정보를 교묘히 이용해 주가 조작을 한다. 그리고 분기별 실적에만 집중하는 기업들은 임원 보너스 책정을 위한 자신들만의 성과 인증 시스템을 만들곤 한다. 즉 달성하기는 쉽지만 보너스 지급 시점에서 한참 후에 모종의 고통을 초래할 수도 있는 단기 목표를 설정하는 것이다.

음악 업계는 세상의 좋은 관행과 나쁜 관행이 모여 있는 축소판이다. 이 업계가 자신만의 시스템에 운을 걸 수 있었던 것은 시장에 대한 통제력, 대중과 (그리고 무엇보다도) 저작권에 대한 통제력을 가진 덕분이었다. 법률적 문제에서도 전통 경제학에서도 통사법은 중요하다. 저작권(copyright)은 저작물의 복제 행위(copying)를 통제할 수 있는 권리(right)를 의미한다.

1999년 6월 음악 산업과 소비자들 앞에 냅스터가 등장하면서 이 권리 행사에 갑자기 제동이 걸렸다. 하루아침에 수많은 사람이 MP3 형태의 음악 파일을 교환할 수 있게 됐다. 인터넷만 연결돼 있으면 냅스터를 통해 어떤 노래든 공짜로 몇 초 안에 다운로드할 수 있었다. 냅스터 서비스 개시 후 열 달도 안 돼 이용자가 1,000만 명을 넘어섰으며 많은 유사 사이트들이 생겨났다.

음반 업계는 (《이코노미스트》의 제안대로) '인터넷을 적극적으로 끌어안기'보다는 그것이 가져온 변화에 저항하는 10년의 여정을 시작했다. 그 과정에서 인터넷이 가져다줄 수 있는 기회들도 밀어냈다. 음반 업계는 냅스터 같은 인기 있는 디지털 사업자들과 합법적 음원 사용 계약을 맺을 방법을 모색하는 대신 소송이라는 수단을 통해 그들과 싸웠다. 출하되는 수많은 CD를 통해 계속 들어오는 수익이 증발할까 봐 두려웠기 때문이다.

1999년 말 미국의 음반사들을 대표하는 미국음반산업협회(Recording Industry Association of America, RIAA)는 전례 없는 규모로 음악 저작권을 침해했다며 냅스터를 고소했다. RIAA는 2002년 불법 파일 공유 사이트 매드스터[Madster, 이전의 에임스터(Aimster)]를 고소했고, 이듬해에는 메트로 골드윈 메이어 스튜디오스(Metro-Goldwyn-Mayer Studios Inc, MGM)가 또 다른 파일 공유 사이트 그록스터(Grokster)를 상대로 소송을 제기했다. 얼마 후에는 RIAA 소속 음반사들이 라임와이어(LimeWire) 개발자들을 고소했다. 소송은 점점 두더지 잡기 게임 판이 되어갔다. 한 마리를 잡고 나면 다른 두더지들이 계속 고개를 내밀었다. 그런데 변호사와 로비스트들이 두더지를 때려잡는 데 쏟은 노력(그리고 비용)은 원치 않는 부작용을 발생시켰다. 파일 공유 사이트를 통해 엄청난 양의 '공짜' 파일을 즐길 수 있다는 사실을 더 많은 소비자가 알게 된 것이다.

미국영화협회(Motion Picture Association of America, MPAA)가 저작권 침해에 대응하는 법적 절차에 들어간 후 2006년 스웨덴의 비트토렌트 파일 공유 웹사이트 파이러트 베이(The Pirate Bay)에 폐쇄 명령이 내려졌다. 이 사건에 대한 대중과 미디어의 반발은 상당히 커서 〈더 파이러트 베이, 키보드를 떠나서(TPB AFK: The Pirate Bay Away From Keyboard)〉라는 다큐멘터리 영화가 제작되기도 했다.

불법 사이트를 대상으로 한 두더지 잡기 게임이 한창이던 2004년, RIAA는 가장 큰 논란을 일으킨 또 다른 전략을 채택했다. 개인 사용자들을 상대로 소송을 시작한 것이다. 2007년 봄 RIAA는 1만 8,000명 이상이 음반사들에게 고소당했다고 밝혔으며, 뉴스 보도에 따르면 소송당한 개인은 2007년 10월 기준으로 최소 3만 명이 넘었다. 소송이라는 전략은 음반 업계를 이 승리 불가능한 전쟁에서 용케 버티고 있게는 해줬지만, 소비자를 향한 공격으로 대중의 반감이 더 깊어질 날이 얼마 남지 않은 상태였다.

2004년 미국 음반 업계는 10대들을 고소하는 전략에서 그들에게 한 발 다가가는 전략으로 방향 전환을 시도했다. 애플(Apple)과 글로벌 음료 회사 펩시(Pepsi)가 손잡고 당시 신생 서비스였던 아이튠즈에서 1억 곡 무료 다운로드를 제공하는 이벤트를 실시했다. 음료를 사서 당첨되면 한 곡을 무료로 다운로드할 수 있게 하는 것이었다. 이 이벤트의 TV 광고에는 그린데이(Green Day)의 커버곡 "아이 포트 더 로(I Fought the Law)"가 배경으로 깔렸다. 원곡은 소니 커티스(Sonny Curtis)가 만들고 그가 속한 밴드 크리켓츠(The Crickets)가 부른 것으로, 이후 클래시(The Clash)를 비롯한 여러 밴드가 커버한 노래다. 광고 내용은 이랬다. 불법 파일 공유를 하다가 기소된 시무룩한 청소년들의 얼굴이 연이어 지나가면서 화면에 '유죄', '기소됨', '체포' 등의 단어가 뜬다. TV를 보고 있는 10대를 향해 '이 애들은 법을 어겼고 재판에서 이기지 못했다'는 메시지를 주는 것이다.

광고 후반에는 애플 컴퓨터 앞에 앉아 있는 10대 소녀가 등장한다. 소녀는 인터넷에서 불법으로 음악을 다운로드하다가 기소된 적이 있다고 말한다. 그러고는 활기찬 목소리로 이렇게 말한다. "나는 여러분 모두 앞에서 말하고 싶어요. 우리는 여전히 인터넷에서 음악을 무료로 다운로드할 거라고 말이에요. 어느 누구도 그걸 막을 수는 없어요." 앞에 나온 10대들과 차이가 있다면 과거 음악 도둑이었던 이 소녀는 이제 합법적으로 음악을 다운로드할 것이라는 점이다.

이 마케팅의 포인트는 무료에는 무료로 맞선다는 것이었다. 펩시의 병뚜껑에 적힌 코드는 아이튠즈 스토어의 노래를 합법적으로 무료 다운로드할 수 있게 했다. 이것은 일종의 끌어들이기 전략이었다. 음악은 무료였지만 음료수는 무료가 아니었으며, 이 음료수는 사방에 가득한 도둑들로부터 저작권을 지키기 위해 활용한 미끼 상품이었다. 하지만 이 마케팅은 펩시의 판매량을 증가시키지 못했다. 청소년들이 무료 음악을 원치 않아서가 아니었다. 무료 음악을 얻기 위해 펩시를 살 필요가 없었기 때문이다.

청소년들은 꽤 영리했다. 슈퍼마켓에 들어가 냉장 진열대에서 펩시 한 병을 꺼낸 뒤 불빛에 각도를 잘 맞춰 비스듬히 기울이면 병뚜껑 안쪽의 코드가 보였다. 그 코드를 적어 가면 공짜 음악을 다운로드할 수 있었던 것이다. 음료수 사는 데 돈을 쓸 필요도, 충치를 늘릴 필요도 없었다. 광고 속 10대 소녀의 예언이 적중한 셈이었다. 그들은 여전히 음악을 무료로 다운로드했고 어느 누구도 그걸 막을 수는 없었으니까. 심지어 음료수 회사조차도 말이다.

소비자가 진짜 원하는 것, 즉 번거로운 과정 없이 쉽게 디지털 음악에 접근하는 모델과 맞서 싸울 아이디어가 빠르게 바닥나고 있는 업계 입장에서는 참담한 결과였다. 음반사 경영진이 디지털 파괴에 맞설 새로운 전략을 구상해도 매번 제 발등을 찍는 결과만 초래했다. 파일 공유는 이미 거대한 시장을 형성하고 있었지만 이 시장에 유효한 비즈니스 모델이 부재했다. 창작물 기반의 다른 산업들 역시 디지털 무정부 상태를 겪고 있기는 마찬가지였으며 디지털 트렌드가 조만간 그들의 수익을 파괴할 것이라는 두려움이 퍼졌다. 그런 두려움은 당연한 것이었다. 인터넷이라는 파이프가 점점 더 커질수록 그 파이프를 통해 운반되는 파일의 크기도 커졌기 때문이다. 고해상도 오디오 파일, 드라마와 영화 파일도 파이프를 통해 운반됐다.

이는 말하자면 팽팽한 줄다리기 상황이었다. 소비자는 세상의 모든 음악에 더 쉽고 편하게 접근하고 싶어 했고 음악 업계는 통제권을 놓치지 않으려 애썼으니까. 소비자들은 세상의 모든 음악에 더 빠르고 간편하고 저렴하고 멋진 방식으로 접근하게 해주는 디지털 줄기로 기꺼이 옮겨 타고 있었지만, 음악 업계는 낡은 줄기에 매달린 채 트렌드에 동참하길 고집스럽게 거부하고 있었다.

음악 업계가 새로운 줄기와 기회를 붙잡는 대신 더 강력하게 저항할수록 상황은 악화됐다. 불법 다운로드는 통제 불가능한 지경이었고 음반사들의 수익 침체는 계속됐다. 설상가상으로 이 업계가 택한 전략(소비자를 공격하는 것)은 대중의 반감을 불러일으켰다. RIAA가 소송을 건 일부 개인들은 경제적 취약 계층이었으며 사용자에게 벌금을 받아내도 결국 소송 진행을 맡은 법률 회사의 배만 불려주는 꼴이었다. 업계 외부에서 보기에 이것은 대중의 지지를 얻지 못할뿐더러 오히려 더욱더 차가운 시선을 받게 만드는 대응 방식이었다. 음악 업계는 헤어 나오기 힘든 모래 늪에 빠져 있었다. 소송에 천문학적 비용을 쓰고, 엄청난 수익을 잃고, 이성도 '쿨함'

도 잃어버린 상태였다. 음악 산업으로서는 결코 보기 좋은 모습이 아니었다.

내가 음악 산업에 발을 들이려 시도한 때는 바로 그런 혼돈의 시기였다. 나는 여러 회사를 기웃거리면서 변호사들에게 큰 덕을 보고 있는 이 업계에 혹시 경제학자도 필요하지 않은지 알아봤다. 하지만 승산 없는 도전이었다. 나는 음반 회사가 경제학자를 고용하지 않는 이유를 씁쓸한 경험을 통해 깨달았다.

첫 면접을 본 곳은 한 대형 음반사였는데, 이 회사는 유명한 하드웨어 기기 대기업의 사업 부문 중 하나였다. 회사 로비에 들어서니 이 기업에서 출시한 노트북이 그려진 커다란 광고판이 눈에 들어왔다. 광고판은 경쟁사인 애플이 내세웠던 슬로건과 비슷한 내용을 홍보하고 있었다. 음악을 '뽑아내고, 섞고, 구워라(rip, mix, burn)'는 것이었다[애플은 2001년 아이튠즈 출시 때 'Rip, Mix, Burn'이라는 슬로건을 내걸었다. 이는 CD의 노래를 뽑아내 컴퓨터에 저장하고(rip), 이용자가 원하는 플레이리스트를 만들어(mix), 새로운 CD를 굽는다(burn)는 의미다-옮긴이].

나는 엘리베이터를 타고 34층으로 올라가 그 기업의 음반 사업 부문으로 들어갔다. 음악 업계의 경제학자라는 새로운 직종을 창조하고 싶다는(저절로 생겨나길 기다리느라 지쳐 있었다) 꿈을 품은 나는, 자신들의 업계가 연이은 법정 투쟁을 감당하지 못하고 있다는 사실을 너무나도 잘 아는 법무팀 간부 셋과 마주앉았다. 꽤 흥미로운 대화가 될 것 같다는 생각이 들었다.

먼저 그들은 이 회사가 풀어야 할 가장 큰 난제가 무엇이라 생각하느냐고 물었다. 순간 로비에서 봤던 노트북 광고가 떠올랐다. 나는 이렇게 대답했다. "여러분의 회사에서 만드는 노트북입니다."
면접 점수가 이미 위태로운 상태가 됐음을 직감했지만 계속 말을
이었다. "귀사의 최신 노트북 모델 광고에서는 뽑아내고 섞고 구울
수 있는 최신 기능을 홍보하더군요. 하지만 당신들은 바로 그런 행
위를 하는 소비자들한테 소송을 걸고 있잖습니까." 내 입사 면접은
그렇게 끝났다.

'로코노미스트' 꿈나무였던 내가 얻은 첫 교훈은 이것이었다. 불
편한 진실을 끄집어내면 응분의 결과가 뒤따른다는 것. 소비자를
고소하는 죄목인 그 불법 행위를 자기네 노트북의 마케팅 캠페인
에서 홍보하고 있다는 사실을 인지하지 못하는 기업 간부들이 내
눈에는 너무 답답하게만 보였다. 하지만 잠재 고용주와의 대화 방
향을 그렇게 끌고 가는 것은 별로 지혜로운 방법은 아니었다. 또한
그날의 경험은 음반 업계가 얼마나 갈팡질팡하고 있는지 새삼 상
기시켜줬다.

나는 음악 업계에 비집고 들어가는 데 성공하려면 불편한 진실
을 다루는 법을 제대로 알아야 한다는 것을 깨달았다. 업계의 저항
을 뚫고 내가 바라는 직함을 만들어내려면 비장의 카드가 될 수 있
는 논리가 필요했다. 그러던 중 전통 미디어 경제학에 관한 철 지
난 책들을 들춰보다가 시선을 확 잡아끄는 글을 만났다. 로스앤젤
레스의 빅샴페인(BigChampagne)이라는 회사의 인터뷰 기사였다. 이
회사가 하는 일을 가만 살펴보니, 나는 경제학 전문가로서 일자리
를 찾느라 애를 먹고 있었지만 사실 음악 산업이 경제학적 분석 없
이는 돌아가기 힘들다는 사실을 알 수 있었다.

빅샴페인은 전통적인 차트와 디지털 미디어 소비 현황, 불법 파일 공유 활동 등을 조사하는 회사였다. 그런 업체가 있다는 사실도 놀라웠지만, 더 놀라운 것은 그들이 이런 데이터를 제공하는 고객이었다. 빅샴페인의 주 고객은 대형 음반사들의 홍보 부서였다. 한쪽에서 변호사들이 도둑을 때려잡느라 소송을 벌이는 동안, 다른 한쪽에서는 홍보 부서가 빅샴페인에 비용을 지불하고 바로 그 도둑들의 활동에 대한 데이터를 제공받고 있었다. 단순히 왼손이 하는 일을 오른손이 모르는 정도가 아니라 거기서 한 술 더 뜬 셈이었다. 즉 왼손은 오른손이 돈을 받으며 처벌하고 있는 대상에 관한 정보를 돈을 주고 사들이고 있었다.

빅샴페인의 공동창립자 겸 CEO 에릭 갈랜드(Eric Garland)는 이런 말을 했다. "인기곡은 어딜 가나 인기를 얻는다." 불법 파일 공유 사이트에서 인기 있는 노래는 아이튠즈 같은 합법적 플랫폼에서도 인기를 얻기 마련이고, 그 반대도 마찬가지다. 빅샴페인은 새로운 디지털 P2P 플랫폼 안에 숨겨져 있던 정보, 즉 그 안에서 어떤 곡들이 인기가 높은지 드러내줬고, 그럼으로써 해당 곡들의 인기를 더 높이는 데 한몫했다. 나로서는 음악 업계에 경제학자가 필요하다는 근거로 활용할 단서를 마침내 찾아낸 셈이었다.

불법으로 파일을 공유한 소비자를 고소하는 것은 좋은 아이디어처럼 보일지 모른다. 그러나 뒤에서 다시 살펴보겠지만 좋은 아이디어의 반대도 좋은 아이디어가 될 수 있다. 다시 말해 불법 파일 공유 활동을 추적해 수집한 데이터를 음반사 소속 가수의 판매 촉진 및 홍보를 위해 활용하는 것은 음반사 입장에서 훌륭한 전략이 될 수 있다. 만일 음반사의 법무 부서와 홍보 부서가 충분히 소통했다면 이 점을 깨달을 수 있었을 것이다. 물론 그랬다면 나 같은 경제학자의 필요성을 계속 못 느꼈겠지만 말이다.

불법 활동에 대한 데이터가 존재하고 음반사들이 그 데이터를 이용한다는 사실을 알게 된 직후 내 머릿속에는 범죄율 증가에 대한 사람들의 반응 방식이 떠올랐다. 범죄율이 증가하고 있다는 정보를 접한 사람들은 대개 세 부류로 나뉜다. 첫째, 대다수는 말 그대로 범죄가 늘고 있다고 생각한다. 둘째, 소수는 범죄 사건 보도가 늘어났거나 또는 범죄자 검거율이 높아졌기(물론 후자가 더 바람직하다) 때문일 수 있다고 생각한다. 셋째, 극소수의 사람은 간과하기 쉬운 세밀한 부분까지 눈을 돌려 해당 기간 동안 범죄에 대한 정의가 변화했는지 확인해보려 한다. 불법 파일 공유라는 범죄 활동을 조사한 빅챔페인의 정보도 동일한 조직 내에 서로 다른 반응을 만들어냈다. 즉 특정 가수의 곡에 대한 불법 다운로드가 증가하면 법무 담당자들은 저작권 침해를 우려했고, 홍보 담당자들은 앞으로 밀 히트곡이 등장했다고 생각했다.

냅스터 등장 후 10년이 지난 시점에도 음악 업계는 여전히 우울했다. 노래 1곡이 합법적으로 다운로드될 때마다 40곡이 불법 다운로드되고 있는 것으로 추정됐다. 불법 행위를 막으려는 노력은 별 효과를 내지 못하고 있었다. 업계는 이 골칫거리를 없앨 수 있다고 믿으며 10년을 보냈지만 오히려 더 큰 골칫거리가 돼 있었다. 더는 두고만 볼 수 없는 상황이었다. 어느 시점엔가는 낡은 비즈니스 모델을 놓고 새로운 모델을 붙잡아야 했다. '인터넷을 적극 끌어안아야' 할 필요가 있었다.

타잔 경제학은 이 지점에서 우리에게 중요한 사고의 틀이 된다. 그저 암울한 침체의 늪만 응시하는 것을 멈추게 하고, 파괴적 변화가 당신을 쓰러트리게 놔두는 대신 당신이 그 변화를 주도하게 만드는 틀 말이다. 2009년 짐 그리핀이 한 말을 다시 떠올려보라. "우리는 정글 속의 덩굴줄기에 매달려 있다. 문제는 타이밍이다. 언제 낡은 줄기를 놓고 새 줄기를 붙잡을 것이냐가 관건이다." 음악 업계는 낡은 줄기를 필사적으로 잡은 채 새로운 줄기로 옮겨 타려는 의지가 없었다. 이 업계는 자신이 불법으로 규정하는 활동에서 수익 창출의 단서를 찾아낼 준비가 아직 안 돼 있었다.

이런 문제 상황이 일어난 근본 원인은 그 수많은 물리적 CD들이 지닌 가치의 속성을 제대로 이해하지 못한 데 있었다. 우리가 사고파는 재화의 속성을 정확히 정의하는 것은 쉬운 일이 아니다. 그러나 이를 위한 매우 간단한 프레임워크를 소개하겠다.

이 프레임워크에서는 재화를 공공재, 사유재, 공유재, 요금재의 네 종류로 구분한다. '사유재'는 다음 두 조건을 만족시키는 재화다. 첫째는 배제성이다. 이는 재화의 소유자가 다른 사람의 접근을 막을 수 있거나(울타리를 세운다) 법률이 해당 재화에 대한 재산권을 설정해 법적 울타리를 만들 수 있음을(도둑질을 처벌한다) 의미한다. 둘째는 경합성(또는 희소성)이다. 즉 내가 재화를 소비하면 타인의 소비가 제한을 받으며 그 반대도 마찬가지다. 식당에서 사 먹는 음식은 사유재다. 식당에서 정한 조건에 따라 비용을 지불한 사람만 먹을 수 있고(따라서 배제성이 있다), 내가 주문한 음식을 당신은 먹을 수 없다(따라서 경합성이 있다).

반면 '공공재'는 배제성도 경합성도 없다. 국방이 대표적인 예다. 외부 침략 세력으로부터 나라를 보호할 때 특정 개인들을 그 보호에서 배제하기는 대단히 어렵다. 그리고 내가 국방이 제공하는 안전을 누린다고 해서 당신이 똑같은 안전을 누리지 못하게 방해하지는 않는다. 자유 시장은 이런 종류의 재화를 다루기에 적합하지 않은 경향이 있으므로 종종 공공선을 제공한다는 이름 하에 정부 개입이 정당화된다. 배제성도 희소성도 없는 재화라면 아무도 돈을 주고 구입하려 하지 않을 것이기 때문이다.

음악과 영화 산업에서는 불법 다운로드 캠페인을 통해 불법 다운로드를 도둑질로 규정하려 애써왔지만 지적 재산은 순수한 사유재가 아니다. 법률을 통해 정보재에 배제성을 부여할 수는 있지만 정보재는 경합적이지 않은 재화다. 내가 MP3 파일을 다운로드한다고 해서 당신이 못 하게 되는 것은 아니라는 얘기다. 배제성은 가질 수 있지만 희소성은 없는 음원 같은 재화는 어떤 범주로 분류해야 할까?

'요금재'는 제한된 접근성에 의해 가치가 발생하는 재화다. 요금을 내고 이용하는 고속도로가 대표적 예다. 유료 고속도로는 비경합적이지만(교통량이 적절히 관리된다고 가정한다면 누구나 타인의 이용을 제한하지 않으면서도 사용할 수 있다) 배제성을 지닌다(요금을 내야 하므로 접근이 제한적이다).

마지막으로 배제성은 없으나 경합성은 있는 재화가 남았다. 바로 '공유재'다. 바다의 물고기는 공유재로 분류할 수 있다. 고기잡이를 제한하는 것은 사실상 불가능하거나 한다 해도 너무 큰 비용이 들 것이다. 공유재와 관련해서는 '공유지의 비극'이 자주 언급된다. 이는 물고기라는 자원에 무제한적 접근이 허용되어 남획으로 자원이 고갈되는 것을 말한다. 자원 이용의 이익을 개인들이 얻지만 결국 그 이용에 따르는 대가가 해당 이용자 모두에게 분배되는 것이다. 현재 우리가 겪고 있는 기후 변화 문제가 공유지의 비극의 대표적 사례다.

〈도표 1-1〉은 미디어 산업계를 계속 괴롭히는 불편한 진실 세 가지 중 첫 번째를 뚜렷하게 보여준다. MP3 파일의 가격 변화와 상관없이 디지털 콘텐츠는 비경합적인 속성을 지니며 앞으로도 계속 그러할 것이라는 사실이다. 저작권법은 당신이 내 저작물의 복제물을 만들 수 없게 하는 권리를 내게 주지만 그 정보재의 소비가 경합성을 갖게 만들지는 못한다.

〈도표 1-1〉 공공재, 사유재, 공유재, 요금재

	배제성	비배제성
경합성	사유재 – 예: 음식, 옷, 가구	공유재 – 예: 바다의 물고기
비경합성	요금재 또는 클럽재● – 예: 유료 다리, 유료 도로	공공재 – 예: 국방

출처: 기존 표를 저자가 수정함

● '클럽재'에는 약간의 부가 설명이 필요하다. 이것은 적정 소비자 수가 존재하는 재화다. 만일 너무 많은 사람이 이 재화를 소비하면 밀집 효과 탓에 해당 그룹의 공동 가치가 감소한다. '클럽재'라는 용어를 쓰는 것은 대개 클럽에서는 회원들이 이익을 공유하지만 비회원은 배제되기 때문이다.

두 번째 불편한 진실은 음악이 비배제적 재화가 되었다는 사실이다. 이 점을 생각해보라. 아이튠즈에서 10억 곡이 판매되는 데 3년이 걸린 반면, 빅샴페인 자료에 따르면 같은 기간 동안 P2P 네트워크에서는 매달 약 10억 곡이 교환되었다.

세 번째 불편한 진실은 음반 업계가 '언번들(unbundle, 패키지를 분할해 개별 부분별로 제공하는 전략-옮긴이)'을 택했다는 사실이다. 즉 애플의 아이튠즈 모델과 라이선스 계약을 맺음으로써, 소비자들이 7.99파운드(9.99달러)를 내고 앨범 전체를 구매하는 대신 한 곡당 79펜스(또는 99센트)에 원하는 노래만 구매할 수 있게 했다. 이것이 가져온 결과는 누구나 잘 알고 있다. 하지만 사실 그 결과는 정확히 예정된 것이 아니었다. 처음에 아이튠즈는 애플 사용자 집단만을 타깃으로 해 음반사들과 음원 사용 계약을 맺었다. 그러나 2003년 10월 스티브 잡스(Steve Jobs)가 윈도우용 아이튠즈를 출시해 시장을 깜짝 놀라게 했을 때(훗날 잡스는 윈도우 사용자들에게 아이튠즈를 제공하는 것이 "지옥에 있는 사람에게 얼음물 한 잔을 준 것과 마찬가지"라고 표현했다) 음반사들은 언번들이 주류가 되었다는 것을 깨달았다.

디지털 음원 유통이라는 시장 앞에서 음반 업계가 마주한 과제는 분명했다. 비배제적인 동시에 비경합적인 재화인 음악 파일의 교환이 P2P 네트워크에서 활개를 치고 있는 와중에 어떻게 우리의 수익을 지킬 것인가? 이미 언급했듯 디지털 파괴가 진행된 첫 10년 동안 이 업계는 기존 비즈니스 모델이라는 낡은 줄기를 꽉 붙잡음으로써 이 문제를 해결하려 했다. 이 새로운 디지털 시장에서 자신들의 상품에 모종의 배제성과 희소성을 창출할 수 있을 것이라

믿은 것이다.

〈도표 1-1〉을 바탕으로 디지털 유통이 음악이라는 재화의 속성을 어떻게 변화시켰는지 살펴보자. 디지털 플랫폼이 등장하기 전 소비자의 선택지는 두 가지뿐이었다. 즉 돈을 내고 물리적 CD나 공연 티켓을 구매하든지, 또는 입장객 수에 제한이 있는 무료 공연장에 가든지 했다. 그런데 디지털 환경은 비경합적인 선택지 두 가지를 만들어냈다. 저작권법에 저촉되지 않는 합법적 다운로드와 P2P 플랫폼을 통한 MP3 파일 교환이 그것이다.

음반 업계로서는 골치 아픈 상황이었다. 소비자 입장에서는 불법 P2P 방식으로 모든 노래를 공짜로 얻을 수 있었다. 그것은 비배제적이고 비경합적인 재화였다. 반면 합법적인 경로를 택하면 돈을 내고 이동 불가능한 음악 파일에 제한적으로 접근해야 했다. 이런 시장이라면 그 어떤 마케팅 전문가도 소비자를 설득하기 힘든 법이다.

〈도표 1-1〉을 음악 업계에 적용해 재구성해보면 〈도표 1-2〉와 같다. 이는 저작권 소유자가 복제 행위를 통제할 권리를 잃어버렸을 때 발생한 상황을 보여준다. 음반 업계는 어떻게든 음악을 공공재의 지위에서 구해내야 하는 동시에(이용자가 돈을 낼 필요가 없으면 대개 시장이 형성될 수 없다) 그것을 사유재의 지위로 되돌려놓을 수 있을 것이라는 기대는 접어야 했다(희소성이 상실됐으므로). 순수한 사유재로서의 물리적 상품을 판매하는 전략을 포기하는 대신 시장을 재창조할 필요성을 인정하고 다시는 희소성을 지닐 수 없는 콘텐츠의 이용에 요금을 부과해야 했다.

	배제성	비배제성
경합성	물리적 CD, 공연 티켓 - 매장 내 보안 요원이 지켜보고 있으므로 돈을 안 낼 수 없음	무료 공연 - 입장객 수용 인원이 초과되면 못 들어갈 가능성이 있음
비경합성	디지털 음악 파일 - 이동 불가능한 DRM(디지털 저작권 관리) 파일	P2P로 교환하는 MP3 파일 - 무제한 접근, 이동 가능한 파일

출처: 저자

스포티파이는 누구보다 발 빠르게 바로 그런 관점의 전환을 택해 월 9.99파운드(또는 9.99달러)의 구독료 방식을 도입했다. 소비자가 실제로 구매한 노래가 아니라 선택해 들을 수 있는 가능성이 있는 노래들이 지닌 '선택 가치(option value, 특정 재화를 당장은 사용하지 않지만 나중에 사용하게 될 가능성이 있는 경우 그 재화가 갖는 가치 – 옮긴이)'에 초점을 둔 비즈니스 모델을 수립한 것이다. 이것은 물리적 CD의 판매라는 모델에서 보험적 성격의 가치를 토대로 한 모델로의 전환을 의미했다. 9.99파운드라는 구독료 가치는 '실제로 어떤 재화(즉 음악)를 소비하느냐'보다는 '나중에 소비할 가능성이 있는 재화'와 관련된 것이었다. 서비스 개시 당시에도 그랬지만 지금도 이 모델은 큰 효과를 발휘하고 있다. 이 모델은 당장 변화가 필요한 업계가 어디인지 다시금 일깨웠다. 그리고 음악 시장에 이미 돌이킬 수 없는 변화가 찾아왔음을, 그 파괴적 변화에 대응하기 위해 음반 업계가 재포지셔닝할 수 있는 길을 보여줬다.

이러한 비즈니스 모델 전환은 음반 역사상 가장 중요한 변화였다. 따라서 그 변화의 이유(그리고 특히 '시기')를 들여다보면 많은 것을 배울 수 있다. 그러나 스포티파이와 스트리밍이 성취한 것을 제대로 이해하려면 음악 산업이(그리고 다른 많은 산업이) 세상을 보는 관점에서 중심 역할을 하는 개념 하나를 짚고 넘어갈 필요가 있다. 큰 맹점을 지녔을 뿐만 아니라 발음조차 우스운 '아르푸(ARPU)'라는 개념이다.

ARPU는 사용자당 평균 매출(Average Revenue Per User)을 뜻한다. 이는 기업의 고객들이 매출을 얼마나 발생시켰는지 계산하는 간단한 개념이다. 음악 업계의 경우 특정 기간에 소비자가 음반을 사는 데 평균적으로 얼마나 지출했는지를 나타내는 수치다. 얼핏 간단해 보이지만 ARPU는 여러 문제점을 야기할 수 있다. 디지털 파괴가 일어난 첫 10년 동안 음반 업계가 치명타를 입은 원인 중 하나는 ARPU를 제대로 이해하지 못한 데 있다. 그리고 지금껏 다른 많은 업계와 조직도 똑같은 실수를 범해왔다.

음반 업계가 디지털 모델로 피벗하기를 주저한 결정적 이유는 그것이 CD와 다운로드 판매에서 나오는 기존 매출을 잠식할 것이라는 두려움 때문이었다. 저작권 통제를 기반으로 하는 기존 사업 모델이 힘을 잃어가고 있을지언정 여전히 ARPU를 발생시키고 있었고, 그것은 음원에 대한 접근권을 토대로 한 새로운 모델보다 나아 보였다. 새로 옮겨 탈 줄기가 별로 신통치 않아 보이는데 무엇 때문에 이미 붙잡고 있는 줄기를 놓아버린단 말인가?

냅스터의 대안이 되는 합법적 서비스를 정착시키려는 초기 시도들이 실패로 돌아가자 업계의 두려움은 깊어졌다. (주요 음반사의 지원을 받은 서비스) 프레스플레이(Pressplay)와 소니 커넥트(Sony Connect)는 지금도 사람들에게 역대 최악의 사이트로 기억되고 있다. 게다가 이후 P2P 사이트들과 경쟁하려는 여러 음반사의 시도가 연이어 실패하자 두려움은 더 증폭됐다. 전통적인 ARPU 산출 결과는 음반사들에게 도약에 필요한 자신감을 주지 못하고 있었다.

업계에는 이미 방어적 심리가 형성돼 있었다. 매출을 올려주고 있는 기존 구매자들(때로 '월 50파운드 매출 소비자'라고 불렸다)을 어떻게든 유지하는 것이, 그들이 스포티파이 같은 '뷔페식' 서비스에 연간 120파운드(또는 120달러)를 기꺼이 지불하게 되리라 예상하고 모험을 하는 것보다 확실히 더 낫다고 느낀 것이다. 음원 스트리밍이라는 '요금재' 모델을 비판하는 이들은 목소리를 높였다. 음악의 '사유재' 지위를 포기함으로써 음반 구매자를 스트리밍 소비자로 만들어버리면 음반 업계는 아날로그가 벌어다주는 목돈을 포기하는 대신 디지털이 발생시키는 푼돈에 만족해야 할 것이라고 말이다.

이런 두려움을 들여다볼 때 우리는 소비자, 즉 음반 구매자의 정의에 주목해야 한다. '월 50파운드 매출 소비자'의 평균 지출 금액은 구독료 모델의 경우와 비교할 때 더 많게 느껴졌겠지만 여기에는 중요한 사실이 숨겨져 있었다. 여전히 음반을 구매하고 있는 소비자들의 ARPU는 높았지만 음반을 구매하는 전체 소비자 수는 빠르게 줄어들고 있었다는 사실이다.

음반 업계 리서치 및 컨설팅 업체인 뮤직워치(MusicWatch)는 디지털 파괴의 20년에 걸쳐 미국 시장의 ARPU를 비롯한 주요 지표

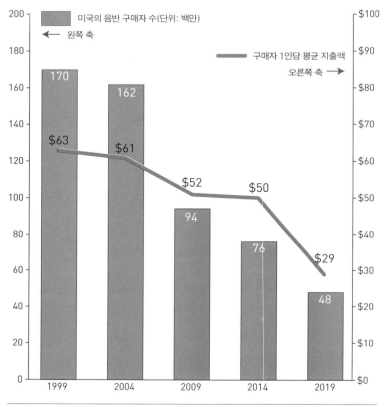

〈도표 1-3〉미국의 음반 구매자와 그들의 평균 지출액

출처: 뮤직워치

들의 변화를 추적했다(이 변화 추이는 영국에서도 놀랍도록 유사하게 나타난다). 이 업체가 집계한 ARPU 변화 추이는 음반 업계가 저작권 통제를 핵심으로 한 '낡은 줄기'를 얼마나 고집스럽게 붙잡고 있었는지 잘 보여준다.

〈도표 1-3〉을 보면 냅스터가 등장한 1999년에는 1억 7,000만 명의 미국인이 CD를 구매했고 1인당 평균 지출액은 연간 63달러

였다. 물론 각 개인의 지출액 규모는 다양했지만, 놀라운 점은 13세 이상의 미국인 중 대다수가 음반을 최소한 한 장이라도 샀다는 사실이다. 이후 10년 동안 음악은 냅스터를 비롯한 P2P 사이트들 때문에 사유재에서 공공재로 변했다. 그리고 음반 업계가 소비자들을 고소하기 시작하면서 의도치 않게 불법 P2P 플랫폼의 존재를 더 많은 이들에게 알렸고 고객 수와 매출이 급감했다. 2009년 음반을 구입하는 미국인 비율은 40퍼센트 이상 줄어 1억 명 밑으로 떨어졌다. 그들의 평균 지출액은 1999년 최고치에서 약 20퍼센트 줄어든 52달러로 떨어졌다. 이는 연간 120달러라는 합의된 가격의 구독료 모델에서 발생하는 1인당 평균 지출액의 절반도 안 되는 수치였다. 미국 성인 대부분은 이제 음반 회사들의 매출에 전혀 기여하지 못하고 있었다. 매출 잠식에 대한 두려움은 점차 부적절한 것이 되어갔다. 잠식당할 매출조차 없는 셈이었으니 말이다.[*]

대다수의 사람이 구매하지 않고 있다면 매출이 아니라 사용자에 초점을 맞춰야 한다. ARPU를 늘리려면 기존 구매자들만 남은 작아지는 시장에서 더 많은 매출을 짜내려 애쓰는 것보다 새로운 시장에서 소비자를 증가시키는 것이 장기적으로 더 나은 전략이다. 이제 다른 막대그래프로 넘어가자.

스포티파이가 미국에 진출한 2011년 7월 당시 음악에 대한 소유권이 아니라 접근권에 돈을 지불하는 방식은 급격히 인기를 얻

● 이런 매출 잠식에 대한 두려움에는 주목할 만한 전례가 있다. 1994년 비디오 대여 체인 블록버스터(Blockbuster)에서 세가(SEGA) 게임들을 대여하기 시작하자 이 게임 대기업의 세일즈 부서에서는 이를 골칫거리로 여겼다. 그러나 그들의 두려움은 부적절한 것이었다. 얼마 후 세가 게임의 판매량이 늘기 시작했기 때문이다.

기 시작하고 있었다. 리서치 업체 미디어(MIDiA)의 조사에 따르면, 2011년 말 기준으로 미국인 450만 명이 음악을 구매하는 대신 무제한 들을 수 있는 서비스를 이용하는 데 연간 평균 65달러를 지출했다. 2019년 이 숫자는 급격히 증가해 9,300만 명의 미국인이 연간 평균 81달러를 지출했다. 이는 과거 2009년에 거의 비슷한 숫자의 음반 구매자들(9,400만)이 지출한 것보다 55퍼센트 많은 금액이다. 〈도표 1-4〉에서 오른쪽으로 갈수록 막대가 급격히 높아지는 모습은 음악 업계가 새로운 줄기를 붙잡은 이후 얼마나 큰 보상을 얻었는지를 보여준다.

하지만 이 그래프가 나타내는 구독자 수는 전체 그림을 보여주지는 못한다. 서브 계정 사용자들(가족 요금제 회원)까지 포함하면 현재 1억 1,000만 명이 넘는 미국인이 자발적으로 사용료를 지불하면서 계정 보유자의 혜택을 즐기고 있다. 게다가 소비자는 콘텐츠를 무료로 이용하지만 저작권자에게는 수익이 돌아가는 유튜브 같은 광고 수익 기반의 플랫폼들이 다양하게 존재한다. 이 같은 요인들이 합쳐지면서 미국 음악 산업은 지난 4년 동안 두 자릿수 성장률을 보여왔다. 당연히 다른 미디어 산업들이 부러운 시선을 보낼 만한 뛰어난 성과다.

ARPU와 음악 소비의 큰 트렌드에 대한 논의는 거시 경제학의 울타리에 속한다. 그러나 우리는 미시 경제학의 영역도 들여다봐야 한다. 여기서는 창작자들에게 미치는 영향을 생각해보자.

대중의 음악 소비 습관이 크게 바뀌고 있음에도, 아티스트들은

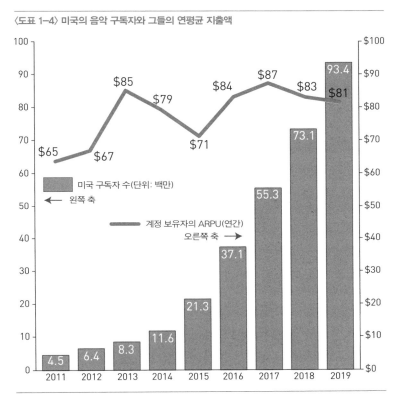

〈도표 1-4〉 미국의 음악 구독자와 그들의 연평균 지출액

출처: 미디어

과거의 시장과 새로운 시장에서 얻는 단위당 가치를 비교해보고
기존 모델을 버리는 것이 좋은 생각이 아니라고 느낄 수 있다. 구
독료 모델이 두 자릿수 성장률을 기록하고 있다는 보도가 계속 들
려오지만, 수익 배분 방식에 대한 아티스트들의 우려가 더 많은 보
도 지면에서 들려온다. 비판의 목소리를 높인 대표적 인물은 영국
록밴드 라디오헤드(Radiohead)의 톰 요크(Thom Yorke)로, 그는 스트
리밍 서비스를 두고 "죽어가는 시체가 발악하듯 뛰는 마지막 방

귀"라고 표현했다.

많은 아티스트와 마찬가지로 요크 역시 새로운 모델에 환멸을 느꼈다. 기존에는 단위당 가치가 앨범 한 장당 10파운드였지만 새로운 모델에서는 스트리밍당 1페니도 안 됐기 때문이다. 그러나 이것은 잘못된 비교이며 잘못된 비교는 잘못된 판단을 낳을 수밖에 없다. 10파운드 앞에 0.005파운드를 내밀며 논쟁에서 이기기는 불가능하다. 기존 프레임워크에서 탈피해 음악 청취자의 모든 잠재적 단위당 가치를 고려하기 전까지는 말이다.

그 기존 프레임워크는 〈도표 1-5〉가 보여주는 '이용의 단계적 분류(hierarchy of exploitation)'다. 그래프의 양쪽 끝에는 가장 대조적인 음악 소비 유형 두 가지가 위치한다. 왼쪽 끝에 있는 것은 라디오를 통한 수동적 소비다. 이는 매체 하나가 일방적으로 다수의 대중을 향해 방송하는 모델로서 소비자와의 개별 상호 작용이 없다. 오른쪽 끝의 유형은 상호 작용도가 가장 높다. 즉 소비자가 돈을 지불하고 CD나 다운로드 형태로 콘텐츠를 구입함으로써 지적 재산을 소유한다. 해당 재화의 '소유자'인 구매자는 심지어 CD를 중고 시장에서 팔아 이익을 얻을 수도 있다. 이들 두 전통적 형태(일시적 라디오 청취와 CD 및 다운로드를 통한 소유)의 사이에는 새로운 주자들(스트리밍의 다양한 형태)이 있으며, 이용자와의 상호 작용도가 오른쪽으로 갈수록 강해진다. 막대의 길이가 길수록 단위당 가치가 높음을 의미한다.

이 프레임워크에 따르면 소비자가 소유권을 강하게 느끼고('이건 내 플레이리스트야') 그들이 더 많은 가치를 느낄수록 저작권자에게

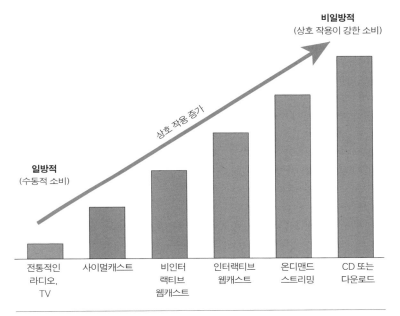

출처: 저자

더 많은 보상이 돌아가야 한다. 그리고 소비자가 소유권을 약하게 느낄수록('이건 스트리밍 서비스 업체에서 만든 플레이리스트야') 저작권자에게 더 적은 보상이 돌아가야 한다. 이것이 소비의 단계적 분류다. 따라서 상호 작용도가 높은 새로운 디지털 플랫폼들은 아티스트에게 라디오보다 더 많은 수익을 안겨줘야 한다.

　나는 스트리밍 모델을 비판하는 사람들에게 다음과 같은 관점으로 바라볼 것을 권유하고 싶다. 대부분의 나라에서는 라디오에서 노래가 나오면 아티스트와 작곡가 모두에게 저작권료가 지불된다. 내가 '대부분의'라고 한 것에는 불편한 진실이 담겨 있다. 즉 지금도 몇몇 나라에서는 작곡가에게만 저작권료를 지불하고 아티스트에게는 지불하지 않는다. 북한, 짐바브웨, 콩고민주공화국, 그리고 미국이 거기에 포함된다. 아무튼 아티스트와 작곡가 모두 저작권료를 받는 영국의 예를 들어보자. 영국에서 가장 인기 높은 라디오 프로그램인 BBC 라디오2의 〈브렉퍼스트 쇼(Breakfast Show)〉의 경우 한 곡이 재생되면 작곡자의 저작권 관리를 대행하는 음악저작권협회(PRS)에서 약 90파운드를 수납하고, 아티스트의 경우 음반제작자협회(PPL)에서 약 60파운드를 수납한다. 재생 1회당 150파운드와 스트리밍 1회당 0.005파운드가 나란히 적힌 저작권료 명세표를 마주하면 기존 모델을 놓기가 두려워질 법도 하다.

그러나 경제학적 분석은 그런 두려움이 타당하지 않음을 말해준다. BBC 라디오2의 〈브렉퍼스트 쇼〉에서 흘러나온 노래는 800만 명의 청취자가 듣는다. 비교를 위한 청취자당 단위 가치를 계산하려면 150파운드를 800만으로 나눠야 하고 그 결과는 약 0.00002파운드다. 이는 스트리밍 서비스 이용자 한 명에게서 얻는 0.005파운드의 1퍼센트의 절반도 안 되는 금액이다. 게다가 이것은 반드시 양자택일이어야 하는 비교도 아니다. 라디오에서 노래를 들은 사람들은 해당 노래를 스포티파이에서 스트리밍으로도 들을 가능성이 더 높기 때문이다. 만일 800만 명의 청취자가 스포티파이에서 그 노래를 스트리밍하면(개연성이 전혀 없는 얘기가 아니다) 150파운드가 아니라 4만 파운드가 아티스트와 작곡자에게 지불된다. '괜찮다'고 할 만한 수준이다.

〈도표 1-5〉가 보여주는 이용의 단계적 분류는 이 점을 상기시킨

다. 라디오 청취는 인터랙티브 스트리밍보다 더 수동적이다. 청취자는 라디오에서 틀어주는 대로 들어야 한다. 디제이의 음악 취향이 당신 마음에 들지 않아도 어쩔 수 없다. 반면 스트리밍 서비스에서는 노래가 마음에 들지 않으면 건너뛸 수 있고 30초 이내에 건너뛰면 아티스트에게 저작권료가 발생하지 않는다. 청취자 입장에서는 라디오보다 스트리밍 서비스가 더 이점이 많다.

스트리밍의 '청취자당 가치'를 비판하는 이들은 이용의 단계적 분류에 담긴 미시 경제학적 측면을 간과했다. 즉 자신이 판매하는 재화에 대한 통제권을 가지려면 그만큼 대가를 치러야 한다는 점 말이다. 스트리밍 서비스와 CD 판매를 비교할 때 후자의 경우 우리는 해당 CD가 얼마나 자주 재생되는지 파악할 길이 없다. 종이책을 구매한 소비자가 그것을 실제로 읽었는지 아닌지 알 수 없듯이 말이다. 스트리밍과 라디오를 비교할 때는 가치의 총합이 아니라 각 청취자의 단위당 가치에 주목해야 한다. 라디오는 불특정 다수를 향하는 방식인 반면, 스트리밍은 특정 대상들에게 서비스를 제공한다. 스트리밍은 사용자들을 개별적으로 측정할 수 있다.

20년의 여정을 지나온 현재 시점에서 보면 음악 산업이 완벽한 비전을 제시한다고 생각될 수도 있다. 스포티파이와 음악 스트리밍 서비스의 성공을 목격한 많은 이들은 다른 업계에서도 그런 성공을 재현하기가 쉬울 것이라고 생각한다. 하지만 물론 그렇게 간단하지는 않다. 사람들은 종종 말한다. "다른 산업도 다들 '스포티파이처럼' 하면 되지 않는가?" 지적 재산을 다루는 다른 업계들도

'뷔페식' 모델을 도입하면 음악 산업처럼 두 자릿수 성장률을 달성할 수 있는 것 아닌가? 하지만 낡은 모델에서 새 모델로 옮겨 탈 때 자신감을 얻기 위해서는 특정 산업의 거시 경제학 및 미시 경제학적 측면을 철저히 따져봐야 한다. 이는 결코 쉬운 문제가 아니다. 그리고 우리는 음악 산업이 지나온 여정에서 빼놓아서는 안 될 중요한 요소 하나를 아직 살펴보지 않았다. 바로 문화의 역할이다.

우리는 어째서 각 나라마다 음악 산업의 변화가 다른 속도와 다른 방식으로 일어났는지 그 문화적 이유를 들여다볼 필요가 있다. 스웨덴과 독일은 가장 대조적인 두 사례에 해당한다. 전자는 가장 먼저, 후자는 가장 늦게 움직인 나라다. 스웨덴(그리고 이웃국인 노르웨이)은 스트리밍의 탄생지라고 할 수 있다. 스웨덴과 노르웨이는 신기술을 누구보다 빠르게 수용하는 나라로 유명하다. 노르웨이는 2017년 아날로그 방식인 FM 라디오 방송을 모두 디지털 방송으로 전환한 세계 최초의 국가가 됐다. 또 스웨덴은 이미 현금을 거의 사용하지 않는 사회가 됐으며 앞으로도 계속 정책을 추진해 향후 현금을 완전히 없애는 최초의 나라가 될 것이다.

음악 분야에서도 비슷한 트렌드가 나타났다. 스웨덴은 일찌감치 불법 다운로드가 발달한 나라였다. 유토렌트(uTorrent), 파이러트베이(The Pirate Bay), 카자(Kazaa) 등 대표적인 불법 파일 공유 사이트들을 만든 것도 스웨덴인이었다. 사실 이런 사이트를 만든 엔지니어 중 다수는 '밀렵꾼'에서 '사냥터 관리인'으로 변해 스포티파이 설립에 중요한 역할을 했다. 합법적이면서도 불법 사이트보다 더 나은 무언가를 창조하려는 입장에서는 가장 유명한 불법 사이트를 만든 인재들을 고용하는 것이 효과적이니까 말이다. 구글의 수석 경제학자이자 《정보가 지배한다(Information Rules)》의 공저자인 할 바리안(Hal Varian)은 미래 전략을 세우는 간단한 원칙을 이렇게 제시했다. "미래를 예측하고 싶다면 현재 부자들이 갖고 있는 것을 본 후 그것을 기준으로 가늠하라." 나는 이렇게 말하고 싶다. "스웨덴이 무엇을 하고 있는지 본 후 그것을 기준으로 방향을 잡고 발전시켜라."

나는 스웨덴이 신기술에 대한 빠른 수용력을 지닌 것이 이 나라의 문화가 낳은 결과물이라고 생각한다. 자유 시장 경제학에서는 사회 안전망을 제거함으로써 기꺼이 모험을 감수하는 기업가정신 문화를 촉진해야 한다고 말한다. 넘어질 때 자신을 잡아줄 안전망이 없어야 사람들이 기업가정신을 더 발휘한다는 논리다. 안전만 추구하면서 국가에 의존하는 대신 리스크를 감수하고 창업을 시도한다는 것이다. 이런 사회에서 부자와 빈자의 격차가 벌어지는 것은 리스크를 감수하는 태도와 상관성을 지닌다. 승자는 일단 성공하면 많은 것을 얻게 되니까 말이다.

하지만 스웨덴을 보면 그 반대 역시 효과적일 수 있다는 생각이 든다. 스웨덴은 탄탄한 사회 안전망을 갖췄지만 그렇지 않은 나라들에 결코 뒤지지 않는 기업가정신이 꽃피고 있다. 스웨덴은 부모의 출산 휴가를 확실히 보장하는 정책으로 유명하며 부모가 일터로 복귀한 후에도 양육과 관련된 충분한 지원을 받을 수 있다. 또한 이 나라에서는 근로자들에게 일하지 않을 기회를 제공해준다. 즉 노동법에 근거해 근로자가 안식 휴가를 쓰면서 학업이나 창업을 위해 그 시간을 활용할 수 있다. 창업이 실패하더라도 원래 다니던 회사의 자리로 돌아가면 된다.

파괴적 혁신을 통해 피벗하기 위해서는 더 많은 사회 안전망이 실제로 더 많은 모험적 시도를 낳을 수도 있다는 사실을 알아채는 일이 필요하다. 그리고 소득 불평등이 낮은 편인 스웨덴에서는 상대적으로 더 많은 사람이 리스크를 감수할 여력이 되므로 새로운 아이디어가 임계점에 도달할 가능성이 더 크다.

스웨덴 사람들은 2009년부터 스포티파이의 스트리밍 서비스에 본격적으로 빠져들기 시작했다. 냅스터가 미국에 등장한 지 꼭 10년 되는 때였다. 2010년 9월 기준으로 스포티파이 이용자는 1,000만 명을 돌파했다. 음반사와 퍼블리싱 회사들에게 스웨덴은 글로벌 음악 산업의 희망을 보여주는 나라였다. 다른 나라들의 음악 산업은 절망적인 침체에 빠져 있는 동안 이 나라에서만 수익이 증가하고 있었다. 2012년 스웨덴은 낡은 줄기에서 새 줄기로의 이동을 완료한 상태였다. 스웨덴 음악 시장 수익의 60퍼센트가 스트리밍에서 나오고 있었다.

같은 해인 2012년 스포티파이는 독일에 진출했다. 당시 독일의 음악 시장은 여전히 CD 판매가 4분의 3을, 다운로드가 나머지 대부분을 차지하고 있었다. 스웨덴의 일부 음반사들은 CD라는 물리적 상품 시장에서 완전히 발을 뺐지만 독일 음반사들은 CD의 변함없는 수요를 통해 돈을 벌었다. 독일은 유럽에서 CD라는 낡은 줄기를 가장 오랫동안 붙잡고 있었던 시장이다. 이런 트렌드는 비단 음악 분야만의 얘기가 아니었다. 대부분의 주요 서구 시장에서 워터스톤즈(Waterstones), 반스 앤드 노블(Barnes & Noble) 같은 대형 오프라인 서점들이 아마존에 밀리고 있을 때도 독일 사람들은 여전히 그들의 대형 서점인 탈리아(Thalia)에서 책을 샀다. 심지어 독일에서는 2011년까지도 가정용 DVD가 꾸준히 판매됐다. 북런던의 중고품 가게들에서는 DVD를 아예 받아주지도 않았는데 말이다.

독일에서는 여전히 신문이란 종이에 활자를 인쇄한 물리적 상품을 의미한다. 반면 대부분의 다른 나라에서는 뉴스를 소비하는 통로가 이미 스마트폰과 아이패드로 이동했다. 최근인 2018년에도 독일 공항에서 택시를 타면 운전기사가 현금만 받았다. 스웨덴에 있는 대부분의 택시 기사는 카드만 받던 시기였다.

스웨덴과 독일의 서로 다른 시장 변화 양상을 살펴보는 효과적인 방법 하나는 어드레서블(addressable, 고유성을 뜻함. 전화기 두 개 사용자를 두 명으로 간주해서는 안 됨)하고, 스마트폰을 사용하며(블랙베리 폰은 제외), 금융적 포괄성을 지닌(직불카드나 신용카드를 소유한) 인구의 비율을 보는 것이다. 어쨌든 스마트폰이나 신용카드가 없는 사람은 스트리밍 서비스를 구독할 가능성이 거의 없다.

시장 조사 업체 옴디아(Omdia)는 스포티파이 서비스 출범 이후 두 나라의 어드레서블 마켓(유효 시장 규모)을 계산했다. 〈도표 1-6〉을 보면 스포티파이가 독일에 진출한 2012년 스웨덴 국민의 거의 절반이 '어드레서블' 소비자(스마트폰과 직불카드 또는 신용카드를 소유함)였던 반면, 독일에서는 국민의 불과 25퍼센트만이 위의 세 조건을 만족했다. 지리적 위치와 경제적 풍요도가 비슷한 두 나라 치고는 상당히 큰 차이다.

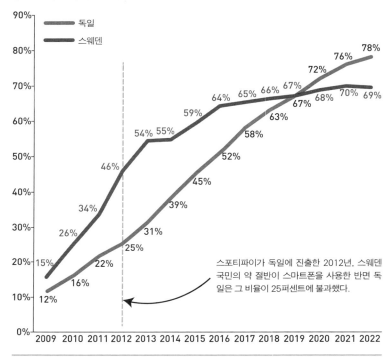

〈도표 1-6〉 전체 국민 대비 비율로 나타낸 총 유효 시장 규모

독일
스웨덴

12%, 15%, 16%, 22%, 26%, 25%, 31%, 34%, 39%, 45%, 46%, 52%, 54%, 55%, 58%, 59%, 63%, 64%, 65%, 66%, 67%, 67%, 67%, 68%, 70%, 72%, 76%, 69%, 78%

스포티파이가 독일에 진출한 2012년, 스웨덴 국민의 약 절반이 스마트폰을 사용한 반면 독일은 그 비율이 25퍼센트에 불과했다.

2009 2010 2011 2012 2013 2014 2015 2016 2017 2018 2019 2020 2021 2022

출처: 옴디아

그러나 2019년이 되자 독일은 스웨덴을 따라잡았다. 국민의 3분의 2가 어드레서블 소비자가 된 것이다. 독일은 '늦게 수용하지만 확실하게 따라잡는' 문화를 보여준다. 남들보다 늦게 움직이는 이들도 빠르게 트렌드를 따라잡을 수 있는 것이다. 타잔 경제학은 우리에게 이 점을 생각해보게 한다. 한 나라가 도약을 위해 새로운 줄기를 붙잡아야 할 때를 알려주는 지표가 무엇일까? 그것은 스트리밍에 대한 수요인가? 스마트폰 보급률인가? 아니면 문화적 환경이 더 중요한가? 어떤 시장은 다른 시장보다 더 천천히, 뒤늦게 새 줄기를 향해 움직인다. 그러나 그들도 결국 낮은 줄기를 놓는 방법을 깨닫는다.

음악 산업의 관점에서 본 세계화

현재 음악 산업은 다시 성장세에 돌입해 많은 업계의 부러움을 사고 있다. 전 세계 음반 산업 매출은 2019년 200억 달러를 넘어섰으며 현재는 2001년의 최고점보다 불과 약 14퍼센트 낮은 상태다. 저작권 관리 단체와 퍼블리싱 회사들의 수입을 모두 포함한 음악 저작권의 글로벌 가치는 2018년 300억 달러를 넘어섰으며 이는 사상 최고치다. 음악 산업의 미래는 밝으며 그 시장은 전 세계다. 지구에는 76억 명이 살고 있고 그중 음악을 싫어하는 사람은 별로 없다. 앞으로 이 산업의 미래는 어떻게 펼쳐질까?

고전 경제학에 따르면 자본의 한계 생산성으로 인해 가난한 나라는 부유한 나라를 따라잡게 되어 있다. 신흥 경제국은 자본 1달러를 투자했을 때 부유한 선진국의 경우보다 산출량 증가분이 더 많기 때문이다. 이 논리는 두 가지 이유에서 논쟁의 여지가 있다. 첫째 실제로는 꼭 그렇지 않을 수도 있으며, 둘째 심지어 반대 현상이 나타날 수도 있기 때문이다. 즉 세계화가 진행될수록 자본과 노동의 자유로운 이동이 가능해지면서 부국이 빈국과의 격차를 더 벌릴 수 있다.

음악 산업이 어느 업계보다 먼저 디지털 파괴의 격랑기를 성공적으로 헤쳐 나올 수 있었던 것은 음악과 소비자가 국경에 구애받지 않

스포티파이가 미국에 진출한 2011년 이후 전 세계 음반 산업 매출은 20퍼센트 증가했으며 그중 미국이 차지하는 비율은 약 4분의 1에서 3분의 1 이상으로 증가함.

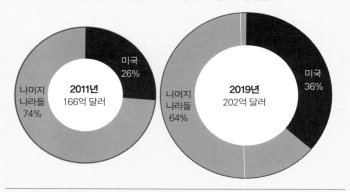

미국
26%

나머지
나라들
74%

2011년
166억 달러

미국
36%

나머지
나라들
64%

2019년
202억 달러

출처: IFPI

는 스트리밍의 세계화 덕분이었다. 그렇다면 글로벌 산업의 세계화가 진행되어 미국이 차지하는 비중이 줄어들어야 할 것 같다. 하지만 그 반대 현상이 일어났다. 스포티파이가 미국에 진출한 2011년 이후 전 세계 음반 산업 규모는 더 커졌고(20퍼센트 증가) 미국이 차지하는 비중도 더 높아졌다(4분의 1에서 3분의 1 이상으로 증가).

이런 현상에는 쉽게 추정 가능한 몇 가지 원인이 있다. 우선 미국은 세계 최대 시장이며 그동안 빠른 속도로 성장해왔다. 환율도 한 요인이었을 것이다. 2011년 이래 주요 통화들에 대한 달러화 강세가 지속됐기 때문이다. 그리고 일본 시장의 침체(여전히 스트리밍 이용자보다 CD 구매자가 훨씬 많은 일본은 지난 4년 동안 음반 시장 매출에 큰 변화가 없었다)도 음악 산업에서 미국이 헤게모니를 갖는 데 일조했을 것이다. 그러나 경제학 관점의 분석에는 한계가 있으며 문화적 요인이 더 많은 것을 말해줄 수도 있다.

쉽게 눈에 띄지 않는 다른 원인은 이것이다. 스트리밍 곡의 종류에는 국적의 제한이 없으며 미국은 그 어느 곳보다도 다양한 문화가 공존하는 나라다. 미국에는 아시아인, 아프리카인, 남미인 등 수많은 인종이 살고 그들은 케이팝, 아프로비트, 레게톤을 비롯한 세계의 다양한 음악을 스트리밍으로 듣는다. 이는 곧 세계화가 국경을 넘어서뿐만 아니라 국경 안에서도 일어나고 있다는 의미다. 한 나라가 내부적으로 세계화되어 있을수록 세계화에서 더 많은 이득을 얻는다(즉 미국은 가장 세계화된 나라이므로 다른 나라들보다 더 큰 이익을 얻어왔다).

음악 산업은 탄광 속의 위험을 제일 먼저 알려주는 카나리아 같은 존재였다. 그러나 낡은 줄기를 놓는 것에 대한 두려움을 밀어내는 법을 스스로 깨달았으며, 스트리밍이라는 새로운 줄기를 용기 내어 붙잡고 회복의 여정에 시동을 걸었다. 그리고 이제 다른 모든 업계의 부러움을 사고 있다. 음악 산업이 먼저 회복을 시작한 것은 먼저 타격을 받았기 때문이다. 그것은 누군가 고의로 가한 타격이 아니었다. 1990년대 말 인터넷은 무섭게 물이 불어 수위가 올라가는 강과 같았다. 그 강이 만들어내는 홍수는 덮칠 대상을 가리지 않았다. 음악 산업이 다른 산업들보다 먼저 직격탄을 맞은 것은 판매하는 재화의 성격이 (비배제적이고 비경합적인 것으로) 변화했던 탓이다. 인터넷 대역폭이 증가할수록 강의 물살은 더 거세졌다. 현재 너나 할 것 없이 모두가 발밑에 차오르는 강물을 느끼고 있다(코로나

19의 여파를 감내해야 하는 상황이기에 특히 더 그렇다). 이제 우리 모두 낡은 줄기를 놓을 때를 결정해야 한다.

음악 산업은 싸움을 멈추고 나서 비로소 전쟁에서 승리했다. 오히려 적군의 강점을 끌어안아 이용한다는 전략을 택하지 않았더라면 불법 다운로드를 무찌르지 못했을 것이다. 거시적, 미시적, 문화적 관점을 충분히 활용한 덕분에 이 업계는 낡은 줄기를 버리고 도약할 수 있었다. 단순히 매출이 아니라 사용자 범위 면에서 말이다. 그 과정을 이해하면 당신도 자신이 처한 딜레마를 직시하는 데 도움이 될 것이다. 다음 줄기로 건너 탈 자신감을 키울 수 있을 것이다. 현재의 줄기에 너무 오래 매달려 있으면 상황만 악화될 뿐이라는 사실을 인정할 자신감 말이다.

'먼저 겪고 먼저 회복한' 음악 산업이 걸어온 길을 뒤따를 산업들이 도처에 존재한다. 현재 많은 업계가 발밑에서 차오르는 강물을 느끼고 있다. 신문, 영화, 공영방송 등 미디어 산업도 낡은 줄기를 붙들고 있다. 과연 우리가 앞으로도 '매표소'나 '종이 신문' 같은 표현을 계속 쓰게 될까? 공영방송 프로그램에 유튜브 영상이 사용된다면 누구를 공영방송의 주체라고 봐야 할까?

차오르는 강물은 미디어 분야만의 얘기가 아니다. 금융 업계는 블록체인이라는 신기술을 불안한 눈으로 주시하고 있으며, 여러 정부 기관은 자신을 둘러싼 디지털 파괴를 이해하고 그에 대응할 방법을 찾으려 고군분투하고 있다. 타잔 경제학은 우리 사회 곳곳에서 힘을 발휘한다. 낡은 줄기를 버려야 함을 인정하고 낯선 것에 대한 두려움을 극복해야 할 이들이 아직 너무나도 많다. 음악 산업의 여정에서 보았듯 거기에 필요한 자신감을 얻기가 그리 어렵지 만은 않다.

우리는 모두 각자만의 냅스터 순간을 앞두고 있다. 타잔 경제학 은 터널 끝에 이르면 빛이 있다는 확신으로 어둠을 응시할 자신감 을 준다. 디지털의 강점과 전술을 활용함으로써 디지털 파괴에 맞 설 수 있다는 자신감 말이다. 하지만 그것이 싸움의 전부는 아니다. 음악 산업은 또 다른 전쟁도 마주해야 했다. 갈수록 희소해지는 사 람들의 시간과 주의력을 차지하려는 상인들이 벌이는 전쟁이다.

2
___
주의력 경제학

스웨덴 사람들은 타고난 얼리어답터다. 남보다 먼저 시도하는 것을 본능적으로 즐긴다. 그들은 먼저 불법 다운로드 시장을 개척했고, CD를 먼저 없앴고, 합법적 스트리밍을 먼저 시작했고, 이제는 어느 국가보다도 먼저 현금을 없애는 정책을 진행 중이다. 또한 그들은 코러스에도 먼저 도착했다. 스웨덴에서 스트리밍이 성장하기 시작하자 두 가지 현상이 나타나기 시작했다. 즉 노래가 짧아지고 코러스가 앞쪽으로 이동했다.

내가 이것을 처음 알아챈 것은 2012년 스톡홀름에 있는 스포티파이 본사에 들어선 때였다. 스웨덴 출신의 세계적인 디제이 겸 프로듀서 아비치[Avicii, 본명 팀 베릴링(Tim Bergling)]의 음악이 로비에 틀어져 있었는데 첫 부분부터 나를 사로잡았다. 당시 아비치는 스포티파이 내에서 굉장히 핫한 뮤지션이었다. 스포티파이와 아비치 둘 중 하나가 세계적으로 폭발적인 인기를 얻게 되면 나머지 하나도 그 기세에 올라타 함께 대박이 날 것이라는 기대감이 있었다. 아비치의 노래들은 귀에 쏙쏙 들어와 꽂혔다. 초반부터 코러스로 듣는 이를 확 사로잡아 놔주지 않았다. 시작 부분부터 강렬한 인상을 주는 노래는 내게 조금 낯설었다.

큰형의 아이바네즈(Ibanez) 기타를 몰래 훔치는 데 성공한 것(그마저도 한 대 맞은 뒤 이자까지 쳐서 돌려줘야 했다) 말고는, 기타와 관련해 딱히 성공적인 업적이 없는 내가 들으며 자란 노래들은 구조가 달랐다. 다시 말해 곡이 시작되면 점점 클라이맥스로 가면서 벌스(verse)와 코러스가 교대로 반복되고 기타 솔로가 나온 후 다시 코러스로 절정에 올랐다가 노래가 잦아들면서 끝나는 형식이었다. 데즈먼드 차일드(Desmond Child)와 존 본 조비(Jon Bon Jovi), 리치 샘보라(Richie Sambora)가 함께 만든, 본 조비(Bon Jovi)의 1986년 노래 "리빙 온 어 프레어(Livin' on a Prayer)"가 그런 전형적 구조의 명곡이었다(물론 지금도 명곡이다). 4분 9초짜리 이 노래는 본 조비 노래들의 표준과도 같다. 수천 명의 팬들로 꽉 찬 공연장에서 이 록밴드는 머나먼 지평선의 까만 점처럼 보였지만, 그럼에도 절정에 치달은 마지막 코러스 부분을 다 함께 부를 때면 밴드와 팬들이 하나 되는 친밀감이 형성됐다. 노래를 부르는 주인공이 뮤지션이 아니라 관객이라 해도 과언이 아니었다.

그 코러스가 매우 효과적인 까닭은 노래의 3분 23초 지점에서 조가 바뀌기 때문이다. 전문 용어로 말하면 '전조(modulation, 轉調)'

다. 보컬이 이 지점에서 앞에 나온 코러스보다 키를 높여 부르기 시작한다. 그리고 이 전조는 음악을 듣고 있는 사람의 균형을 갑자기 무너트리면서 곡에 입체감을 만들어내는데, 여기에는 절묘한 타이밍이 한몫한다. 벨몬트대학교의 토드 켐프(Todd Kemp)도 지적했듯, 네 박자가 아니라 갑자기 세 박자로 진행된 직후에 조가 바뀐 코러스가 이어진다.● 전조에 대해 좀더 쉽게 설명해보면 이렇다. 맥주를(싸구려 와인도 상관없다) 잔뜩 마신 후 노래방에서 "리빙 온 어 프레어"를 불러보라. 3분 23초 이후를 부르는 당신에게 친구들의 이목이 집중될지는 모르겠지만, 그 최악의 조 바꿈 구간부터는 안 올라가는 목소리로 발악하는 당신을 보고 다들 짜증 난 얼굴을 손으로 가린 채 밖으로 나가버릴 것이다. 그리고 거기에 포인트가 있다. 요즘 많은 노래는 3분 23초 안팎에서 끝난다.

노래가 점점 짧아지고 있다. 디지털 뉴스 미디어 〈쿼츠(Quartz)〉의 댄 코프(Dan Kopf)는 2013년에서 2018년 사이 빌보드 핫 100 차트에 오른 곡들의 평균 길이가 약 3분 50초에서 약 3분 30초로 짧아졌다고 지적했다. 2018년 히트곡들의 6퍼센트는 2분 30초 이하였다. 힙합에서 컨트리 음악에 이르기까지 장르에 상관없이 전반적으로 곡 길이가 짧아지는 추세다.●●

코러스는 더 빨리 등장하고 있다. 〈이코노미스트〉와 〈빌보드〉의 분석은 그 확연한 추세를 보여준다. 과거에는 첫 15초 안에 코러스

● 토드 A(Todd A), "훌륭한 조 바꿈의 곡, '퍼펙트 일루전'(The Perfect Illusion of a well-executed key change)", 〈미디엄(Medium)〉, 2016년 9월.
●● 댄 코프, "스트리밍의 경제학이 노래 길이를 줄인다(The economics of streaming is making songs shorter)", 〈쿼츠〉, 2019년 1월 17일.

2. 주의력 경제학

가 나오는 히트곡 비율이 10~20퍼센트 정도였다. 2018년 이 수치는 40퍼센트로 높아졌으며 이런 추세가 약해질 기미는 거의 보이지 않는다. 〈이코노미스트〉는 숀 멘데스(Shawn Mendes)의 "세뇨리타(Señorita)"를 대표적 예로 들었다. 이 노래는 시작 후 15초 안에 코러스가 시작되며 이 코러스는 전체 3분 10초 동안 반복적으로 나온다.●

　이런 트렌드를 보면 이런 생각이 든다. 이제 작곡가 지망생들은 사람들의 주의력 지속 시간이 3분 23초보다 길어지게 해 달라고 본 조비 노래 가사처럼 '기도에 의지해야(livin' on a prayer)' 하는 건 아닐까. (음악 팬으로서는 조금 걱정스러운 트렌드다. 그런데 곡 길이가 짧아진다고 해서 키가 높아진 구간을 부르느라 창피해지는 횟수가 줄어드는 것은 아니다!)

　어째서 이런 변화가 생겼을까? 그 답을 찾으려면 '주의력 경제학'을 살펴볼 필요가 있다. 이 용어를 둘로 쪼개 먼저 '주의력'부터 보자. 사운드라운지(Soundlounge) CEO 루스 시먼스(Ruth Simmons)는 피어뮤직(peermusic)의 나이절 엘더튼(Nigel Elderton)과 더불어 1980년대 TV 광고에 음악을 활용한 전략의 선구자였다. 시먼스는 주의력 지속 시간의 미래에 대한 힌트를 현재의 아이들에게서 찾는다. 그녀는 아이들의 주의력을 붙잡아두는 지속 시간에 따라 마케팅 성과를 세 단계로 구분한다. 약속 전달(5초), 기대감 조성(15~20초), 긍정적 브랜드 이미지 형성(30초 이상)이 그것이다. 요컨대 광고를 보는 시청자가 다른 곳으로 주의를 돌리기 전에 약속을 제시하고,

●　"스트리밍의 경제학이 대중가요를 변화시킨다(The economics of streaming is changing pop songs)". 〈이코노미스트〉. 2019년 10월.

기대감을 불어넣고, 긍정적 이미지를 형성시키기 위해 브랜드 판매자에게 주어진 시간은 길어야 30초다. 유명 작곡가 크리스핀 헌트(Crispin Hunt)는 음악에서 느끼는 즐거움이 인지의 문제와 관련된다고 말한다. 즉 노래는 멜로디를 특정한 방식으로 완성한 결과물이고 그것을 반복해서 들으면 뇌에서 엔도르핀이 분비된다. 시먼스와 헌트의 말을 종합해보면 노래 앞부분에 코러스를 넣는 것은 청취자의 주의력이 아직 분산되지 않은 30초를 가장 효과적으로 활용하는 전략이라는 얘기가 된다.

주의력 경제학의 나머지 부분은 '경제학'이다. 노래가 30초 이상 재생돼야 저작권료가 발생한다면 초반부터 청취자를 사로잡아 30초 이상 듣게 만들어야 한다. 게다가 곡이 길어진다고 그만큼 저작권료를 더 받는 것도 아니라면 곡을 짧게 만들 동기는 충분해진다. 청취자의 주의력 지속 시간은 한정돼 있으므로 그 작은 틈에 최대한 많은 곡을 집어넣는 것이 최선이다. 따라서 영리한 작곡가들은 예전보다 곡을 짧게 만든다.

이처럼 산업의 구조가 음악 창작물에 영향을 미치는(즉 주객이 전도된) 현상은 과거에도 있었다. 과거 축음기로 구동하는 음반에 담을 수 있는 음악은 겨우 2~3분이었다. 푸치니(Puccini)는 일부러 축음기용 78회전 음반의 한 면에 들어갈 수 있도록 3분이 넘지 않는 아리아를 작곡하곤 했다. 그렇게 보면 푸치니는 최초의 대중적인 작곡가였던 셈이다. 엘더튼은 1950년대 말과 1960년대 초 미국 대중가요의 평균 길이가 2분 30초로 줄었다고 설명한다. 당시 마피아가 미국 곳곳의 주크박스 사업을 소유 및 관리했는데, 이들이 기계 한 대당 수익을 높이기 위해 노래 길이를 2분 30초 이하로 제한하길 요구했다는 것이다.

소비자의 주의력을 조금이라도 더 끌어오기 위해 결과물을 변화시키고 있는 분야는 음악뿐만이 아니다. 넷플릭스나 유튜브의 광고주들과 많은 소셜 미디어 플랫폼에서도 비슷한 전략을 택하고 있다. 그 어느 때보다 경쟁이 치열한 미디어 환경에서 '주의력 상인'들은(뒤에서 다시 살펴본다) 우리의 주의력을 확보하기 위한 새로운 도구들을 개발해왔다. 심지어 우리가 주의력을 빼앗기고 싶지 않을 때도 말이다. A&R 전문가이자 게펜 레코드(Geffen Records) 전 CEO인 닐 제이콥슨(Neil Jacobson)은 다른 모든 주의력 분산 요소가 차단되는 상황을 가정할 경우 "개인의 분할되지 않은 주의력의 가격은 얼마일까?"라는 질문을 던진다. 뒤에서 살펴보겠지만 가상현실(VR)이 그 답을 찾아내는 과정의 선두에 있다.

10여 년 전 스포티파이 건물 로비에서 처음 들은 아비치 노래가 지금도 생생히 기억나는 이유를 이제 나는 잘 안다. 그는 1989년생이었지만(안타깝게도 2018년 자살로 생을 마감했다), 1960년대 뉴욕의 수많은 뛰어난 작곡가의 둥지였던 브릴 빌딩(Brill Building)의 계단에 크게 적힌 오래된 슬로건 "지루하게 만들지 마라, 코러스를 등장시켜라"를 제대로 실천한 뮤지션이었다.

지루함은 과거에나 존재하던 무언가가 됐다. 스마트폰이 없던 시절 사람들은 무료한 여가 시간에 이제는 스마트폰이 대체해버린 온갖 물건 더미 너머로 창밖을 내다보곤 했다. 카메라, 하이파이 오디오, 팩스기, 텔레비전, 종이책이나 전자책 단말기, 라디오, 타자기, 녹음기, VCR 등. 방 안은 이런 물건들로 가득했다.

주의력을 쏟을 곳이 마땅치 않거나 심심할 때 우리는 창밖을 구경했다. 이제는 유리로 만든 커다란 창으로 밖을 내다보지 않는다. 대신 휴대폰을 쳐다본다. 지루함은 아예 우리의 선택지가 아니다. 우리의 주의력 대부분을 소진하는 그 기계는 주머니 또는 가방과 손바닥 사이를 끊임없이 왕복한다. 심지어 배터리가 닳아도 우리는 검은 유리 속에 있는 끝없는 콘텐츠의 바다로 잽싸게 다시 뛰어들려고 충전이 끝날 때까지 초조하게 스크린을 응시한다.

지금 같은 콘텐츠 전송 네트워크 구축이 힘들었던 시절에 미디어 회사들은 대중의 지루함을 이용해 자기네 상품의 가치를 높였다. 음반 회사는 아티스트에게 엄격히 정해진 음반 발매 일정을 따르라 요구했고, 텔레비전 채널은 24시간 방송하지 않는 경우가 많았다. 요즘은 우리의 희소한 주의력을 서로 차지하려는 세력이 너무 많아서 지루함을 느낄 틈이 없다. 지루함은 과거의 유물이 됐다. 디지털 기술은 미디어 분배의 수요-공급 역학을 완전히 바꿔놓았다. 지루함의 과잉에서 주의력의 결핍으로 말이다.

이 점을 잘 아는 주요 기술 플랫폼들은 사람들이 의식하지 못하는 새에 그들의 주의력을 확보하는 전략을 쓴다. 예컨대 유튜브의 자동 재생 기능은 시청 중인 동영상이 끝나면 다음 추천 동영상이 계속 재생되게 한다. 사용자의 시청 시간이 계속 길어질 수밖에 없다. 인스타그램 스토리는 최신 순으로 게시되기 때문에 자신이 팔로우하는 계정의 새 게시물을 확인하려면 앱을 계속 열어야 한다.

트위터와 페이스북은 무한 스크롤이 적용돼 있어 링크와 동영상, 포스트를 끝없이 볼 수 있다. 이런 콘텐츠의 양은 무한하지만 우리의 주의력은 그렇지 않다. 자주 인용되는(그리고 강한 반박을 받은) 마이크로소프트의 2015년 연구 결과에서는 디지털 생활 방식으로 인간의 주의력 지속 시간이 금붕어보다도 못한 8초로 줄었다고 발표했다.[●] 이 악명 높은 연구는 대부분의 금붕어 수명보다 긴 시간 동안 생명을 유지하고 있고, 연구 발표 시점 이후 아마 사람들의 주의력 지속 시간은 더 짧아졌을 것이다.

우리는 주의력을 사유재라고 느끼기 쉽다. 희소성과 배제성을 지니는 것, 우리의 통제 하에 있는 것이라고 말이다. 하지만 그렇지 않다. 팀 우(Tim Wu)는 이와 같은 점을 저서 《주목하지 않을 권리》에 훌륭하게 설명했다. 그는 주의력 상인들이 사람들의 주의력을 강탈해왔다고 말한다. 주의력을 비배제적인 것으로 만들고 희소성을 증가시켰으며 사람들이 통제할 수 없는 것으로 만들었다고 말이다. 저마다 사람들의 주의력을 독차지하려고 애쓰는 수많은 플랫폼은 주의력이라는 자원이 고갈될 때 생기는 문제들을 생각하지 않는다. 스마트폰이나 컴퓨터를 너무 오래 들여다볼 때 어떤 상태가 되는지 떠올려보라.

우리의 주의력이 얼마나 희소해졌는지 이해하기 쉽도록 화석 연료에 비유해보자. 우리는 석유가 희소한 자원이라는 사실을 잘 알지만 얼마나 희소한지는 모른다. 이에 대한 추정 이론은 과거부터

● 앤드루 리틀필드(Andrew Littlefield), "당신의 주의력 지속 시간은 금붕어와 같지 않다(No, you don't have the attention span of a goldfish)", 〈세로스(Ceros)〉, 2019년 1월.

계속 있었지만 그 이론들은 새로운 발견이 등장할 때마다 의미 없는 것이 되곤 한다. 1919년 미국지질조사국 수석 지질학자 데이비드 화이트(David White)는 "석유 생산이 3년 내에 정점을 지날 것으로 예측된다"고 썼다. 석유 생산 속도가 최고점에 올랐다가 이후 급격히 감소한다는 '피크 오일(peak oil)' 이론은 여전히 논란의 대상이다. 석유 생산이 최고에 이르는 시점을 두고 지금껏 의견이 일치한 적이 없다. '피크 오일'에 반론을 제기하는 이들은, 부분적으로는 기술 발전 덕분에 현재 우리가 세계의 석유 매장량 정보를 과거 어느 때보다 많이 갖고 있으며 더 많은 석유를 더 빠른 속도로 발견하고 있다고 주장한다. 석유는 분명 희소한 자원이다. 그러나 얼마나 희소한지는 정확히 모른다. '피크 오일'이 아닌 '피크 주의력'도 이와 유사하다. 우리는 주의력이 희소한 자원이라는 점은 알지만 얼마나 희소한지는 모른다. 혹자는 이제 주의력을 '강제 채굴'해야 하는 시대가 됐다고 말할지도 모른다.

지금 당신이 손에 들고 있는 물건을 예로 들어보자. 당신이 물리적인 종이책을 구매했다고 가정한다면 말이다. 당신은 이 책을 다읽는 데 걸릴 시간을 대충 예상할 수 있고, 이것을 읽는 동안에는 다른 일에 주의력을 거의 사용할 수 없다는 데 아마 동의할 것이다. 그러나 시간을 더 효율적으로 쓰면서 책 내용을 머릿속에 넣을 수 있는 방법이 있다. 오디오북이나 팟캐스트를 듣는 것이다.

책을 읽는 행위는 희소한 주의력을 소비시킨다. 이는 확실한 승자(당신이 주의력을 쏟는 대상)와 패자(그로 인해 주의력을 할당받지 못하는 다른 모든 대상)가 존재하는 제로섬 게임이 될 때가 많다. 하지만 다른 형태, 예컨대 오디오북이나 팟캐스트를 이용해 책을 소비하면 그런 제로섬 게임이 일어나지 않을 수 있다. 어떤 종류의 주의력 활동(눈으로 읽는 대신 귀로 듣는 것)은 다른 활동들(예: 조깅)과 결합해 동시에 진행할 수 있는 것이다.

좋은 책에 몰두하는 경우처럼 어떤 한 가지 활동에 집중해야 할 때 우리는 자신의 주의력이 제한적이고 희소하다는 사실을 떠올린다. 따라서 주의력을 의도적으로 신중하게 사용한다. 휴일이나 장거리 비행 동안 읽을 책을 고민해 선택하는 것처럼 말이다. 하지만 다른 종류의 주의력을 발휘할 때는(오디오북이나 팟캐스트 듣기) 사용 가능한 주의력의 양을 늘릴 수 있다. 귀로 들으면서 다른 일을 동시에 할 수 있기 때문이다.

이는 종이책만 읽는 경우보다 더 많은 책을 소비할 수 있게 된다는 의미다. 이 점을 인식한 출판 업계는 독자들에게 더 많은 기회를 제공할 수 있는 방향으로 피벗하고 있다. 디지털화는 출판사들을 위한 새로운 종류의 주의력을 채굴해냈고 그 결과 출판 비즈니스 모델에 급격한 변화를 만들어내고 있다.

주의력 측정의 역사를 들여다보면 기업들이 단순히 자신의 업계 안에서만 경쟁하지 않는다는 사실을 알 수 있다. 소비자의 한정된 시간을 가로채갈 가능성이 있다면 누구든 경쟁 대상이 된다는 얘기다. 만일 하나의 산업만 관찰하는 전통적 접근법을 취하면, 해당 산업 내에서의 시장 점유율만 측정할 뿐 소비자의 주의력을 채가려는 경쟁자가 사방에 존재한다는 사실은 놓치기 십상이다. 텔레비전 방송국은 다른 방송국들하고만 경쟁하는 것이 아니다. 책, 라디오, 보드게임, 음악, 컴퓨터 게임, 영화, 심지어 산책 같은 단순한 여가 활동도 모두 방송국의 경쟁 대상이다.

주의력 경제를 일종의 공유지로 본다면, 소비자의 주의력을 차지하려는 경쟁자 수가 과도하게 많아질 경우 공유지의 비극이 일어난다. 늘어난 콘텐츠와 치열한 경쟁이 결국 우리의 주의력을 고갈시키는 것이다. 그런데 이 비극은 새로운 종류의 경쟁이 나타날 가능성을 시사한다. 즉 더 많은 콘텐츠를 제공하려는 경쟁이 아니라 소비자가 자신의 주의력을 더 효과적으로 사용하게 돕는 경쟁 말이다. 놀랍게도 우리는 그 예를 아날로그 시대인 19세기에서 발견할 수 있다.

《허클베리 핀의 모험》을 비롯한 여러 소설로 유명한 마크 트웨인(Mark Twain)은 발명가이자 출판 사업가이기도 했다. 21세기의 디지털 문화가 넘쳐나는 콘텐츠를 만들어냈듯이, 19세기에는 철도와 저렴한 인쇄 공정이라는 신기술 덕분에 수많은 잡지, 카탈로그, 신문이 쏟아져 나왔다. 독자들에게는 엄청나게 늘어난 이들 콘텐츠를 정리하고 관리할 방법이 필요해졌고, 트웨인은 바로 이 지점에서 혁신을 만들어냈다.

트웨인은 접착제가 발라진 스크랩북을 개발해 특허를 받았다. 표처럼 칸들이 나뉘어 있어서 독자가 자신이 읽은 잡지나 신문의 기사를 '가정생활', '요리', '패션', '뉴스', '종교' 등 원하는 주제별로 오려 붙여 정리할 수 있는 책이었다. 그는 소비자 그룹별로 다양한 종류의 스크랩북을 만들었다. 작가, 어린이, 목사, 심지어 약

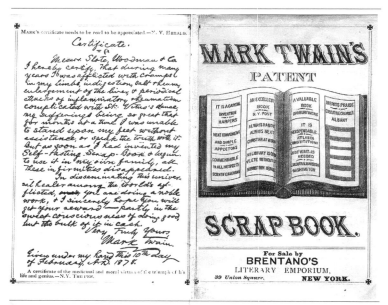

출처: '그 시절의 마크 트웨인(Mark Twain in His Times)' 프로젝트, 버지니아대학교
(https://twain.lib.virginia.edu)

제사용 스크랩북도 있었다. 그는 평생 스크랩북 특허로 5만 달러 넘게 벌었다. 이는 그가 쓴 모든 저서의 수익을 합친 금액의 4분의 1에 가까웠다.

스크랩북은 후대의 소셜 미디어와도 많이 닮아 있다. 블로거 (Blogger)를 비롯한 초기 블로그 사이트들은 트웨인의 스크랩북과 상당히 유사하다. 인터넷의 폭발적 성장과 함께 등장한 엄청난 양의 콘텐츠를 수집하고 게시하고 댓글을 달 수 있는 툴을 제공했기 때문이다.

최근 10년간 트위터와 페이스북 같은 서비스들은 그런 디지털 스크랩북을 글로벌 네트워크로 변화시켰으며, 이때 핵심 역할을 한 것은 사용자의 정보 수집 및 분류 활동이 아니라 사용자가 클릭하고 열람한 모든 정보에 대한 빅데이터를 토대로 만든 알고리즘이었다. 페이스북 뉴스피드를 떠올려보라. 요즘의 스크랩북은 단순히 수많은 콘텐츠를 관리하는 툴이 아니라 그 자체가 수많은 콘텐츠의 공급원이기도 하다. 마치 끈끈이 종이에 붙는 파리들처럼 거기에는 온갖 글과 헤드라인, 이미지와 동영상이 끝도 없이 올라온다.

트웨인의 스크랩북은 인쇄물이 넘치는 세상 속의 빈 공간이었다. 즉 관심을 쏟고 싶은 대상을 선택하고 정리할 수 있는 시간과 공간을 사람들에게 제공했다. 페이스북은 끝없는 콘텐츠로 이미 채워진 스크랩북과도 같아서 우리에게 멈춰서 생각할 기회를 거의 주지 않는다. 트위터는 우리의 주의력을 사유재에서 공공재로 바꿔버린다. 다른 이들이 우리의 주의력을 점유하고 소셜 미디어 플랫폼은 우리의 주의력을 이용해 수익을 창출한다.

만일 트웨인이 경제적 불균형(많은 양의 정보가 제한된 양의 주의력을 서로 차지하려고 경쟁하는 상황)을 알아채고 이를 기회로 이용해 스크랩북을 발명했다면, 그것은 주의력이라는 희소한 자원을 측정할 기준이 존재한 덕분이다. 미국 가정들에 책과 카탈로그, 신문을 보내는 회사들은 얼마나 많은 사람이 그 인쇄물을 구독하는지, 그것이 사람들의 주의력을 얻고 있는지, 아니면 쓰레기통으로 직행하는지 파악할 필요가 있었다.

청중의 주의력을 측정할 필요성은 트웨인 시대보다 훨씬 먼 과거에도 있었다. 내용물이 책 같은 물리적 물건에 담겨 유통되기 훨씬 전에도 말이다. 로마 제국에서는 주의력 측정이 중요했다. 로마의 지도자는 자신의 연설이 시민들에게 미친 영향력을 박수 소리를 기준으로 판단했다. 메건 가버(Megan Garber)는 "박수의 역사, 고대 세계의 빅데이터"라는 글에서 "정치인들은 무대에 입장할 때 자신이 받는 인사를 관찰함으로써 대중 사이에서 자신의 위치를 판단하곤 했다"고 설명한다. 영리한 지도자는 박수 소리(크기, 지속 시간, 패턴 등)에서 자신의 정치적 운명의 실마리를 읽어냈다. 가버는 "손 말고는 다른 수단이 없었을 때" 박수가 주의력을 측정할 유일한 방법이었다면서 이렇게 썼다.

—— 참여와 관찰이라는 속성이 동반되는 박수는 초기 형태의 매스미디어였다. 박수는 즉각적으로, 시각적으로, 청각적으로 사람들을 연결하고 사람들과 지도자를 연결했다. 박수는 민심을 분석하는 수단이었고 대중이 가진 친밀감과 욕구를 드러내는 통로였다. 질로 규정되는 개인 대신에 양으로 규정되는 대중이 중요해지는 행위였다. 그것은 데이터가 커지기 이전 시대의 빅데이터였다.•

19세기에는 박수의 중요성 때문에 그것을 직업으로 삼는 이들까지 등장했다. 이들 '박수 부대'는 극장 운영자에게 돈을 받고 공연 중간중간 박수를 치거나 웃거나 환호 지르는 일을 했다. 극장 운영

● 메건 가버, "박수의 역사, 고대 세계의 빅데이터(A Brief History of Applause, the 'Big Data' of the Ancient World)", 〈애틀랜틱(The Atlantic)〉, 2013년 3월 15일.

자에게는 관객의 뜨거운 반응이 무엇보다 효과적인 광고 수단이 었다. 박수와 환호로 가득한 공연장을 떠난 관객은 돌아가서 주변 에도 그 공연을 추천하며 입소문을 내기 때문이다. 박수 부대는 그 반응을 이용해(즉 주의력을 조작해) 관객들이 훌륭한 공연이라고 느끼 게 만드는 역할을 했다.

20세기 초 등장한 라디오는 주의력 측정과 관련된 새로운 문제 를 초래했다. 라디오 방송은 책이나 신문 같은 물리적 상품도 아 니고 연극이나 오페라, 영화처럼 사람들이 같은 장소에 모여 즐기 는 것도 아니었다. 청취자들이 각자 자기 집 거실에서 라디오를 들었으므로 방송국 입장에서 그들은 보이지도 들리지도 않는 청 중이었다.

작가이자 미디어 전문가인 맷 로크(Matt Locke)는 이것이 주의력 측정의 역사에서 중요한 의미를 갖는다고 설명한다. 라디오 방송 은 직접적인 피드백을 받을 통로가 없었고 방송국과 청취자 사이 에 물리적 연결 고리도 없었다. 로크의 말마따나 주의력을 측정할 새로운 방법을 찾는 일은 '보이지 않는 유령들'을 측정할 방법을 찾는 일과 같았다. 고맙게도 이 문제를 해결해준 인물은 아서 닐슨 (Arthur C. Nielsen)이었다. 그가 창업한 세계적인 시장 조사 기업은 100여 년이 지난 지금도 그의 이름을 사용한다. 닐슨은 측정의 중 요성을 누구보다 먼저 간파하고 거기에 몰두했다. 그는 훗날 닐슨 사를 물려받게 되는 아들에게 "숫자로 표현할 수 있어야 진짜 아는 것이다"라고 말했다고 한다. 라디오 방송국들은 자신의 프로그램 을 사람들이 많이 듣는다는 사실을 잠재 광고주에게 납득시킬 방법을 늘 찾고 있었다. 닐슨은 '오디미터(Audimeter)'라는 장치를 이용해 이 문제를 해결했다. 청취자가 라디오를 켜면 주파수와 시간을 자동으로 감지해 천천히 돌아가는 종이테이프에 기록하는 장치였다. 기록이 끝난 테이프는 닐슨 회사의 분석 팀으로 보내져 이를 토대로 방송국별 청취율이 집계됐다.

여기서 '문제를 해결'했다는 표현에는 맹점이 있다. 이 장치로는 라디오가 켜져 있는지 여부와 어느 채널을 듣고 있는지만 알 수 있을 뿐 청취자가 주의력을 쏟고 있는지 아닌지는 알 수 없었으니까 말이다. 그렇다 하더라도 청취율이 닐슨 같은 중립적 회사에 의해 집계된다는 사실은 방송국과 광고주 모두에게 중요했다. 닐슨은 양측 모두에게 비용을 지불받고 청취율 조사 서비스를 제공했지만 청취율 숫자에 이해관계를 갖고 있지 않았다.

이후 닐슨은 이 기술을 TV 시청률에도 적용했으며 그의 회사는 미국에서 시청률 조사의 대명사 같은 이름이 되었다. 그러나 기술 발전에 따른 방송계의 변화로 보이지 않는 시청자를 측정하는 닐슨의 방식도 변화가 불가피해졌다. 영상 콘텐츠 시청에 사용되는 형식과 기기가 급격히 바뀌고 종류도 증가하면서 시청률을 정확히 측정하기가 어려워졌다. 과거에는 대개 한 가구에 텔레비전이 하나였고 채널도 몇 개 안 됐지만 이제는 하루 중 어느 시간대든 다양한 플랫폼과 기기에서 수많은 영상을 시청할 수 있게 됐다.

이런 변화로 닐슨 같은 회사들이 주의력을 측정하는 일이 더 어려워졌다. 게다가 새로 등장한 미디어 주자들과 광고주들은 중립적이고 투명한 업체에 의지할 필요를 느끼지 못한다. 구글, 페이스북 등의 디지털 기술 플랫폼들은 사용자에게 어떤 콘텐츠가 노출될지 결정하는 알고리즘을 관리할 뿐만 아니라 사용자가 광고에 기울이는 관심도 측정한다. 이는 종종 '자기 숙제를 자기가 채점하는' 셈이라는 얘기를 들어왔지만, 그런 플랫폼들이 우리의 디지털 주의력을 워낙 막강하게 장악하고 있는 터라 광고주들도 별 이의를 제기할 처지가 못 된다.

페이스북은 2009년 2월 '좋아요' 버튼을 도입함으로써 이미 강력한 뉴스피드(마크 트웨인 스크랩북의 현대 버전이라 할 만하다)에 결정적인 주의력 지표를 추가했다. 기존의 주의력 측정 도구들은 사람들이 무엇을 얼마나 오래 보는지를 측정했지만, 해당 콘텐츠를 좋아하는지 여부를 측정하는 일은 훨씬 더 어려웠으며 이는 포커스 그룹을 활용한 조사가 필요한 부분이었다. '좋아요' 버튼으로 페이스북은 사용자가 어떤 콘텐츠를 보는지(다른 플랫폼의 동영상을 공유한 경우도)뿐만 아니라 그것을 어떻게 느끼는지도 파악할 수 있었다. 이는 하나의 미디어 회사로 인해 만들어진 가장 큰 규모의 청중을 속속들이 파악하게 해주는, 측정 지표의 강력한 조합이었다.

이로 인해 가능해진 청중 타깃팅 수준은 광고주가 꿈에 그리던 것이었다. 그런데 페이스북에는 '좋아요' 버튼만 있었던 것이 아니다. 2010년 페이스북이 그래프 API(Graph API)를 공개하자 제3의 외부 사업자가 페이스북 사용자 활동에 대한 정보에 접근하는 것은 물론이거니와 해당 사용자와 친구들의 활동이 어떻게 연결돼 있는지까지 알 수 있었다. 실제로 어떤 사람이 페이스북을 이용하지 않는다 해도 그 사람과 연결된 친구들의 데이터를 토대로 추정하면 그 사람에 대한 제법 그럴싸한 프로필을 만들 수도 있었다.

페이스북 신화의 스토리는 일련의 잘 알려진 스캔들로 빛이 바 랬다. 광고주들에게 잘못된 잠재 고객 예측치를 제공해 부당한 광 고 매출을 올린 일, 가짜 뉴스 확산의 주범이라는 오명을 쓴 일, 유 출된 개인 정보가 비도덕적인 제3자에게 판매된 일 등이 그것이다. 페이스북은 광고주가 엄청난 규모의 사용자와 맞춤화된 정보를 활 용할 수 있게 해주지만, 그 모든 데이터가 하나의 기업에 의해 통 제된다면 그 진실성을 독립적으로 평가하는 일은 불가능하다.

페이스북은 닐슨 같은 중립적 업체에 대한 의존을 없애고 주의 력 관련 지표를 광고주에게 직접 판매함으로써 전통적인 미디어 시장 모델과 결별했다. 그러나 닐슨 같은 중립적 업체가 있어야 주 의력 경제학이 공정하고 투명하게 유지될 수 있는 것인지도 모른 다. 페이스북의 모토는 "빠르게 움직이고 낡은 것을 파괴하라"였지 만 때때로 그들이 파괴하는 것은 연결망 안의 중요한 고리들이다.

과거 방송 산업의 등장으로 청중이 유령 같은 존재가 되면서 제 작자와 청중 사이의 피드백 고리가 끊어졌다면 21세기에는 소셜 미디어의 등장으로 청중이 다시 목소리를 찾았다. 지금까지 간략 히 살펴본 주의력의 역사는, 기준과 지표를 규정하면 주의력을 측 정할 수 있고 일단 측정이 가능해지면(박수를 통해서든 시청률이나 '좋아 요'를 통해서든) 시장이 형성될 수 있다는 사실을 보여준다.

주의력 경제학에서는 관심을 최대한 증가시키는 것뿐만 아니라 효 율성을 높이는 것도 중요하다. 전통 경제학에서 효율성 증가는 곧 생산성 증가를 의미한다. 다시 말해 같은 양을 투입해 더 많이 얻어내는 것, 적게 투입하고도 같은 양을 얻어내는 것, 또는 (극단적으로 가면) 더 적게 투입하고도 더 많이 얻어내는 것을 뜻한다.

2006년 스포티파이는 음악 산업이 수익으로 돌아설 수 있는 길을 탐색하면서 불법 다운로드가 시장을 장악한 현상의 본질을 제대로 이해하는 일부터 시작했다. 스포티파이는 단순히 불법 MP3 사이트를 대체할 합법적 대안을 제시한 것이 아니라 주의력 면에서 더 효율적인 대안을 제시했다. 불법 P2P 사이트들이 기승을 부릴 당시 많은 이들이 구매 대신 공짜 다운로드를 택한 이유 중 하나는 파일을 공유하는 것이 음악을 합법적으로 구매하는 것보다 더 효율적이었기(따라서 더 적은 양의 주의력이 필요했기) 때문이다.

냅스터, 유토렌트, 파이러트베이 등 인기는 높지만 불법적인 사이트로부터 합법적인 스포티파이로 소비자들을 이동시키기 위해서는 노래에 접근해 재생하는 데 걸리는 시간을 줄이는 것이 중요했다. 스포티파이 엔지니어들은 이를 간파하고 주의력 효율성을 측정할 새로운 지표를 만들었다. 그들의 목표는 스포티파이에서 재생 버튼을 누르면 285밀리세컨드(1밀리세컨드=1,000분의 1초) 안에 곡이 시작되게 만드는 것이었다. 인간의 뇌가 '즉시'라고 인식하는 시간이 250밀리세컨드이기 때문이다. 그렇게 짧은 차이는 뇌가 분간하지 못한다.

주의력 측면의 효율성을 높이자 스포티파이의 가치도 올라갔다. 사람들은 공짜로 얻을 수도 있었을 무언가를 위해 기꺼이 돈을 지불했다. 스포티파이는 불법 다운로드 사이트를 상대로 승리를 거됐다. 소비자가 음악을 훔치는 것보다 더 빠르고 편리하며 무엇보다 주의력을 더 효율적으로 사용하는 방식으로 6,000만 곡 이상의 음원에 즉시 접근할 수 있는 길을 열어준 덕분이었다.

이제 주의력의 중첩 가능성을 살펴보자. 이는 특정 상황에서 요구되는(또는 주어진) 주의력이 배타적인지, 아니면 다른 활동과 결합할 수 있는지(만일 그렇다면 어떤 종류의 활동과 결합이 가능한지) 하는 문제와 관련된다. 이때 또 다른 흥미로운 질문도 떠오른다. 만일 두 가지 콘텐츠에 동시에 주의력을 쏟는 것이 가능하다면 우리는 그 둘의 관계를 어떻게 봐야 하는가? 그 둘은 콘텐츠 사용자의 주의력을 서로 얻으려고 다투는 관계인가? 아니면 함께 협력해 주의력을 획득하는 관계인가? 이와 같은 개념을 '경합성(contestability)'이라고 한다. 이것은 주의력을 확보하려는 전쟁에서 누가 자신의 친구이고 누가 적인지 분간하는 문제와 관련된다. 서로를 보완하는 성격의 활동과 서로를 대체하는 성격의 활동을 이해할 필요가 있다는 얘기다.

주의력을 쏟는 활동에는 보완적인 것도 있고 대체적인 것도 있다. 전자가 진과 토닉의 관계라면, 후자는 경쟁하는 여러 종류의 진의 관계라 할 수 있다. 음악은 다양한 종류의 토닉과 섞어 마실 수 있는 진이다. 음악 듣기에는 상호 보완적 성격의 주의력이 동반된다. 혹자는 음악이라는 상품 자체가 상호 보완성에 의존한다고도 한다. 다른 활동을 하면서 음악을 함께 들어야 즐거움이 훨씬 배가 될 때가 많다는 것이다. 한편 넷플릭스 이용에는 아무래도 대체적 성격의 주의력이 동반된다(경쟁하는 여러 종류의 진과 유사하다). 넷플릭스 영화를 보면서 동시에 음악을 감상하기는 어려울 것이기 때문이다.

넷플릭스에서 드라마를 정주행할 때 우리는 넷플릭스에게 우리의 주의력을 독차지할 기회를 준다. 때로는 처음에 마음먹은 것보다 더 오랜 시간 동안 말이다. 우리의 눈은 귀보다 더 많은 주의력을 필요로 한다. 물론 경합성을 보는 행위와 듣는 행위에만 한정하는 것은 지나친 단순화다. 듣는 활동과 보는 활동은 읽기나 놀기, 소통하기 등에 의해서도 대체되거나 보완될 수 있다. 주의력의 경합성을 이해하려면 주의력이 소비되는 다양한 방식을 관찰하고 측정할 수 있어야 한다.

이처럼 다층적인 프레임워크에서는 단 하나의 주의력 측정법이 의미가 없다. 대신 우리에게는 어떤 종류의 주의력을 얼마나 많이 청중에게서 얻고 있는지 판단할 다양한 지표가 필요하다. 주의력 종류에는 적극적 주의력(사용 시간), 소극적 주의력(집중력이 분산됨), 추정 주의력(행동에 암시됨) 등이 있을 수 있다. 그런데 이들 지표가 반드시 가치를 보여주는 것은 아니다. 예컨대 사용 시간이 길다면 이는 청중의 참여도가 높다는 긍정적 지표일 수도 있지만, 청중이 원하는 것을 찾는 데 실패하고 있다는 의미일 수도 있다. 구글이 검색 기능과 관련해 지향하는 핵심 목표 중 하나는 사용자가 최대한 적은('많은'이 아니다) 주의력을 쏟아서 원하는 검색 결과를 찾을 수 있게 하는 것이다. 검색에 더 적은 시간을 소비할수록 더 뛰어난 성능의 검색 엔진이라는 의미다. 이 때문에 구글은 시장에 등장한 이후 혁신적 검색 엔진으로 우뚝 설 수 있었다. 사용자가 사이트에 들어와 최대한 오랜 시간을 보내게 만들려고 애쓴 야후 같은 포털 검색 엔진들과 대조되는 부분이었다.

아쉽게도 지금까지는 다양한 종류의 주의력의 경합성을 관찰하고 측정하는 연구가 제대로 이뤄진 적이 거의 없다. 한 걸음 물러나 큰 그림을 보며 주의력 경제학의 다양한 진과 토닉을 한눈에 파악할 수 있는 프레임워크가 있다면 개인과 기업, 정부 기관에게 적지 않은 도움이 될 텐데 말이다.

하지만 다행히 유용할 만한 자료가 하나 있다. 2010년 영국의 방송통신 규제 기관 오프콤(Ofcom)에서 발간한 보고서 "소비자의 디지털 일상(The Consumer's Digital Day)"에 실린 연구 결과다. 이 연구는 설문 조사 결과를 토대로 다섯 종류의 주의력 활동(보기, 듣기, 놀기, 읽기, 소통하기)을 비교 분석한 간단하면서도 효과적인 프레임워크를 보여준다. 설문 조사에서는 각 활동의 중요도와 주의력 사용량을 물었다.*

〈도표 2-1〉에 나타난 '주의력 사용량'과 '활동 중요도'의 트레이드오프는 주의력 경제학을 이해하는 유용한 단서를 준다. 이 도표는 사람들의 주의력 할당 방식을 보여줌으로써 보완적 활동과 대체적 활동을 식별하게 해준다. 또한 미디어가 우리의 일상생활에

● 이 설문 조사를 토대로 작성한 도표에 대한 오프콤의 설명은 다음과 같다. 가로축의 경우 설문 조사 응답자들이 일주일 동안 각 미디어 활동을 할 때 사용한 주의력을 1~5로 점수를 매겼다(5가 '주의력 강도 가장 높음'). 세로축의 경우 관찰 기간이 끝난 시점에 응답자들이 각 미디어 활동이 자신에게 얼마나 중요한지 1~10으로 점수를 매겼다(1은 '전혀 중요하지 않음', 10은 '매우 중요함').

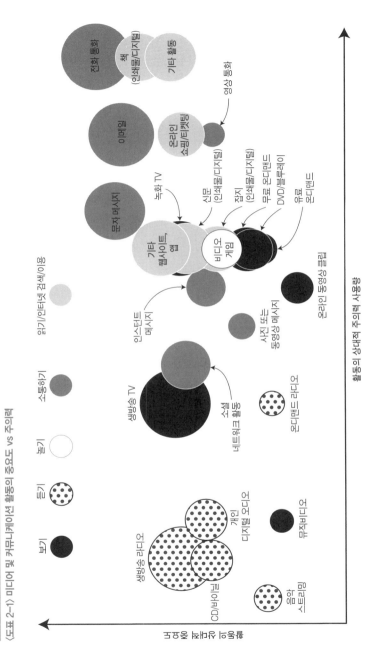

〈도표 2-1〉 미디어 및 커뮤니케이션 활동의 중요도 vs 주의력

보기　듣기　듣기　소통하기　읽기/인터넷 검색/이용

활동의 절대적 중요도

전화 통화
책(인쇄물/디지털)
기타 활동
이메일
온라인 쇼핑/티켓팅
영상 통화
문자 메시지
기타 웹사이트/앱
비디오 게임
녹화 TV
신문(인쇄물/디지털)
잡지(인쇄물/디지털)
무료 온디맨드 DVD/블루레이
유료 온디맨드
인스턴트 메시지
사진 또는 동영상 메시지
온라인 동영상 클립
생방송 TV
소셜 네트워크 활동
온디맨드 라디오
CD/모바일
개인 디지털 오디오
생방송 라디오
뮤직비디오
음악 스트리밍

활동의 상대적 주의력 사용량

출처: 오프콤, "소비자의 디지털 일상", 2010년

2. 주의력 경제학

미치는 영향과 관련된 숨겨진 진실을 드러낸다.

도표의 가장 우측 상단, 즉 주의력 사용량과 중요도가 모두 높은 곳에는 의사소통 활동과 독서가 위치한다. 이메일, 전화 통화, 문자 메시지, 독서는 많은 주의력을 필요로 할 뿐만 아니라 사용자에게 중요도가 높은 활동이다. 당연히 이것들은 타인과 주의력을 교환하는 활동이다. 이들 활동은 사용자의 집중력을 서로 획득하려고 경쟁하는 관계다. 토닉을 함께 즐길 여지를 주지 않는 진과도 같다.

눈으로 보는 활동은 도표의 가운데에 위치한다. 스포츠 경기 생중계 같은 TV 방송은 중요하기는 하지만 주의력을 전부 소진하지는 않는다. 온디맨드 영상 시청은 그보다 오른쪽 아래에 있으므로 주의력은 더 필요하지만 중요도는 낮다는 의미다. 우리에 갇힌 호랑이를 주제로 한 다큐멘터리 시리즈를 정주행하는 일은 시간은 많이 소비되지만 크게 중요하지는 않다.

넷플릭스 CEO 리드 헤이스팅스(Reed Hastings)가 자사의 최대 경쟁자가 잠이라면서 "사람들은 정말로 보고 싶은 쇼나 영화가 있으면 밤늦게까지도 잠을 안 잔다. 따라서 우리는 사람들의 잠과 경쟁하고 있다"라고 했을 때 아마 그의 머릿속에는 이와 비슷한 도표가 그려져 있었을 것이다.● 넷플릭스가 우리의 시간을 독차지해 도표의 우측 상단으로 옮겨갈수록(즉 주의력과 중요도를 모두 확보할수록) 다른 활동들은 좌측 하단으로 이동할 수밖에 없다. 넷플릭스가 사람들의

● 리나 래피얼(Rina Raphael), "넷플릭스 CEO 리드 헤이스팅스: 잠이 우리의 경쟁 상대다(Netflix CEO Reed Hastings: Sleep is Our Competition)", 〈패스트컴퍼니〉, 2018년 11월.

주의력을 강력하게 휘어잡을수록 경쟁자들은 주도권을 잃게 된다.

도표의 좌측 하단(주의력 사용량과 중요도 낮음)에는 음악이 위치한다. 스트리밍이든 뮤직비디오나 라디오든 음악은 상대적으로 적은 주의력을 요구하며 의사소통 활동보다 중요도가 낮다. 음악을 들으면서 다른 더 중요한 활동들(예컨대 춤추기, 친구 만나기)을 하는 것이 가능하다. 오프콤 연구는 2010년에 수행됐고 이후 많은 것이 변화했지만 음악이 다른 모든 활동과 겸할 수 있는 토닉이라는 사실은 변함이 없다.

현재 우리의 주의력을 가져가고 있지만 오프콤의 2010년 연구에서 빠진 것은 팟캐스트다. 그동안 팟캐스트는 규모(100만 개 이상의 쇼와 3,000만 개 이상의 에피소드)와 가치(인기 팟캐스트 업체의 몸값은 수억 달러에 달한다) 양면에서 폭발적으로 성장했다. 현재 전 세계 팟캐스트 청취자는 5억 명에 근접한 것으로 추정된다. '팟캐스트'라는 이름의 어원은 오프콤 연구보다 오래됐다. 팟캐스트(podcast)의 '팟(pod)'은 아이팟(iPod)을, '캐스트(cast)'는 방송(broadcast)을 의미하며 팟캐스트는 RSS 포맷을 기반으로 한다. 아이팟과 RSS 피드가 이제 다소 구식 기술이기 때문에 팟캐스트는 브랜딩 측면의 문제를 안고 있다. 아이팟이 거의 진출하지 못했던 일부 주요 팟캐스트 시장(브라질, 인도네시아 등)에서 특히 더 그렇다. 게다가 팟캐스트 제작자와 팟캐스트 앱을 뜻하는 용어는 있지만(각각 팟캐스터, 팟캐처), '영화광'이나 '책벌레'처럼 열정적인 팬을 뜻하는 단어가 팟캐스트 영역에는 없다. 이것은 아직 자리를 잡아가고 있는 시장이다.

팟캐스트가 주의력을 확보하는 비결은 이 매체 고유의 친밀감이다. 자신이 선택한 쇼에 귀를 기울이는 청취자는 친밀감을 느끼기 쉽고 더군다나 팟캐스트는 혼자 있는 시간에 듣는 경우가 많다. 출퇴근길에 또는 집안일을 하면서 말이다. 친밀감에는 물리적 요소도 영향을 미친다. 귀에 이어폰을 꽂고 있노라면 사람들이 진심어리고 친근한 대화를 바로 내 곁에서 들려주는 기분이 든다(두 명이 대화하든, 한 사람이 진행하든). 따라서 팟캐스트의 성공은 이 친밀감을 활용하면서 자신감 있는 목소리와 개성 있는 관점을 결합해 모든 청취자에게 진짜 친구 같은 느낌을 심어주는 것, 그래서 계속 또 듣고 싶게 만드는 것에 달려 있다. 하지만 팟캐스트는 아직 대체로 주의력 상인들에게 변경 지대이며 시간 운용 측면의 편집 기술이 부족하다. 이런 농담도 있다. "비밀을 새어나가지 않게 하는 가장 효과적인 방법은? 팟캐스트 쇼 후반부에서 말하라."

이와 같은 주의력 쟁탈전에서 누가 당신의 친구이고, 누가 적인지 인식하는 문제는 대단히 중요하다. 스트리밍 음악 듣기는 〈도표 2-1〉의 왼쪽 아래에 위치하지만 오른쪽 위에 있는 이메일 쓰기나 독서 같은 활동과 상호 보완적 관계가 될 수 있다. 각각의 활동과 병행할 수 있을 뿐만 아니라 거기에 소비하는 시간의 눈금도 함께 움직인다. 책을 오래 읽는 만큼 음악도 더 오래 들을 테니까 말이다(그 반대도 마찬가지다).

음악 스트리밍의 반대쪽에는 주의력을 독차지하는 활동들이 있다. 이것들은 당신의 적이다. 다른 것이 비집고 들어올 틈을 주지 않기 때문이다. 주의력의 희소성이라는 특성은 독점자에게 강력한 우위를 준다. 넷플릭스가 많은 주의력을 차지할수록 나머지 주자들은 주의력을 잃을 수밖에 없다. 음악은 주의력을 차지해도 다른 주자들과 함께 공유할 수 있다. 주의력 전쟁에서 당신의 친구와 적을 파악해야 파괴적 혁신을 통한 피벗이 한층 용이해진다.

도표에서 한 가지 더 생각해볼 부분은 원들의 크기, 즉 청중의 규모다. 예를 들어 각 미디어 종류별로 콘텐츠 질을 조사하는 '수용자 평가 지수'를 산출한다고 치자. 청중 집단의 크기가 작아질수록 거기에는 충성도 높은 청중만 남게 되므로 수용자 평가 지수가 높아질 가능성이 크다. 라디오 업계에서는 이를 '하워드 스턴(Howard Stern) 효과'라고 한다. 거침없는 막말 방송으로 유명한 미국 토크쇼 진행자 하워드 스턴은 지상파 라디오에서 위성 라디오 시리우스(Sirius)로 옮기면서 청취자 규모가 줄었지만, 시리우스 방송을 듣는 청취자의 충성도가 높았기 때문에 진행자로서의 수익 창출 능력을 증가시킬 수 있었다.

청중 규모가 클 때보다 작을 때 사람들이 주의력을 집중할 가능성이 더 크다는 사실과 더불어 우리는 질과 양의 트레이드오프를 고려해야 한다. 작고 아늑한 재즈 바의 손님들은 널찍한 야외 행사장의 축제 참가자들보다 음악에 더 집중해 귀를 기울인다. 집단의 규모가 클 경우 각 사람이 쏟는 주의력의 양은 줄어들 수 있다.

그동안 잘 알려지지 않았던 10년 전의 오프콤 연구는 우리에게 당시 소비자들이 주의력을 할당해 사용한 방식을 알려줄 뿐만 아니라 앞으로 주의력의 경합성이 어떻게 변화할지에 대한 힌트도 던져준다.

잠옷과 경쟁해야 하는 시대

대개 현장 행사 중심의 산업들은 소비자들이 갈수록 편안한 소파와 넷플릭스와 잠옷에서 만족을 느끼는 트렌드에 빠르게 대응하지 못해왔다. 미국 특유의 문화인 '테일게이팅(tailgating)'을 예로 들어보자. 이는 팬들이 경기장 주차장에 차를 세워놓고 함께 어울려 술과 바비큐를 즐기는 것을 말한다. 팬들은 자기가 응원하는 팀이 이기면 함께 환호하고 경기가 끝나면 더 빨리 집에 돌아갈 수 있다. 문제는 스포츠 구단들은 임시 바비큐 파티를 주최하는 사업자가 아니라 경기 티켓을 팔아야 한다는 점이다. 집에서 멀리 떨어진 곳까지 찾아와 몇 시간 동안 주차장에서 즐길 정도의 열정을 갖고 있음에도 경기장에 입장하지 않는 팬들은 구단 입장에서 '놓친 기회'에 해당한다. 그리고 그들이 경기장에 들어가지 못하게 방해하는 가장 큰 장애물은 단순히 비싼 티켓뿐만이 아니다. 맥주, 핫도그를 비롯해 구내매점에서 파는 음식들이 꽤 비싸다. 상품 한 개 가격이 넷플릭스 1개월 구독료보다 비싼 경우도 허다하다.

이런 트렌드를 뒤집고 자신들의 홈구장을 관객으로 가득 채운 팀이 있었으니(잠옷 차림으로 집에서 편하게 시청할 수 있는 유혹이 날로 커지는 요즘에 말이다) 바로 애틀랜타 팰컨스(Atlanta Falcons)다. 애틀랜타 팰컨스는 팬들을 위한 화려하고 세련된 경기장 완성에 큰 투자를 했다. 여기에는 품질 높은 음식을 합리적인 가격에 제공한다는 방침도 포함됐다. 예컨대 이곳의 구내 피자 가격은 시내와 똑같은 수준이다. 한때 6달러였던 생수 한 병 가격은 70퍼센트 가까이 낮췄다. 팰컨스 측의 발표에 따르면 지난 3년 동안 경기장 구내 음식의 가격은 전반적으로 변동이 없었고 일부 경우에는 오히려 낮아졌다. 하지만 구내매점 매출액이 90퍼센트 증가하면서 ARPU(사용자당 평균 매출)는 16퍼센트 증가했다. 팬들이 티켓을 끊고 경기장에 들어오게 하는 데 성공한 팰컨스는 그들의 주의력을 획득하는 데서 오는 이점을 십분 누리고 있다.

주의력의 경합성이 앞으로 맞이할 미래에 대한 힌트를 보여주는 곳은 최근의 게임 산업이다. 게임은 사람들의 주의력을 얻기 위한 혁신적 노력을 끊임없이 기울여왔다. 많은 경우 현실을 모사함으로써, 때로는 현실에 영향을 미침으로써 말이다. 우리는 주객이 전도되거나 영향을 주고받는 방향이 일반적 예상과 다를 때 '꼬리가 몸통을 흔든다'라는 표현을 쓴다. 게임은 언제나 주의력 상인들의 몸통을 흔들 수 있는 꼬리였다.

　TV와 떼려야 뗄 수 없는 관계인 미식축구를 보자. 〈쿼츠〉의 공동창립자 잭 수어드(Zach Seward)는 미식축구 한 경기에 소요되는 평균 시간이 3시간 12분이지만 실제로 공을 들고 뛰거나 던지는 시간을 합치면 11분 정도밖에 안 된다는 점을 지적한다. 중간중간 계속 광고가 나오는데 100개 넘게 나오는 경우도 있어서 마치 경기가 광고에 곁들여진 볼거리 같은 느낌이다. 그 정도로 놀라기는 아직 이르다. 연중 부진한 성적을 벗어나지 못하는 팀인 잭슨빌 재규어스(Jacksonville Jaguars)도 경기를 관람하는 시즌권 소유자 한 명당 광고비를 40달러는 받을 것이고, 그들의 판타지 풋볼 리그(온라인에서 가상 드래프트를 통해 팀을 구성하고 선수들의 실제 경기 실적을 바탕으로 점수를 매기는 게임 - 옮긴이) 라운지의 광고비는 더 비쌀 것이다.

미식축구가 사람들의 주의력 쟁취에 성공하며 엄청난 인기를 얻을 수 있는(따라서 그 많은 광고 시간대를 전부 판매할 수 있는) 여러 이유 중 하나는 게임을 따라 했기 때문이다. 특히 EA 스포츠(EA Sports)의 대표적 비디오 게임 매든 NFL(Madden NFL)에서 중요한 요소를 가져왔다. 공중에서 카메라가 경기장을 훑는 케이블 캠 시스템을 비롯해 미식축구 중계에 사용되는 여러 카메라 앵글은 1990년대 말 매든 NFL에서 개발된 것이며 10년 후 실제 경기장에서 사용되기 시작했다. 케이블 캠이라는 꼬리가 실제 경기라는 몸통을 흔든 셈이다.

반대로, 퍼스트 다운을 획득해 다시 공격 기회를 얻기 위해 전진해야 하는 거리를 화면에 움직이는 노란 선으로 표시하는 방식은 TV 방송국에서 먼저 개발했고 2년 뒤 매든 NFL 게임에서 채택했다. 퍼스트 다운 몸통이 게임이라는 꼬리를 흔든 상황이다.

이와 비슷한 사례는 미식축구 이외의 영역에도 있다. 테이블 밑에서 플레이어가 들고 있는 카드 패를 시청자에게 보여주는 방식 등 월드 시리즈 오브 포커(WSOP)의 많은 카메라 앵글은 1990년대 후반과 2000년대 초반 한국 TV의 스타크래프트 게임 방송에서 아이디어를 얻은 것이었다. 게임의 요소가 실제 스포츠인 포커의 카메라 앵글들을 만들어낸 주객전도의 상황이다.

게임이 넷플릭스 시청과 다른 점은 콘텐츠와의 상호 작용에 자발적 노력이 더 많이 필요하다는 점, 그리고 느리지만 확실한 실력 향상이 동반된다는 점(대부분의 게임이 가진 본질적 특성)이다. 저명한 심리학자 미하이 칙센트미하이(Mihaly Csikszentmihalyi)가 제시한 모델에 따르면 게임에 깊이 집중하는 것은 '몰입' 상태라고 할 수 있다. "목표가 명확하고 적절한 피드백이 있으며 과제와 실력이 균형을 이루면 정신을 완전히 집중할 수 있다."

칙센트미하이가 말한 최적의 몰입 모델은 게임의 설계에도 적용 가능하다. 게임이 실력에 비해 너무 어려우면 불안감을 느끼고 반대로 너무 쉬우면 지루함을 느끼게 된다. 따라서 효과적인 게임 설계 방식은 처음에 플레이어 실력과 비슷한 수준의 과제를 제시한 후 실력이 향상될수록 과제 난이도를 높여가는 것이다.

우리는 틱톡(TikTok)을 사용할 때도 30초마다 칙센트미하이의 이론이 작동됨을 알 수 있다. 틱톡 서비스의 특징 중 하나는 사용자가 다음 동영상을 보려면 화면을 손가락으로 밀어 넘겨야 한다는 것이다. 이것을 넷플릭스에서 다음 에피소드가 자동 재생되는 것과 비교해보라. 틱톡은 화면을 미는 행동을 하도록 설계해놓음으로써 사용자가 30초마다 주의력을 사용할 수밖에 없게 만들었다. 이는 손대지 않아도 계속 영상이 틀어져 있는 넷플릭스의 자동 재생보다 사용자의 더 많은 집중을 필요로 한다. 따라서 이 지점에서 몰입 이론이 적용된다. 사용자의 능력 범위를 넘어서지 않는 약간의 노력을 추가하는 것은 긍정적 효과를 낼 수 있다. 주의력을 계속 쏟게 만들 수 있기 때문이다.

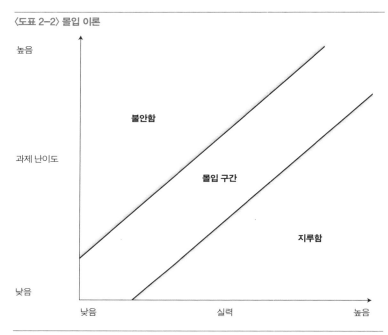

〈도표 2-2〉 몰입 이론

높음

과제 난이도

낮음

불안함

몰입 구간

지루함

낮음　　　　　　실력　　　　　　높음

출처: 미하이 칙센트미하이, 《몰입: 최적 경험의 심리학(Flow: The Psychology of Optimal Experience)》(Harper Perennial Modern Classics, 2008)

　　현재 게임 산업은 코로나19라는 '블랙 스완'을 맞닥뜨렸다. 코로나19로 업계를 막론하고 모두가 코앞에 다가온 냅스터 순간을 응시하고 있으며 이런 현실은 주의력을 포함해 그야말로 모든 것에 영향을 미친다. 자신이 사용한 주의력 대비 최대한 많은 가치를 얻고 싶어 하는 사람들의 심리를 감안할 때, 이 전 세계적 위기 속에서 컴퓨터 게임 산업이 어느 때보다 크게 성장하는 것은 어쩌면 당연한 현상이다. 게임에 쏟는 주의력도 늘어났고 게임 산업의 수익도 늘어났다. 수십 년간 게임에 손을 대지 않았던 성인들이 다시 게임을 하고 있으며, 많은 이들이 2020년의 봉쇄 조치로 인한 답답한 일상을 견디고자 콘솔 게임에 몰두했다. 학교 교문 앞에서 삼삼오오 모여 재잘대던 아이들은 이제 대신 포트나이트 게임 창에서 모였다. 음악 산업이 20년간의 험난한 여정 끝에 전 세계적으로 디지털 구독자 3억 4,100만 명을 확보하는 쾌거를 이뤘지만, 포트나이트는 불과 3년 만에 3억 5,000만 명의 이용자를 만들었다. 게다가 음악 스트리밍의 평균 이용 시간은 하루에 2시간 이하였지만 애니멀 크로싱(Animal Crossing) 게임을 하는 평균 시간은 약 9시간이었다.

주의력 전쟁에서 게임이 승리하고 있는 이유가 무엇일까? 사람들의 희소한 주의력을 끌어오는 원리가 다른 그 어떤 미디어와도 다르기 때문이다. 즉 게임은 애초부터 노력과 보상을 통한 장기적 즐거움을 유지시키는 구조로 설계돼 있다. 사람들은 더 많은 포인트를 쌓고 싶어 하고, 다음 레벨을 깨고 싶은 욕구를 느끼고, 이스포츠(eSports) 중계에서 전문 플레이어의 경기를 보고 싶어 하고, 그들 같은 실력을 쌓고 싶다는 열망을 갖는다. 이처럼 게임에는 콘텐츠를 소비하려는 장기적인 동기를 갖도록 촉진하는 의도적 장치들이 내재돼 있다. 이는 오디오나 영상 콘텐츠에는 없는 무엇이다.

이번 장 앞부분에서 "개인의 분할되지 않은 주의력의 가격은 얼마일까?"라는 질문을 제시했다. 이것은 단순히 '주의력의 가치가 얼마인가'가 아니라 '다른 주의력 분산 요소들을 차단할 수밖에 없는 경우 주의력의 가치가 얼마나 높아지느냐'에 관한 문제다. 이와 밀접히 연관된 것은 바로 가상현실 게임이다. 가상현실 게임은 사용자의 분할되지 않은 주의력을 요구하기 때문이다. 그동안 가상현실 기술은 마치 늑대가 나타났다고 외치는 양치기소년 같았다. 우리에게 많은 것을 약속했지만 실제로 약속을 지키지 못한 경우가 많았던 탓이다. 그러나 이번에는 늑대가 실제로 코앞에 와 있다. 가상현실 기기의 가격이 점점 낮아지고 기술은 갈수록 향상되고 있는 것이다. 와이어리스 기술 덕택에 전선도 사라지고 있다.

주의력 경제학의 관점에서 보자면 가상현실은 주의력 쟁탈전에서 승리할 매우 유리한 위치에 있다. 이른바 '퍼스트클래스 경험' 창출을 목표로 삼기 때문이다. 대부분의 사람들은 '업그레이드'에 대한 욕망을 갖고 있다. 우리는 더 좋은 것을 좋아하고, 더 나은 경험을 제공하는 미디어를 좋아하게 돼 있다. 그러므로 가상현실이 일반 대중을 대상으로 하는 시장에서 가치 있는 업그레이드 상품이 되는 것은 이제 시간문제일 뿐이다. 가상현실 분야의 선두 기업 서비오스(Survios)의 세스 거슨(Seth Gerson)은 가상현실 경험의 경쟁 상대에 관해 말하면서 이렇게 말했다. "나이트클럽에서 '벨벳 로프'를 지나면 VIP 라운지로 들어가듯 이제 미디어 분야의 벨벳 로프는 가상현실이다."

가상현실 기술의 유리한 입지를 강화하는 요인 하나는 다른 대안적 활동들의 가치가 감소하고 있다는 점이다. 문자 메시지를 보내는 옆자리 사람의 환하게 켜진 휴대폰 때문에 방해를 받아야 하는 영화 관람, 오랜 세월 동안 규칙의 변화가 전혀 없는 스포츠를 떠올려보라. 미식축구가 직면한 과제들을 예로 들어보자. 부모들은 자녀가 뇌진탕이나 부상의 위험을 감수하면서 경기하는 것을 원치 않는다. 또 융통성 없는 규칙(예컨대 터치다운 성공 시 추가로 주어지는 득점 기회는 그 결과가 뻔하다)이 지루함을 유발해 시청자를 다른 활동으로 향하게 할 수 있다. NFL 관계자들이 이를 변화시킨다면 경기를 더 안전하고 더 재미있게 만들 수도 있지만, 그러자면 상당히 많은 노력이 필요하며 이미 굳게 자리 잡은 규칙들 때문에 많은 시간을 들여 서서히 변화를 추진해야만 한다. 하지만 가상현실 기술에서는 기존 프레임의 눈치를 볼 필요가 없다. 개발자들은 수년이 아니라 수개월 정도면 더 재미있고 더 안전한 경기를 만들어낼 수 있다. 현재는 비슷한 두 척의 배(진짜 배와 가상의 배)가 일정 거리를 둔 채 각자 갈 길을 가고 있다.

가상현실 기술이 이미 미식축구를 비롯한 스포츠 세계로 진입한 가운데 개발자들은 그보다 훨씬 더 큰 수익이 잠재된 시장을 목표로 삼고 있다. 바로 할리우드다. 영화 제작 과정은 숱한 고생의 연속이다. 캐스팅, 스태프, 로케이션과 관련된 문제들과 온갖 규칙과 규정을 신경 써야 하는 데다 이제는 코로나19가 영화 제작 사이클에도 치명타를 주고 있다. 가상현실 기술은 이 모든 장애물을 피해 갈 수 있을 뿐만 아니라 원격 작업에도 쉽게 적용할 수 있다.

현재 게임은 영화에 결코 뒤지지 않는 가치를 지닌 산업으로 성장 중이며 곧 영화보다 더 많은 청중을 확보할 것이다.[*] 음악 스트리밍이 라디오와 TV보다 먼저 청중을 늘리는 데 성공했듯이(전통적인 순서의 역전이다. 이에 대해서는 다음 장에서 살펴본다) 변화의 순서에 티

● 게임 업계의 시장 조사 및 분석 회사인 IDG 컨설팅(IDG Consulting)은 게임 산업의 가치가 텔레비전과 홈 엔터테인먼트, 영화의 가치를 추월해 2021년이면 미디어 분야 1위 산업이 될 것으로 전망한다.

핑 포인트가 발생할 것이다. 즉 게임 산업이 먼저 움직이고 영화 산업이 뒤이어 움직일 것이다.

영어에서 '주의력을 쏟다(pay attention)'라고 할 때 '지불하다'라는 뜻을 가진 동사 'pay'를 사용하는 데에는 이유가 있는지도 모른다. 《초집중》의 저자 니르 이얄(Nir Eyal)도 말했듯 "우리의 시간과 집중력은 가치를 지닌다". 영어에서는 'pay'를 사용하지만 다른 여러 언어에서 '주의력'과 함께 사용하는 동사에는 '지불하다'라는 뜻이 없다. 영어는 (모국어와 비모국어로 쓰는 이들을 전부 합치면) 세계에서 가장 많은 사람이 사용하는 언어이고 많은 영어 사용자가 다른 언어를 병용하지 않는다는 점을 감안하면, 나머지 사람들도 'pay'라는 표현에 차츰 익숙해져야 할 것 같다.

오늘날 주의력을 사용해 집중하는 것은 결코 쉽지 않은 일이 됐다. 주의력은 희소한 자원인데 사방에서 그 자원을 차지하려고 애쓴다. 이는 곧 무언가는 포기해야 함을 의미한다. 이렇게 생각해보면 당신의 주의력이 얼마나 제한적인지 금방 이해가 갈 것이다. 당신은 운전을 하는 도중 날씨가 험악해지기 시작하면 왜 라디오를 끄는가? 사용할 수 있는 주의력의 양에 한계가 있으므로, 차 외부 상황에 집중해야 할 필요성이 내부의 오락거리에 주의력을 쏟을 수 있는 능력을 소멸시키기 때문이다. 우리는 한계에 도달하면 뭔가를 포기해야 한다.

하루는 24시간뿐이므로 어떤 주의력 상인이 대중의 주의력을 가져가면 다른 상인들이 가져갈 양은 그만큼 줄어든다. 하지만 언제나 제로섬 게임인 것은 아니다. 주의력을 놓고 당신과 경쟁하는 대상이 친구인지 적인지 파악하는 것은 이 퍼즐에서 간과하기 쉬운 결정적인 한 조각이다.

주의력의 경합성을 이미 간파한 기술 플랫폼의 리더들은 자사의 기기와 상품으로 소비자의 주의력을 확실하게 끌어올 수 있는 전략을 채택하고 있다. 그들은 자신들의 기술 생태계에 들어와 경쟁하기 힘들도록 진입 장벽을 세우거나, 잠재 경쟁자를 인수해버림으로써 자신을 파괴할 기회를 미리 차단한다. 페이스북은 인스타그램과 왓츠앱(WhatsApp)을 인수했다. 페이스북을 탈퇴하는 젊은이들은 자신의 주의력도 함께 가지고 떠난다. 페이스북은 주의력 전쟁에서 승리했지만 사용자의 주의력을 분산시키는 세력들을 끊임없이 차단해야 하는(그리고 가능한 경우 인수해야 하는) 전쟁에 직면해 있다.

이처럼 수많은 기업과 조직이 온갖 정교한 도구를 동원해 끊임없이 사람들의 주의력을 끌어가려 애쓰는 현실을 감안할 때, 우리가 무언가에 집중할 수 있다면 그것 자체가 기적처럼 느껴진다. 그럼에도 우리는 집중한다. 우리는 좋아하는 노래를 줄기차게 듣고, TV 드라마를 정주행하고, 심지어 소셜 미디어 플랫폼이 없으면 못 살 것처럼 느끼기도 한다. 그리고 때로는 우리의 주의력이 수많은 타인의 주의력과 합쳐져 특정한 문화적 창조물에 쏟아진다. 그것을 우리는 '히트작'이라고 부른다. 그 형태는 다양하다. 차트 1위에 오른 히트곡, 대박을 터트린 흥행 영화, 킬러 앱 등. 주의력을 쟁취하려는 경쟁이 이토록 치열한 세상에서 누군가는 어떻게 여전히 청중을 모으는 데 성공하는 것일까?

3
—
청중 모으기

당신은 일터에서 하루를 마무리하고 퇴근하기 전에 야근하는 동료의 책상에 들러 인사를 하는 타입인가? 만일 아니라면 꼭 그러라고 권하고 싶다. 당신이 생각지 못했던 것을 알게 될 수도 있다. 동료애로 연결된 독특한 분위기가 형성돼 정신없이 바쁜 업무 시간에는 좀처럼 공유하기 힘들었던 작지만 유용한 정보를 얻을 수 있다. 예상치 못한 타이밍에 건네받는 그런 '작은 보석' 같은 정보는 캄캄했던 머릿속을 환하게 밝혀준다. 그 순간은 당신의 생각 방향을 완전히 바꿔놓을 수 있다. 나는 2015년 12월 어느 겨울 저녁에 그런 경험을 했다.

앞서 2014년 나는 메건 트레이너(Meghan Trainor)가 발표한 "올 어바웃 댓 베이스(All About That Bass)"라는 곡이 사람들 입에 오르

내리며 화제의 중심에 서는 것을 목격했다. 여러 기사에서 이 노래가 CD나 다운로드 판매가 아니라 오로지 스트리밍만으로 영국 차트 상위권에 진입한 최초의 노래라는 점을 강조했다.

1952년에 생긴 영국 싱글 차트는 음반 판매량을 기준으로 집계되어왔다. 2014년부터는 음악 소비 시장에 일어난 변화를 감안해 어쩔 수 없이 스트리밍 횟수도 반영하기 시작했다. 음악 업계는 스트리밍 100회가 싱글 음반 1장 판매에 해당하는 것으로 간주한다는 기준을 세웠다(내가 보기에 이것은 스트리밍이라는 미래를 판매량이라는 과거 기준에 끼워 맞추는 방식이었다. 한마디로 이메일 시대에 팩스에 집착하는 사람 같았다). 트레이너의 노래는 마침 그 시기에 스포티파이를 비롯한 스트리밍 플랫폼들에서 제공되기 시작했고 일주일 후부터는 아이튠즈에서 다운로드도 가능했다. 운 좋은 타이밍도 한몫하면서 이 노래는 탑 40에 들어가기에 충분한 청중을 모으는 데 성공했다.

호기심이 발동한 나는 미국으로 눈을 돌렸다. 미국에서 "올 어바웃 댓 베이스"는 '슬리퍼 히트(sleeper hit)'로 여겨지고 있었다. 슬리퍼 히트란 발표 당시에는 반응을 별로 못 얻다가 나중에야 차트 정상에 오르는 곡을 말한다. 이 노래는 빌보드 핫 100 싱글 차트에 7월 말 처음 등장했고, 9월 초 테일러 스위프트(Taylor Swift)의 "쉐이크 잇 오프(Shake It Off)"를 밀어내고 1위를 차지했다. 이로써 트레이너는 핫 100 차트 역사에서 데뷔 싱글로 정상에 오른 21번째 여성 아티스트가 됐다. 이 곡은 우연히 슬리퍼 히트가 된 노래 같았다. 나는 이 곡이 뒤늦게 차트를 점령한 이유를 알고 싶었다.

"올 어바웃 댓 베이스"는 1950년대와 1960년대를 떠올리게 하는 복고 스타일이다. 귀에 쏙쏙 박히는 코러스와 경쾌한 리듬으로 연령대를 막론하고 누구나 좋아할 만한 노래이긴 하다. 처음 들어도 언젠가 들어본 것 같으며 한 번 듣고 나면 또 듣고 싶어진다. 데이터 광인 나는 자료를 검토하며 히트곡에 대한 분석에 돌입했다. '슬리퍼 히트'인 이 노래는 어떻게 차트에 진입하고 한 달 넘게 지난 후 정상을 차지할 수 있었을까?

이 노래의 성공과 관련해 내가 발견한 유일한 선행 지표는 샤잠 (Shazam)에서 검색 수가 매우 높았다는 점뿐이었다. 옛날에는 라디오를 듣다가 마음에 드는 노래를 우연히 발견하면 노래가 다 끝나고 디제이가 곡명을 말해주기를 기다리는 수밖에 없었다. 이제는 샤잠이라는 앱이 순식간에 해결해준다. 얼른 휴대폰을 꺼내 샤잠을 실행하고 버튼을 누르면 주변에서 들려오는 노래의 곡명과 가수 이름이 화면에 뜬다. 라디오에만 귀를 기울이는 소극적인 기다림에서 손안의 기기로 해결하는 능동적인 탐색으로 변화한 것이다.

하지만 그것은 이 노래의 성공을 말해주는 타당한 선행 지표가 아닌 듯했다. 샤잠에서 노래를 검색하려면 그 전에 먼저 주변 어디선가 해당 노래를 들어야 했다. 그리고 이 노래는 기존 순서를 완전히 거꾸로 뒤집는 현상을 보여줬다. 라디오에서 흘러나온 노래를 사람들이 샤잠에서 검색하고 그다음에 음판 판매와 스트리밍이 증가한 것이 아니라, 먼저 샤잠에서 검색이 많아지고 이후 음판 판매와 스트리밍이 증가한 다음 라디오 방송이 제일 마지막에 따라간 것이다. 그렇다면 샤잠 검색 횟수가 많았던 이유는 무엇일까?

아무리 생각해도 풀리지 않았다. 자료를 찾아봐도 속 시원한 답을 해주는 곳이 없었다. 이 문제는 1년 동안 나를 괴롭혔다. 내가 2015년 12월의 그날 굳이 시간을 들여 야근하는 동료들에게 인사를 건네지 않았다면 그 문제는 아마 지금까지도 풀리지 않았을 것이다.

스포티파이 런던 지사에서는 유명한 리젠트 스트리트가 내려다보였다. 거리는 공중에 드리워진 크리스마스 장식 전구들 아래서 늦은 쇼핑을 즐기는 사람들로 북적였다. 나는 늦게까지 일을 하다가 마침내 업무를 정리하고 퇴근 준비를 했다. 회사에는 책상이 100개쯤 있었는데 꽤 늦은 시간이라 남아 있는 사람은 몇 명 되지 않았다. 나는 고생스럽게 야근하는 동료들한테 인사를 건네고 싶은 충동이 일었다. 몇 발짝 걸어가다가 에밀리 프렌치 블레이크 (Emily ffrench Blake)를 발견했다. 그녀는 미국 출장을 몇 주 다녀온 후 그쪽 사람들과 관련 후속 회의를 하느라 여전히 바빴다. 혹시라도 업무 리듬을 방해하게 될까 봐 나는 그냥 "너무 늦게까지 있진 말아요"라고 중얼거리고는 문 쪽으로 향했다.

엘리베이터를 기다리는데 나를 부르는 에밀리의 목소리가 들렸다. "윌, 이리 다시 와봐요! 보여줄 게 있어요. 지난주에 시애틀에서 알게 된 거예요. 당신이 끙끙대던 메건 트레이너 퍼즐의 나머지 한 조각이라고요!" 그녀는 온갖 메모와 자료로 가득한 슬라이드를 가리켰다. 그녀는 시애틀 본사의 스타벅스 직원들과 업무상 긴밀한 관계였다. 나는 발표된 지 2년이 다 돼가는 노래가 시애틀에서, 그것도 커피 회사와의 회의에서 주목받을 특별한 이유가 없지 않느냐고 물었다. 에밀리는 더 많은 메모로 뒤덮인 또 다른 자료를 서둘러 꺼내며 말했다. "스타벅스는 미국에서 샤잠 앱이 가장 많이 실행되는 장소 중 하나예요."

그녀의 말은 이런 새로운 관점을 암시하고 있었다. 만일 "올 어 바웃 댓 베이스"가 스타벅스 매장에서 흘러나왔고 초기에 샤잠에서 이 곡의 검색이 급증한 것이 그 때문이라면? 엄청난 매장 수를 감안하면 스타벅스는 미국 최대의 라디오 방송국인 셈이라는 것이 그녀의 의견이었다. 처음엔 뚱딴지같은 소리로 들렸다. 스타벅스는 커피를 파는 곳이지 신곡을 소개하는 곳이 아니니까.

그러나 에밀리는 세상 돌아가는 원리에 밝은 똑똑한 직원이었다. 그녀는 꽤 상기된 얼굴로 말을 이었다.

"월, 이 숫자들은 거짓말을 하지 않아요. 미국의 대형 FM 라디오 방송국이 확보하는 청취자는 한 달에 600만~700만 명이에요. 그럼 스타벅스를 볼까요? 미국에만 매장이 약 1만 4,000개이고 고객 수는 4,000만 명이에요. 그 사람들은 주문을 하러 줄을 서거나 음료가 나오길 기다리면서 시간을 보내죠. 테이블에 앉아 커피를 마실 때는 매장 안에서 훨씬 더 긴 시간을 보내고요. 1인당 평균 30분 가까이 머무는데 그동안 매장에 나오는 음악을 듣잖아요. 마음에 든다 싶으면 샤잠에서 찾아보겠죠."

그제야 머릿속 퍼즐이 맞춰지기 시작했다. 나는 샤잠 자료를 다시 들춰서 트레이너의 노래가 검색된 시간대를 확인했다. 그 데이터는 에밀리의 가설을 설득력 있게 뒷받침했다. 노래가 검색된 시간대는 주로 오전 8시에서 10시 사이였다. 모닝커피를 사러 손님들이 가장 많이 몰리는 때였다. 스타벅스는 대형 라디오 방송국이나 마찬가지였다. 다만 우리가 원래 알고 있던 형태가 아니었을 뿐. 에밀리는 내가 갖고 있던 관점을 완전히 바꿔놓았다. 이제는 라디오나 TV 같은 전통적 수단만 청중을 모을 수 있는 것이 아니었다. 장소나 수단이 어찌됐든 사람들이 모이기만 한다면 청중이 형성되는 것이다(설령 특성이 균질하지 않은 집단일지라도 말이다). 그리고 한데 모인 청중이야말로 우리가 원하는 것이다. 소비할 주의력을 갖고 있는 군중 말이다.

음반사들은 반세기 동안 라디오 플러거(radio plugger, 이들은 특정 노래가 라디오에서 나오게 하는 일을 한다)의 영향력에 집착해왔지만 이제는 대신 스트리밍 플레이리스트 플러거가 필요해지는 현실을 목격하고 있었다. 그리고 트레이너 사례를 감안하건대 스타벅스 플러거까지 필요할지도 모른다. 새로 출시한 음반을 히트시키고 싶은 음반사라면 히트곡을 탄생시키는 다양한 수단을 고려할 필요가 있다.

나는 지금도 2015년 12월의 늦은 퇴근을 가끔 떠올린다. 그날의 경험은 '언제든 자신의 사고방식을 재검토해보려는 자세'를 갖고 있어야 한다는 사실을 날카롭게 일깨운다. 이에 대해서는 8장에서 더 살펴볼 것이다. 우리는 데이터를 손에 쥐고 있으면서도 그것이 어디에서 왔는지 제대로 모를 때가 많다. 또 그날의 경험은 내게 늘 회사 문을 나서기 전에 잊지 말고 야근하는 동료에게 따뜻한 말 한마디를 건네라고 일깨워준다.

오늘날 청중 모으는 일을 어렵게 만드는 요인 하나는 모든 게 넘쳐

나는 세상이 됐다는 점이다. 책도 넘쳐난다. 미국에서 한 해에 출간되는 신간은 85만 종이 넘는다. TV 프로그램도 넘쳐난다. 2019년 미국에서 방영된 대본 중심의 TV 시리즈(드라마, 시트콤 등)는 500개 이상이었다. 아티스트와 노래도 넘쳐나고, 시간에 구애받지 않고 아무 때나 음악을 들을 수 있는 방법도 많아졌다. 청중을 끌어가려는 싸움이 치열한 가운데, 각각의 방들이 점점 커지고 그 안을 채우는 구성원도 갈수록 늘어나서 맨 뒤에 서 있는 사람은 잘 보이지도 않을 지경이다.

1948년 컬럼비아 레코드(Columbia Records)에서 바이닐 음반을 처음 발매한 이래 음악 산업이라는 방 안의 구성원이 얼마나 늘어났는지 살펴보자. 정확한 답은 아닐지라도 현재 확보 가능한 자료를 토대로 타당한 추정이 가능하다. 1948년부터 1958년까지 발매된 앨범은 1만 3,000종으로 연간 평균 약 1,200종이었다. 물론 이 기간의 전반부보다 후반부에 발매량이 더 많았을 것이다. 1967년에는 공급 측면에 큰 변화가 일어나면서 앨범이 음반 산업의 공급망에서 차지하는 중요성이 더욱 커졌다. 〈빌보드〉 추산에 따르면 1970년 한 해에 발매된 앨범은 약 5,000종이었다.

시간을 훌쩍 뛰어넘어 닐슨 사운드스캔(Nielsen SoundScan) 집계 시스템 시대로 넘어오면 더 믿을 만한 데이터가 존재한다. 1990년대 중반에 연간 발매되는 앨범은 2만 7,000종이었고 1990년대 후반에는 3만 종으로 늘어났다. 2005년경에는 약 6만 종이었다. 디지털 다운로드 시장이 정점에 오르고 스트리밍 성장 초반기였던 2010년에는 약 9만 종이 발매됐고, 이후 스트리밍이 진입 장벽을 낮추면서 2013년 이 수치는 12만 7,000종으로 올라갔다.

현재 스트리밍 서비스 업체들은 하루에 약 5만 5,000곡을 추가하고 있다. 한 달이면 100만 곡이 훌쩍 넘고, 1년에 나오는 앨범 수로 치면 100만 종이 넘는 셈이다. 스트리밍이 인도, 중국, 아프리카 등 새로운 시장들에 진출하면 머지않아 이 수치는 더 빠르게 증가할 것으로 예상된다. 연간 발매되는 앨범이 1990년대에 3만 종이었다가 현재 100만 종 이상이 된 것을 생각해보라. 음악 산업이라는 방의 풍경이 과거와 너무나도 달라졌으므로 당연히 규칙에도 변화가 필요하다.

청중이 모여야 히트작이 탄생한다. 그리고 히트작이 탄생하면 청중이 모이기도 한다. '히트작 있는 곳에 소송도 있다'라는 오래된 격언이 떠올라 하는 얘기다. 뭔가 히트를 치면 해당 작품의 성공에 일정 지분이 있다고, 또는 자신이 그 성공을 만들어낸 장본인이라고 주장하는 이들이 여기저기서 튀어나오지 않던가. 잠시 후에 우리는 과거에 청중을 어떻게 끌어모았는지 살펴볼 것이다. 과거를 들여다봄으로써 미래에 히트 상품이 탄생하는 과정에 대한 힌트를 얻을 수 있다.

우선 케인스의 미인 대회부터 보자. 이는 최근 게이트키퍼(gate-keeper, 정보나 콘텐츠의 흐름을 관리 및 통제하는 주체)의 역할에 생긴 변화를 이해하는 데 도움을 준다. 1936년에 경제학자 존 메이너드 케인스(John Maynard Keynes)는 주식 시장에 투자하는 것이 신문에 실린 미인 대회에서 우승자를 알아맞히는 것과 비슷하다고 했다. 미인 대회의 방식은 이렇다. 신문에 여성 100명의 사진을 싣고 독자들로 하여금 가장 예쁜 6명을 고르게 한다. 그리고 가장 높은 득표를 한 6명을 가장 근접하게 맞힌 독자에게 상금이 주어진다. 케인스는 이렇게 말했다.

"이것은 자신이 생각하기에 가장 예쁜 얼굴을 골라야 하는 상황도 아니고, 평균 의견이 가장 예쁘다고 생각하는 얼굴을 골라야 하는 상황도 아니다. 거기서 한 단계 더 나아가, 평균 의견이 무엇일지 추측해보는 사람들 모두의 평균 의견을 추측해야 한다."

다시 말해 다른 사람들이 어떻게 생각할지에 대해 다른 사람들이 어떻게 생각하는지를 정확히 예측해야 상금을 받을 수 있다. 이는 내가 시스템을 상대로 이기는 것이 아니라 시스템 자체의 일부로서 움직이는 상황이다. 예술과 비즈니스는 둘 다 때로 변덕스러운 패턴을 보인다는 공통점을 갖고 있다. 만일 예술계의 '심사원(예컨대 평론가)'들이 특정한 장르의 음악이나 책을 선호하는 것 같으면 음반사와 출판사는 당장 그 장르에 투자를 집중한다. 주식 장이 마감할 즈음 특정 종목이 매력적이라는 평가가 나오면 다음 날 개장 때 많은 투자자가 그와 비슷한 종목으로 몰려든다. 그러나 이제는 룰이 바뀌었다. 심사원의 영향력이 예전 같지 않다는 의미다. 이제는 심사원을 설득해 내 편으로 만든다고 해서 반드시 소비자의 마음도 얻을 수 있는 것은 아니다.

타잔 경제학은 게이트키퍼가 통제하는 '하나 대 다수'의 모델을 버리는 것, 그 대신 플랫폼을 기반으로 하는 수많은 '하나 대 하나'의 관계들을 택하는 것을 의미한다. 위 미인 대회에서는 내가 상금을 타려면 심사원들의 생각을 예측해야 하지만(즉 내 입장에서 볼 때 그들은 영향력을 지닌다) 오늘날 세계에서는 심사원이 다른 이들에게 영향을 미치기 힘들다. 이제는 청중도 각자 나름의 의견을 갖고 있기 때문이다. 과거에 큰 영향력을 지녔던 심사원(또는 게이트키퍼)들은 이제 그 중요성이 낮아졌다. 그 속성상 소비자에게 수많은 선택지가 주어지는 오늘날 같은 세상에서는 영향력을 발휘하기 힘든 것이다.

게이트키퍼의 부재는 음악뿐만 아니라 문화 전반과 언론, 정치 분야에서도 모종의 결과들을 낳는다. 역사적으로 게이트키퍼들은 우리와 세상이 상호 작용하는 관계의 상당 부분에 관여해왔다. 그리고 게이트키퍼가 사라진 세상은 그것이 존재하던 세상과 별로 관련이 없을 것만 같다. 하지만 청중을 끌어모으는 일과 관련해 여전히 유효한 몇 가지 기본적 진실이 있다. 우리는 게이트키퍼들이 아직 막강한 힘을 발휘하던 시대의 두 기업을 살펴봄으로써 그 진실 중 두 가지를 확보할 수 있다. 두 기업은 타파웨어(Tupperware)와 타워레코드(Tower Records)다.

감정 전염

2000년 리얼리티 쇼 〈빅 브라더(Big Brother)〉의 영국판을 제작한 TV 방송계의 거물 피터 바잘게트(Peter Bazalgette)는 입소문 타는 콘텐츠를 제작하는 비결을 누구보다 잘 안다. 그는 단순히 일상생활을 보여주는 차원을 넘어선 특별한 뭔가가 있는 리얼리티 쇼를 만들었다. 그의 저서 《공감 선언》에는 관심을 끌어모으고 관심이 퍼지게 만드는 원리에 대한 심리학적 분석이 담겨 있다. 그는 남성과 여성이 차이점보다 유사점이 많다고 인정하지만 공감 능력은 예외라고 주장한다. 여성이 남성보다 공감 능력이 뛰어나며 아기들의 경우도 그렇다는 것이다. 인간의 감정 전염 현상은 아주 일찍부터 나타나는데, 한 아기가 울면 다른 아기도 덩달아 우는 것이 대표적 예다. 일반적으로 남자 아기보다 여자 아기에게서 이런 현상이 더 일찍 나타난다. 심지어 성인이 돼서도 여성은 타인이 하품하는 모습을 보고 따라서 하품할 가능성이 더 높다. 이 역시 감정 전염이 일어난 행동이다. 바잘게트는 우리의 관심이 움직이는 데 '선행자 따라 하기' 원리가 작동한다고 말한다. 즉 남들이 반응하면 따라서 반응하는 것이다. 또한 그는 상품이나 서비스가 입소문을 타는 과정에서 감정 전염이 중요하다고 말한다. 오늘날 소셜 미디어 인플루언서들의 중요성이 커지는 추세는 그의 주장에 힘을 실어준다.●

모든 것이 넘쳐나고 시장이 갈수록 더 붐비는 오늘날은 인기도 순위에서 위쪽으로 올라가려면 단순히 소비자에게 인지되는 것만으로는 부족하다. 입소문이 나야 한다. 새로운 사용자가 생길 때마다

● 롤링스톤스의 초창기 매니저인 앤드루 루그 올덤(Andrew Loog Oldham)은 1965년에 롤링스톤스가 공연하는 극장에서 자신만의 방식으로 감정 전염 현상을 유발했다. 밴드가 무대에 오를 때 그가 보이지 않는 곳에 쭈그리고 앉아 높은 목소리로 환호성을 지르면 관객들이 전부 따라서 환호성을 질렀다.

그들이 당신의 콘텐츠를 다른 이들에게 소개하고 공유하면서 사용자가 계속 늘어나면 입소문이 퍼진다. 소비자가 제품에 만족하는 데서 그치는 것이 아니라 그 정보를 타인들과 공유해야 한다는 얘기다. 제품의 본래 특성상 전염 효과를 지니는 경우도 많다. 사용자가 생기면 특정 제품이 자연스럽게 퍼져나가는 것이다. 페이스북이 대표적 예다. 페이스북에 가입한 사람은 친구들도 가입하게 초대하고 싶은 욕구를 느낀다. 결제 플랫폼이나 법률 소프트웨어도 마찬가지다. 내가 새로운 인보이싱 소프트웨어를 쓰기 시작하면 나와 거래하는 업체들도 원활한 수금을 위해 그 소프트웨어를 도입해야 한다.

입소문 효과가 2000년대 실리콘밸리에서 생겨난 개념처럼 느껴질지 모른다. 입소문으로 엄청난 성공을 거둔 핫 오어 낫(Hot-or-Not, 누군가 자신의 사진을 올리면 사람들이 점수를 매기는 사이트)이나 핫메일(Hotmail, 발신자의 이메일 하단에 항상 핫메일 가입을 권유하는 초대 문구가 자동 첨부되었음) 등이 떠오를 것이다. 그러나 입소문 효과의 기원은 제2차 세계대전 직후로 거슬러 올라간다. 당시 미국의 한 싱글맘이 제품이 퍼져나가게 하는 비결을 보여줬다.

1946년 과학자 겸 발명가 얼 사일러스 타파(Earl Silas Tupper)는 음식을 신선하게 보관하기 위한 플라스틱 밀폐 용기를 개발했다. 남은 음식을 훨씬 더 오래 그리고 더 편리하게 보관할 수 있는 이 용기는 혁신적인 주방 용품이었다. 그 전까지 미국 주부들은 남은 음식을 담은 그릇에 샤워 캡을 씌워놓곤 했다. 보기에도 안 좋고 바람직하지도 않은 방법이었다.

경쟁자가 샤워 캡이었으니 타파웨어 용기는 주부들에게 쉽게 팔릴 것 같았다. 하지만 신문 광고와 백화점 진열 등 야심찬 마케팅을 벌였음에도 판매가 부진했다. 첫눈에 끌릴 만큼 디자인이 그다지 매력적이지도 않은 데다 소비자 입장에서 사용법이 직관적으로 다가오지도 않았던 탓이다. 광고가 구매자들을 만들어내기는 했지만 적극적인 호응이 발생하지는 않았다. 소비자들이 이 밀폐 용기의 사용법을 제대로 모르기 때문에 구입하면 요긴하게 쓸 수 있다는 확신이 없었다. '신선함을 가두기' 위해 뚜껑을 제대로 꽉 닫기가 쉽지만은 않았고 낯선 제품의 사용법에 서투른 소비자들이 불만을 느끼곤 했다. 많은 고객이 뚜껑이 제대로 안 맞는다면서 환불을 요구했다.

이 지점에서 미시간주 디어본의 싱글맘 브라우니 와이즈(Brownie Wise)가 등장한다. 와이즈는 스탠리홈프로덕츠(Stanley Home Pro-ducts)의 판매원으로 일하고 있었는데, 타파웨어가 가정에서 사용법을 직접 시연하며 판매하기 적합한 제품이라고 판단했다. 그녀는 원래 팔던 스탠리홈프로덕츠 제품의 비중을 줄이고 '폴리 티 파티(Poly-T party)'에 집중하기 시작했다. 수시로 이 홈파티에서 주부들을 모아놓고 밀폐 용기 사용법을 직접 보여줬고, 10년도 안 돼 전국 곳곳의 주부들로 이뤄진 네트워크를 형성시켰다. "이제 샤워 캡은 치워버리세요. 남은 음식을 멋지게 변신시키세요"가 타파웨어 세일즈 팀의 슬로건이었다.

각각의 타파웨어 판매원은 호의적인 친구와 이웃, 친척들로 이뤄진 자신의 인간관계 망을 이용해 모임을 기획했다. 그리고 홈파티 장소를 제공해줄 집주인은 아무렇게나 선택하는 것이 아니었다. 나중에 자신도 판매원이 되겠다고 나설 만한 성향의 주부들과 친하고 사교 활동이 활발한 집주인을 선택했다. 파티를 여는 집주인은 자신이 알고 지내는 주부들을 초대했고, 그 주부들에게도 각자의 지인들을 초대해 타파웨어 파티를 열라고 권유했다. 그 결과 빠르게 입소문이 퍼져 '타파웨어'라는 브랜드와 밀폐 용기 사용법이 미국 전국의 가정들로 퍼져나갔다. 똑똑한 판매원들은 어떤 주부가 똑똑한 파티 주최자인지 아닌지 금세 알아봤다. 그런 파티 주최자는 오늘날 소셜 미디어의 인플루언서 같은 존재였다.

지금으로부터 50년도 더 된 와이즈의 타파웨어 교육 매뉴얼에는 제품이나 서비스가 네트워크를 통해 퍼지는 방식에 관한 통찰력이 담겨 있다. "모든 파티에서는 판매자(판매를 통한 이익), 파티를 여는 집주인(사회적 지위 강화), 손님들(사회적 교류 기회 확보), 이렇게 세 당사자가 반드시 이익을 얻어야 한다." 타파웨어 파티는 모든 참가자가 윈윈 게임으로 인식해야만 효과를 낼 수 있었다. 그리고 이 파티의 무엇보다 큰 장점은 주부들이 모임을 통해 '자기 자신과 같은 주부'를 도울 수 있다는 점이었다. 불쑥 찾아온 생판 처음 보는 세일즈맨을 돕는 것과는 완전히 달랐다.

주부들을 끌어모은 와이즈의 네트워크 덕분에 타파웨어는 그야말로 대박을 쳐서 1954년에는 무려 2,500만 달러(지금 가치로 치면 2억 3,800만 달러가 넘음)의 매출을 기록했다. 〈스미스소니언(Smithsonian)〉의 캣 에슈너(Kat Eschner)는 밀폐 용기 원더 보울(Wonder Bowl), 아이스캔디 틀 아이스 텁스(Ice Tups), 칸막이가 나눠진 서빙트레이 파티 수잔(Party Susan) 같은 타파웨어 제품들이 가정에서 즐기는 오락과 정원 파티가 중요했던 전후(戰後) 시대의 새로운 라이프스타일을 대표하게 됐다고 말한다.* 1954년 타파웨어 네트워크에 속한 판매원와 유통 담당자, 관리자는 2만 명에 달했다. 엄밀히 말하면 이들은 타파웨어에 소속된 것이 아니었다. 이들은 다 함께 회사와 소비자 사이의 인프라스트럭처 역할을 하는 민간 계약자들이었다.

1950년대 입소문을 통한 타파웨어의 성공은 우리에게 세 가지 교훈을 준다. 첫째, 입소문 효과는 제품이 아니라 참여자들에게 달려 있다. 기업이 주도하는 마케팅 및 광고로 소비자를 끌어모으려 했던 얼 타파의 방식은 실패했지만, 브라우니 와이즈는 그와 반대로 주부들이 실제로 있는 현장을 찾아가 소비자를 끌어모았다. 뿐만 아니라 그녀는 경제 활동을 원하는 이들을 위한 유연한 노동 기회를 창출함으로써 긱 경제(gig economy, 산업 현장에서 필요에 따라 단기 계약직이나 임시직으로 인력을 충원해 일을 맡기는 형태의 경제-옮긴이)의 이점을 활용한 선구자였다.

둘째, 타파웨어 파티가 입소문 효과를 톡톡히 본 것은 네트워크 효과 덕분에 사업이 다중적인 방향으로 확장됐기 때문이다. 즉 판매원이 많아지자 더 많은 파티가 열렸고, 그 파티들은 더 많은 구매자를 만들어냈고, 그러면 다시 판매원이 늘어났다. 타파웨어는 훗날 등장할 '플라이휠(flywheel)' 효과의 조상 격이었다.

● 캣 에슈너, "브라우니 와이즈 이야기: 타파웨어 파티를 만든 천재 마케터(The Story of Brownie Wise, the Ingenious Marketer Behind the Tupperware Party)", 〈스미스소니언〉, 2018년 4월.

셋째, 브라우니 와이즈의 1948년 교육 매뉴얼에는 이렇게 쓰여 있다. "15명의 여성 각자에게 따로 물건을 팔 때보다 15명을 한꺼번에 모아놓고 팔 때 더 많이 팔린다." 이는 군중 심리, 좋은 기회나 유행을 나만 놓치는 것에 대한 두려움, 구매를 위한 사회적 진입 장벽이 낮아지는 현상 등이 합쳐진 집단 역학을 활용한 것이다. 다수가 모여 있으면 낯선 제품의 사용법을 빠르게 공유할 수 있으므로 모두의 이익을 위해 문제를 해결한다는 문화적 가치가 창출됐다. 오늘날 유튜브에서 '~하는 법' 유의 동영상 조회 수가 5억에 이르기도 하는 것을 떠올리게 하는 지점이다.

"세상에는 세 가지 종류의 거짓말이 있다. 거짓말, 새빨간 거짓말, 통계 수치다." 우리는 '롱테일'이라는 까다로운 주제를 다루는 동안 마크 트웨인의 이 말을 기억할 필요가 있다. 전통적인 오프라인 상점에서는 일반적으로 적은 종류의 상품들(진열대 잘 보이는 곳에 위치함)이 판매의 대부분을 차지하고('머리'), 그보다 훨씬 많은 종류의 틈새 상품들(대개 잘 안 보이는 곳에 위치함)이 판매에서 상대적으로 적은 부분을 차지한다('꼬리'). 오프라인 상점은 진열 공간이 제한적이므로, 상위 20퍼센트 상품이 매출의 80퍼센트를 만들어내고 나머지 80퍼센트 상품이 매출의 20퍼센트만 차지하는 80/20 법칙이 힘을 발휘한다.

〈와이어드(Wired)〉 편집장 크리스 앤더슨(Chris Anderson)은 2004년 그 유명한 롱테일(long tail) 이론을 발표했다(2006년 《롱테일 경제학》이라는 책으로 출간됐다). 그는 디지털 시대에는 수많은 제품과 콘텐츠가 제공되면서 소비자의 선택 폭이 대단히 넓어지고, 이로 인해 머리 쪽에 있던 수요가 이동해 꼬리 쪽으로 길게 퍼진다고 주장했다. 이처럼 수요가 이동하면서 꼬리가 점점 길어지고(선택지의 증가) 두꺼워진다(선택지에 대한 수요 증가). 따라서 과거의 틈새 상품들이 중요해지면서 그에 맞는 비즈니스 모델이 등장하는 한편 전통적인 게이트키퍼들이 쥐고 있던 시장 통제력이 줄어든다는 것이 앤더슨의 주장이다.

다음 페이지의 롱테일 그래프는 앤더슨의 이론을 음악 시장에 적용한 것이다. 이는 앤더슨의 이론이 나올 당시 일반적인 오프라인 매장에 구비되어 있던 제품 수와, 비슷한 시기에 출범한 스트리밍 서비스 랩소디(Rhapsody)에서 제공한 음원 수를 비교한 것이다. 《롱테일 경제학》이 출간된 2006년 당시 월마트(Walmart) 같은 오프라인 소매점들의 진열대에 놓인 곡은 약 5만 2,000개(앨범 4,000종)였고, 이것들이 전체 음악 소비 곡선의 '머리'에 해당했다. 아직 초창기였던 랩소디 같은 디지털 음악 스트리밍 서비스들은 그 수치에 300만 곡이 추가된 음원을 보유했다(현재 이 수치는 6,000만 곡 이상으로 증가했다). 앤더슨의 롱테일 이론에 따르면 오프라인 매장을 통해 판매되던 상품에서 디지털 서비스를 통해서만 이용할 수 있는 상품으로 수요가 이동해야 할 것이다.

인기 상품에서 틈새 상품으로 옮겨가는 이 같은 수요 변화가《롱테일 경제학》의 중심 주제다. 책의 핵심 메시지는 "기업의 미래가 다품종 소량 판매에 달린 이유"라는 부제에도 잘 드러난다. 가만 생각해보면 다양한 제품의 소량 판매를 강조한 책이 히트 상품이

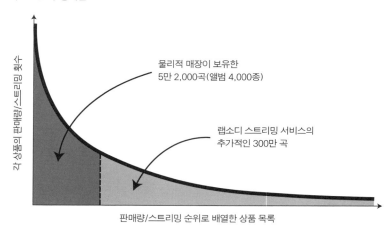

〈도표 3-1〉 롱테일

각 상품의 판매량/스트리밍 횟수

물리적 매장이 보유한
5만 2,000곡(앨범 4,000종)

랩소디 스트리밍 서비스의
추가적인 300만 곡

판매량/스트리밍 순위로 배열한 상품 목록

출처: 크리스 앤더슨의 "롱테일(The Long Tail)" (《와이어드》, 2004)의 그래프를 활용함

됐다는 사실은 좀 아이러니처럼 느껴진다. 그리고 단순히 히트 상품만 된 것이 아니라 확고한 믿음도 됐다. 선택의 폭을 무한히 넓히는 기업이 성공한다는 메시지는 콘텐츠 산업의 전통적 게이트키퍼들(소비자에게 노출되는 운 좋은 소수 제품을 결정하는 데 영향력을 갖고 있다)을 대체하겠다는 목표를 품은 창업가와 투자자들에게 매력적으로 다가갔다. 롱테일 이론을 토대로 한 새로운 기업들이 생겨났고 투자자도 모여들었다. 한편 롱테일 이론을 비판하는 이들도 등장했다. 대표적 인물은 하버드대학교 경영대학원의 애니타 엘버스(Anita Elberse) 교수다. 그녀는 2013년 저서 《블록버스터 법칙》에서 성공하기 위해서는 롱테일의 꼬리가 아니라 머리 쪽을 공략해야 한다고 주장했다. 한마디로 '모 아니면 도' 전략이다. 여기에도 아이러니가 있다. 엘버스의 책은 앤더슨의 책만큼 많이 팔리지 않았다. 히

트 상품을 강조한 엘버스의 책은 꼬리에 속했고, 꼬리를 강조한 앤더슨의 책은 머리에 속한 것이다.

《롱테일 경제학》은 많은 추종자를 만들어냈지만 디지털 시장이 자리를 잡아가면서 이 이론을 둘러싼 논쟁이 일어났다. 최고 점유율은 아닐지라도 히트 상품에 대한 지배적인 수요가 지속됐기 때문이다. 롱테일에 집중한 많은 이들은 수익이 기대에 못 미치는 것을 경험했다. 롱테일 이론은 가진 자에게서 못 가진 자에게로 부가 재분배된다는 이타적 비전을 제시함으로써 사람들의 감정을 건드렸다. 더 길어진(그리고 두꺼워진) 꼬리는 더 민주화된 미디어 산업의 풍경을 제시했다. 선택 폭이 넓어진다는 것은 기업들이 고객의 다양한 취향을 충족시켜줄 수 있음을, '주류'에서 외면받던 아티스트도 시장에 참여할 수 있음을 의미했기 때문이다. 그리고 그런 감정적 기대를 채워주는 현실적 증거를 만나지 못하면 해당 이론을, 또는 그 이론을 현실에서 구현하겠다고 나선 플랫폼들을 비판하고 싶어지기 마련이다.

롱테일 이론을 둘러싸고 논쟁과 비판이 생겨난 원인은 퍼센티지와 절대 수를 구분해서 생각하지 못한 점에서 찾을 수 있다. 이런 혼란은 불평등을 논할 때 '상위 1퍼센트'라는 말이 늘 언급되는 정치적 담론에서도 목격된다. '어떻게 그토록 작은 비율의 인구가 전체 부의 그렇게 많은 부분을 차지할 수 있는가'라고 묻곤 한다. 미디어 영역에서도 비슷하다('상위 1퍼센트'를 논하는 화법은 미디어 분야에서 기원했는지도 모른다). 초대박 히트 상품들이 돈을 전부 쓸어가고 긴 꼬리 부분의 틈새 콘텐츠들에는 돌아오는 것이 거의 없다고들 한다. 그런데 우리는 부의 문제를 논하거나 승자가 독식한다고 말할 때, 부자를(또는 승자를) 정의하는 방식이 시간의 흐름에 따라 변화했는지를 따져볼 필요가 있다.

퍼센티지와 절대 수의 혼동을 피하려면 퍼센티지라는 가림막 뒤에 존재하는 절대 수를 계산해야 한다. 어떤 이들은 (롱테일 이론에 따라) 음악 산업 전체가 크게 성장하는 대신 긴 꼬리 쪽에 있는 80퍼센트의 음악에 대한 수요가 늘어날 것이라 예측했지만, 현재 머리에 해당하는 상위 20퍼센트에 있는 곡들은 과거 꼬리에 있던 곡들을 전부 합친 것보다 훨씬 많다. 아주 간단한 계산만 해봐도 알 수 있다. 스트리밍 서비스가 아티스트 400만 명과 6,000만 곡을 보유하고 있다면 그중 1퍼센트만 해도 각각 4만 명과 60만 곡이다. 이는 웬만한 오프라인 상점에서는 상상하기 힘든 엄청난 양의 선택지다. 앤더슨의 이론에서는 수요가 꼬리로 이동해 꼬리가 더 두꺼워질 것이라고 했다. 그의 실수는, 그 대신 롱테일 그래프의 전체 곡선 아래쪽에 있는 선택지들이 증가할 것이라는 사실을 놓친 점이다.

잠시 후 우리는 롱테일과 관련된 뜻밖의 사실을 만날 것이다. 그전에 먼저 디지털 불법 다운로드가 시장을 강타하기 전이자 음반 산업의 황금기였던 1990년대 말과 2000년대 초로 가보자. 당시 월마트와는 완전히 차원이 다른 선택의 폭을 제공한 오프라인 소매점이 있었으니, 바로 타워레코드다.

타워레코드는 2004년 〈와이어드〉에 '롱테일'이라는 용어가 등장하기 전부터 이미 나름의 롱테일 전략을 활용하고 있었다. 이 음반 소매점의 롱테일 이야기는 러셀 솔로몬(Russell Solomon)이 미국 캘리포니아주 새크라멘토에 첫 매장을 연 1960년부터 시작된다. 타워레코드는 이후 40년 동안 18개 나라에 약 240곳의 매장을 가진 거대 체인으로 성장했다. 그러다 급격한 경영 악화로 2004년 파산 신청을 했다[이 기업 이야기는 〈모든 것은 지나간다(All Things Must Pass)〉라는 다큐멘터리로 제작됐다]. 앤더슨의 롱테일 이론이 발표된 것과 같은 해다. 또 2004년은 비디오 대여 시장에서 블록버스터(Blockbuster)의 지배력이 아직 굳건하던 때이기도 했다. 블록버스터는 그 후 급격히 쇠퇴해 6년 뒤인 2010년 파산 신청을 했다.

역사는 블록버스터나 타워레코드에게 그다지 우호적이지 않아서 변화를 거부하고 트렌드를 따라가지 못한 기업으로 이들을 묘사하곤 한다. 그런데 사실 블록버스터는 많은 혁신을 시도한 기업이며 디지털 혁신과 관련해 다른 오프라인 경쟁자들보다 많은 특허를 출원했다. 하지만 이 기업은 비디오 반납이 늦어지는 고객에게 연체료를 받는 정책을 오랫동안 고수했다. 이것은 이후 넷플릭스가 공격하게 되는, 블록버스터의 취약점이었다. 이와 비슷하게 타워레코드도 여러 부침을 겪으며 실수도 저질렀지만 1995년 타워닷컴(Tower.com)을 오픈하면서 온라인에 누구보다 발 빠르게 진출한 기업이었다.

타워레코드의 슬로건은 "음악이 없으면 인생도 없다(No Music, No Life)"였다. 음악은 선택 사항이 아니라 없어선 안 되는 무엇인 것이다. 그런 철학에 걸맞게 다른 어떤 경쟁사보다도 많은 음반을 구비하려고 노력했다. 이를 통해 소비자를 끌어모으고 나아가 열정적인 소비자를 만들어낼 수 있으리라고 생각했다. 타워레코드 매장을 둘러보려면 점심시간에 짬을 내는 것만으로는 턱없이 부족했다. 이 매장에는 항상 사람이 붐벼서 진열대의 앨범들을 살펴보기 위해 줄을 서야 하는 경우도 다반사였다. 솔로몬은 늘 세 가지 변수를 고려해 고객에게 제공하는 선택의 폭을 최적 수준으로 유지했다. 새 앨범의 공급량, 사용 가능한 진열 공간, 소비자 수요가 그것이다. 이것들은 월마트나 다른 소매점들도 고려하는 요소였지만 타워레코드가 특별히 달랐던 점은 다른 소매점보다 훨씬 더 많은 음반을 구비하기 위해 매장 규모를 넓혔다는 점이다. 그것은 롱테일 이론에서 말하는 꼬리 쪽의 다양성보다도 훨씬 많은 종류를 아우르는 다양성이었다.

또한 타워레코드는 고객이 좋아할 만한 맞춤형 콘텐츠를 제공하는 큐레이션의 선구자였다. 많은 종류의 음악 및 문화 잡지를 구비했을 뿐만 아니라('꼬리'의 틈새 소비자 집단들 각각의 '머리'에 해당하는 소비자들을 만족시켰다) 〈펄스(Pulse)〉라는 월간 잡지를 자체 발행해 매장에서 무료로 제공했다. 〈펄스〉는 단순한 소식지가 아니라 〈롤링스톤〉의 발간 규모에 맞먹는 엄연한 잡지였으며, 오늘날 추천 플레이리스트를 제공하는 스트리밍 업체처럼 타워레코드만의 큐레이션 서비스를 제공하는 수단이었다.

2014년에 나는 90세를 바라보는 솔로몬을 만나 그가 18개국 240여 개 매장을 운영한 원칙을 직접 들을 수 있었다. 타워레코드를 방문하는 고객은 누구나 넓디넓은 매장에서 약 4만 종의 앨범과 마주했다. 솔로몬은 그것을 최적의 전략으로 여겼다. 만일 원하는 앨범을 그 4만 장 중에서 찾지 못하는 고객이 생기면, 그리고 그런 일이 반복돼 충분한 수요가 존재한다고 판단되면 타워레코드는 '원 인, 원 아웃(one-in, one-out)' 정책에 따라 해당 앨범을 주문했다. 그 앨범을 주문하는 동시에 가장 안 팔리는 앨범 하나를 진열대에서 철수하는 것이었다.

뉴욕 유니언스퀘어점을 비롯한 주요 매장들은 앨범 수가 훨씬 더 많았다. 그런 곳은 클래식 음악 코너 하나만 해도 앨범이 3만 2,000종이었다. 아무튼 한 매장에서 4만 종이라는 숫자는 엄청난 선택지였다. 웬만한 음악광의 취향은 충분히 만족시키고도 남는 다양성이었다. 안타깝게도 타워레코드는 2004년에 파산 신청을 했지만 이 소매점은 그 수많은 매장에서 일찍부터 앤더슨의 롱테일 이론을 실천하고 있었다.

나는 '뜻밖의 발견'이라는 표현을 신중하게 쓰는 편이지만 지금부터 소개할 분석 결과에는 이 표현을 쓸 수밖에 없다. 우리는 MRC 엔터테인먼트(MRC Entertainment)의 공식적인 미국 데이터를 활용해 2019년도의 음악 수요 그래프를 그려볼 수 있다. 음악 소비 분포의 '머리'에 해당하는 네 그룹(상위 40, 400, 4,000, 4만 종의 앨범)을 정한 후, 각 그룹이 오디오 스트리밍(스포티파이, 애플 뮤직), 비디오 스트리밍[유튜브, 베보(Vevo)], 디지털 앨범(아이튠즈), 물리적 앨범(CD, 바이닐)의 수요에서 차지하는 비율을 살펴볼 것이다.

그중 우리가 가장 주목할 것은 상위 4만 종 그룹이다. 15년 전 타워레코드 매장에서 고객에게 제공한 앨범도 4만 종이었기 때문이다. 나머지 3개 그룹도 각자 나름의 의미를 갖는 숫자다. '40'은 음악 차트에서 흔히 상위권을 구분하는 숫자다. '400'은 오늘날 일부 슈퍼마켓이나 대형 할인점에서 구비하는 음반의 숫자다. 반면 '4,000'은 롱테일 이론이 나온 2004년 즈음 HMV나 월마트에 구비돼 있던 음반 숫자다. 이는 진열 공간이 제한적이었던 2000년대의 오프라인 소매점과 선택지가 무궁무진한 오늘날의 디지털 플랫폼을 비교해서 생각해볼 수 있는 유용한 기준점이 되어준다.

〈도표 3-2〉를 살펴보면 뜻밖의 발견을 하게 된다. 상위 40개 앨범은 전체 스트리밍 수요에서 2~3퍼센트를(흰색과 옅은 회색 막대), 전체 앨범 판매량에서는 10분의 1을 차지한다(짙은 회색과 검은색 막대). 스트리밍보다 앨범 판매에서 히트 상품 비중이 더 높다는 의미다. 선택지가 많으면 수요가 꼬리로 분산된다는 롱테일 이론에 일치하는 모양새다.

상위 400개 앨범의 경우 전체 스트리밍 수요에서 차지하는 비율이 20퍼센트에 조금 못 미치고(흰색, 옅은 회색), 디지털 앨범 판매에서 26퍼센트(짙은 회색), CD 판매에서 3분의 1 이상을 차지한다(검은색). 400은 오늘날 대형 할인점에서 꼬리 쪽 상품들을 잘라내고 구비하는 상위 앨범들의 개수에 해당한다.

상위 4,000개 앨범에서도 비슷한 패턴이 나타난다. 이것들은 디지털 포맷들을 통한 수요의 절반을 차지한 반면 물리적 상품 판매에서는 3분의 2 이상을 차지한다. 제한된 진열 공간이 수요가 머리 쪽에 집중되는 현상을 설명해준다. 그러나 물리적 상품의 온라인 판매(예컨대 아마존에서 CD 구입하기)가 갈수록 증가하면 선택의 폭이 한층 넓어지면서 이 검은색 막대의 길이는 짧아질 것이다. 아직까

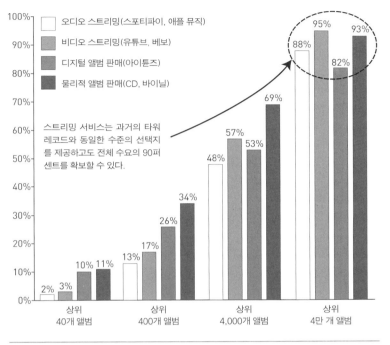

〈도표 3-2〉 타워레코드 롱테일

출처: MRC 엔터테인먼트

지는 롱테일 이론이 대체로 유효하다. 즉 스트리밍 플랫폼에 엄청
난 종류의 선택지가 존재하기 때문에 그만큼 수요가 머리 쪽에 덜
집중되고 꼬리 쪽으로 분산된다.

마지막으로 러셀 솔로몬이 매장에 구비한 4만 종의 앨범이 만
들어낸 '타워레코드 롱테일'과 오늘날의 디지털 시장을 비교해보
면 놀라운 사실이 드러난다. 오늘날 스트리밍 서비스에서는 6,000
만 곡 이상을 보유하고 있지만, 만일 그들이 20년 전 타워레코드
가 제공한 것과 동일한 수준인 상위 4만 종의 앨범을 제공한다고

3. 청중 모으기

가정하면 그 4만 종이 전체 수요의 88~95퍼센트를 담당하게 될 것이다.

다시 말해 현재 스트리밍 서비스에서 제공하는 선택의 폭이 엄청나게 넓음에도 불구하고, 오늘날 음악 수요의 대부분을 차지하는 앨범 수는 1990년대 타워레코드 매장이 물리적 형태로 보유했던 것과 비슷하다. 까놓고 말해서 오늘날 스트리밍 플랫폼은 6,000만 곡을 보유하고 날마다 5만 5,000개의 새로운 곡을 추가하고 있지만, 사실 그중 99.3퍼센트의 곡이 없어도 사업 운영에 지장이 없을 뿐만 아니라 수익의 90퍼센트를 그대로 지킬 수 있다는 얘기가 된다.

여기서 짚고 넘어갈 중요한 점이 하나 있다. 타워레코드가 보유한 4만 종의 앨범은 고정된 재고가 아니었다. 4만 종이라는 한정된 선택지이긴 했어도 그 구성이 계속 변했다는 얘기다. 앞서 언급했듯 타워레코드는 고객이 찾는 희귀 음반이 없으면 그 음반을 주문했고, 그 음반의 충분한 수요가 발생하면 기존 4만 종에서 한 앨범을 철수시켰다. 보유량에 한계가 있으므로 4만 장 앨범의 종류를 최적 수준으로 유지한 것이다. 그렇긴 해도 당시에는 1년에 발매되는 앨범이 불과 3만 장이었다(타워레코드는 그중 아주 일부만 보유한 셈이다). 스트리밍 시대인 오늘날 매주 새로 발매되는 앨범이 거의 3만 장(30만 곡)인 것을 생각해보라.

러셀 솔로몬은 알았지만 크리스 앤더슨은(그리고 롱테일 이론의 많은 옹호자들도) 몰랐던 점이 무엇일까? 솔로몬은 사람들을 끌어모으려면 선택할 수 있는 많은 상품 종류를(당시의 다른 어떤 경쟁자보다 많은 선택지를) 제공해야 한다는 점을 물론 알고 있었다. 그리고 거기에 더해, 다양하지 않은 것보다 다양한 것이 낫지만 종류를 무한정 늘린다고 무조건 좋은 것은 아니라는 사실도 알고 있었다.

롱테일 이론을 설명하는 통계에 관해 그동안 많은 글이 발표됐지만 솔로몬의 재고 관리 전략에는 거의 관심이 기울여지지 않았다. 어쩌면 그는 운이 좋았던 것인지도 모른다. 꼼꼼한 데이터 과학으로 검증한 것이 아니라 4만 종이라는 숫자를 모험적으로 시도했으니 말이다. 하지만 그의 전략은 통했다. 타워레코드는 전 세계에 체인점을 내며 성장했고, 경제 중력의 힘을 보란 듯이 거스르며 가격을 올리고도 수요를 증가시켰다. 2002년에 가격담합 혐의로 과징금을 물긴 했지만 말이다.

미국 대통령 해리 트루먼(Harry Truman)은 "외팔이 경제학자(one-handed economist)를 데려오라!"고 말했다고 알려져 있다. 이 말은 경제 문제에 대한 해법을 제안하는 경제학자들이 늘 '한편으로는(on one hand) 이렇고, 다른 한편으로는(on the other hand) 저렇다' 하는 식으로 설명하는 것에 대한 푸념이었다. 트루먼 대통령에게는 미안하지만 나도 그 표현을 써야겠다. 한편으로 타워레코드는 선택지를 제한하는 것의 이점을 알려준다(종류가 무한정 많다고 무조건 좋은 것은 아니다). 다른 한편으로는 선택지를 늘리는 것은 그만한 가치를 가져다준다. 거기에 상응하는 수요가 당장 존재하지 않을지라도 말이다. 탱고를 추려면 두 손이 다 필요하다.

당신이 친구 여러 명과 식당에 가는 상황을 상상해보자. 식당에서 제공하는 음식의 수요 곡선을 그려보면 아마 몇 가지 인기 메뉴 쪽으로 크게 치우쳐 있고 그보다 더 많은 종류의 메뉴가 롱테일을 구성하고 있을 것이다. 그 소수의 인기 메뉴가 스테이크, 닭고기, 채식주의 요리라고 치자. 그 외의 20가지 메뉴가 긴 꼬리에 해당한다. 식당 매출액을 뽑아보면 이 세 메뉴가 총 매출의 80퍼센트 이상을 차지한다(식재료를 대량으로 싸게 납품받으므로 매출이 아니라 이윤으로 따지면 더 많은 비율을 차지한다).

만일 이 식당이 나름의 운영 합리화를 꾀한다면 꼬리로 시선을 돌려 주문이 많지 않은 비인기 메뉴를 없애기로 결정할 수 있다. 메뉴판에서 사라지지 않으려면 일정 수준의 수요가 발생해야 한다. 그런데 단순히 매출뿐만 아니라 다른 요인들(예컨대 종교나 식이요법 측면의 필요성)도 고려해보자. 비건(엄격한 채식주의자) 음식이나 할랄(이슬람 율법에서 허용하는 음식), 글루텐프리 음식을 없앤다면(모두 롱테일에 속함) 그런 음식을 먹어야 하는 손님은 이 식당에 올 수 없을 것이다.

비건 손님이 이곳에서 밥을 먹을 수 없으면 육류를 먹는 친구들도 함께 올 수 없다. 꼬리를 잘라낸 것이 가져오는 타격이 배가된다. 타잔 경제학에서는 선택의 사회적 맥락을 이해하는 것이 중요하다. 비건 요리는 꼬리에 속하지만 그것이 충족시키는 특정한 특성들 때문에 비슷한 매출을 발생시키는 일부 다른 요리보다 더 가치가 높다. 즉 꼬리에 있는 모든 품목이 똑같은 가치를 지니지는 · 않는다.

음반 판매와 식당 운영은 성격이 다른 종류의 활동이다. 특히 거래되는 재화의 성격이 그렇다. 음식은 재생 가능한 자원이다. 특정 음식이 마음에 들면 나는 식당에 언제고 또 가서 그 음식을 먹을 수 있다. CD는 재생 불가능한 자원이다. 만일 내가 타워레코드에서 〈네버마인드(Nevermind)〉 앨범을 샀다면 그 앨범을 또 사러 가지는 않는다. 따라서 타워레코드는 재고 목록에 넣고 빼기를 반복하면서 앨범들을 순환시킬 충분한 동기를 지닌다. 이는 매장에 아직 구비하지 않은 80퍼센트의 음악이 잠재적 효용성을 지님을 뜻한다. 반면 식당의 경우는 다르다. 꼬리의 메뉴들을 없애버리고 최상위 인기 메뉴 몇 개만 판매하는 전략을 밀고 나가도 상관이 없다. 식당 주인은 메뉴를 순환시킬 동기를 지니지 않는다.

그렇긴 해도 식당이 비인기 메뉴들을 유지하는 것이 나을 수 있는 데에는 특정 식단만 먹는 손님 같은 '틈새' 시장을 공략할 수 있다는 점 말고도 여러 이유가 존재한다. 비인기 메뉴는 손님에게 새로운 음식을 접해볼 기회를 제공한다. 또한 더 많은 청중을 확보할 수 있는 상황을 만들어낸다(많이 팔리지는 않지만 비인기 메뉴에 꽂히는 소수 마니아가 생기면 이들이 인기 메뉴를 주문할 친구들을 데려올 수 있다). 식당을 찾는 사람이 한 명이라도 늘면 입소문을 통한 홍보에 도움이 된다. 그리고 때로 사람들은 자신이 전부 시켜서 먹지는 않더라도 선택할 메뉴가 많은 식당을 더 좋아한다. 매출액을 계산할 때는 이 선택 가치가 전혀 드러나 보이지 않지만 선택 가치는 실제로 매출을 발생시킨 거래 못지않게 중요할 수 있다.

나심 니콜라스 탈레브(Nassim Nicholas Taleb)는 저서 《스킨 인 더 게임》의 '양보하지 않는 소수가 주도하는 사회'라는 제목의 장에서 이와 관련된 문제를 논한다. 그의 핵심 논지는 롱테일이 구성 요소들을 통해서는 예측할 수 없는 방식으로 움직이는 총체로 이뤄져 있다는 것이다. 더 중요한 것은 구성 요소들 간의 상호 작용이다. 그는 이렇게 말한다.

— 각 개미 개체들의 행동을 파악한다고 해도 절대로 개미 집단의 움직임을 파악할 수 없다. 우리는 개미 집단을 개미들의 단순한 합이 아니라 집단 그 자체로서 이해해야 한다. 이를 전체의 '신생' 속성이라고 한다. 부분들과 전체는 다른데, 이는 부분들 간의 상호 작용이 중요하기 때문이다. 그리고 상호 작용은 매우 간단한 규칙을 따를 수 있다.●

탈레브는 간단한 규칙의 예를 이렇게 든다. 코셔(또는 할랄) 음식을 먹는 사람은 코셔(또는 할랄)가 아닌 음식은 절대 먹지 않지만, 유대인(또는 무슬림)이 아닌 사람들은 코셔(또는 할랄) 음식을 먹는 데 거리낌이 없다. 또 장애인은 일반 화장실을 사용하기 어렵지만 비장애인은 장애인용 화장실을 사용할 수 있다.

　타잔 경제학은 개별적 개인들보다는 사람들이 사회적 연결망을 통해 공동체를 형성하는 양상에 더 초점을 둔다. 소수의 욕구는 군중을 형성시키는 데 중요한 역할을 한다. 탈레브는 일치된 여론에 의해 사회가 진화하는 것이 아니라고 주장한다. 실제로는 완고하

● 나심 니콜라스 탈레브, 《스킨 인 더 게임》.

게 양보하지 않는 소수의 사람이 사회 전체를 특정한 방향으로 움직이게 한다는 것이다. 다수와 경험을 공유하지 않는 소수가 만들어내는 불균형이 결국 집단 전체의 방향을 결정짓는다. 그리고 이런 불균형은 거의 모든 영역에서 목격할 수 있다. 비건 한 명과 육류 음식을 즐기는 다수의 친구들이 함께 외식을 하러 가는 경우도 그런 불균형 상태의 한 예다.

비건용 메뉴가 속한 꼬리를 잘라내지 않고 유지하는 접근법을 비거노믹스(veganomics)라고 칭하자. 비거노믹스는 음악 산업의 롱테일에서 잘 나타나고 있다. 바로 그렇기 때문에 오늘날 스트리밍 서비스가 불과 40만 곡(4만 장의 앨범이자 전체 음원의 0.7퍼센트에 해당)만 제공해도 수요의 90퍼센트를 유지할 수 있다는 사실을 강조하는 것은 공정하지 못한 일이 된다. 머리 쪽에 있는 소비자의 대다수는 이따금 꼬리에 있는 노래들도 소비한다. 그 선택의 폭을 없애버리면 그들도 떠날지 모르고, 그들을 문화 트렌드를 바꿔놓을 잠재력 있는 노래들과 멀어지게 만들 가능성이 있다.

MRC 엔터테인먼트의 자료에 따르면 2019년 상반기 6개월 동안 미국에서 스트리밍된 노래는 약 4,000만 곡이다. 이를 그래프로 그려보면 상당히 길고 얇은 꼬리가 나온다. 상위 4만 장의 앨범(약 40만 곡)이 전체 수요에서 90퍼센트를 차지했다. 즉 전체 수요의 10퍼센트를 담당하는 곡들은 과거 타워레코드 매장이었다면 보유할 수 없었을 엄청난 숫자다. 이 길고 얇은 꼬리에 속하는 곡의 수는 정확히 3,940만 450개다. 이 3,940만 450개의 비건 요리를 어떤 고객들은 만족스럽게 소비했다. 그리고 아마도 비건 요리 하나가 소비될 때마다 인기 메뉴(히트곡)도 함께 소비됐을 것이다. 또한 이 점을 생각해보라. 2019년에 스트리밍 가능한 곡은 6,000만 곡이었고, 이 중 단 한 번이라도 스트리밍된 것은 4,000만 곡이었다. 나머지 2,000만 개의 비건 요리는 메뉴판에 있었지만 소비되지 않았다는 의미다. 이 곡들은 비록 사랑을 못 받았지만, 그것들이 존재한다는 사실 자체가 모종의 가치를 만들어내 사람들로 하여금 스트리밍 서비스에 가입하게 이끌었을 것이다. 비거노믹스는 꼬리 자체가 주요 수익원은 아니지만 그 꼬리를 활용해 돈을 벌 수는 있다는 사실을 가르쳐준다.

세계적인 상업용 부동산 서비스 기업 CBRE의 크리스 가드너(Chris Gardener)는 비거노믹스를 이런 식으로 간단히 설명한다. 소비자들이 이제 더는 상점에 찾아가 이런저런 제품이 있는지 묻지 않는다는 것이다. 그들은 쇼핑하러 가기 전에 미리 검색해보고 특정 상점에 원하는 제품이 있을 것을 예상할 수 있거나, 또는 꼬리에 속하는 제품이 상점에 없을 가능성이 아주 조금이라도 느껴지면 곧장 아마존에 접속한다. 사람들에게 시간이 갈수록 귀중해지고 목표물을 정확히 조준한 소비가 늘었기 때문에 그들은 쇼핑몰에 갔다가 허탕을 칠 위험을 감수하고 싶어 하지 않는다.

비거노믹스가 가져오는 간접적 이점 하나는 참여자 수를 늘린다는 점이다. 과거에 대개 음악은 팝에서 클래식에 이르기까지 10가지 장르로 구분됐다. 물론 '인텔리전트 드럼 앤 베이스(Intelligent Drum and Bass)' 같은 희한한 이름의 장르를 비롯한 틈새 장르들도 있긴 했지만, 인기 순으로 수요 그래프를 그려본다면 꼬리 쪽과 머리 쪽 장르는 그 특성이나 느낌이 완전히 달랐다. 그리고 재즈 아티스트가 인기가 많아지면 장르가 재즈에서 팝으로 재분류되곤 했다. 오늘날은 무려 4,800종류 이상의 음악 장르를 산점도 형태로 제공하는 에브리 노이즈 앳 원스(Every Noise at Once) 같은 놀라운 사이트들이 존재한다. 가장 최근에 추가된 장르는 '우간다 전통 음악'이다. 에브리 노이즈 앳 원스는 비즈니스를 계속 유지하려면 꼬리에 있는 음악들을 놓치면 안 된다.

비거노믹스는 다양성과 포용이라는 주제와 관련된 정치적, 사회적 논쟁을 감안할 때 특히 시사하는 바가 크다. 머리에 있는 소수 상품에만 관심을 기울이고 꼬리에 있는 다수 상품은 배제하는 미디어 콘텐츠의 '꼬리 자르기'는 '다양성과 포용' 이슈에도 적용이 가능하다. 다양성은 여러 가지로 정의할 수 있는 개념이므로 상대적으로 쉬운 부분이다. 하지만 포용은 배제되는 이 없이 모두를 받아들이는 것을 의미하므로 더 어렵다. 포용성과 꼬리 자르기는 양립이 불가능하다. 포용성에 범위와 제한을 두어야 하는가, 만일 둔다면 어떤 식으로 설정할 것인가를 세심하게 판단하는 문제는 꼬리를 잘라야 하는가, 만일 자른다면 어떻게 자를 것인가를 판단하는 문제와 다르지 않다. 그러나 비거노믹스는 소수를 배제하는 것이 다수에서 창출되는 가치에 부정적 영향을 미칠 수 있음을 우리에게 상기시킨다.

IMDb와 비거노믹스

우리는 거실 소파에 앉아서도 비거노믹스를 목격할 수 있다. 아마존은 프라임(Prime) 표시가 붙은 주요 상품들은 직접 보유 및 판매하고, 꼬리 상품들은 아마존에 입점한 셀러들을 통해 제공한다는 점에서 전통적인 오프라인 소매점과 비슷하다. 하지만 동영상 스트리밍 서비스인 프라임 비디오(Prime Video)에 대한 접근법은 좀 다르다. 꼬리를 잘라내지 않고 유지하는 비거노믹스 관점을 지향하기 때문이다. 아마존은 IMDb(영화 및 TV 시리즈에 관한 세계 최대의 데이터베이스)를 보유한 덕분에 자신이 제공하는 콘텐츠와 제공하지 않는 콘텐츠에 관한 완벽한 정보를 가질 수 있다. 이로써 종종 꼬리 콘텐츠의 저평가를 초래할 수 있는 정보 불균형이 해소된다. 또한 아마존은 미디어 메타데이터를 구성하는 각 요소들의 관계를 입체적으로 바라볼 수 있다.

만일 어떤 책에 대해 판단할 수 있는 근거가 표지뿐이라면(또는 영화의 경우 배우진과 감독뿐이라면) 그것은 제한적 정보에 해당한다. 반면 출연하는 모든 배우 및 제작 스태프의 방대한 '족보', 그리고 지금까지 쌓인 모든 리뷰, 영화와 관련된 사소한 정보들(IMDb에서는 이런 정보를 제공한다)을 알고 있다면 그 정보는 덜 제한적이다. 사람들의 관심을 끌어당기는 데 일정 역할을 했지만 과소 평가된 그런 모든 '숨은 영웅'들을 표면으로 끌어올리면 정보 불균형이 사라지고, 또 그에 상응하는 가치를 실현할 수 있다.

아마존은 영화에 관한 각 데이터 그룹 간의 관계를 입체적으로 분석할 뿐만 아니라, 영상 시청 중 일시 정지를 누르면 현재 나오는 음악의 제목과 아마존 뮤직으로 연결되는 링크를 보여주는 서비스도 제공한다. 아마존은 모든 사람이 같은 음식을 원하지는 않는다는 사실을, 어떤 사람들에게는 특정한 니즈가 있다는 것을 잘 안다. 어떤 소비자는 장르(스릴러, 로맨스 등)에 따라 영화를 선택하지만, 어떤 소비자는 배우나 감독, 또는 사운드트랙에 따라 정리된 메뉴판을 원할 수 있다. 당신이 좋아하는 배우가 현재 머리 쪽에 속하지만 그의 과거 출연작은 꼬리 쪽 콘텐츠에 속할 수도 있다. IMDb 데이터가 통합된 아마존의 서비스는 그 모든 정보를 찾을 수 있게 해준다. 검색에 들어가는 번거로움이 현저히 줄어든 결과 꼬리의 수많은 콘텐츠를 찾기가 그 어느 때보다 쉬워졌고 그것들의 숨겨져 있던 가치가 드러나게 됐다.

누구에게나 청중을 모으고 싶어 하는 본능적 욕구가 있다. 페이스북의 바네사 베이크웰(Vanessa Bakewell)도 말했듯 누구나 "물고기가 모이는 곳에서 낚시를 하기" 마련이다. 금전적 수익도 청중을 모으려는 동기 중의 하나지만 인정(그리고 거기에 동반되는 친밀감)이 더 중요한 요인이다. 언젠가 그래미상 수상 가수 예바(Yebba)의 매니저인 로스 마이클스(Ross Michaels)가 자신은 아마존이나 애플, 스포티파이에서 나오는 저작권료보다 사람들이 유튜브에서 예바의 영상에 다는 댓글을 더 중요하게 여긴다고 했던 말이 잊히지 않는다.

주의력과 마찬가지로 청중 모으기도 경합성을 지닌다. 과거 우리는 심사원들이 영향력과 통제력을 갖는 케인스 미인 대회 같은 관점을 갖고 경쟁했다. 이제는 그런 게이트키퍼 관점을 버리고 청중 모으는 법에 관한 새로운 규칙을 채택해야 한다.

타파웨어와 타워레코드의 이야기는 우리 모두에게 강력한 메시지를 던진다. 하향식 마케팅이 실패하자 브라우니 와이즈는 타파웨어 파티를 통한 상향식의 입소문 마케팅으로 전환했다. 한편으로 타워레코드는 선택할 종류들이 없는 것보다 있는 것이 낫지만 무조건 많다고 좋은 것은 아니라는 사실을 가르쳐준다. 또 다른 한편으로 타워레코드 파산 후 10년이 훌쩍 지난 지금, 비거노믹스는 같은 꼬리에 속하더라도 어떤 콘텐츠는 다른 콘텐츠보다 더 높은 가치를 지닌다는 점을 일깨워준다. 식당들의 비건 요리 매출은 얼마 안 되겠지만 그 메뉴가 없으면 인기 메뉴인 스테이크에서 나오는 매출이 절반으로 줄어들지 모른다.

기억하라. 장소나 수단이 어찌 됐든 사람들이 모이기만 한다면 청중이 형성된다. 지난 반세기 동안은 라디오 방송국이 아티스트들에게 청중을 모으는 역할을 했다. 그러나 메건 트레이너 사례는 스타벅스도 그와 똑같은 역할을 할 수 있다는 것을 알려준다. 우리는 이와 비슷한 예를 도처에서 목격할 수 있다. 플랫폼들이 성장하면서 새로운 네트워크가 만들어지고 청중이 가장자리로부터 모여들어 형성된다. 예를 들어 일반적인 기업의 고객지원팀이 고객에게 일대일로 응대하는 방식을 생각해보라. 그것은 낡은 줄기에 해당한다. 이제는 소비자들이 온라인 커뮤니티에 모여서 해결책을 공유하고 문제를 미리 방지한다. 하향식 커뮤니케이션이라는 낡은 줄기가 상향식 소셜 미디어의 인플루언서들이라는 새로운 줄기로 대체되고 있다.

청중을 모으는 능력은 파괴적 변화에 직면했을 때 타잔 경제학의 실행력을 높여준다. 더는 효과가 없는 방식을 손에서 놓고 효과적인 방식을 붙잡아야 한다. 앞에서 잠깐 언급한 팟캐스트가 좋은 예다. 그동안 팟캐스트 분야에서는 진입 장벽이 제거되고 틈새 주제를 틈새 청중과 연결하는 능력이 강화돼왔다. '모스(The Moth)', '두 더 라이트 씽(Do The Right Thing)'을 비롯한 유명 팟캐스트들은 [그리고 때로 프리코노믹스 라디오(Freakonomics Radio)도] 청중이 가득한 극장의 무대에서 라이브로 진행된다. 콘텐츠 제작 현장에서 동시에 매출이 발생하는 것이다(미디어의 일반적 규칙을 완전히 뒤집는 접근법이다). 팟캐스터들은 이런 라이브 행사에서 상당한 수익을 거둬 들이고 있다. 일부 경우에는 광고 수익보다도 더 많은 수익이 발생한다. 우리 모두가 이런 효과적인 피벗에서 뭔가 배워야 한다.

청중을 모으는 기존 방식이 점차 낡은 줄기가 되어가는 한편, 창작자와 아티스트가 청중을 모으기 위해 전통적으로 의존해온 중개자의 중요성에 의문이 제기되고 있다. 특히 창작자가 직접 청중을 모으기를 중개자가 기대하는 상황에서는 더 그렇다. 타잔 경제학을 실행하는 사람은 반드시 이 질문을 생각해봐야 한다. 이들 전통적 중개자가 지금도 여전히 필요한가? 트루먼 대통령에게 한 번 더 양해를 구하고 운을 떼자면 내 대답은 "한편으로는…"이라는 말로 시작해야 할 것 같다.

4

생산할 것인가, 구매할 것인가

자녀가 작곡과 노래에 소질을 보이면 부모는 십중팔구 이런 질문을 떠올릴 것이다. 어떻게 하면 우리 애가 제2의 빌리 아일리시(Billie Eilish)가 될 수 있을까?(아일리시는 17세에 스타 반열에 올랐다.) 우리 애를 음악으로 성공시키려면 누구를 참여시켜야 할까? 음반사가 필요할까? 매니저? 퍼블리싱 회사? 만일 그렇다면 그중 누가 가장 중요할까? 아니면 소셜 미디어와 스트리밍 서비스의 힘을 활용해야 할까?

3장에서 살펴봤듯 이제는 업계의 게이트키퍼들이 주도하는 프로세스 없이 소비자들의 의지와 선호에서 나오는 힘만으로도 히트작이 탄생할 수 있는 세상이다. 이는 '생산이냐 구매냐'에 대한 우리의 접근법에 변화를 가져올 수밖에 없다. 스스로 해결할 것인가,

아니면 외부 주체를 참여시킬 것인가 하는 문제 말이다.

과거에는 자녀를 스타로 키우고 싶은 부모라면 청중을 형성시킬 힘을 가진 중개자에게 통제권을 넘겨주는 것 외에 거의 선택지가 없었다. 그러나 이제는 그런 중개자들이 도리어 "당신은 어떤 청중을 끌어올 겁니까?"라고 묻는다. 좋든 싫든 이런 딜레마는 우리에게 중요한 메시지 하나를 던진다. 바로 파괴적 혁신을 통해 피벗하려면 스스로 해결하는 전략을 충분히 숙지해야 한다는 사실이다.

우리를 둘러싼 수많은 요인 때문에 때로는 이쪽 방향이, 때로는 저쪽 방향이 '올바른' 결정이 될 수 있다. 서론에 언급한 회계, 금융, 법률 분야 전문가들을 떠올려보라. 이제는 기술이 과거에 그들이 쥐고 있던 독점적 통제권을 없애고 있다. 요즘은 손가락으로 화면의 버튼만 누르면 회계 업무나 금융 거래, 계약서 작성을 도와주는 앱이 실행된다. 사용자 스스로 통제권을 갖고 과거보다 더 많은 업무를 수행할 수 있으며 외부 주체에 대한 의존도는 줄어들었다.

그런가 하면 기술이 우리를 다른 방향의 결정으로 이끌기도 한다. 다시 말해 스스로 해결하는 것보다 외부 주체를 끌어들이는 것이 더 매력적인 경우도 있다. 예를 들어 과거에는 자동차를 사는 데 투자한 돈을 고려할 때 직접 운전하는 것이 당연한 선택이었을 것이다. 하지만 이제는 자동차를 팔고 그 대신 우버(Uber) 같은 승차 공유 서비스를 이용할 수도 있다. 우버를 이용하면 뒷좌석에 앉아서 업무를 볼 수 있으니 출퇴근 시간을 더 생산적으로 보낼 수 있다. 기술로 인해 직접 운전하는 것보다 승차 서비스를 구매하는 것이 더 나은 선택이 되는 것이다.

하지만 어느 경우에 생산(스스로 해결)이 더 낫고, 어느 경우에 구매(외부 주체 참여시키기)가 더 나은지를 어떻게 알 수 있을까? 이 결정과 관련된 놀라운 사례를 들여다보기 위해 2007년으로 가자. 음악 역사상 '스스로 해결하기' 전략의 가장 유명한 사례는 바로 라디오헤드의 〈인 레인보우즈(In Rainbows)〉 앨범이다. 이 앨범의 발매 과정은 우리 모두가 항상 마주치는 문제, 즉 '통제권을 다른 이들에게 넘겨줄 것인가, 아니면 스스로 직접 해낼 것인가?'에 적용할 수 있는 다층적 교훈을 전해준다.

라디오헤드의 멤버 5명은 영국 옥스퍼드셔에서 같은 학교를 다니던 중 1985년 밴드를 결성했다. 당시는 아직 CD가 대량 소비되기 전이었다. 그들은 '온 어 프라이데이(On a Friday)'라는 밴드명으로 옥스퍼드에 있는 제리코 태번(Jericho Tavern)에서 했던 공연을 계기로 크리스 허포드(Chris Hufford)와 브라이스 에지(Bryce Edge)를 만났고, 1991년 이들이 밴드 매니저가 되었다. EMI와 계약한 후 밴드명을 '라디오헤드'로 바꿨다. 이는 토킹헤즈(Talking Heads)의 노래 "라디오헤드(Radio Head)"에 대한 오마주였다. 스코틀랜드에서 미국으로 건너간 것 중 위스키 다음으로 멋진 존재인 데이비드 번(David Byrne)이 만든 곡이었다. 이 초창기 구성원(멤버 5명과 매니저 2명)은 이후 30년간 유지되어왔다. 라디오헤드는 1994년부터 함께 작업해온 프로듀서 나이절 고드리치(Nigel Godrich)와의 끈끈한 관계로도 유명하다. 1994년이면 스티브 잡스가 아이팟을 구상하기 훨씬 전이다.

라디오헤드는 스튜디오 앨범에서부터 무대 공연에 이르기까지 록음악 역사에 지워지지 않을 흔적을 남겼다. 1997년 기념비적 명반 〈오케이 컴퓨터(OK Computer)〉 발매 직후 글래스톤베리 페스티벌에서 했던 라이브 공연은 이들이 세계적 밴드로서의 지위를 굳히는 계기가 됐다. 이 공연은 지금까지도 훌륭한 공연으로 회자된다. 무대에 기술적 문제가 발생한 최악의 상황 속에서 해낸 공연이었기에 더욱 그렇다. 36년 동안 활동해온 이 밴드는 최근 '로큰롤 명예의 전당'에 이름을 올렸다. 그동안 라디오헤드는 현재의 밀레니얼 세대가 목격하게 될 것보다 더 많은 파괴적 혁신을 겪었다 해도 과언이 아니다. 그들은 1991년 이래 런던의 거대 음반사 EMI와 계약을 맺어 활동했고 2007년이 시작될 무렵에는 여섯 장의 앨범을 낸 상태였다(총 음반 판매량은 3,000만 장 이상이었다).

라디오헤드는 일곱 번째 앨범의 작업을 시작한 후 에지의 말마따나 '결정의 기로'에 놓였다. 이들은 그동안 EMI와의 계약을 충실히 이행했고, 이제 EMI와 관계를 끝내고 독자적으로 움직이기로 결정해도 법적으로 문제가 없는 상황이었다. 물론 EMI는 지금까지 나온 여섯 장의 앨범에 대한 판매 권리를 계속 보유하겠지만 말이다. 약 15년 만에 음반사로부터 떨어져 나와 자유를 누리는 것은 좋은 점이었지만 여섯 장 앨범에 대한 권리를 여전히 EMI가 보유하는 것은 감수해야 했다. 허포드의 표현에 따르면 멤버들은 음반을 녹음하고 발매하는 과정이 '컨베이어벨트 프로세스' 같다는 회의감도 느끼기 시작했다.

라디오헤드가 밴드의 앞날을 고민하던 그즈음 음반 업계는 격변의 시기를 관통하고 있었다. 음반사 수익의 90퍼센트를 차지하는 CD 판매량은 뚝뚝 떨어지고 불법 음원 다운로드는 기승을 부렸다. 한 곡당 79펜스(또는 99센트)에 판매하는 합법적 디지털 다운로드가 저조한 CD 수익을 메울 수 있을 것이라는 생각은 비웃음을 사기 일쑤였다. 상황이 어찌나 암울하던지 한 음반사 간부는 자신의 A&R 팀에게 "지금 음악 산업 전체가 에이즈에 걸려 있다. 어차피 죽더라도 우리는 제일 마지막에 죽었으면 좋겠다"라고 말했다고 한다.

그 무렵 EMI는 가이 핸즈(Guy Hands)가 운영하는 사모펀드 회사인 테라 퍼마(Terra Firma)에 인수됐다. 《문 앞의 야만인들》이라는 책을 읽은(또는 동명의 영화를 본) 독자라면 어째서 이 인수가 EMI에게 좋은 일이 아니었는지 금세 이해할 것이다. 그렇지 못한 독자를 위해 사모펀드 회사의 운영 방식을 간단히 설명하면 이렇다. 그들은 대출금 99달러와 사모펀드의 투자금 1달러를 합쳐서 어떤 기업을 100달러에 산다. 그리고 그 기업에서 생기는 수익으로 대출금을 갚으면서 기업의 가치를 향상시킨 후에 101달러에 매각해 비교적 단기간에 이익을 남긴다. EMI가 부딪힌 난제는, 단기적 수익을 추구하는 테라 퍼마의 방식이 창작 뮤지션들에게 필요한 장기적 작업 패턴과 상충한다는 점이었다. 그리고 그 갈등은 좀처럼 해결되기 힘들었다. 음악 업계에는 "충성을 원한다면 차라리 개를 사라"는 오래된 격언이 있다. 라디오헤드는 EMI에게 개를 사라고 말했다.

라디오헤드의 매니저들은 퍼블리싱, 회계, 법률 문제 등 각 영역의 전문가를 여기저기서 섭외해 일명 '신뢰 집단'을 만들었다. 흡사 영화 〈오션스 일레븐〉의 범죄 팀을 연상시키는 이들 '신뢰 집단'을 규합한 것은 음악 업계에서 이제껏 누구도 시도한 적 없는 프로젝트를 가동하기 위해서였다. 음반사에 의지하지 않는 '스스로 해결하기' 전략을 위해 팀의 규모를 늘리자 전반적인 관리 비용도 크게 증가했다. 에지는 밴드 멤버들과 이런 농담을 나눴다고 한다. "우리, 이제 뭐 거의 음반사나 다름없는데? 인세 20퍼센트 받던 것보다는 더 벌어야 맞는 것 아냐?"

라디오헤드는 디지털 음악의 미래가 어떤 모습일지 불투명한 시대에 자신들의 디지털 운명을 스스로 통제하는 주인이 됐다. 당시 라디오헤드의 음악은 아이튠즈에서 제공되지 않았다. 그들은 아이튠즈 모델에 반대했다. 팬들이 앨범의 특정 곡만 골라 구매할 수 있으므로 밴드가 만든 음반의 예술적 가치가 제대로 전달되지 못한다는 이유에서였다. 게다가 앞으로 디지털 음악이 지속성 있는 사업이 될 것이라는 보장도 없었다. 한편 CD 산업은 시들시들 죽어가고 있었다. 허포드의 말을 빌리자면 CD는 "과도기의 허접한 매체"에 불과했다. 당시 디지털 유통에 대한 음반사들의 접근법은 물리적 음반 시대의 관점을 벗어나지 못하고 있었다. 심지어 그들은 아이튠즈 매출에서 우송료와 포장료 명목의 비용을 공제했다.

음반 업계 매출의 90퍼센트를 차지하는 CD에 회의를 느낀 것은 비단 허포드뿐만이 아니었다. EMI 내에서도 점차 CD 사업 모델에 불만이 증가하고 있었다. 진보적 관점을 가진 EMI 간부 사이먼 데이비드 밀러(Simon David Miller)는 과감하게 테라 퍼마 경영진을 향해 "현재 EMI가 택할 최선의 길은 CD 판매를 중단하는 겁니다"라고 목소리를 높이기도 했다. 사업을 지탱시키고 있지만 한편으론 죽이고 있는 낡은 모델을 버려야 한다고 주장한 밀러는 타잔 경제학을 정면으로 마주하고 있었던 것이다. EMI는 그 낡은 모델을 놓아야만 생존을 위해 새로운 줄기로 옮겨 탈 수 있었다.

라디오헤드는 EMI와의 계약에서 벗어나 자유로워졌을 뿐만 아니라 자신들의 음악에 대한 자신감도 충분했다. 새로운 뭔가를 시도할 적기였다. 에지는 이렇게 말했다.

"우리가 훌륭한 음악을 만들지 못했다면 그 프로젝트를 절대 시도하지 못했을 것이다. 우리는 얄팍한 술책에 불과하다는 소리를 듣는 게 제일 싫었다. 녹음 결과가 만족스러웠기에 그런 파격적인 방식으로 발매하겠다는 결정을 실행할 수 있었다. 우리 중 누구도 우리의 앨범이 뉴스에 등장할 것이라고는 생각하지 못했다."

얼마 후 놀라운 소식이 팬들에게 전해졌다. 2007년 10월 1일 라디오헤드는 팬들 모두가 기다리던 새 앨범 〈인 레인보우즈〉를 사용자가 '내고 싶은 만큼 가격을 지불하는' 방식으로(즉 공짜로도 들을 수 있었다) 공개하겠다고 발표했다. 이것은 이후 세 달 동안 진행될 여러 단계의 발매 전략 중 첫 번째였다. 그리고 거대 음반사 EMI에 소속됐던 십수 년의 세월 끝에 이제 밴드는 〈인 레인보우즈〉에 수록된 열 곡에 대한 완전한 소유권을 갖고 있었다. 기존 음반 산업의 상식에서 완전히 벗어난 파격적 행보였다.

이는 꼭 라디오헤드가 메이저 음반사에 의존하지 않고 디지털 앨범을 발매했다는 사실 때문만은 아니다. 소비자들이 돈을 내고 구매하지 않아도 들을 수 있는 앨범을 냈다는 것이 모두에게 충격이었다. 음악 업계 관계자들은 이들의 실험이 지적 재산을 지탱하는 기둥들을 단숨에 변화시킬 것인지 숨을 죽이고 지켜봤다. 세계적인 밴드가 소속 음반사 없이 앨범을 낸 것도 이례적인데, 게다가 자신들의 음악을 공짜로 나눠줘도 상관없다는 식으로 나왔으니 말이다. 라디오헤드는 마케팅과 유통을 음반사에 의존하지 않고 직접 진행했을 뿐만 아니라 소비자가 앨범을 구매할 필요성까지 없애버렸다.

라디오헤드의 앨범 공개 방식은 미친 짓처럼 보였어도 나름의 이유가 있었다. 그들은 시차가 발생하는 기존의 프로모션 사이클(세계 각국 시장마다 앨범 발매 시점이 다른 방식)을 피하고자 했다. 사람들이 인터넷을 통해 같은 시점에 앨범에 접근할 수 있도록 함으로써 불법 사이트로 음원이 유출되는 것을 막겠다는 의도였다. 이들은 과거 앨범들에서 발매 전 음원 유출을 겪어온 터였다. 기회비용을 고려할 때, 어차피 공짜로 얻으려 마음먹은 팬이라면 라디오헤드 웹사이트에서 정당하게 무료 다운로드를 하면 되지 굳이 불법 사이트에 들어갈 필요가 없는 것이다.

라디오헤드로서는 '구매(외부 주체 참여시키기)' 전략과 비교할 때 '생산(스스로 해결하기)' 전략이 갖는 장점들을 검증할 최적의 타이밍이었다. 하지만 음악 업계는 불안한 시선을 보냈다. 벼랑 끝으로 다가가는 무모한 행동처럼 보인 것이다. 저작권과 그것이 지탱하는 공급망의 미래를 건 도박이나 마찬가지였다. 만일 이 전략이 성공한다면 음악 업계는 앞으로 어떤 모습이 될 것인가?

라디오헤드의 실험적 시도를 살펴보는 일에서는 사건의 순서가 중요하다. 2007년 10월 1일의 발표가 나온 직후부터 팬들은 라디오헤드 자체 웹사이트에 들어가 원하는 가격에 앨범을 사전 주문할 수 있었다. 세계 곳곳에서 주문이 들어오는 동안 과연 이 앨범 공개의 다음 국면이 어떻게 펼쳐질지에 대한 뜨거운 논쟁이 일었다. 그러나 이 흥분된 추측 분위기에 가려진 중요한 행동경제학적 요소가 하나 있었으니, 바로 앨범 발매 방식의 발표와 실제 음원 공개 사이의 시간이다. 밴드의 전략에서 타이밍은 대단히 중요했다. 에지는 이렇게 설명한다.

　　"자발적 지불 프로세스에서 중요한 것은 발매 방식의 발표일과 음원 공개일 사이의 '생각할 시간'이었다. 팬들에게는 자신이 낼 금액을 결정할 며칠의 시간이 있었다. 사전 주문을 상대적으로 일찍 한 팬들은 많은 금액을 기꺼이 냈고 수백 파운드를 내는 이도 있었다. 그래서 우리는 상한선을 두기로 하고 팬들이 낼 수 있는 최대 금액을 99파운드로 정했다. 우리는 사람들이 내는 돈에 상한선을 정하는 것이 옳다고 느꼈다."

우리는 재화의 적절한 가격을 알 수 있을까?

　　라디오헤드가 팬들에게 '생각할 시간'을 주고 가격을 결정하게 한 전략은 경매 설계 분야의 경제학적 이론 및 분석에 관한 판도라의 상자를 열어젖힌 셈이었다. 이후 이 판도라의 상자에서 나온 도구들

4. 생산할 것인가, 구매할 것인가

은 많은 기술 기업의 운명을 결정짓는 데 사용돼왔다.

경매 이론을 다루기 전에 먼저 라디오헤드가 마주하고 있던 몇 가지 제약을 상기해보자. 첫째, 〈인 레인보우즈〉 발매 준비는 완전히 비밀리에 진행됐기 때문에 대중에게 알려진 정보도, 앨범 리뷰도 전혀 없었다. 즉 앨범의 품질을 아무도 모르는 상태였다. 둘째, 그들이 판매한 것은 비소멸성 재화인 MP3 파일이었다. 셋째, '생각할 시간' 동안 팬들은 고급 박스 세트가 아직 출시되진 않았지만 조만간 나온다는 사실을 알고 있었다.

〈인 레인보우즈〉 사례를 분석하면서 함께 주목할 만한 몇 가지 연구를 살펴보자. 첫 번째는 현 켈로그 경영대학원장 프란체스카 코르넬리(Francesca Cornelli)가 발표한 '박물관 입장료의 자율적 지불'에 대한 논문이다.* 그녀는 부유한 개인들이 큰 금액을 기꺼이 내므로 자발적 지불 방식이 고정 가격을 부과하는 방식보다 평균적으로 더 많은 돈을 모금할 수 있다고 주장했다. 한편 가난한 개인들은 고정 가격 시스템에서는 아예 참여하지 않을지 몰라도 자율적 지불 시스템에서는 제로 이상의 금액을 낼 수 있다. 코르넬리의 연구에서는 공개된 정보가 존재한다는 점이 중요했다. 잠재적 방문객들이 박물관을 통해 얻을 수 있는 가치를 아는 상태인 것이다. 〈인 레인보우즈〉의 경우 팬들도 언론도 앨범의 품질에 대한 사전 정보를 갖지 못했다. 따라서 코르넬리의 가격 차별 이론은 어느 정도 타당성은 있지만 〈인 레인보우즈〉 사례에 완벽히 들어맞지는 않는다.

두 번째는 경제학자 폴 밀그럼(Paul Milgrom)과 로버트 웨버(Robert Weber)가 발표한 경쟁 입찰에 관한 중요한 논문이다.** 이들은 일반적으로 개인이 어떤 노래에 대해 느끼는 가치가 타인들이 느끼는 가치에 대한 예상치에 좌우된다는 것을 알아냈다. 특정한 노래나 콘텐츠를 다른 이들과 공유하면 즐거움이 배가된다. 이는 때로 '워터쿨러 효과(watercooler effect)'라고 불린다. 밀그럼과 웨버는 정보의 공개가 낮은 평가금액은 변화시키지 않을지라도 최고 평가금액은 더 높인다는 것을 보여줬다. 내가 좋아하는 것을 남들도 높이 평가하고 좋아한다는 사실을 알게 되면 내가 그 대상에서 느끼는 가치는 더 높아진다. 이런 피드백 효과는 음악 업계에서 차트가 중요한 이유를 설명해준다. 차트에 오르면 인기 있는 곡이 더 널리 알려지고 더 널리 알려지면 인기도 더 올라간다. 따라서 앨범의 차트 순위에 따라 가격이 달라지는 방식을 설계해볼 수 있다. 예컨대 1위이면 앨범 가격이 X, 2위이면 X의 75퍼센트, 5위이면 X의 50퍼센트가 되는 식이다. 그러나 라디오헤드의 경우 이런 조건부 방식을 적용할 수 없었을 것이다. 자발적 지불 모델이(그리고 이후 나온 고급 박스 세트도) 차트와 무관했기 때문이다. 즉 지불 결정에 영향을 미칠 수 있는 상대적 순위가 소비자에게 주어지지 않았다.

잠깐 여담을 하자면 우리는 '밀그럼 효과'와 유사한 현상을 과거 구소련 붕괴 시기에서 발견할 수 있다. 당시 체코공화국 정부는 국영

●   프란체스카 코르넬리, "고정 비용이 존재하는 경우의 최적 판매 절차(Optimal Selling Procedures with Fixed Costs)", 〈경제이론저널(Journal of Economic Theory)〉, 1996년 10월호, p.1~30.

●● 폴 R. 밀그럼, 로버트 J. 웨버, "경매 이론과 경쟁 입찰(A Theory of Auctions and Competitive Bidding)", 〈이코노메트리카(Econometrica)〉, 1982년 9월. 2020년 10월 12일 폴 밀그럼은 "경매 이론을 발전시키고 새로운 경매 형태를 고안한" 공로로 로버트 윌슨(Robert Wilson)과 노벨경제학상을 공동 수상했다.

기업들의 지분을 경매를 통해 매각했다. 응찰자들은 그 '정해진 분량'의 지분에 입찰 신청자가 엄청나게 몰렸다는 정보를 접하자 더 높은 가격을 불러서라도 더 많은 지분을 확보하려고 했다. 나중에 이익을 남기고 되팔려는 계산이었다. 〈인 레인보우즈〉의 경우 디지털 음원은 중고 시장이 형성될 수 없었지만 고급 박스 세트라면 얘기가 달랐다.

중고 바이닐 거래 웹사이트 디스코그스(Discogs)에 들어가보면 〈인 레인보우즈〉 한정판 박스 세트가 올라와 있다. 2020년 6월 기준으로 7,538건의 '보유'(판매하려는 사람)와 2,677건의 '구매 원함'(사려는 사람)이 검색되고 평균 리뷰 점수는 5점 만점에 4.73점이다. 꽤 높은 점수다. 현재 디스코그스에 올라와 있는 이 박스 세트의 최저가는 53파운드, 최고가는 142파운드, 중간값은 91파운드다. 10년 이상이 지났음에도 2007년도 가격인 40파운드의 두 배가 넘는 가격이다. 이는 수집가들이 그만큼 가치가 높다고 느끼기 때문이거나, 최근 들어 바이닐 음반의 인기가 높아졌기 때문이거나, 둘 다 때문일 것이다.

세 번째는 할 바리안(Hal Varian)의 1994년 논문 "공공재에 대한 순차적 기부(Sequential Contributions to Public Goods)"[*]와 더 최근에 발표한 "공공재와 선물(Public Goods and Private Gifts)"[**]이다. 바리안의 분석은 '공급 임계점 메커니즘(provision point mechanism)'을 토대로 하는데, 킥스타터(Kickstarter, 이에 대해서는 뒤에서 살펴본다)를 아는 독자라면 이 메커니즘이 낯설지 않을 것이다. 공급 임계점 메커니즘을 음반 발매에 적용하면 이렇다. 판매자는 앨범 제작 비용을 충당하기에 충분한 돈이 모금되면 앨범을 발매하겠다고 말한다. 후원자들은 앨범이 발매되기를 원하므로 기부금을 낸다. 후원자들을 움직이는 인센티브는 앨범의 미발매 가능성을 없애는 것, 즉 앨범 발매의 불확실성을 제거하는 것이다. 이때 기부금 제시 프로세스의 순서가 중요하다. 만일 남들이 100파운드를 내면 나는 그들이 앨범 가치를 그만큼 높게 여긴다는 인상을 받게 된다. 이는 허포드와 에지가 〈인 레인보우즈〉 음원을 일찍 구매한 사람들이 높은 금액을 냈다는 점을 언급한 사실과 무관하지 않다.

경제학의 많은 이론이 그렇듯 경매 이론은 현실에서 그대로 복제할 수 없는 많은 가정을 한다. 그럼에도 라디오헤드의 전략을 이끌어간 원동력에 관한 교훈을 준다. 우리는 가격은 판매자가 정하는 것이라고 단순하게 가정하는 대신 만일 구매자에게 선택권이 주어진다면 그들이 더 높은 가격을 낼 것인가 하는 문제를 생각해볼 수 있다. 우리는 왜 언론에서 극찬을 받은 앨범과 형편없는 평가를 받은 앨범의 가격이 같은지 의문을 품음으로써 우리의 사고방식을 재고해야 한다. 마지막으로 라디오헤드의 경우 앨범을 반드시 낼 계획으로 프로젝트를 진행했으므로 미발매 리스크가 없었고 앨범이 비배제적 재화였지만, 순차적 기부 모델은 이 두 조건이 반대가 될 경우 상황이 완전히 달라진다는 것을 말해준다.

대체로 이론이 우리에게 알려줄 수 있는 것에는 한계가 있다. 그러

●   할 바리안, "공공재에 대한 순차적 기부", 〈공공경제학저널(Journal of Public Economics)〉, 1994년 2월, p.165~186.

●●   할 바리안, "공공재와 선물", 〈미메오(Mimeo)〉, 2013년.

> 나 지나고 나서 살펴보면 많은 것을 말해주기도 한다. 그리고 이론의 맹점은 그 모든 변수 중에 가장 중요한 변수를 고려하지 못한다는 것이다. 그것은 라디오헤드와 신뢰 집단에게 〈인 레인보우즈〉가 성공할 것이라는 본능적 확신이 있었다는 사실이다.

그리고 마침내 앨범 다운로드가 시작되는 디데이가 되었다. 2007년 10월 10일 오전 라디오헤드는 자신들의 웹사이트에 MP3 음원 10곡이 담긴 압축 파일을 공개했다. 이것은 앞으로 진행될 다섯 단계의 첫 단계였다. 공개된 음원의 포맷이 저작권 보호 장치(DRM)가 없는 MP3 파일이라는 사실도 중요했다. 아이튠즈에서는 복제 방지를 위해 음악 파일에 DRM을 적용하고 있었다. 소비자 입장에서는 복사와 이동이 자유로운 〈인 레인보우즈〉의 MP3 곡들이 더 나은 재화였다.

이후 두 달 동안 팬들이 지불한 평균 가격에 언론의 집중적인 관심이 쏟아졌다. 허포드의 말에 따르면 평균 가격은 시간 흐름에 따른 변동이 심했다. 예컨대 "다운로드 기간의 후반부에는 주로 소극적인 팬들이 들어왔기 때문에 평균 가격이 떨어졌다"고 한다. 이는 〈인 레인보우즈〉 프로젝트에 예상치 못한 비전통적 리스크를 발생시켰다. 저작권 시스템의 특성 때문이었다. 만일 소비자가 음원에 돈을 지불하지 않으면 음반사와 아티스트가 떠안아야 하는 비용 부담이 생긴다. 퍼블리싱 업체와 작곡가에게는 여전히 저작권료를 지불해야 하기 때문이다. 하지만 〈인 레인보우즈〉의 경우 소비자의 미지불과 상관없이 저작권료를 받을 수 있는 작곡가가 곧 아티스트이기도 했다. 소비자가 음원 값을 내지 않는다 해도 보이지 않는 곳에서 누군가는 곡에 대한 비용을 부담해야 했다.

음원 공개 이후 그들은 두 번째 단계로 넘어갔다. 즉 한정판 박스 세트를 40파운드에 판매했다. 박스 세트는 〈인 레인보우즈〉 CD와 두 장의 LP, 추가 곡들이 담긴 두 번째 CD, 디지털 사진 및 아트워크가 담긴 책자, 가사집으로 구성돼 있었다. 박스 세트는 라디오헤드의 자체 유통 공장에서 주문 제작 방식으로 생산한 고수익 상품이었다. 에지는 고급 상품이 주는 만족감에 비용을 청구하는 전략이 값싼 상품이 주는 만족감을 보완하는 역할을 했다고 설명한다(이와 관련해서는 6장에서 다시 살펴본다).

"우리가 자체 머천다이징 회사 WASTE를 통해 프로젝트를 진행한 점이 매우 중요했다. 덕분에 우리가 원하는 방식으로 일을 진행할 수 있었다. 우리는 박스 세트를 10만 개 제작해 전부 직접 판매했다. 가장 신경 쓴 부분은 그것들을 발매일까지 일정 시일을 두고 세계 각지의 물류 창고에 도착하게 만드는 일이었다. 우리가 신호만 보내면 배송이 시작돼 모든 팬이 같은 날 박스 세트를 받아보게 하는 것이 목표였다. 그러면서 동시에 이 모든 과정을 언론이나 팬들에게 알리지 않고 비밀로 했다."

박스 세트는 2007년 12월 초부터 발송되기 시작됐다. 구매자가 크리스마스 전까지는 받을 수 있게 하는 것을 목표로 했다. 라디오헤드는 반품이 불가능하다는 조건을 붙여 자신들의 리스크를 줄였다.

자발적 지불 방식과 주문 제작형 박스 세트, 이 두 가지의 '스스로 해결하기' 전략은 음반 업계의 낡은 지불 시스템을 완전히 피해간 것이기도 했다. 기존 시스템에서는 돈이 소비자에게서 창작자에게로 오기까지 (수년은 아닐지라도) 수개월이 걸릴 수 있다. 라디오헤드는 소비자로부터 직접 지불받는 거래 모델을 채택해서 72시간 내에 음원 판매액을 손에 넣었다. 이 프로젝트의 세 번째 단계가 시작되기 한참 전에 이미 상당한 수익을 실현했다는 의미다.

음반 가격을 사실상 공짜까지 내렸다가 다시 40파운드로 훌쩍 끌어올린 것은 가격의 양 극단을 모두 시도한 전략이었다. 이제 세 번째 단계는 가격을 그 중간으로 떨어뜨리는 것이었다. 2008년이 시작되면서 전통적 형태의 CD가 소매점에 깔렸고 이후 앨범은 영국과 미국 차트에서 1위에 올랐다. 자체 독립 레이블을 통해 발매된 앨범으로 미국 차트 정상에 오른 열 번째 케이스였다. 〈인 레인보우즈〉의 차트 순위가 MP3 음원이나 박스 세트 판매량은 반영되지 않은 결과임을 감안하면 더욱 놀라운 성과였다.

MP3 음원 공개와 박스 세트, 전통적 CD는 모두 성공을 거뒀다. 〈인 레인보우즈〉 CD가 세계 곳곳의 차트에서 정상을 찍은 상태에서 이제 네 번째 배턴은 다시 디지털 포맷으로 넘어갔다. 얼마 후 이 앨범은 아이튠즈에서 판매되기 시작했다. 당시 최대의 음원 다운로드 스토어였던 아이튠즈는 아티스트가 앨범을 수록곡들의 개별 구매가 불가능한 '하드 번들'로 판매하는 것을 허용하지 않았지만, 〈인 레인보우즈〉 앨범을 이미 디지털로 공개해버린 라디오헤드로서는 이렇든 저렇든 별 상관이 없었다. 〈인 레인보우즈〉는 아이튠즈에 등장한 첫 주에 이전의 CD 판매 때와 비슷한 속도로 애플 앨범 차트를 점령했다. 6개월 후에는 라디오헤드의 다른 앨범들도 마침내 디지털 음악 스토어에서 판매되기 시작했다.

〈인 레인보우즈〉가 발매되고 1년 후 과거 워너 채플 뮤직 퍼블리싱(Warner Chappell Music Publishing)에 몸담았으며 라디오헤드 신뢰 집단의 멤버인 제인 다이볼(Jane Dyball)은 이 앨범이 300만 장 판매됐다고 밝혔다(그중 CD 판매가 절반 이상을 차지했다). 이전의 두 앨범보다 높은 판매량이었다. 심지어 〈인 레인보우즈〉 LP도 2008년에 가장 많이 팔린 바이닐 앨범으로 선정됐다. 이 같은 높은 인기는 이 여정의 다섯 번째 부분에서도 확연히 드러났다.

2007년 10월 10일 〈인 레인보우즈〉 공식 웹사이트에서 음원이 공개되자마자 곧장 불법 비트토렌트 사이트들을 통해 파일이 공유되기 시작했다. 이 앨범의 음원은 DRM이 적용돼 있지 않았으므로 파일을 갖고 있으면 누구나 타인과 공유할 수 있었다. 이 같은 상황은 밴드가 예상치 못한 것이었다. 공식 웹사이트에서 공짜로 얻을 수 있으므로 굳이 불법 MP3 사이트에 접속할 필요가 없으니까 말이다. 빅샴페인의 자료(내가 공저자로 참여한 "〈인 레인보우즈〉와 토렌트"라는 연구에도 소개한 자료다)에 따르면, 자발적 지불 방식의 판매가 진행된 두 달 동안 이 앨범이 비트토렌트 사이트들에서 불법 다운로드된 횟수는 공식 웹사이트에서 다운로드된 횟수의 약 두 배였다. 이 앨범은 2007년 11월 3일까지 총 230만 회 공유됐다. 음원 공개일인 10월 10일 하루에만 무려 40만 장이 불법 사이트에서 공유됐다.

빅샴페인은 이를 같은 시기에 전통적 방식으로 앨범을 발매한 패닉 앳 더 디스코(Panic! at the Disco)와 비교했다. 패닉 앳 더 디스코 앨범의 불법 다운로드는 최고치일 때 일주일에 15만 7,000회였다. 이는 〈인 레인보우즈〉 불법 다운로드가 정점을 찍은 하루의 다운로드 횟수보다도 3분의 1이 적었다. 라디오헤드의 '합법적 무료 다운로드'는 성공을 거뒀지만 '불법적 무료 다운로드'의 실적에는 비할 것이 못되는 셈이었다.

에지는 이처럼 다섯 단계에 걸친 〈인 레인보우즈〉의 성공을 되돌아보면서 소비자의 바뀌지 않는 행동 패턴을 언급했다. "〈인 레인보우즈〉는 명반이었다. 그리고 사람들이 버리지 못하는 구매 습관을 갖고 있음을 보여줬다. 당시 사람들은 여전히 CD를 구매했고, 지금 그들은 여전히 바이닐을 구매한다." 마찬가지로 불법 다운로드에도 관성의 측면이 존재한다. 사람들은 늘 해오던 대로 하려는 경향이 있다. 오늘날 우리가 사용하는 컴퓨터 키보드는 여전히 쿼티(QWERTY) 자판이다. 왼쪽 상단의 문자 배열이 'QWERTY'로 되어 있어서 이렇게 부른다. 1874년에 개발된 이 자판은 비서들의 입력 속도를 늦춰 오타를 줄이기 위해 일부러 불편하게 만든 것이었다. 150년이 더 지나도 우리는(그리고 우리의 다음 세대도) 늘 쓰던 이 불편한 자판을 계속 쓸 것이다. 〈인 레인보우즈〉가 발매될 즈음 음악 팬들은 거의 10년 동안 불법 다운로드 사이트를 이용해온 상태였으므로 늘 해오던 습관을 버리지 못한 것이다.

ATC 매니지먼트(ATC Management)의 브라이언 메시지(Brian Message) 역시 신뢰 집단의 멤버였는데, 그는 외부 주체에 의존하지 않고 독립적으로 움직인 라디오헤드의 과감한 결정이 이후 뮤지션들에게 큰 영향을 미쳤다면서 이렇게 말했다.

"그것은 배짱 있는 행동이었다. 그때였기에 시도해볼 수 있는 비즈니스 모델이었다. 자신들의 운명을 스스로 통제하겠다는 과감한 행보였다. 우리는 아티스트와 팬들 사이에 있는 중개자들의 역할에 의문을 가졌다. 나는 AWAL(Artists Without A Label, 음반사 없는 아티스트) 같은 서비스도 〈인 레인보우즈〉의 영향을 받았다고 본다. 음반사는 자금력을 갖고 있다. 음반사를 끼고 있으면 최신 제임스 본드 영화 시리즈의 사운드트랙에 참여할 기회를 얻을 수도 있다. 하지만 자본 이외에 나머지 필요한 것들은 다른 곳에서 얼마든지 찾을 수 있다."

메시지는 프로젝트를 비밀리에 진행한 것이 〈인 레인보우즈〉 성공에 중요한 역할을 했지만 자칫 역효과를 낼 수도 있었다고 회상한다. "언론에 미리 앨범 발매 정보를 주지 않았던 터라 사실 반응이 걱정됐다. 하지만 언론에서 우리 앨범을 깎아내릴지 모른다는 우려는 쓸데없는 것이었다. 오히려 앨범에 대한 극찬이 나왔다. 우리는 몹시 운이 좋았다." 메시지는 라디오헤드의 미국 투어에서 밴드와 그들의 음악에 대한 신뢰가 얼마나 높아졌는지 실감했다고 한다. "〈인 레인보우즈〉 이전에는 샌프란시스코의 관객 2만 명 앞에서 공연했는데 〈인 레인보우즈〉 이후에는 6만 명이 되었다는 것, 그게 진짜 우리가 얻은 것이었다."

약 15년이 지난 지금도 우리는 〈인 레인보우즈〉의 혁신적 시도에서 교훈을 얻을 수 있다. 예컨대 소비자들은 값싼 거래(원하는 만큼 내는 방식)의 만족감을 위해서도 돈을 지불하지만 비싼 거래(박스 세트)의 만족감을 위해서도 기꺼이 돈을 지불한다. 오늘날 우리는 비싼 바이닐 음반이 음원 다운로드보다 더 많은 매출을 음반사에 안겨주는 것을 목격하고 있다. 그동안 트렌드가 아니라 일시적 유행에 불과하다고 폄하돼온 바이닐 음반은 이제 확실하게 부활해서 CD 판매량을 앞질렀다. 일반 소매 시장뿐만 아니라 중고거래 시장 또한 급성장하고 있다.

〈인 레인보우즈〉가 주는 또 다른 교훈이 목격되는 공간은 아티스트와 팬을 직접 연결해주는 웹사이트 밴드캠프(Bandcamp)다. 밴드캠프에는 전 세계 60만 명 이상의 아티스트가 등록돼 있으며 그동안 이 플랫폼을 통해 창작자들에게 돌아간 수익은 6억 5,000만 달러가 넘는다. 2009년 이래로 밴드캠프는 다운로드와 물리적 콘텐츠의 이용자들에게 '직접 가격을 정하세요(최소 금액 없음)' 방침을 적용하고 있다. 밴드캠프는 기존의 기업형 가격 책정 공식에서 벗어나 창작물 가격에 대한 통제권을 되찾고 팬들 스스로 결정하게 하고 싶은 아티스트들에게 의미 있는 플랫폼이다.

2007년 창작자와 소비자 사이의 새로운 영역을 탐험한 라디오헤드는 다른 많은 아티스트가 따라갈 수 있는 지도를 남겨놓았다.

창작 산업의 전통적인 3자 구조는 창작자, 편집자/퍼블리셔, 유통업자/소매상으로 이뤄져 있다. 〈인 레인보우즈〉는 이 세 주체가 전체 공급망에서 자신이 얻는 수익을 최대화하려고 경쟁한다는 사실을 상기시키는 수많은 사례 중 하나다. 이 셋 중에서는 중간에 있는 퍼블리셔가 유리한 위치를 점하는 경향이 있다. 양쪽 모두를 이용해 자신의 손실 리스크를 최소화하도록 움직일 수 있기 때문이다. 한쪽에서 발생하는 비용을 줄여서 다른 한쪽에서 이익을 도모할 수 있다. 출판사는 유통업자에게 뇌물을 제공할 수 있다. 음반사는 소매상에게 좋은 거래 조건을 제시할 수 있고, 영화 배급사는 영화관에 독점 상영권을 제공할 수 있다. 중개자는 피터에게 빼앗은 돈으로 폴에게 뇌물을 줄 수 있다.

이를테면 창작자는 '주인(작품의 소유자)'이고 퍼블리셔는 '대리인(작품의 가치를 최대화할 임무를 맡은 자)'에 해당한다. 둘은 각자의 이해관계를 갖기 마련이며 이는 합의된 계약을 통해 조정될 수 있다. 대리인이 주인에게 주는 선불금은 대리인이 작품의 품질을 아직 확인할 수는 없지만 그것의 상업적 가치를 믿는다는 것을 나타내는 징표다. 그리고 선불금 액수가 클수록 힘의 균형이 한쪽으로 기울어진다. 만일 당신이 은행에서 빌린 대출금이 10만 달러라면 당신이 곤란하지만, 대출금이 100만 달러라면 은행도 곤란해진다. 주인과 대리인의 차이는 고리대금업자와 은행의 차이와 비슷하다. 후자는 대출금 회수를 위한 여러 장치를 동원해 리스크를 최소화할 능력을 갖고 있다는 점에서 그렇다. 반면 고리대금업자는 룰렛에서 자신의 모든 칩을 빨간색 숫자에만 걸어야 하는 도박꾼과 비슷할 때가 많다.

파괴적 혁신은 이와 같은 전통적인 3자 구조에 형성되는 힘의 균형을 바꿀 수 있다. 퍼블리셔 이외의 양 당사자가 유리한 위치를 점하는 사례는 매우 많다. 창작자에 해당하는 많은 게임 개발사가 중개자인 퍼블리셔에게 의지하지 않고 애플 앱스토어에 30퍼센트 수수료를 지불하면서 직접 게임을 서비스하고 있다. 유통 측면에서 보면 애플이 앱스토어에서 게임을 직접 공개함으로써 과거에 게임을 퍼블리싱하던 중개자에게서 힘을 빼앗아오고 있다. 이 경우 힘이 중개자에게서 양쪽(창작자, 유통 플랫폼)으로 이동한 것이다.

종종 과도한 연봉으로 눈총을 받는 프로 축구 선수는 퍼블리셔와 유통업자에게서 창작자에게로 가치가 이동할 수 있다는 사실을 보여준다. 아스날의 메수트 외질(Mesut Özil)은 주급 35만 파운드를 받는다. 영국 총리 연봉의 약 두 배인 금액이다. 세상은 너무 불공평하다며 혐오감을 표현하기 전에, 외질의 에이전트가 그의 퍼블리셔(아스날 구단)와 유통업자(유료 TV 스포츠 방송국)가 만들어내는 가치를 몽땅 빨아들였고 에이전트 자신도 그에 따른 보상을 얻는다는 사실을 떠올려보라. 세상사에서 노동의 주인공이 보상의 가장 큰 몫을 가져가는 경우를 목격하기는 쉽지 않다(물론 외질의 노동량은 다시 생각해볼 부분이긴 하지만).

〈인 레인보우즈〉 사례에서 보았듯 이 같은 끊임없는 힘 싸움에서 세 주체 중 하나는 더 나은 다른 대안이 없다고 판단되면 요모조모 신중히 따져본 후 독립적으로 움직이기로 결정할 수 있다. 하지만 구매하지 않고(즉 전통적인 중개자를 우회하고) 생산(스스로 해결하기)을 택해 성공하기 위해서는, 모든 예상 비용을 예상 편익과 견주어 분석할 필요가 있다. 그리고 그 결과를 기회비용, 즉 선택하지 않은 대안의 가치와 비교해야 한다.

비용-편익 분석은 언제나 까다롭지만 파괴적 혁신의 시대에는 특히 더 그렇다. 훌륭한 비용-편익 분석은 현실 세계의 온갖 복잡한(종종 정확히 표현하기 힘든) 요인들을 고려해 그것을 스프레드시트 상의 숫자로 환산하려고 노력한다. 그리고 이 환산 과정은 과거의 비용-편익 분석법에서 유래한 도구와 규칙에 의존한다. 그런데 만일 과거와 완전히 다른 새로운 세상을 마주하고 있다면? 기존의 규칙이 먹히지 않는다면? 파괴적 혁신을 통해 피벗하는 것은 곧 견고한 기존 규칙과 가정에 도전하는 것을 의미한다.

예를 들어 비용-편익 분석의 규칙에서 자산 가치가 시간이 흐를수록 떨어지게 돼 있다고 말한다면 오래된 주택이 새로 지은 주택보다 더 높은 가치로 평가되는 경우는 어떻게 설명할까? 만일 비용-편익 분석의 규칙에서 세계 곳곳의 중앙은행이 제로에 가까운 금리를 시행하고 있다는 사실을 고려하지 않은 채 기존에 정해놓은 똑같은 할인율(discount rate, 미래 가치를 현재 가치로 환산해주는 비율)을 적용하라고 말한다면, 그저 늘 그렇게 해왔기 때문에 그렇게 단순하게 생각하는 것은 아닌지 생각해봐야 한다.

스코틀랜드 경제학자 존 케이(John Kay)는 비용-편익 분석이 왜 곡될 수 있음을 설명하면서 금연을 권장하는 정책이 장기적으로는 정부의 비용 부담을 늘릴 수 있다는 점을 언급했다. 이는 금연으로 기대 수명이 늘어남으로써 증가하는 국가 연금 지급액이 흡연 관련 질병의 국민보건서비스 지원에 대한 수요가 감소함으로써 절약되는 금액을 훨씬 넘어서기 때문이다(흡연자가 담배를 끊어서 정부가 거둬들이는 세수가 줄어드는 점은 말할 것도 없다). 오스카 와일드(Oscar Wilde)는 냉소주의자를 두고 "모든 것의 가격은 알지만 가치는 전혀 모르는 사람"이라 했는데, 케이의 관점에서 보면 경제학자가 이 표현에 어울리는 사람 같다.[*] 경제학자가 아닌 많은 사람이 오히려 비용-편익 분석의 왜곡 가능성을 알고 있어서 아이러니하게도 그들에게 경쟁 우위가 생긴다. 그들은 '생산이냐 구매냐' 결정과 관련된 비용-편익 분석에 다른 시각으로 접근할 수 있고 결과적으로 종종 합리적인 선택을 한다. 당신이 청중을 만들어내지 않는 한 중개자가 당신에게 투자하려 하지 않을 것이라는 사실을 떠올리면 답은 훨씬 더 쉽게 나온다. 당신은 중개자에게 개의치 말고 독립적으로 움직여야 한다.

주인-대리인 관계에 일어난 근본적 변화는 음악과 미디어에만 국한된 현상이 아니다. 중개자에게 의지하는 방식의 이점은 그들이 자금력을 동원할 수 있고 게이트키퍼의 힘을 이용해 청중을 모은다는(물론 그 대신 작품의 소유권을 보유한다) 점이었다. 창작자가 계약서에 서명해 창작물 이용 권리를 넘겨주는 대신 상당한 금액의 수표를 받고 나면 중개자의 청중 모으기 프로세스가 가동되기 시작했다.

　요즘은 중개자가 창작자에게 '어떤 청중을 데려올 수 있는지' 묻는다. 청중을 모으는 역할이 대리인에서 주인에게로 이동하면 '생산이냐 구매냐' 결정과 연관된 불편한 진실이 하나 생겨난다. 주인은 이런 질문을 던지게 될 것이다. 대리인이 내게 어떤 청중을 데려올 거냐고 묻는 마당에 어째서 내가 작품에 대한 통제권을 그에

● 　존 케이, "모든 것의 가격: 비용-편익 분석에 대한 사람들의 오해(The price of everything: what people get wrong about cost-benefit analysis)", 〈프로스펙트 매거진(Prospect Magazine)〉, 2019년 3월.

게 넘겨줘야 하지? 주인과 대리인 관계에 형성되는 이런 긴장은 우리에게 전혀 낯설지 않다. 하지만 그 긴장이 불필요해진 과정을 살펴보기 위해 잠깐 수 세기 전으로 가보자.

후원은 조직이나 개인이 누군가에게 지원이나 격려, 특권, 재정적 도움을 주는 것을 뜻한다. 후원의 기원은 르네상스 시대로 거슬러 올라간다. 후원은 당시 유럽의 화가, 작가, 음악가들이 생계를 유지하는 방식이었다. 부와 권력을 가진 후원자가 창작 활동을 하는 예술가에게 재정적 수단과 정치적 보호를 제공했다. 그러면 예술가의 글과 캔버스 곳곳에 후원자에 대한 찬미가 담기곤 했다. 18세기를 살았던 아일랜드 출신 영국 정치인 겸 철학자 에드먼드 버크(Edmund Burke)는 후원을 두고 "부자가 천재에게 주어야 마땅한 것"이라고 했다. 부자들은 부를 과시하기 위해 자신이 갖지 못한 한 가지, 즉 탁월한 창의성을 돈을 주고 샀다.

그러나 버크가 한 말의 유효 기간은 그리 길지 않았다. 얼마 안 가 중산층이 급성장하고 대량 생산 기술이 발전하면서 창작 작품들이 대중화되고 후원자의 역할이 미미해졌기 때문이다. 부자들은 예술이 아닌 다른 영역에 돈을 투자하기 시작했고, 창의적 예술가들은 이제 부유한 개인이 아니라 큰 시장으로 눈을 돌렸다. 전통적 형태의 후원이 사라짐과 동시에 오늘날 우리가 아는 엔터테인먼트 산업이 등장했다.

그런데 디지털 파괴 덕분에 후원이 다시 부활했다. 우리가 과거에 알던 형태의 후원은 아니지만 말이다. 오늘날의 후원에서는 고객이 곧 기부자다. 그들은 자신이 좋아하고 응원하는 예술가, 팟캐스터, 작가, 심지어 학자에게 소액을 기부한다.

후원도 역시 '청중 모으기'가 필요하다. 하지만 돈이 오가는 방식이 다르다. 제품이나 콘텐츠를 출시하면 고객이 돈을 내고 사는 것이 아니라 고객이 돈을 기부하면 제품이나 콘텐츠를 출시하는 것이다. 우리는 현대의 후원 모델에서 바리안의 공급 임계점 메커니즘을 목격할 수 있다. 이 후원 모델에서는 사람들이 창작 결과물이 나온 후가 아니라 창작물을 만드는 동안에 아티스트를 지원하기 때문이다. 창작자(개발자)는 창작물(제품)에 대한 소유권을 보유하면서 프로젝트에 필요한 자금을 스스로 해결하고 크라우드펀딩 플랫폼이 모금을 관리한다. 이는 창작자가 소유권을 포기하고 중개자가 자금 지원을 하면서 통제력을 행사하는 기존 모델과 다르다. 어쨌든 아티스트가 청중을 끌어모아야 하므로 후원 모델에서는 자금 관리자 역할을 하는 중개자의 필요성이 사라진다.

전자상거래를 비롯한 여러 분야에서 전통적 비즈니스 모델의 중개인을 제거한 양면 플랫폼(two-sided platform)이 나타난 것처럼 이제는 후원 서비스에도 양면 플랫폼의 경쟁 시장이 형성돼 있다. 대표적 플랫폼은 킥스타터와 패트리온(Patreon)으로, 이들은 후원 시스템이 오늘날 왜, 어떤 식으로 부활했는지, 향후 어떤 방향으로 나아갈지에 관해 많은 것을 말해준다. 킥스타터와 패트리온은 전통적 중개자 없이 고객들이 창작자나 개발자에게 직접 자금을 지원할 수 있는 플랫폼 역할을 한다.

2009년 설립된 킥스타터는 후원 시스템을 현대적 방식으로 부활시킨 선구자라 할 수 있다. 제품 개발자(주인)들은 킥스타터를 이용해 자신의 프로젝트를 위한 크라우드펀딩을 진행한다. 프로젝트 후원에는 '모 아니면 도' 규칙이 적용된다. 즉 목표 금액 모금을 달성한 경우에만 후원자(대리인)들의 기부금이 개발자에게 전달되고 제품이 출시된다. 지금까지 킥스타터는 1,900만 명 이상의 후원자로부터 총 55억 달러를 모금했으며 약 20만 건의 프로젝트가 목표 금액 펀딩에 성공했다. 킥스타터는 개발자와 후원자를 연결해주는 역할을 하고 5퍼센트의 수수료를 가져간다.

킥스타터의 혁신은 후원 방식을 디지털 세계의 양면 플랫폼을 통해 재현했다는 점에 있다. 이 기업은 "창의적 프로젝트에 생명을 불어넣자"라는 미션을 추구하며, 개발자들이 전통적인 중개자나 퍼블리셔에게 투자받기를 기대하는 대신 스스로 후원자를 찾도록 돕고 있다.

이런 일회성 후원 모델에서는 시간이 흐를수록 리스크가 쌓인다. 프로젝트마다 직접 후원자들을 확보해야 하고 만일 목표액 모금에 실패하면 프로젝트 진행의 추진력도 사라지기 때문이다(그리고 두 번째 펀딩 시도에서 후원자를 모으기 힘들어질 수도 있다). 하지만 만일 목표액 모금에 성공한다 해도 아티스트는 속편 제작을 하려면 다시 후원자를 모으기 위해 처음부터 시작해야 한다. 이 같은 모델은 창작자가 프로젝트를 시작하고 실현하는 데 도움을 줄 수는 있지만 지속성을 갖기는 힘들다.

그렇다면 일회성이 아닌 지속성 있는 게임으로서의 후원 시스템을 생각해볼 수 있다. 패트리온은 킥스타터가 등장하고 4년 후인 2013년에 설립됐다. 패트리온은 창작자가 단일 프로젝트를 위한 모금을 하는 대신 구독 모델을 기반으로 후원받을 수 있는 툴을 제공한다. 이 모델은 콘텐츠 업데이트가 빈번한 미디어 포맷(예: 브이로그, 팟캐스트)에서 높은 호응을 얻었으며, 업데이트 빈도가 낮을수록(예: 음악 앨범 출시) 적은 호응을 얻었다. 정기적인 후원 관계가 구축되는 패트리온 모델의 거래 비용은 킥스타터보다 높은 약 8퍼센트 수준인데, 이는 창작자의 콘텐츠 운영 규모와 멤버십 혜택 방식에 따라 달라진다. 현재 패트리온에서는 매월 정기 결제하는 후원자 600만 명이 20만 명 이상의 창작자를 지원하고 있으며, 서비스 개시 이후 지금까지 20억 달러 이상의 후원금이 결제됐다. 코로나19로 온라인을 통해 생존의 돌파구를 찾는 창작자들이 늘어나면서 패트리온은 성장에 한층 탄력을 받고 있다.

이렇게 표현해보면 패트리온의 성과가 체감될 것이다. 아티스트가 가져가는 인세를 20퍼센트로 가정한다면, 스트리밍 매출 중 20억 달러가 그들에게 돌아갈 수 있을 만큼의 규모로 글로벌 음반 산업이 성장하는 데 12년이 걸렸다. 반면 패트리온은 20억 달러의 후원금을 창작자에게 전달하는 데 불과 7년이 걸렸다. 그리고 스트리밍 매출 성장 속도는 주춤하고 있지만 패트리온은 이제 막 성장에 시동을 걸고 있다. 패트리온은 미국 이외의 지역으로 사업을 확장하면서 베를린에 지사를 열었고 유로화와 영국 파운드화 결제 시스템도 추가할 예정이다.

후원과 《픽윅 클럽 여행기》

우리는 2장에서 스트리밍의 경제학이 작곡에 영향을 미쳐 노래가 짧아지고 코러스가 앞으로 이동하는 사실을 살펴봤다. 이쯤에서 아주 오래전 사례를 들여다보자. 찰스 디킨스(Charles Dickens)의 첫 소설 《픽윅 클럽 여행기》부터 목격되는 후원 모델이 그것이다. 흔히 알고 있는 바와 달리 디킨스는 단어 수가 아니라 연재물 1회를 기준으로 원고료를 받았다. 분책 형식으로 출간된 연재물의 가격은 한 권당 1실링, 마지막 19권은 두 회 분량을 담아서 2실링, 이렇게 해서 소설 한 편이 완결될 때 발생하는 매출은 총 20실링이었다. 오늘날 음악 스트리밍에서 길이와 상관없이 곡당 저작권료가 발생하는 것과 유사하게, 디킨스의 수익 모델도 작품 길이가 기준이 아니었다. 즉 단어 수가 많아질수록 단어당 보상은 줄어드는 셈이었다. 디킨스와 작품 발행자는 타잔 경제학의 첫 번째 원칙을 우리에게 일깨운다. 스트리밍의 ARPU 경제학과 유사하게 당장의 매출 자체보다 사용자 범위 확대에 초점을 맞췄다는 점에서 그렇다. 디킨스의 연재물 한 권의 가격은 일반적인 책 가격인 30실링(당시 서민들의 일주일치 임금에 맞먹음)에 비하면 매우 저렴했다. 가격 부담이 줄어들자 경제력이 부족한 서민들도 책을 구매할 수 있게 되어 독자층이 넓어졌다. 디킨스는 타잔 경제학의 세 번째 원칙인 '청중 모으기'와 관련된 교훈도 보여준다. 연재물 방식의 출간이었기 때문에 다음 편에 대한 궁금증과 기대감을 만들어냈고, 소설을 읽은 사람들 사이에 화제가 되면서 앞서 소개한 타파웨어의 경우처럼 입소문이 퍼지기 시작했다. 하지만 가장 주목할 만한 부분은 디킨스의 책이 후원 메커니즘을 보여준다는 점이다. 책이 완성돼가는 동안 발행자에게 계속 수익이 들어왔으므로 연재물 한 권의 생산 비용을 다음 권의 생산 전에 충분히 회수할 수 있었다. 또한 특정 권이 '대박'을 치면 이전의 손실을 상쇄할 수 있었다. 이 후원 모델에서는 수익 발생 측면의 특성뿐만 아니라 피드백도 중요했다. 원래 디킨스는 독자 의견을 반영해 줄거리를 바꾸는 타입이 아니었지만, 《마틴 처즐위트》 집필 시에는 월간 연재물의 초반 판매가 부진하자 플롯을 변경해 등장인물을 미국으로 보냈고 《데이비드 코퍼필드》 때는 미스 모처의 현실 속 모델이었던 여인의 항의 때문에 미스 모처의 인물 특성을 바꿨다. 이는 초반에 제품을 접한 게이머들의 의견을 반영해 개발자가 출시 전에 게임을 수정하는 것과 크게 다르지 않다. 마인크래프트의 출시 과정이 그런 대표적 예다. 디킨스와 그의 작품 발행자는 후원 모델의 선구자였다. 그들은 리스크와 보상을 균형 있게 조정해 많은 독자를 확보했고 높은 수익을 거둬들였다. 오늘날의 후원 플랫폼들이 닮고 싶어 할 만한 원원 모델을 지금으로부터 거의 두 세기 전의 디킨스와 그의 작품 발행자들이 실행한 것이다.

오늘날 후원 시스템이 부활한 현상은 무엇으로 설명할 수 있을까? 여기에는 좋은 일에 동참한다는 뿌듯한 감정이 한몫한다. 디지털 후원자들 자신도 알고 있듯 그들은 전통적 게이트키퍼가 존재하는 상황에서는 세상의 빛을 보지 못했을 창의적 재능에 날개를 달아주고 있다. 또 아티스트나 콘텐츠 창작자가 공개적인 지원을 받으므로 후원자에게는 자랑할 수 있는 권리가 생긴다. 이와 관련한 개인적 일화를 들려주자면 필자는 '스퀴지 럭비(Squidge Rugby)'라는 이름의 유튜버를 후원하고 있다. 그는 텔레비전에 나온 전문가들이 불과 몇 분으로 요약해버리는 럭비라는 복잡한 스포츠를 길고 상세하게 분석해준다. 그가 올리는 영상에서 매번 끝부분에 나오는 크레딧 화면에는 내 이름도 들어간다. 이는 곧 내가 설령 영상을 보지 않더라도 남들이 영상과 함께 내 이름을 보게 된다는 사실 때문에 만족감을 느낄 수 있다는 의미다.

하지만 후원 시스템의 부활에는 훨씬 더 강력한 요인이 있다. 바로 친밀감이다. 오늘날 대개의 경우 소비자와 창작자의 연결고리는 손가락으로 유리 화면을 터치하는 행위뿐이다. 인터넷은 많은 것의 규모를 키울 수 있지만 친밀감을 키우는 능력은 턱없이 부족하다. 하지만 사람들에게는 진자가 반대 방향으로 움직이기를 바라는 욕구가 분명 존재한다. 즉 양에서 질로, 다수에서 소수로, 일방적인 대량 재생산에서 보다 친밀한 양방향 커뮤니케이션으로 말이다. 소원함은 친밀함을 부른다. 우리는 소외감을 느낄수록, 점점 붐비는 방 안에서 자신의 목소리를 들어주고 소통할 누군가가 간절해진다.

창작자가 후원 모델을 기반으로 멤버십 집단을 만들면 일석삼조의 효과를 거둘 수 있다. 즉 전통적 중개자가 더는 끌어오지 않는 청중을 모으고, 프로젝트에 필요한 비용을 조달하며, 중개자는 형

4. 생산할 것인가, 구매할 것인가

성시키지 못하는 친밀감을 구축할 수 있다. 주는 행위가 친밀감을 형성시키기도 하지만 친밀감이 주는 행위를 촉진하기도 한다. 타파웨어 사례를 떠올려보라. 믿을 수 있는 친한 사람들과 친구 집에 모여 편한 분위기 속에 같이 제품을 구경하고 사용해보면 그 제품을 사고 싶어질 가능성이 커진다.

철학자 발터 벤야민(Walter Benjamin)은 1935년 유명한 에세이 《기술 복제 시대의 예술작품》에서, 대량 생산 기술로 동일 작품의 수많은 완벽한 복제본을 만들 수 있게 되면 예술 작품이 '아우라(aura)'를 상실한다고 말했다. 아우라는 예술가와 작품의 직접적이고 고유한 연결고리다. 100여 년이 지난 지금 소비자들은 그 아우라를 소생시키기 위해 기꺼이 후원자가 되고 있다. 그들은 대량 판매 시장을 피해 작품과 더 가까워지고 자신이 좋아하는 아티스트와 더 깊은 관계를 구축할 새로운 방법을 찾고 있다.

후원 모델은 두 시장을 연결한다. 한쪽에는 아우라를 되찾고 싶어 하는 소비자의 욕구가, 다른 한쪽에는 친밀감을 구축하고자 하는 창작자의 욕구가 있다. 전통적 게이트키퍼들은 그 둘을 연결하는 역할을 하기 힘들며 오히려 그 연결을 약화시킨 데 부분적 책임이 있다.

과거에 '생산이냐 구매냐' 결정은 대개 이런 식으로 흘러갔다. 비용과 편익을 계산해보면 좋아하는 일은 취미는 될 수 있을지언정 밥벌이는 안 되고 돈이 되는 일을 해야 직업이라 부를 수 있다는 결론이 나온다. 뮤지션들은 작품 창작으로는 돈이 안 되므로 가르치는 일을 해서 생계를 유지하곤 했다. 이런 딜레마를 잘 아는 게이트키퍼들은 자신의 청중 모으는 능력을 아티스트와 맺는 계약에서 일종의 협상 카드로 이용했다. 중개자가 계약서에 서명하는 것은 아티스트가 암울한 지하 동굴 같은 삶에서 탈출할 밧줄을 던져주는 것과 같았다. 하지만 이제 힘의 구도가 변화하고 있다.

역사 속의 다른 선구자들과 마찬가지로 라디오헤드의 〈인 레인보우즈〉 앨범이 남긴 진짜 유산은 이 프로젝트가 성공했다는 사실이 아니다(그들은 이미 세계적인 밴드였다). 그보다는 배짱 두둑한 결단으로 새로운 영역을 탐험함으로써 뒤에 올 수많은 다른 아티스트를 위한 지도를 남겼다는 사실이 중요하다. 라디오헤드는 마케팅 루트를 스스로 개척해 창작 활동과 상업적 비즈니스, 청중 모으기에 관한 값진 교훈을 깨달았다. 그것을 대신해줄 중개자에게 의지했다면 결코 얻지 못했을 교훈이다. 오늘날 청중을 모을 방법을 궁리하는 이들에게 라디오헤드처럼 '스스로 해결하는' 전략은 매력적 대안이 될 만하다. 스스로 움직이지 않으면 아무도 대신 해주지 않는다.

이제 전통적인 '구매 모델'은 매력을 잃고 있다. 청중 모으는 역할을 하던 중개자가 이제는 창작자가 직접 청중을 모으기를 기대하고 있기에 더욱 그렇다. 한편 '생산 모델'을 선택하기는 과거보다 쉬워졌다. 창작자와 후원자의 직접적인 관계 구축으로 모금이 가능한 디지털 플랫폼을 기반으로 하는 새로운 후원 모델 덕분이다. 오늘날 청중을 끌어모으려고 애쓰는 밀레니얼 세대는 이미 이 사실을 알고 있다. 그런 플랫폼들의 약진은 과거에 당연하게 의존하던 구매 모델을 손에서 놓아야 할 때임을 일깨우는 신호탄과도 같다.

이 같은 생산이냐 구매냐의 딜레마를 겪는 이들이 눈을 돌리는 플랫폼은 당연히 킥스타터와 패트리온 말고도 많다. 상대적 규모로 볼 때 이들이 다윗이라면 유튜브나 페이스북은 골리앗이다. 진정한 글로벌 기업인 이들 골리앗은 제한된 국가에서 운영되는 기업이 상상하기 힘든 수준의 청중을 모을 수 있다. 글로벌 플랫폼을 통해 세계 어디서나 접근 가능하기 때문이다.

축구 얘기를 잠깐 해보자. 현재 유튜브와 페이스북 같은 골리앗 플랫폼에 스포츠 클럽의 멤버십 클럽이 만들어지고 있다. 잉글랜드 프리미어리그의 명문 클럽 리버풀 FC는 약 500만 명의 기존 무료 구독자를 가입시키기 위한 유튜브 멤버십 서비스를 시작했다. [참고로 장기 방영 중인 프리미어리그 경기 하이라이트 TV 프로그램 〈매치 오브 더 데이(Match of the Day)〉는 2018년에 평균 시청자 수 700만 명을 찍었다.] 리버풀 팬들은 유튜브 멤버십에 가입하면 유료 회원만 시청 가능한 프리미어리그 관련 콘텐츠를 이용할 수 있다. 스포티파이의 프리미엄 모델(freemium, 기본 서비스는 무료이고 고급 및 추가 기능만 유료 구독으로 제공하는 모델-옮긴이)과 다르지 않은 방식이다.

'클럽 안의 클럽' 전략은 다음 장에서 살펴볼 공동체라는 주제와 무관하지 않다. 리버풀은 중계권 및 브랜딩 권리 판매를 중앙에서 관리하는 공동체 구조인 잉글랜드 프리미어리그에 속해 있다. 프리미어리그라는 공동체가 전 세계 방송사들과 협상해 중계권 계약을 체결함으로써 리그에 속한 클럽들이 원활하게 운영되고 가치를 유지하게 한다. 그러나 세계에서 가장 수익성 높은 스포츠 권리들을 공동체가 관리하는 방식의 단점은, 각 개별 클럽이 독자적으로 새로운 상업적 기회를 추구할 수 없으므로 구속받는 기분을 느낄 수 있다는 것이다.

그런 점에서 볼 때 리버풀의 유튜브 채널은 의미심장하다. 이 최고의 축구 클럽은 공동체를 우회해 팬들로부터 직접 가치를 얻어내고 있다. 리버풀은 '이기심'과 공동체의 '공동선'을 동시에 추구함으로써 '생산이냐 구매냐' 결정에 균형을 맞추는 방법을 찾아낸 셈이다. 공동체 바깥에서 수익을 만들어내는 리버풀에게는 공동체로부터 더 나은 조건을 얻어낼 수 있는 협상력이 생길 것이다. 곧 살펴보겠지만 이것은 일종의 마르크스주의다. 당신이 알고 있는 기존의 마르크스주의는 아니지만 말이다.

5
_

이기심과 공동선

내가 언젠가 꼭 책을 쓰리라고 마음먹은 것은 미디어 콘퍼런스에서 신문 편집자들의 분위기가 바뀐 것을 목격하고서였다. 음악 업계의 디지털 파괴가 일어난 첫 10년 동안 신문들은 남의 불행을 대놓고 즐기는 모양새였다. 그들은 괴로움에 빠진 음악 업계를 조롱했다. 음반사와 음반 소매상은 죽어간다거나, 죽었다거나, 심지어 멸종한 공룡 같다는 표현으로 묘사되기 일쑤였다.

영국의 인기 TV 시트콤 〈아이티 크라우드(The IT Crowd)〉 중 한 장면은 당시의 그런 분위기를 그대로 보여주고 있었다. 여기에는 영화 앞에 나오는 캠페인 영상이 등장한다. 소비자들에게 저작권 침해 행위를 하지 말라고 경고하는 캠페인으로, 이런 내용이다. '여러분은 남의 핸드백을 훔치지 않습니다. 자동차도, 아기도 훔치지 않습니다. 또 경찰관을 총으로 쏘고 그의 모자를 훔친 뒤 그 안에 용변을 보고 슬픔에 빠진 경찰관 부인에게 갖다주는 짓도 당연히 하지 않습니다.' 그러니 영화나 음악도 훔치지 말라는 얘기다. 시트콤 등장인물인 로이 트레네만[명배우 크리스 오다우드(Chris O'Dowd)]은 이 영상을 보고는 팝콘을 우적거리면서, 관람객을 웃기려면 "이 불법 다운로드 방지 캠페인이 없으면 안 될 거 같다"고 중얼거린다.

당시 음악 업계는 모두에게 웃음거리였지만 상황은 곧 반전됐다. 구글이 2002년 9월 구글 뉴스(Google News) 베타 버전을 출시하면서 그 씨앗이 뿌려졌다. 구글 뉴스는 2006년 1월 공식 서비스에 들어갔고 2011년에는 의미 있는 성장 수준에 도달했다. 스캔한 신문 페이지가 6,000만 개에 이르렀고 구글 검색창에서도 눈에 띄는 위치에 자리 잡았다. 구글이 업계의 놀라워하는 시선을 받는 동안 신문사들의 광고 수익은 줄어들기 시작했고 발행 부수 역시 줄어들기 시작했다. 악순환이 이어져 그 수치들은 지금도 계속 떨어지고 있다. 구글과 페이스북을 비롯한 디지털 기업들이 신문사의 광고 수익을 가져가는 동안 미국 신문 업계의 광고비는 최고치였던 시점 대비 명목상 80퍼센트 줄었고 실질적으로는 대공황 이전 수준으로 되돌아갔다.●

한 가지 덧붙이자면 음악의 경제학과 뉴스의 경제학은 '조각'의

● 베네딕트 에반스(Benedict Evans), "숫자로 본 신문 산업: 75년간의 미국 광고 지출액(News by the ton: 75 years of US advertising)", 〈베네딕트 에반스 에세이즈(Benedict Evans Essays)〉, 2020년 6월.

관점에서 보면 서로 다른 방향으로 갈라진다. 만일 구글이 신문 기사 일부를 제공해도 사용자의 욕구 충족에는 충분할 수도 있다. 이 경우 사용자는 해당 기사의 원본을 찾아서 읽을 인센티브를 느끼지 못한다. 반면 구글이 어떤 노래의 일부를 제공한다면 사용자는 노래 전체를 듣고 싶어 할 가능성이 높다. 지적 재산의 운명에서는 자극과 포만감 사이의 신중한 균형이 중요하다. 즉 맛을 보지 않으면 베어 물려는 사람이 거의 없어지고, 무료 시식을 너무 많이 하면 베어 물 필요성을 느끼지 못하게 된다.

저술가 릭 웹(Rick Webb)은 구글이 신문사의 광고 수익을 쓸어가자 광고 자체의 역할에 대한 의문이 일어났다고 말한다. '광고가 여전히 사회에 긍정적 외부 효과를 일으킨다고 말할 수 있는가?'라는 질문이 제기됐다. 웹은 광고에 대한 과거의 경제적 문헌에서는 광고가 뉴스의 대량 보급에 자금을 지원하는 역할을 하므로 경제 및 사회에 긍정적 효과를 발생시킨다고 분석했다는 점을 지적한다. 광고가 없으면 결국 소비자들의 정보력도 줄어드는 것이다. 언론사가 광고 수익에 의존하기 힘들어진 오늘날은 광고가 여전히 긍정적 외부 효과를 발생시키는 힘이라고 단정 지어 말하기 힘들다는 게 웹의 주장이다.

신문사들은 자꾸 밑으로 꺼지는 모래 구덩이 속에 빠져 있는 형국이다. 거기서 빠져나올 방법을 찾으려면 먼저 자신들의 정체성에 대한 물음부터 던져야 한다. 우리가 여전히 쓰는 '신문 (newspaper)'이라는 표현은 합당한가? 현재 그들의 고객 대부분이 뉴스와 만나는 접점은 종이가 아니다. 이제 사람들은 유리 화면 속의 글자를 읽는다. 게다가 신문의 물리적 배포에 드는 비용이 매우 높다. 중간 유통업자들이 특정 지역이나 도시가 아니라 전국 규모로 배포하는 것을 선호해 '모 아니면 도' 식의 거래를 요구하는 경우가 많기 때문이다. 그렇다 보니 신문 판매 부수는 가판대에서 실제로 판매된 양이 아니라 배급 창고로 되돌아오는 양을 기준으로 측정되곤 했다.

더욱이 우리는 "미디어는 메시지다"라고 했던 마셜 매클루언 (Marshall McLuhan)의 말을 떠올리며 미디어와 메시지 중 어떤 것이 먼저 움직이는지 물을 필요가 있다. 우리는 뉴스를 소비할 때 (때마침 특정 신문에 글을 싣게 된) 저널리스트를 신뢰하기 때문에 그 글을 읽는가? 만일 그렇다면 경쟁 신문사에서 그를 데려갈 경우 우리는 그 저널리스트를 따라가서 그 신문을 읽는가? 우리는 뉴스를 금융, 예술 등의 주제별로 소비하면서 그것을 쓴 기자의 이름에는 무관심한가, 아니면 특정 신문사를 신뢰하면서 해당 신문사가 우리가 원하는 주제들을 충분히 다뤄줄 것이라 믿으며 뉴스를 소비하는가?

신문 산업은 타잔 경제학을 받아들이기 힘겨워하는 많은 산업 중 하나이며 여전히 과거의 낡은 줄기를 굳게 붙잡고 있다. 그밖에 쇼핑몰, 대학, 교통 시스템, 지방 정부 등도 비슷한 곤경에 빠져 있다. 이들 모두 '목표 달성을 위한 수단'에 관한 질문을 던질 필요가 있다. 이와 관련해서는 뒤에서 '기업의 본질'을 논할 때 살펴볼 것이다.

신문사들은 자신의 정체성을 재규정함으로써(저널리스트 기준이든, 신문명 기준이든) 급락하는 판매 부수와 광고 수익의 늪에서 빠져나올 수 있을까? 신문 업계는 이기심에 따라 행동하는 독립적 사업체들의 합인가, 아니면 공동선(common good)을 위해 움직이는 저널리스트와 신문들의 공동체인가?

고전 경제학에서는 인간이 합리적 존재이고 자신에게 직접 돌아오는 이익을 기준으로 결정을 내린다고 가정한다. 반면 타잔 경제학에서는 인간이 그보다 더 복잡한 존재라고 본다. 무엇보다도 인간은 사회적 존재다. 그리고 때로는 어떤 결정을 내릴 때 단순히 개인의 이익이 아니라 공동선에 기여하는 더 큰 동기가 작동할 수 있다. 고전 경제학에서는 인간이 결정을 내릴 때 '이것이 내게 이익을 가져다주는가?'를 생각한다고 가정하지만, 타잔 경제학은 그보다 더 넓은 시각으로 바라본다. 이를테면 '생산이냐 구매냐' 결정의 경우 이런 질문을 던져야 한다. 내가 판매하는 것에 대한 완전한 통제권을 갖는 것이 더 나은 때는 언제이고, 공동체 구성원이 되는 것이 나은 때는 언제인가?

공동체(collective)라는 말은 구소련 시대의 유물 같은 느낌을 주는 경향이 있고 공산주의가 몰락한 탓에 공동체라는 말의 호감도 반감됐다. 그러니 조금 바꿔서 이렇게 표현해보겠다. 카드 패를 숨긴 채 독립적으로 움직이면서 모든 잠재 경쟁자를 물리치는 것이 나은 때는 언제이고, 가진 패를 솔직히 드러내고 잠재 경쟁자들과 협력하는 것이 나은 때는 언제인가?

4장에서 우리는 디지털 파괴로 창작자가 창작물에 대한 통제권을 보유할 인센티브를 갖게 되는 현상을 살펴봤다. 이제 공동선을 위해 협력하면서 공동체를 형성하는 것이 이로울 수 있는 이유를 살펴볼 차례다. 특히 창작물이 시장의 소비자들과 만나는 문제와 관련해 더 그렇다. 어쨌거나 독립적인 아티스트가 늘어나면 시장은 더 파편화되고, 수많은 개인 창작자가 수많은 나라에 있는 수많은 개인 소비자와 거래하기를 원하는 상황에서 증가하는 '다수 대 다수' 문제를 해결하기 위한 더 많은 조정 활동이 필요해진다. 따라서 일종의 '물침대 효과'가 발생할 가능성이 있다. 물침대의 한쪽을 누르면 다른 쪽이 올라가듯이 중개자를 내리누르면(탈중개, 즉 기존 중개자를 제거하면) 공동체에 의지할 필요성이 높아질 수 있는 것이다(재중개, 즉 새로운 중개자의 필요성이 발생할 수 있다).

그러므로 우리는 공동체가 어떤 식으로 형성되는지, 어째서 구성원들의 공동선을 위해 행동하는 것이 이로울 수 있는지 이해해야 한다.

시가를 즐겨 피운 줄리어스 헨리 '그루초' 마르크스(Julius Henry 'Groucho' Marx, 1890~1977)는 여든여섯 해를 사는 동안 많은 재치 있는 명언을 남겼다. 그중 내가 제일 좋아하는 것은 이것이다. "나는 텔레비전이 매우 교육적이라고 생각한다. 누군가 텔레비전을 켜는 순간 나는 방으로 들어가서 좋은 책을 읽는다." 뛰어난 희극배우였던 그의 입에서는 늘 재담과 경구가 흘러나왔다. 그의 말은 날카로운 위트가 넘치면서도 삶의 불합리함과 복잡성을 포착했다. 내게 공동체가 직면하는 난제를 일깨워준 것은 (그 유명한 카를 마르크스가 아니라) 그루초 마르크스였다. 유럽연합(EU)이 경제 공동체로서 역사상 가장 커다란 도전을 끌어안으려 할 무렵이었다.

새 천 년이 시작될 무렵 나는 글래스고에서 경제학을 공부하고 있었다. 당시 내 머릿속을 점령하고 있던 이슈는 유럽 11개국이 각 회원국 통화를 대체할 단일 통화 유로의 출범이라는 전례 없는 결정을 내린 일이었다.

유로의 출범은 유럽의 경제 공동체 50년 역사에서 가장 커다란 도박이었다. 미국의 관점에서 보면 이것은 자신의 선례를 따르는 행보였다. 미국은 건국 직후 여러 종류의 화폐를 사용하다가 1785년 달러를 기준 화폐로 채택했으며, 그로부터 70년도 안 되어 달러는 미국 공식 통화로 자리 잡았다. 유럽과 미국의 차이를 느끼려면, 파리에서 차를 몰고 뒤셀도르프까지(미국 볼티모어에서 보스턴까지의 거리와 비슷함) 가는 동안 기름 값을 내려면 네 종류의 화폐가 필요할 수도 있다는 설명을 들었을 때 미국인 교환 학생 얼굴에 나타난 표정을 보면 되었다.

유로는 대단히 야심찬 프로젝트였고 지금도 여전히 그렇다. 유로존은 공동체(구성원들이 직접 소유하고 통제하는 조직)의 형성을 보여주는 대표적 사례. 이 공동체의 초기 구성국들을 하나로 묶어준 것은 두 가지 욕구였다. 첫째는 더욱 긴밀한 연합체를 만들고자 하는 정치적 욕구다. 둘째는 (경제 구조가 탄탄하지 못한) 회원국들이 경제적 신뢰성을 독일 수준으로 올려 인플레이션을 억제하려는 욕구다(다른 많은 유로존 참여 희망국들과 달리 독일은 일찍이 1950년부터 재정 건전성이 우수했다).

경제 체력이 약한 유럽 국가들은 모종의 공동체에 가입함으로써 경제 구조 선진화를 이룰 필요가 있었다. 유로존이 바로 그 공동체였고, 유로화를 발행하는 유럽중앙은행(ECB)은 당연히 독일 프랑크푸르트에 위치했다. 유로화가 성공하기 위해서는 각자 사정이 다른 여러 회원국 모두에서 단일금리가 효과적으로 작동하게 만들어야 했다. 서로 이질적인 경제 환경 및 성과를 가진 나라들에서 단일 통화 정책이 효율적으로 운용되게 하기 위해 유럽연합은 몇 가지 준칙을 정할 필요가 있었다.

이를 위해 낮은 물가 상승률, 안정적 수준의 재정적자 및 GDP 대비 정부 부채 비율, 독일 마르크화와 비슷한 장기적 환율 안정성 등의 기준을 설정했다. 다시 말해 유로존에 들어가고 싶은 나라는 독일에 필적하는 수준의 '건전한 통화' 구조를 보여줘야 했다.

네덜란드처럼 재정 건전성이 양호한 나라들은 이런 조건을 충족시키기가 쉬웠다. 반면 허약한 경제 구조를 가진 이탈리아, 그리스 같은 나라들은 훨씬 어려웠다. 이들 나라는 GDP 대비 정부 부채 비율이 100퍼센트가 넘었다. 게다가 걷어 들인 세수보다 많은 비용을 지출하는 경향과 인플레이션 관리 능력 부족도 문제였다. 그들의 치명적 약점은 수출 경쟁력을 높여 경제 위기에서 빠져나오기 위해 자국 통화의 가치를 내리는 평가 절하에 의존하는 습관이었다.

평가 절하는 재선을 노리는 정권이 정치적으로 편리하게 사용할 수 있는 효과 빠른 정책이었지만 장기적으로는 유럽연합이라는 프로젝트의 기반을 약화시킬 수 있었다. 자국 통화를 평가 절하해 타국에 대한 수출 경쟁력을 확보하려 경쟁하는 나라들끼리 경제적 공동체를 이루기는 힘들다. 단일 통화와 고정 환율을 사용하는 유로 시스템이라는 새로운 울타리에 들어가는 순간 그런 '위기 모면용' 평가 절하 카드는 더 이상 쓸 수 없게 된다.

금융 시장에서는 이 통화 공동체가 과연 효과적으로 유지될 수 있을지 회의감을 드러냈다. 경제가 부실한 남유럽 국가들(특히 경제적 평판이 형편없었고 지금도 마찬가지인 그리스와 이탈리아)이 독일 수준의 경제적 건실함과 신뢰성을 요구하는 공동체에 가입할 수 있을까? 설령 가입한다 해도 그들이 경제적 신뢰성을 독일 수준으로 끌어올릴 수 있을 것인가? 아니면 대신 결국엔 자국의 나쁜 관례를 다른 회원국들에게 전염시키는 결과를 초래할 것인가? 그들은 유럽연합의 준칙을 성실히 지키고 재정 건전성 회복을 위해 뼈아픈 경제 구조 개혁을 실행할 것인가, 아니면 석연치 않은 방식으로 유로존에 가입해 유로화의 안정성에 무임승차할 것인가?

다른 나라에 전염될 수 있는 나쁜 관례의 대표적 사례는 그리스 정부의 철도 회사 운영 방식이다. 새 천 년이 시작될 무렵 그리스 국영 철도는 벌어들이는 수입보다 직원 임금으로 지출하는 비용이 더 많아 해마다 엄청난 적자를 내고 있었다. 전 재무장관 스테파노스 마노스(Stefanos Manos)가 차라리 국민들에게 철도 대신 택시를 타게 하는 편이 비용 면에서 더 낫겠다고 말했을 정도다. 그리스 경제학자 미란다 크사파(Miranda Xafa)는 그리스 당국이 교묘한 회계 수법을 이용해 문제를 사라지게 했다고 설명한다. 철도 회사가 주식을 발행하고 정부가 이를 사들이는 방식이었다. 이는 지출이 아니라 금융 거래로 간주됐기 때문에 정부의 재정상태표에 나타나지 않았다. 이로써 결국 그리스는 유럽연합의 마스트리히트 조약 기준을 충족해 유로존에 들어갈 수 있었다.

이탈리아는 한술 더 떴다. 이탈리아 마체라타대학교 경제학 교수 구스타보 피가(Gustavo Piga)의 설명에 따르면 이탈리아 정부는 고리스크 거래 전략을 이용해 마스트리히트 조약의 준칙을 피해감으로써 교묘하게 유럽의 단일 통화 공동체에 들어갔다. 이탈리아는 일본 엔화 표시 부채의 금리스왑을 활용해 자국의 재정 적자 규모에 대해 유럽연합과 자국 국민들을 속일 수 있었다. 그리스와 이탈리아는 그들의 가입을 허락하지 말아야 했던 공동체에 합류하는 데 성공했다. 그동안 이들 두 나라가 보여준 경제 성과는 그들에 대한 냉소적 시각이 합당함을 말해준다.

1999~2000년에 걸친 학년의 첫 학기가 끝나갈 즈음 파란만장했던 유럽의 한 세기도 저물고 있었다. 유럽은 전례 없는 화폐 통합 프로젝트의 성공에 대한 희망을 품고 있었다. 나는 스승인 앤드루 휴스-핼릿(Andrew Hughes-Hallett) 교수님에게 공동체(단일 통화로 묶인 유로존)에 대한 이 거대한 도박이 과연 성공하겠느냐고 물었다. 그리고 만일 성공하지 못한다면 이 공동체를 와해시키는 원인은 무엇이 될 것인가? 그분은 유로화의 전망에 대한 전문가이자 '장 모네 경제학 교수'였다. 이는 정치적 통합을 달성하기 위해서는 경제적 통합이 선행돼야 한다고 믿은 프랑스 외교관 장 모네(Jean Monnet)를 기리기 위해 만들어진 직함이다. 교수님은 내 질문에 이런 의미심장한 답변을 했다.

"그루초 마르크스의 정리가 이 프로젝트의 미래에 대한 힌트를 준다네."

어리둥절하기도 했고 교수님의 개별 지도 시간도 짧았던 터라 나는 이 공동체가 성공적으로 유지될 수 있겠느냐고 재차 질문했다. 단일 통화라는 시스템이 정말 모두에게 잘 맞을 것인가?

"자네 다른 마르크스는 공부 안 했나?" 교수님이 장난기어린 말투로 물었다. 그 유명한 카를 마르크스가 아니라 그루초 마르크스를 말하는 것이었다. 나는 안 했다고 멋쩍게 대답했다. 1930년대와 1940년대에 그루초와 형제들이 출연한 흑백 영화의 이미지만 어렴풋이 떠올랐다. 그때 교수님이 공동체에 내재하는 본질적 문제, 즉 공동선보다 자신의 이익을 우선시하는 경향을 포착한 마르크스의 말을 인용했다. "나는 나의 가입을 허용하는 클럽에는 들어가고 싶지 않다."

유로에 적용해본다면 그루초 마르크스의 정리는 그 어떤 나라도 (자신의 이익을 위해) 자신보다 경제가 부실한 나라들로 이뤄진 통화 공동체에는 들어가고 싶어 하지 않을 것이라는 사실을 말하고 있다. 그리고 여러 나라로 이뤄진 통화 공동체는 그들보다 경제 구조가 더 건실하고 효율적인 나라를 그 공동체에 들어오라 설득하고 싶어 할 것이다.

유로존을 형성시킨 핵심 동인은 고인플레이션 국가들이 혼자 힘으로는 불가능한 (독일 수준의) 낮은 인플레이션을 달성하려는 욕구가 컸다는 점이다. '그루초 마르크스주의'는 공동선을 위해 특정 당사자의 이익을 희생함으로써 형성된 공동체에 수반되는 리스크를 우리에게 상기시킨다. 즉 참여 당사자들이 같은 과업을 공유하면서도 상반되는 목표를 갖거나(비대칭적 인센티브) 특정 당사자가 적극적으로 참여하지는 않으면서 공동체로부터 이익을 취할 수 있으며(무임승차), 또는 그 두 현상이 모두 일어날 수 있다.

유럽연합에 일어난 상황을 살펴보자. 유로 출범 이후 20년이 지난 현재 유럽연합 회원국은 27개국이며 이 중 19개국이 유로를 채택하고 있다. 하지만 핀란드를 제외하고는 경제 성과가 양호한 북유럽 국가들 중 어느 곳도 유로존에 합류하지 않았다. 반면 경제 실적이 나쁜 남유럽 국가들은 유로존의 초기 가입국이었다. 금융 위기가 한창일 당시 이탈리아와 그리스에 대한 구제 금융 지원에 가장 강력하게 반대한 나라는 핀란드였다. 아마 그루초 마르크스라면 이를 충분히 예상했을 것이다.

나는 2001년 12월 31일에 독일에 있었다. 유로화 실물 화폐 도입일인 2002년 1월 1일을 앞두고 독일 은행들에 전달된 새 유로 지폐가 시중에 통용될 채비를 마친 때였다. 이후 독일은 그 유로 중 많은 금액을 자신과 다른 인센티브를 가진 불성실한 회원국들을 위한 구제 금융에 쓰게 된다. 만일 이들 나라가 그루초 마르크스의 정리 뒤에 숨겨진 경제학과 자신들이 공동체에 가하는 부담을 계속 무시한 채 행동한다면? 경제 사정이 각자 판이하게 다른 나라들의 결합이자 비대칭적 인센티브와 무임승차 문제가 덧붙은 이 결혼이 향후 어떻게 전개될 것인가? 그루초 마르크스는 말했다. "결혼은 훌륭한 제도다. 하지만 누가 제도 안에서 살고 싶어 하겠는가?"

그루초 마르크스가 공동체가 와해될 수 있는 이유를 우리에게 말해준다면 비용을 통제하고 시장 파편화를 막으려는 공통된 욕구는 공동체 유지에 도움이 된다. 논의를 진전시키기에 앞서 먼저 경제학자들이 툭하면 언급하는 '거래 비용(transaction cost)'이 무엇인지 짚고 넘어가자. 거래 비용이란 경제적 거래에 수반되는 비용이라고 넓게 정의할 수 있다. 거래 비용은 탐색 비용, 교섭 비용, 이행 비용의 세 종류로 구분된다. 유로존의 경우 단일 통화를 쓰는 공동체를 만들려는 공통된 인센티브는 그런 공동체를 만들 때 이 세 가지 거래 비용이 모두 사라진다는 점에서 기인했다. 유로존에 가입하면 적절한 외환 중개인을 찾으려 애쓸 필요가 없고(탐색 비용), 외환 거래 관련 계약서를 작성할 필요가 없고(이행 비용), 통화 간 거래에 드는 수수료를 지불할 필요가 없다(교섭 비용). 만일 유로존에 가입했던 회원국이 유로존을 나가면 이들 거래 비용이 다시 발생하므로 회원국들은 유로존에 머무르려는 인센티브를 갖게 된다.

거래 비용이라는 개념은 노벨경제학상 수상자 로널드 코스(Ronald Coase)가 1937년 발표한 "기업의 본질(The Nature of the Firm)"이라는 인상적인 논문에서 처음 제시했다. 구글의 수석 경제학자 할 바리안은 코스가 이 논문에서 간단해 보이지만 사실은 그렇지 않은 질문을 던지고 있다고 생각했다.•

● 할 바리안, "경제의 현장: 새로운 경제가 있었다면 어째서 새로운 경제학은 없었는가?(Economic Scene: If there was a new economy, why wasn't there a new economics?)", 〈뉴욕타임스〉, 2002년 1월.

— 만일 시장이 자원 배분에 그토록 효과적인 도구라면 왜 기업 내부에서는 활용되지 않을까? 어째서 조립 라인의 노동자는 조립 중인 제품의 공급 가격에 대해 옆의 다른 노동자와 협상을 벌이지 않을까? (…) 기업은 시장을 이용하는 대신 위계질서에 따른 조직을 구성하는 경향이 있다. 협상과 시장, 계약이 아니라 일련의 명령과 통제를 활용하는 것이다. (…) 그 모든 것은 거래에 수반되는 비용에 달려 있다. 코스의 설명에 따르면 경제학자들이 말하는 기업이란 본질적으로 목표 달성을 위해 시장을 이용하는 것보다 명령과 통제 시스템을 이용하는 것이 더 효율적이고 비용이 적게 드는 활동들의 집합체다.

시간을 초월해 현재도 유의미한 코스의 논문에 대한 바리안의 이 간단명료한 요약은 자본주의의 본질을 재검토해볼 수 있는 렌즈를 제공한다. 그리고 자세히 들여다보면 역설적이게도 공산주의의 중앙 집중식 계획과 많이 닮아 있다. 이렇게 생각해보라. 수많은 독립 컨설턴트와 거래하는 것이 더 쉽겠는가, 위계질서에 따른 조직 내에서 일을 진행하는 것이 더 쉽겠는가?

　누군가는 1937년에 비해 현재는 거래 비용이 낮아졌다는 점을 지적할 수도 있다. 예컨대 구글 같은 검색엔진 덕분에 온라인을 통한 탐색 활동의 비용은 분명히 훨씬 낮아졌다. 하지만 이는 선택지와 후보 공급 업체의 증가로 인한 교섭 비용 증가라는 예상 밖의 결과를 초래할 수 있다. 마찬가지로 투명성을 높여주고 절차적 번거로움을 줄여주는 인터넷 덕분에 이행 비용은 낮아지겠지만 변호사 비용이 싸졌다는 증거는 거의 없다.

타잔 경제학의 관점에서 공동체 형성의 장단점을 논할 때 거래 비용이라는 포괄적 용어가 지닌 모호함 탓에 중요한 지점을 놓칠 수도 있다. 경제학자들은 종종 자신이 이해하지 못한 부분을 감추려 들면서 자기 연구의 현실적 결점을 아무도 알아채지 못하기를 바란다. 거래 비용이라는 주제와 관련해 종종 간과되는 것은 '무엇을 달성할 수 있는가'가 아니라 '무엇을 막을 수 있는가' 하는 문제다. 그리고 공동체의 존재는 그리드락(gridlock)의 발생을 막을 수 있다.

그리드락은 조정 문제(예컨대 누가 무엇을 소유할지 결정하는 것)를 해결하는 데 수반되는 비용 때문에 거래가 일어나지 못할 때 발생한다. 앞서 1장에서 '공유지의 비극', 즉 너무 많은 이들이 하나의 자원을 공유할 때 결국 그것을 남용하게 되는 현상을 살펴봤다. 바다의 물고기 남획이나 대기오염 문제가 그 예다. 공유지의 비극을 해결하는(또는 나아가 예방하는) 빠른 해법은 소유권을 할당하는 것이다. 이 경우 소유자들은 해당 자원을 남용하지 않고 보존하는 것에서 직접적 이로움을 얻는다. 그런데 소유권은 새로운 문제도 야기할 수 있다. 이런 상황을 상상해보라. 만일 우리 머리 위의 하늘을 조각조각 분할해 수많은 나라 또는 기업에 판매한다면? 바다의 구획을 나누고 사유화해 전 세계 수많은 개인이 각자의 조건에 따라 소유권을 갖는다면? 만일 그렇게 된다면 항공기나 선박을 통한 거래는 사실상 불가능해진다. 컬럼비아 법학대학원 교수이자 《소유의 역습, 그리드락》의 저자인 마이클 헬러(Michael Heller)는 이 경우 공유지의 비극이 아니라 '비공유지의 비극'이 초래될 수 있다고 설명한다. 소유권이 지나치게 파편화되어 자원의 과소 이용을 낳는다는 것이다.

하지만 '과소 이용'은 측정하기 쉬운 기준이 아니라서 자칫 간과하기가 쉽다. 인간은 수량화 편향(이에 대해서는 8장에서 살펴본다) 때문에 측정 불가능한 것보다 측정 가능한 것을 더 좋아한다. 사용되지 않은 무언가를 측정할 수 없다면 학자들이나 정책 입안자들의 관심을 얻기 힘들다. 과소 이용은 '발생 데이터(one)'가 아니라 '미발생 데이터(zero)'의 예다.

헬러의 설명에 따르면 우리는 비공유지의 비극의 오래된 사례를 라인강에서 발견할 수 있다. 19세기의 철도망과 20세기의 고속도로망이 생겨나기 전 유럽에서는 천 년 넘는 세월 동안 라인강 물길을 따라 대부분의 무역이 이뤄졌다. 또는 적어도 그러기 위해 노력했다. 만일 13세기의 유럽을 하늘에서 내려다본다면 라인강이 얼마나 중요한 물길이었는지 금세 알 수 있다. 길이가 약 1,200킬로미터에 이르는 이 강은 스위스 알프스산맥에서 발원해 오늘날 기준으로 6개 나라를 관통한 후 네덜란드 로테르담에서 북해로 흘러나간다.

중세 유럽에서 매우 중요한 무역 항로였던 라인강은 신성로마제국에 의해 보호되었다. 이곳을 지나는 상선들은 강의 유지 관리 및 안전한 통행을 위해 요금을 지불했다. 중앙 권력이 통행료를 징수하고 관리했다. 일종의 공동체 모델인 셈이다. 그런데 프리드리히 2세가 1250년 사망한 후 상황이 달라졌다. 권력 공백이 생기면서 혼란한 정국이 이어졌고 자연히 이런저런 규제들도 제대로 시행되지 못했다. 이 혼란한 시기에 '강도 귀족'들이 시장의 틈을 발견하고는 라인강에서 불법으로 통행료를 징수하기 시작했다. 조정 시스템이나 규제라고는 없이 오로지 귀족들의 이익 추구 행위만 기승을 부렸다. 통행료 징수를 위해 세운 성이 짧은 거리 안에 어찌나 많았던지, 이쪽 성에서 저쪽 성으로 가격 신호를 보내면 들릴 정도라 해도 과언이 아니었다.

강물은 계속 흘렀지만 강물이 만들어내는 수익은 그렇지 못했다. 귀족들의 이기심 탓에 라인강의 무역 활동이 제대로 이뤄질 수 없었다. 소유권의 파편화가 비공유지의 비극을 낳았다. 경제적 그리드락이 물길의 과소 이용을 초래한 것이다. 곳곳에서 너무 많은 통행료를 거두자 항로 이용과 무역이 크게 축소됐다.

이에 상인들은 라인강 무역을 부활시키고자 민간 공동체인 라인도시동맹(Rhine League)을 결성했다. 이 동맹은 귀족들을 상대로 전쟁에 돌입했다. 민병대를 조직해 통행료 징수자의 요새인 성들을 공격해 무너트렸다. 그러나 라인도시동맹의 유지는 고비용 프로젝트였다. 동맹의 정책들을 실행할 인력을 고용하는 데 많은 비용이 들었던 것이다. 게다가 무임승차자를 막기가 여전히 쉽지 않았다. 많은 상인과 도시가 회비는 내지 않으면서 공동체로부터 얻는 이득을 누렸다. '그루초 마르크스주의'가 발동해 공동체의 지속 가능성을 흔들었고 결국 라인도시동맹은 해체됐다. 중앙의 관리와 규제가 없어지자 강도 귀족들이 재빨리 다시 그 틈을 점령했고 이후 500년 동안 과소 이용되는 라인강에서 통행료를 받았다.

〈도표 5-1〉 라인강의 그리드락

본에서 빙겐까지 145킬로미터의 라인강변에 위치한 고성(古城)들

출처: 발터 오텐도르-짐록(Walther Ottendor-Simrock)의 《라인강의 성들(Castles on the Rhine)》(Chicago, Argonaut, 1967)에 나온 루트비히 섀퍼-그로헤(Ludwig Schäfer-Grohe)의 지도를 저자가 수정함

비공유지의 비극이 이어진 그 500여 년의 기회비용은 엄청나게 컸다. 미발생 데이터인 제로(zero)들을 헤아려보라. 만일 라인강이 귀족들의 이기심과 터무니없이 비싼 통행료로 얼룩지지 않고 모종의 효과적인 공동체가 형성돼 라인강을 통한 무역이 번성했다면 어땠을지 생각해보라.

1815년 빈 회의가 열리고 나서야 유럽 각국 지도자들이 효과적인 조정을 할 수 있었다. 그들은 마침내 그리드락을 야기하는 통행료 징수자들을 없애기 시작했고 라인강 무역은 다시 활기를 되찾았다. 이는 이미 오래전에 시행됐어야 했던 조치였을 뿐만 아니라 곧 너무 무의미하고 너무 늦은 변화가 되고 만다. 라인강 물길이 되살아날 즈음 더 효율적인 새로운 운송 수단이 등장한 것이다. 유럽 곳곳에 철도망이 구축되면서 재화 수송에 강을 이용할 필요가 없어졌다. 500년간 물길 운송에서 독점적 지배력을 행사하던 귀족들의 힘은 한층 더 약해졌다.

쓸쓸하게도 이 귀족들은 자연스럽게 현대의 일부 대기업들을 연상시킨다. 시장 지배력을 가진 비윤리적 기업이 기존 시장에서 규제가 강화돼 자신의 불법 행위가 발견되기 전에 새로운 시장으로 옮겨가 자신의 지배력을 또다시 남용하는 사례를 떠올려보라.

중세 귀족들은 통행료 징수로 단기적 부당 이득은 얻었겠지만, 사실 더 누릴 수도 있었을 이익은 가져가지 못한 것인지도 모른다. 만일 그들이 이기심을 내려놓고 공동선을 지향하는 공동체를 조직했다면 더 많은 상선이 라인강을 이용했을 것이다. 무역이 활발해지고 경제가 발전하면 공동체의 참여자들에게, 즉 상인과 귀족 모두에게 더 많은 기회가 생겨난다.

그러나 사욕에 눈먼 강도 귀족들이 사이좋게 모여서 평화적이고 지속 가능한 공동체 모델에 합의를 보리라고 기대하기는 힘들다. 여기에는 중요한 메시지가 하나 있다. 사기업들은 공동체를 형성하기 쉽지 않다는 사실이다. 비공유지의 비극을 감지해내고, 이기심을 가진 귀족들이 소수에게 이익이 되는 터무니없는 통행료를 받는 대신 다수에게 이익이 되는 더 생산적인 공동체를 위해 움직이도록 유도하기 위해서는 중앙 정부나 국제적 기구의 힘이 필요할 때가 많다.

라인강 역사에 대한 이 짤막한 조망은 공동체의 가치를 보여준다. 귀족들이 자신의 이익만을 위해 행동하는(사욕을 채우려고 최대한 많은 통행료를 거둬들이는) 대신에 시장 참여자들이 공동선(필요한 모든 이들이 물길을 충분히 활용하는 것)을 위해 움직이는 것의 가치 말이다. 라인도시동맹은 비록 오래 유지되지 못했지만 모종의 풀(특허권, 저작권, 또는 기타 권리의 풀)을 조성해 파편화된 소유권들을 한데 모으는(또는 다시 모으는) 방법과 관련된 교훈을 일깨워주는 사례다.

오늘날 프랑스 작사가 겸 극작가 에르네스트 부르제(Ernest Bourget, 1814~1864)의 이름을 아는 사람은 많지 않다. 그러나 창작 활동을 직업으로 가진 전 세계의 수많은 이들은 1847년 그가 취한 행동에 감사해야 한다. 부르제가 아니었더라면 음악 종사자들의 숫자가 지금보다 더 적을 것이고 그들이 작품에 대한 보상을 얻기도 힘들었을지 모른다. 부르제와 관련된 이 유명한 '사건'의 중요성은 당신이 그 어디서든 노래가 연주되는 것을 들을 때마다 느낄 수 있다.

1847년 당시 파리에서는 공연 산업이 호황이었다. 산업혁명이 진행되고 신흥 중산층이 성장하던 시기였다. 이들은 라이브 공연을 좋아해 카페 콩세르(café concert)를 즐겨 찾았다. 카페 콩세르는 상호 보완적 즐길 거리를 함께 제공한 덕분에(음악과 음식과 마실 것) 인기가 대단히 높았다. 지금도 이것은 성공 확률이 높은 조합이다. 카페 콩세르에서는 음악 공연을 무료로 제공하는 대신 음식과 마실 것에 비싼 가격을 매기곤 했다. 그렇게 해서 공연자에게 보수도 지불하고 카페 측도 상당한 이윤을 남겼다.

1847년 어느 날 에르네스트 부르제는 한 카페 콩세르에 들어가 자리를 잡고 앉았다. 지금 되돌아보면 지적 재산의 역사에서 중요한 전환점이 되는 사건이 일어나기 직전이었다. 부르제가 들어간 곳은 카페 모렐(Café Morel)이었다. 그가 테이블에 앉을 때쯤엔 공연이 클라이맥스에 다다르고 있었다. 카페를 가득 채운 청중은 중간중간 비싼 술을 홀짝이거나 전채 요리를 먹을 때만 잠깐씩 무대에서 시선을 뗐을 뿐 완전히 공연에 몰입해 있었다. 부르제는 꽤 기분이 좋았다. 손님들을 사로잡은 노래가 바로 자신이 만든 작품이었기 때문이다.

공연이 끝나고 노래의 마지막 소절이 잦아들자 관객석에서 뜨거운 박수갈채가 터져 나왔다. 부르제는 웨이터를 불러 향이 약간 추가된 설탕물인 오 쉬크레(eau sucré)를 주문했다. 그런데 곧 주문받을 수 없다는 대답이 돌아왔다. 부르제는 충격을 받았다. 카페 모렐의 방침은 이랬다. 해가 진 후에는 손님들이 '코르크 따개를 배신하지 않는' 마실 것만 주문할 수 있었다. 다시 말해 저녁 이후에는 이윤이 많이 남는 와인만 팔았다.

부르제는 부아가 치밀었다. 이 카페에서는 그가 만든 노래를 이용해 손님들에게 유흥을 제공했다. 그런데 자신은 어떤 보상도 못받았을 뿐만 아니라 원하는 음료조차 주문해서 마실 수 없었으니 말이다.

이튿날 부르제는 카페 모렐의 주인에게 이런 내용의 편지를 보냈다. "내가 쓴 모든 희극과 노래가 카페 모렐에서 공연되는 것을 금지하겠습니다. 내 모든 작품 레퍼토리의 공연을 말입니다. 내 희극이나 노래의 제목을 확인할 수 있도록 목록을 편지 말미에 첨부합니다." 부르제는 최근에 시도된 글로벌 레퍼토리 데이터베이스 구축 프로젝트의 선조 격이었던 셈이다. 카페 모렐의 주인에게서 아무런 회신이 없자 부르제는 정당한 보상을 받기 위해 그를 고소했다. 그리고 센강상업재판소와 파리항소법원을 거친 재판 끝에 카페 모렐 측이 부르제에게 800프랑을 지불하라는 판결이 내려졌다.

이 사건을 계기로 음악 공연에 대한 저작권 사용 허가라는 개념이 탄생했다. 부르제가 주문한 음료가 아몬드 시럽이었든 오 쉬크레였든 상관없이(아이러니하게도 역사학자들은 지금도 그가 주문한 음료를 두고 논쟁을 벌인다), 그의 카페 모렐 방문은 카페 콩세르의 공연 산업에 적지 않은 비용을 발생시키는 결과를 낳았다. 저작자의 공연권이 확립되자 이는 카페 주인들이 계속 신경 써야 하는 이슈가 되었다. 저작자가 공연 현장에 없는 경우에도 말이다.

부르제가 음악가의 보상을 위한 법적 승리를 거둘 수 있었던 데에는 문학 저작자들이 이미 만들어놓은 선례의 영향도 있었다. 프랑스에서는 1793년부터 문학 저작자의 공연 독점권을 법적으로 인정하고 있었다. 부르제 사건이 있기 몇 년 전에는 작가 빅토르 위고(Victor Hugo)와 오노레 드 발자크(Honoré de Balzac)가 공개된 광장에서 자신들의 작품을 낭독하는 행위를 금지하는 것을 추진했다. 그 역시 공연으로 간주할 수 있기 때문이다. 이는 초기 형태의 불법 유통 행위였다.

　부르제 사건을 맡은 판사는 판결 내용을 시행하려면 '행운'이 따라야 할 것이라는 의견을 밝혔다. 공연권을 법적으로 행사하고 거기서 발생하는 수익을 징수하는 과정의 어려움을 나타낸 말이었다. 부르제가 직접 저작권료를 징수하는 일은 현실적으로 쉽지 않을 터였다. 코스가 말한 거래 비용의 관점에서 보면 부르제는 혼자서 움직이는 과정에 수반되는 탐색 비용, 교섭 비용, 이행 비용의 합이 저작권료의 금전적 수입을 초과한다는 사실을 깨달았을 것이다. 이 문제를 타개할 해법은 공동체를 만드는 것이었다.

　카페 모렐 사건이 있고 약 3년 후인 1850년 3월 18일 부르제는 동료 작곡가 빅토르 파리조(Victor Parizot)와 폴 앙리옹(Paul Henrion), 음악 출판업자 쥘 콜롬비에르(Jules Colombier)와 의기투합해 프랑스음악저작권협회(La Societe des Auteurs, Compositeurs et Editeurs de Musique, SACEM)의 전신에 해당하는 단체를 만들었다. 세계 최초의 음악 저작권료 징수 협회였다.

　SACEM(1851년부터 이 명칭을 사용함)은 저작권 보유자들로부터 라이선스를 확보하기 위한 일종의 원스톱 숍(one-stop shop)을 만듦으로써 음악 라이선싱의 거래 비용을 크게 낮췄다. 부르제의 승리가 가져온 진정한 이익은 '포괄적 라이선스(blanket licence)'의 탄생이었다. 'blanket(담요)'이라는 단어가 말해주듯, 이는 침대 전체를 담요로 덮는 것처럼 많은 곡에 대해 한꺼번에 라이선스 계약을 한다는 의미다. 즉 한 번의 거래를 통해 구매자에게 모든 저작물을 사용할 권리를 부여하면서 그 어떤 법적 책임도 묻지 않는 방식이다.

그리드락의 발생 가능성이 있는 업계를 위한 원스톱 숍이 만들어진 것이다. 이로써 지적 재산에 대한 사용료 지불이 한층 용이해졌고, 이는 곧 과거에 비해 더 많은 작곡가가 더 많은 수익을 얻을 수 있게 됨을 의미했다.

부르제 사건이 있고 70년 후 대서양 건너 미국에서도 유사한 사례가 있었다. 1917년 미국 작곡가 빅터 허버트(Victor Herbert)와 뉴욕의 셰인리 식당(Shanley's Restaurant) 사이에 공연권 관련 소송이 진행됐다. 허버트는 자신의 음악이 식당에 가져다준 이익에 대해 보상을 받길 원했지만 식당 측이 거부했던 탓이다. 당시 연방대법원 판사 올리버 웬들 홈스 주니어(Oliver Wendell Holmes Jr.)는 허버트의 손을 들어주며 이렇게 말했다. "만일 매출에 도움이 안 된다면 식당은 음악을 사용하지 않을 것이다. 음악이 직접적 수익을 발생시키느냐와 관계없이 그것을 사용하는 목적은 이윤 때문이며 그로써 작곡가에 대한 보상의 이유는 충분하다."

오늘날도 마찬가지다. 만일 미용실이 자신의 사업장에서 음악을 틀기 위해 저작권 협회에 돈을 내야 하는 점에 불만을 제기한다면(종종 CD나 다운로드 구매, 또는 스트리밍 서비스 구독의 형태로 이미 돈을 지불했다면서), 저작권 협회는 음악 없이 장사를 할 수 있겠느냐고 반문할 것이다. 다시 말해 음악이 미용실의 이윤 창출에 기여하는 점을 지적하면서 1847년의 부르제처럼 '가치 사슬'을 언급할 것이다. 공연권이 보장돼야 미용실 사업 이윤의 정당한 몫이 미용실 손님들이 즐기는 그 음악을 만든 창작자에게 돌아갈 수 있다고 말이다.

부르제와 동료 음악가들이 공동체를 조직해 모든 저작권을 한

군데에 모으는 풀을 만들고 관리를 중앙화한 일은 창작자에 대한 보상을 위한 시장이 형성되어 발전하는 데 기여했다. 오늘날 전 세계 저작권 관리 단체들을 대표하는 우산 조직인 국제저작권관리단체연맹(CISAC)은 121개국 232개의 단체를 회원으로 두고 있으며 음악, 영상, 연극, 문학, 시각 예술 등 다양한 분야에서 활동하는 창작자 400만 명 이상의 권리 보호에 힘쓰고 있다.

하지만 부르제의 승리에서 가장 중요한 핵심은 원스톱 숍 방식의 포괄적 라이선스 모델이 탄생한 점이다. 이는 파괴적 혁신을 통한 피벗을 추구하는 이들이 눈여겨봐야 할 지점이다. 라인강을 생산적으로 활용하는 문제도, 무명 작곡가들의 레퍼토리를 공연하는 문제도 이와 무관하지 않다. 이 모델은 소유권의 파편화가 초래하는 '다수 대 다수' 문제와 그리드락의 발생 위험을 없애준다.

포괄적 라이선스는 공동체를 지속 가능하게 한다. 포괄적 라이선스가 없다면 그리드락이 생겨 시장이 와해될 것이다. 전 세계 400만 명의 창작자와 개별적으로 협상하는 것은 (불가능하지는 않을지라도) 비현실적인 일이다. 그리고 만일 사용자가 모든 노래에 대한 라이선스를 확보하지 못하면 법적 책임의 문제가 발생할 위험이 생긴다. 전체 중 99.9퍼센트의 노래를 확보하는 것으로는 충분하지 않다. 포괄적 라이선스의 가치는 100퍼센트를 완전히 커버하는 데 있으며, 그럼으로써 법적 문제의 리스크를 제거하고 편리함을 높일 수 있다.

포괄적 라이선스의 구조는 과거 부르제가 즐겨 찾았던 카페 콩세르와 일견 비슷하다고 말할 수 있다. 카페 콩세르에는 테이블 서

빙을 담당하는 웨이터들과 주방 일을 담당하는 요리사들이 있었다. 두 직업군이 일하는 모습은 극명하게 달랐다. 요리사는 주방에서 서로 싸우기 일쑤였던 반면, 웨이터는 식당 내에 평온한 분위기를 조성하면서 침착한 태도로 손님 시중을 들어야 했다. 공동체에 가입한 권리 보유자들은 주방 요리사와 비슷하다. 정해진 금액 중 누가 얼마나 가져갈 것인가의 배분 문제를 놓고 은밀한 다툼이 일어나기 때문이다. 한편 포괄적 라이선스 자체는 실제로는('담요' 밑에서는) 고도로 파편화된 시장의 저작물에 대해 저작권 사용자가 돈을 지불하는 간편한 방법을 제공하므로 웨이터와 비슷하다.

공동체는 모든 소유자/판매자를 개별적으로 찾아내야 하는 번거로움이 제거된 거래를 가능케 한다. 포괄적 라이선스의 구매자는 편리함(때로 이것은 거래되는 재화 자체보다 더 중요하다)을 위해 기꺼이 더 많은 돈을 내며, 이로써 공동체가 모든 참여자(주방 요리사들)를 만족시키고 그루초 마르크스주의의 딜레마를 해결할 수 있는 가능성이 높아진다. 가장 큰 가치를 가진 참여자가 공동체에 들어가려는 인센티브가 가장 약하고 공동체를 떠나려는 인센티브가 가장 강하다는 딜레마 말이다.

혹시 수학에 흥미가 있는 독자라면 부록에 실린 마르크스주의 수학 모델에서 그루초를 공동체에 머물게 만드는 방법의 힌트를 얻길 바란다.

부르제의 선구적 행동이 탄생시킨 공동체 모델에 결점이 없는 것은 아니다. 세상사 모든 것이 그렇듯 눈을 크게 뜨고 자세히 들여다보면 결점이 눈에 띈다. 공동선을 위해 공동체에 참여하는 상황에서 나타나는 문제 중 가장 일반적이고 반복적으로 목격되는 것은 참여자들 사이에 이득을 공평하게 분배하는 문제다. 프랑스의 SACEM은 프랑스 라디오에서 방송되는 노래의 일정 비율을 프랑스 노래로 채워야 하는 '쿼터제'를 도입해 회원들의 작품에 대한 보호책을 제공했다. 이는 프랑스 입장에서는 '공평한 분배'에 기여할지 모르지만 프랑스 바깥에서 바라볼 때는 불공평해 보인다.

공평함이란 무엇인가, 더 정확히 말해 공평한 분배란 무엇인가는 결코 완전히 사라지지 않을 문제다. 공평한 분배에 대한 연구는 1940년대로 거슬러 올라간다. 당시 폴란드 수학자 휴고 스타인하우스(Hugo Steinhaus)는 동료 수학자 두 명과 폴란드 르부프의 스코티시 카페에 앉아 두 사람이 케이크를 나눠 먹는 최적의 방법에 대해 토론했다. 두 명이 케이크를 나누는 방법은 이렇다. 한 사람이 케이크를 자르고 다른 사람이 고르는 것이다. 이 방식에는 본래적 균형이 내재한다. 최대한 세심하게 노력을 기울여 크기가 같은 두 조각으로 만드는 것이 케이크 자르는 사람에게 가장 이익이 되기 때문이다. 균등하게 자르지 못하면 (상대방이 더 큰 조각을 고를 것이므로) 자신에게는 더 작은 조각이 돌아온다. 먼저 움직인다는(칼에 대한 통제권을 갖는다는) 우위가, 나중에 움직이는 사람이 두 조각 중 하나를 먼저 고를 선택권을 갖는다는 사실에 의해 상쇄된다. 이를 '분할자-선택자' 기법이라고 한다.

스타인하우스와 동료들은 여기서 더 나아가 세 사람이 나눠 먹는 경우를 가정하되, 선호의 문제(셋 중 적어도 두 명이 같은 조각을 원하는 경우)와 부러움의 문제를 해결해(셋 모두가 자신에게 돌아온 조각에 만족하게 됨) '공평한 분배'의 방법을 제시했다. 공평한 분배의 문제는 경제학에서 중요함에도 다소 간과되는 영역이다.*

스타인하우스의 케이크 분할 시나리오는 파괴적 변화가 진행 중인 시장에서의 공평한 분배와 관련된 질문 세 가지를 우리에게 환기시킨다.

누가 분배를 통제하는가?
누가 정보를 통제하는가?
누가 가치를 분할하는 방법을 결정하는가?

'공평한' 시장을 만드는 일은 이 세 역할의 균형을 맞추는 것에 달려 있다. 만일 한 당사자 A가 두 가지 이상의 역할을 하거나 다른 이들이 각자의 역할을 효과적으로 수행하는 것을 어렵게 만드는 경우, 시장은 A에게 유리하게 돌아가고 다른 이들에게는 덜 공평한 상황이 될 수 있다. 바로 이 때문에 공평한 분배 이론을 학문적 영역이 아닌 실제 현실에 적용할 때 애를 먹게 되는 것이다. 여기서 불편한 진실이 생겨난다. 우리가 아무리 공평하게 분배하려 노력해도 힘 있는 자들이 분배 시스템을 악용할 가능성은 언제나 존재한다.

● 최근에는 컴퓨터공학도 공평한 분배 문제에 관심을 쏟고 있다. 스타트업 웹사이트 스플리딧(Spliddit)에서는 사람들에게 공평한 분배에 대해 가르칠 뿐만 아니라 룸메이트 여럿이 방세를 나눠 내는 문제 같은 일상 속 다양한 문제를 해결하는 데 이 개념을 적용하게 해준다.

나는 어느 날 새벽 술 취해 집에 돌아와 밤새 텔레비전을 보다가 공평한 분배가 악용될 수 있다는 사실을 깨달았다. 평소라면 스스로 용납하지 못하는 행동이었지만 경제학과 알코올이라는 보완재가 합쳐지면 때로는 보상을 가져다주기도 한다는 사실은 인정해야 할 것 같다.

지독한 무더위가 찾아왔던 2006년 여름 영국의 상업방송 채널 ITV는 기발한 프로그램을 기획해 방영 중이었다. 광고에 의존하지 않고도 수익을 올리는 프로그램이었다. 월요일에서 목요일까지 자정부터 새벽 4시까지 방송되는 〈더 민트(The Mint)〉라는 퀴즈 쇼였다. 프로그램 형식은 단순했다. 깔끔한 외모의 에너지 넘치는 진행자 두 명이 쉽고 도발적인 문제를 내면 시청자들(저녁부터 마신 술로 취해 있는 경우가 많았음)이 전화를 걸어 맞히는 방식이었다.

게슴츠레한 눈으로 TV 앞에 앉은 수많은 시청자는 〈더 민트〉와의 통화 연결을 위해 프리미엄 요금이 적용되는 번호로 전화를 걸었다. 자신이 상금의 주인공이 될 확률이 대단히 희박하다는 사실은 모른 채 흥분된 마음으로 말이다.

이 프로그램은 많은 논란을 불러일으켰지만 그 이름에 걸맞게('mint'는 '화폐 주조소', '거액'이라는 뜻 – 옮긴이) 상당히 짭짤한 수익을 거둬들였다. ITV는 (전화 회사와 협상해) 시청자가 거는 전화(브리티시텔레콤 유선전화를 이용하면 75펜스였고 휴대전화로 걸면 더 비쌌다)에서 나오는 수익의 상당 부분을 가져갔다. 일반적으로 상업 방송은 소비자의 주의력과 광고 사이에 균형을 맞추려고 애쓴다. 전자인 소비자에 너무 초점을 맞춰 광고를 줄이면 방송국이 수익을 올릴 수가 없고,

후자가 너무 많으면 소비자가 TV를 꺼버린다.

〈더 민트〉는 이런 공식과 무관했다. 시청자들이 거는 전화 덕분에 프로그램이 진행되는 내내 수익이 창출됐다. 2006년 상반기에 〈더 민트〉 및 그 유사 프로그램들은 ITV의 퀴즈 쇼 채널 ITV 플레이(ITV Play)에 약 3,000만 파운드의 매출을 안겨줬으며, 이는 마진이 높은 모델이었으므로 방송국 순익의 약 10퍼센트는 차지했을 것이다. 수익이 워낙 높다 보니 이런 프로그램들은 중간에 광고를 내보낼 필요가 없었다.

이런 식으로 시장의 구멍을 이용하는 전략은 영원히 지속될 수가 없는 법이고, 〈더 민트〉는 많은 논란 속에 갑작스럽게 종영했다. 〈더 민트〉에 대한 비난과 항의가 빗발쳤고, 영국의 방송통신 규제 기구는 이 퀴즈 쇼가 프리미엄 요금 전화번호의 광고에 불과하다고 판단했으며, 결국 ITV는 〈더 민트〉를 폐지했다. 게다가 도박위원회(Gambling Commission)의 조사도 이어져 이 퀴즈 쇼 형식을 복권 사업으로 간주해야 하는지 여부를 검토했다. 복권 사업의 경우 수익의 20퍼센트를 자선 단체에 기부해야 했다. 여러 논란 속에 ITV 측은 자신의 새로운 비즈니스 모델에 대해 항변하면서, 자신의 목적은 시청자를 부추겨 비싼 전화 라인을 이용하게 만드는 것이 아니라 잠깐씩 자주 즐기는 많은 사람을 통해 이윤을 창출하는 것이라고 주장했다(이 퀴즈 쇼는 폭식이나 폭음 같은 중독성 행동을 조장한다는 비난을 받았다).

또한 ITV 경영진은 〈더 민트〉를 옹호하면서, 이 퀴즈 쇼에 전화를 거는 시청자 중 86퍼센트는 전화 거는 횟수가 일주일에 열 번도 안 된다고 설명했다. 하지만 이 점을 떠올릴 필요가 있다. 이 범위의 상한선에 있는 사람들, 즉 일주일에 열 번 전화하는 시청자들은 대부분 상금을 타는 데 실패했을 뿐만 아니라 1년 동안 BBC 수신료의 약 세 배가 되는 돈을 〈더 민트〉에 전화 거는 데 소비한 셈이었다.

〈더 민트〉의 논란거리는 수익 모델만이 아니었다. 음악과 관련해서도 문제가 있었다. 시청자들이 성냥개비로 눈꺼풀을 받치고 주시하는 TV 화면에서는 퀴즈 쇼 내내 음악이 배경에 깔려 반복적으로 재생됐다. 시청자가 그 비싼 요금을 내고 거는 전화가 연결되기를 간절히 기다리다가 소파에서 잠이 들어도 음악은 계속 흘러나왔다. 그것은 결코 아름답다고는 할 수 없는, 단조롭고 경쾌한 리듬의 전형적인 퀴즈 쇼 배경음악이었다. 〈더 민트〉나 유사 퀴즈 쇼 〈퀴즈마니아(Quizmania)〉에서는 방송 내내 그런 음악이 배경에 흘렀다.

ITV는 음악저작권협회(PRS)에 등록된 모든 곡을 자사의 모든 채널에서 사용할 수 있는 포괄적 라이선스 계약을 맺고 비용을 지불했다. 그러면 PRS는 음악 사용 시간을 기준으로 작곡자 및 권리 보유자들에게 그 돈을 공평하게 분배했다. 노출되는 시간대와 청중 규모에 상관없이 모든 음악을 똑같이 대우했다. PRS라는 공동체가 공정하게 행동하는 만큼 거기에 속한 회원들도 공정하게 행동해야 마땅하다. 하지만 그렇지 않았다.

이 퀴즈 쇼의 배경에는 특정 음악의 '네 마디'만 계속 반복돼 깔렸다. 중간에 광고가 나가는 시간도 없었다. 이 네 마디를 만든 창작자 입장에서 볼 때, 자신의 음악이 일주일 168시간 중 25시간 동안 사용된다는 것은 곧 PRS가 징수 및 분배하는 총 금액의 15퍼센트를 받게 됨을 의미했다. 그뿐만이 아니었다. 〈더 민트〉 이외에 ITV의 다른 프로그램들 모두가 방송에서 음악을 쓰지는 않으므로, 음악이 사용되는 방송 시간만 따진다면 그중 〈더 민트〉가 차지하는 실질적 비율은 15퍼센트가 아니라 20퍼센트 이상이었다.

작곡가 돕스 바이(Dobs Vye)는 작곡가 잡지 〈포포(Four-Four)〉에 실린 "돈을 '만들어낼' 라이선스?(A License to 'Mint' Money?)"라는 글에서 ITV가 포괄적 라이선스 비용으로 PRS에 약 1,400만 파운드를 지불했고, 그중 300만 파운드를 〈더 민트〉와 〈퀴즈마니아〉에 사용된 배경음악이 가져갔을 것이라고 격앙된 어조로 말했다. 수상 경력이 있는 작곡가이자 전 PRS 간부인 바버숍뮤직(Barbershop Music)의 크리스 스미스(Chris Smith)는 그 '반복되는 네 마디'를 만든 운 좋은 작곡가들이 보노(Bono)나 엘튼 존(Elton John), 폴 매카트니(Paul McCartney)보다 PRS에서 더 많은 저작권료를 받아 갔을지 모른다고 말했다. 공평한 분배 덕분에, 대중이 잘 알지도 못할 뿐만 아니라 해당 음악이 나오는 시간에 깨어 있던 시청자조차 거의 귀기울이지 않는 음악의 작곡가가 영국에서 가장 부유한 작곡가가 된 셈이었다.

방송 규제 당국이 이 퀴즈 쇼가 사행성 행위와 관련된 여러 법규를 위반했는지 여부를 검토하는 동안, PRS 회원들로 이뤄진 단체는 수준도 낮고 유의미한 청중 규모에 노출되지도 않은 음악으로 소수의 작곡가가 엄청난 저작권료를 가져가는 이 이상한 상황을 조사했다. 저작권 수입을 모든 회원에게 공평하게 분배하기 위해 만들어진 시스템을 소수의 PRS 회원이 자신의 이익을 위해 고의로 악용하고 있다는 의혹이 불거졌다. 더 품질 높은 음악을 만들고 더 많은 청중을 가진 다른 많은 작곡자가 받는 돈은 〈더 민트〉의 작곡자들이 가져가는 수익에 비하면 새 발의 피도 안 됐다. 그들의 음악은 긴 시간대를 점령하지 못했기 때문이었다.

결국 나온 해결책은 간단했다. PRS는 기존의 저작권료 분배 정책을 수정해 이제부터는 모든 음악을 똑같이 대우하지 않기로 했다. 즉 황금시간대에 사용되는 음악에 더 높은 저작권료를 지급하는 방식을 도입했다. 〈더 민트〉 같은 사례가 새벽 시간대를 이용해 과도하게 많은 수익을 독차지하는 상황을 방지하겠다는 취지였다. 이런 조정이 이뤄지지 않는다면 회원들의 불만으로 PRS라는 공동체는 유지되기 힘들 것이고, PRS가 방송국들에 제공하는 포괄적 라이선스 역시 마찬가지일 것이며, 그렇게 되면 방송국은 라이선스를 통해 100퍼센트의 곡을 사용하는 편리함을 누리지 못한다. 포괄적 라이선스가 없어지면 ITV가 모든 작곡자와 개별적으로 접촉해 협상해야 하는 그리드락이 생겨날 것이다. 그리고 앞에서도 살펴봤듯 그리드락은 모든 음악의 과소 이용이라는 결과로 이어질 수 있다.

이렇게 되면 공평한 분배라는 이슈와 관련된 이 스토리의 문제가 말끔히 해결됐다는 생각이 들지 모르지만, 결코 그렇지 않다. 우리는 ITV가 포괄적 라이선스 비용으로 PRS에 약 1,400만 파운드를 지불했고, 그중 약 300만 파운드가 행운의 작곡가들에게 지급

됐다는 사실을 알고 있다. 그런데 이 그림에서 진정한 잭팟을 터뜨린 승리자는 누구였을까? 〈포포〉에 실은 글에서 작곡가 돕스 바이는 〈더 민트〉에 사용된 음악의 퍼블리싱 회사가 바로 ITV 자신이었을 것이라는 우려를 제기했다. 즉 ITV가 〈더 민트〉로 만들어진 수익 회전목마를 이용해 포괄적 라이선스 비용으로 지출한 돈의 상당 부분을 다시 환수했다는 의미다.

잘 생각해보면 돕스 바이로 하여금 공개 지면에서 위와 같은 목소리를 내게 한 것은 공평한 분배에 수반되는 선호(누가 어떤 목적으로 어떤 음악을 작곡하게 되느냐)라는 이슈도, 부러움(다른 작곡가가 나보다 수익이 더 높은 것을 알게 될 때 생기는 감정)의 문제도 아니었다. 그는 이렇게 썼다. "방송 제작과 퍼블리싱을 겸하는 기업의 비즈니스 모델이라는 것이 특정 채널이 지불하는 저작권료에서 날마다 몇 시간씩에 해당하는 돈을 빨아들이는 새벽 프로그램이라면, 이는 분명히 포괄적 라이선스를 악용하는 행태다. 특히 해당 기업이 그 채널과 한통속이라면 더욱 그렇다."

〈더 민트〉는 규제 기관의 압력 때문에 1년도 안 돼 종영했다. 하지만 이 프로그램은 수익을 징수하고 분배하는 '공동체' 모델이 시스템을 악용하려는 비뚤어진 인센티브에 불가피하게 직면하게 된다는 사실을 보여준다. 모두에 대한 공정한 분배를 위해 만들어진 시스템이 비뚤어진 인센티브를 가진 특정 당사자의 이익을 위해 이용되는 것이다. 돕스 바이는 분배와 정보와 가치 사이의 균형이 ITV에 의해 무너졌다고 보았다. ITV는 자신이 그렇게 할 수 있는 힘을 가졌다는 사실을 알기 때문에 그렇게 했다. 저작물의 사용자인 ITV는 PRS라는 공동체의 바깥에 있는 존재였지만, 교묘하게 돈의 분배 과정을 조종함으로써 그 안으로 들어가 '공평한 분배' 시스템이 자신에게 이익이 되게 만들었다.

그렇다면 〈더 민트〉는 어쨌거나 과거 이야기이니, 이제 현재 이야기를 해보자. 오늘날 음악 스트리밍 서비스 이용자들은 저작권 보호를 받는 음악 전부를 무제한 들을 수 있다. 어떤 소비자는 음악을 많이 듣고 어떤 소비자는 적게 듣겠지만 그들은 모두 스트리밍 업체에 똑같은 돈을 낸다. 이런 모델에서는 수익을 권리 보유자들에게 효율적이고 공정하게 분배하는 문제가 난제일 수밖에 없다. 2018년 4월 직상장 방식으로 뉴욕 증시에 데뷔하는 스포티파이에 세간의 주목이 쏠렸을 때 미국 밴드 벌프펙(Vulfpeck)의 멤버 잭 스트래튼(Jack Stratton)은 한 인터뷰에서 이렇게 말했다. "만일 홀푸드 마켓(Whole Foods Market)이 월 구독료 10달러에 식품을 무제한 제공하면 사람들은 거기도 몰려가겠죠. 다들 이상한 소비 모델에 목을 매고 있어요. 전부 엉망이에요."

물론 벌프펙은 우리가 논하고 있는 공동체의 딜레마와 결코 무관하지 않다. 이 밴드가 2014년에 보인 행동은 2006년의 〈더 민트〉 사례를 떠올리게 한다. 한밤중이라는 시간대에 공평한 분배의 규칙을 영리하게 이용했다는 점에서 말이다. 벌프펙은 2014년 3월 〈슬리피파이(Sleepify)〉라는 앨범을 발표했는데, 이 앨범은 길이가 각각 31~32초인 10개의 무음 트랙으로 이뤄져 있었다. 이것들은 스트리밍 사이트에서 재생 시 수익 발생 기준인 30초를 넘으므로 저작권료를 받을 수 있었다.

밴드는 침묵으로만 이뤄진 약 5분짜리 이 앨범을 밤에 잘 때 반복해서 스트리밍해 달라고 팬들에게 부탁했다. 이 프로젝트의 목적은 투어 비용을 모으는 것이었으며 밴드는 대신 무료 콘서트를 하겠다고 약속했다. 잭 스트래튼이 2014년 4월 〈빌보드〉에 공개한 저작권료 명세서에 따르면 밴드가 스포티파이 스트리밍으로 얻은 수익은 총 1만 8,638달러였다. 만일 같은 달 스포티파이가 해당 앨범을 서비스 목록에서 삭제하지 않았다면 그들은 더 높은 수익을 올렸을 것이다. 이 사례가 주는 메시지는 이것이다. 한정된 수익 풀을 분배해야 하는 공동체는 그 참여자들이 시스템을 교묘히 이용할 가능성에 언제나 노출돼 있다.

벌프펙의 영리한 프로젝트는 공정하게 분배돼야 하는 한정된 수익 풀을 만들어내는 뷔페식 구독 모델이 직면하는 딜레마를 일깨운다. 모두가 공동선을 의식하면서 공동체를 기반으로 편리함을 판매하더라도 일부 참여자는 이기심에 기대 자신의 이익을 최대화하는 것에만 관심을 두기 마련이다. 공동체에서 결국 핵심 문제는 한 사람이 불공정한 이득을 보면 다른 공정한 플레이어들은 고통을 겪게 된다는 점이다. 우리는 모든 사람을 잠깐 믿을 수 있지만 항상 믿을 수 있는 사람은 몇 안 된다. 시스템을 악용하려는 이들의 인센티브는 없앨 수 없다.

인디음악협회(Association of Independent Music) 전 회장 겸 CEO 앨리슨 웬햄(Alison Wenham)은 2007년 브뤼셀에서 열린 CISAC 콘퍼런스에서 무대에 올라 이렇게 말했다. "포괄적 라이선스는 공산주의가 가미된 자본주의 또는 자본주의가 가미된 공산주의라 할 수 있습니다." 많은 청중이 당황스러웠을지 몰라도 그녀의 말은 의미심장한 발언이었다. 자신의 이기심에만 의지하지 않고 공동체의 공동선을 위해 행동하는 것이 이로운 경우가 많다.

집단적 공동체를 형성한다는 개념이 (자본주의가 가미된) 공산주의를 떠오르게 할지 모르지만 분명히 그것은 지속 가능한 모델이 될 수 있다. 반대로 포괄적 라이선스의 편리함에 대한 비용을 청구하는 행위는 자본주의지만 그것은 공산주의를 연상시키는 공동체라는 모델이 있어야 비로소 가능해진다. 나는 타잔 경제학을 받아들이기 힘겨워하는 많은 개인과 기업, 조직이 공산주의에 자본주의라는 균형추를, 또는 자본주의에 공산주의라는 균형추를 추가함으로써 모종의 안정을 찾을 수 있을 것이라 믿는다.

이번 장 도입부에 언급했던, 신문 업계가 직면한 어려움을 다시 떠올려보자. 약간의 공산주의를 가미한다면 전통적인 신문 모델의 취약성을 개선하는 데 도움이 될지도 모른다. 우리는 어떤 저널리스트가 다른 저널리스트보다 더 뛰어나고 가치가 높으며 이는 그루초 마르크스주의를 작동시킬 수 있다는 사실을 잘 안다. 그렇다고 해서 독자가 뉴스에 접근할 때 각각의 기사별로 비용을 지불해야 한다면 그리드락이 발생할 것이다. 또한 우리는 음악이 그렇듯 뉴스도 무료라는 일반적 인식이 존재한다는 것을 알고 있다. 사람들은 카페에서 커피를 마시는 동안 흐르는 배경 음악에 이미 자신이 비용을 지불했다는 사실을 모르며, 그것을 모르기 때문에 더 편하게 음악을 즐긴다. 이 경우 포괄적 라이선스라는 시스템에 의해 보이지 않는 곳에서 이미 음악에 대한 값이 치러진 상태다.

뉴스는 무료라는 인식이 존재하는 현실에서 저널리스트에게는 여전히 수익이 돌아가야 한다면, 공동체 모델이 10년간 모래 구덩이에서 허우적대고 있는 신문사들에게 돌파구의 단서를 던져줄 수도 있다. 만일 진보 성향의 〈가디언〉이나 〈뉴욕타임스〉, 보수 성향의 〈데일리 텔레그래프〉나 〈월스트리트저널〉이 함께 공동체 모델에 참여한다면 '공동선'을 실현하면서 수익을 얻을 수 있다. 공동 광고 플랫폼을 개발하고 각 신문사의 모든 뉴스 생산물에 대한 포괄적 사용 허가 및 분배를 시행하는 것이다.

현재 뉴스를 유료로 구매하는 소수의 소비자들(특정 언론사나 뉴스 매체를 선호하는 경향이 있다)에게는 포괄적 사용 허가가 별로 매력적이지 않을지 모르지만, 그 외의 대다수 소비자는 호응할 가능성이 있다. 잃어버린 독자들, 즉 과거에 돈을 주고 종이 신문을 사던 독자들이 해당 신문의 유료 디지털 버전은 구매할 의향이 없을지 몰라도 모든 신문 기사를 무제한 볼 수 있는 포괄적 구독료는 기꺼이 지불할 가능성이 있다. 여기서 딜레마가 생겨난다. 신문사 입장에서는 자신의 뉴스 생산물에 의해 현재 실현되는 가치가 중요하지만, 그 잃어버린 독자들은 다른 언론사들의 수많은 뉴스를 이용할 수 있다는 선택 가능성에 더 높은 가치를 둘 수 있는 것이다.

기존 신문사들로부터 영입한 세계 최고 수준의 스포츠 기자들로 이뤄진 웹사이트 애슬레틱(The Athletic)은 이미 공동체 모델에 입각한 구독료 방식을 채택하고 있다. 이들은 그루초 마르크스도 기꺼이 들어가겠다고 할 만한 공동체를 형성했다. 월 구독료 1파운드(〈선데이타임스〉 한 부 가격의 3분의 1이다)라는 공격적인 가격 할인에 일류 기자와 칼럼니스트들의 공격적 영입까지 더해지면서 일종의 네트워크 효과를 발생시키고 있다. 즉 좋은 기자가 늘어날수록 더 많은 구독자를 확보하게 되고 그만큼 기업의 가격 결정력도 높아진다.

이것은 스포티파이 성공 비결이기도 하다. 음악 소비자들은 특정 아티스트나 노래가 유니버설 소속인지 소니 소속인지 잘 모른다(또는 별 관심이 없다). 마찬가지로 글을 쓴 기자가 어느 신문사 소속인지 굳이 알려는 독자는 거의 없다. 그들이 원하는 것은 각자 선호하는 조건에 따라 음악이나 뉴스를 소비하는 것이다. 특정 기자가 됐든, 주제별 분야든, 편집 스타일이든 말이다. 전통적인 신문사 소유주들은 공동체 모델을 터무니없는 방식으로 여길지도 모른다. 하지만 그들이 기존 방식만 고수하는 동안 소비자들은 대신 구글 뉴스로 향할 것이다(1999년 냅스터의 등장을 목격한 우리로서는 결코 낯설지 않은 풍경이다).

공동체 모델의 이점은 파괴적 변화를 마주한 다른 많은 분야에도 적용된다. 예컨대 대학들은 각자의 브랜드 정체성을 포기하는 대신 그들의 역량을 한데 모아 특별한 전문성이 강화된 학과를 공동으로 만들 수 있다(개별 학교의 명성보다 학문의 진보에 우선순위를 둠). 쇼핑몰들은 각자 매장은 유지하되 공동 운영 방식의 클릭 앤드 콜렉트(click-and-collect, 고객이 인터넷으로 상품을 구매한 후 집으로 배송되기를 기다리는 대신 직접 특정 장소에 가서 수령하는 방식 – 옮긴이) 서비스를 도입할 수 있다(편의성 및 효율 증가로 아마존에 대항할 수 있음). 지방 정부들은 공동체를 형성해 모든 지역에 일관되게 적용되는 재활용 정책을 실시할 수 있다(재활용 문제에 서로 상반되는 접근법을 취하는 대신 말이다).

파괴적 변화에 제대로 대응하지 못하는 기업이나 조직을 바라볼 때 그들이 낡은 줄기를 놓지 못하는 것이 해당 조직의 구조나 시스템 때문인지도 생각해볼 필요가 있다. 만일 그들이 공동체 모델에 참여한다면 새로운 줄기로 손을 뻗기가 더 쉬워질 것인가? 그러나 공동체를 만든다는 것은 어떤 면에서는 독점을 형성함을 의미하며 이것은 쉬운 문제가 아니다. 이때 발생하는 반독점 이슈를 완전히 무시할 수만은 없다. 공동체는 좋은 아이디어일지 몰라도, 독점은 공급을 통제하고 가격을 치솟게 하므로 나쁜 것으로 여겨진다. 적어도 세계 모든 강의실에서는 그렇게 가르친다. 이것이 다음 장에서 다룰 주제다. 생산을 확대하고 가격을 낮추고 있는 오늘날의 독점 기업들이 움직이는 방식을 살펴보면서 독점이 정말로 나쁜 것인지 다시 생각해볼 필요가 있다.

6
전환적 사고

경제학에 대한 나의 호기심은 열한 살 때 스코틀랜드의 해변에서
시작됐다. 나의 형 토머스는 일찌감치 경제학에 관심을 가졌고, 어
느 날 나는 수학 교사인 아버지가 경제학의 기본 개념 몇 가지를
형한테 설명해주는 것을 우연히 들었다. 마음속에서 경쟁심이 일
어난 나는 형을 따라잡고 싶었다.

그해 여름 우리 가족은 스코틀랜드의 외딴 바닷가 마을에서 6주
를 보냈다. 형을 이기기 위해 아버지와 많은 시간을 보낼 수 있는
기회였다. 해변에 앉아 있던 나는 용기를 내서 질문을 던졌다. "아
빠, 경제학이 뭐예요?"

아버지는 휴가 동안만큼은 선생님이라는 직업을 잊고 싶은 게
분명했다. "그런 얘기는 나중에 하자. 지금 우린 바닷가에 놀러왔

잖니." 사실 겨울과 6월, 이렇게 두 계절밖에 없는 것 같은 스코틀랜드에서는 흔치 않은 눈부시고 맑은 날이었다. 하지만 나는 포기하지 않았다. "형한테는 경제학에 대해 설명해주셨잖아요. 그러니까 나한테도 해줘요!"

아버지는 한숨을 내쉬었다. 그러고는 가족 단위로 놀러와 북해에서 물놀이를 즐기고 있는 사람들(바닷물이 차서 피부가 스코틀랜드 국기 색깔만큼이나 시퍼래지곤 했다)을 가리키며 말했다. "네가 영국 총리라고 상상해봐라. 작년에 많은 아이가 바다에서 수영을 하다가 익사했다는 보고를 들었다고 치자꾸나. 너는 슬픔에 잠긴 부모들과 분노한 정치인들과 적대적인 기자들이 모여 있는 총리 관저 앞에서, 앞으로 아동 익사 사고 방지를 위해 어떤 조치를 취할지 설명해야하는 상황이야."

그건 내가 기대한 경제학 수업이 아니었다. 열한 살 소년인 나는 국민이 겪는 비극을 막기 위한 정부 정책을 구상해보라는 요청을 받아본 적이 없었다. 나는 반사적으로 떠오르는 답변을 했다. "아이들의 수영 교육을 의무화하면 되지 않아요? 그러면 물에 빠져 죽는 일이 없겠죠. 누구나 수영을 할 줄 알게 만들면 돼요."

"그건 정치야. 분노한 국민으로 하여금 정부가 뭔가 조치를 취했다고 느끼게 만드는 거지. 하지만 경제학 관점에서 접근해보자. 경제학이 하는 일은 이미 실제로 일어난 일과 관련된 사실 및 정보를 이해하고 분석하는 거니까." 아버지의 말에 나는 살짝 거만한 태도로 아이들이 익사한 일은 당연히 비극이다, 그러니 수영 교육이 아이들의 생명을 구할 수 있을 것이라고 대답했다.

아버지는 인내심을 발휘하는 듯한 목소리로 다시 물었다. "그 아이들이 안타까운 죽음을 맞을 때 어디에 있었니?" 뻔한 질문이었다. 당연히 바닷물 속에 있었다. "보통 수영을 할 줄 모르는 사람이 바다에 들어가니?" 물론 아니다. "그렇다면 다시 생각해보자. 익사한 아이들에 대해서 우리가 알 수 있는 점이 뭐지?" 음, 일단 분명히 수영을 할 줄 아는 애들이었을 거고……

갑자기 머릿속에 불이 반짝 켜졌다. 아버지는 뭔가 깨닫고 당혹스러운 표정을 짓는 나를 보면서 잠시 기다렸다가 말했다. "네가 말한 대로 수영 교육을 의무화하면 물에 들어가는 아이들이 더 많아질까, 아니면 줄어들까?" 물속에서 익사한 그 애들처럼 나는 갑자기 어딘가 빠져 허우적대는 기분이 들었다. "더 많아질 거예요."

"그리고 만일 매년 일정 비율의 아이들이 익사하는 상황이라면," 아버지는 문제를 깔끔하게 정리하며 말했다. "물에 들어가는 아이가 많아지면 익사하는 아이의 숫자도 많아지겠지."

나는 아버지에게 물었다. "만약에 아빠가 총리라면 어떻게 하겠어요?" 아버지는 바다로 시선을 던지며 대답했다. "수영을 할 줄 아는 아이들에게 더 많은 정보를 주면 도움이 될 거야. 안전한 해수욕장이 어디인지, 수영하기 너무 위험한 날이 언제인지 등등." 나는 그런 정보를 주는 방법이 무엇이냐고 다시 물었다. "수영하기 위험한지를 빨강, 노랑, 초록의 단계별 깃발로 알려주는 시스템을 고려해볼 수 있지."

내 생애 처음으로 배운 경제학 교훈은 비록 기이하긴 했지만 전통적인 수요-공급 문제였다. 만일 내 생각대로 수영 교육을 의무화해 수영 교육에 대한 수요가 많아지면 영국 해변에는 수영하는 아이들이 더 많이 공급될 터였다.

지금도 나는 경제학을 가르치는 자리에서 그때 배운 교훈을 활용한다. 대상이 고등학생이든 기업 CEO든 상관없이 말이다. 그런데 놀라운 점이 하나 있다. 학생들에게 이 시나리오를 제시하면 연령대나 경험의 양과 관계없이 '수영 교육을 의무화하자'는 대답이 가장 많이 나온다는 사실이다. 슬픔에 빠진 부모들을 마주한 총리가 됐다고 상상하자 그들 입에서는 열한 살 때의 나처럼 감정에 이끌린 반사적 답변이 튀어나왔다. 나는 아버지가 아이들의 죽음이라는, 감정을 자극하는 시나리오를 사용한 이유를 알 것 같았다. 아버지는 결정 자체뿐만 아니라 그 결정을 내리는 자신을 둘러싼 상황과 맥락도 중요할 수 있다는 사실을 가르쳐주고 싶으셨던 것이다.

아버지는 내게 경제학이 무엇인지 감을 잡게 해줬을 뿐만 아니라 그것과 연관된 여러 힘(정치, 감정, 개인의 인센티브 등)이 존재한다는 사실도 일깨워주셨다. 이것들은 방정식에 사용할 숫자로 환산하기가 (불가능하지는 않을지라도) 어렵다. 하지만 그렇다고 해서 경제학이 이해하기 힘든 학문이라는 얘기는 아니다. 세상에 인센티브와 무관한 사람은 없으며 우리 누구나 인센티브를 이해할 수 있다. 인센티브는 경제학과 현실 세계가 만나는 접점이다.

문제를 해결하고 싶어서 제안한 아이디어가 실제로는 상황을 더 악화시켰을 것이라는 사실을 알게 된 것은 내게 말 그대로 '깨달음의 순간'이었다. 그 이후 나는 경제학에 푹 빠졌다. 별 생각 없는 자동적 반응(요즘 우리는 '낚시성' 기사와 링크에도 이렇게 반응할 때가 많다)에는 상황을 객관적으로 정리하고 올바른 증상 및 해결책을 찾아내는 데 필요한 인내심이 결여돼 있다. 스코틀랜드 해변에서의 그날 이후 한참의 세월이 흐른 뒤 나는 비슷한 교훈을 또 만났다. 이번에는 아이들의 익사를 예방하는 방법이 아니라 전투기 격추를 막는 방법과 관련돼 있었다.

제2차 세계대전 당시 유명한 통계학자 에이브러햄 월드(Abraham Wald)는 미 전투기들이 임무를 마치고 귀환하면 총탄을 맞은 지점들에 철판을 덧대 기체를 강화한다는 사실에 주목했다. 그의 전환적 사고에 의하면 이것은 잘못된 해결책이었다. 그 전투기들은 총격을 받았음에도 무사히 귀환했기 때문이다. 따라서 정작 중요한 것은 격추돼 귀환하지 못한 전투기들이 총탄을 맞은 부위였다. 미 공군은 보이는 신호가 아니라 보이지 않는 신호에, 발생 데이터인 원(one)이 아니라 미발생 데이터인 제로(zero)에 초점을 맞춰야 했다. 아버지는 수영을 못하는 사람들이 아니라 할 줄 알지만 위험을 인지하지 못한 사람들에 초점을 맞춰야 함을 일깨워줬다. 월드는 무사히 귀환한 전투기가 아니라 돌아오지 못한 전투기에 집중해야 한다는 사실을 가르쳐준다.

세상의 문제들을 언제나 이성적이고 합리적인 사고로(일테면 올바른 데이터를 찾아내 올바른 방정식에 끼워 넣어서) 해결할 수 있다면 이미 그렇게 했을 것이다. 하지만 우리는 여전히 합리적 해결책을 찾지 못한 사회, 경제, 정치 영역의 수많은 문제에 둘러싸여 있다. 현실 세계에는 이론적 프레임워크나 A, B, C 순서의 미리 정해진 방식으로는 풀 수 없는 문제가 허다하다. 이때 필요한 것이 생각의 피벗, 즉 전환적 사고(pivotal thinking)다.

전환적 사고는 뻔한 사고방식(수영 교육 의무화하기, 귀환한 전투기 보강하기)을 우회하는 것, 그것을 넘어서 바라보는 것, 그럼으로써 결정의 배경이 되는 실제 현실을 제대로 꿰뚫어볼 방법을 찾는 것을 의미한다. 복잡한 미로를 우회해 갈 수 있는데 굳이 미로를 통과해 출구를 찾을 필요가 있을까?

합리적 사고의 문제는 때로 중요한 지점을 놓칠 수 있다는 것이다. 수영 교육과 전투기의 총탄 자국이 이를 잘 보여주는 예다. 그러나 과녁을 맞히는 데 실패하는 견고한 '합리적' 사고의 예는 공공 부문과 민간 부문을 막론하고 도처에서 목격할 수 있다.

반면 전환적 사고는 '좋은 아이디어를 뒤집어도 좋은 아이디어가 될 수 있다'는 사실을 인정하는 것이다. 이것은 이 책에서 소개하는 두 가지 '로리즘(Roryism)' 중 첫 번째다. 로리즘은 오길비(Ogilvy) 부회장이며 《잘 팔리는 마법은 어떻게 일어날까?》의 저자인 전설적인 광고 디렉터 로리 서덜랜드(Rory Sutherland)의 이름을 따서 만든 용어다. 첫 번째 로리즘은 어떤 문제를 해결할 때 일련의 정해진 규칙과 가정에 기댈 필요가 없다는 것이다. 현재 위치에서 목표 지점까지 가기 위해 미로 밖으로 나가도 괜찮다.

전환적 사고와 관련된 세 가지 예를 살펴보자. 먼저 식당에서 밥을 먹는 경우다. 식당 경험에서 가장 중요한 부분은 메뉴다. 메뉴는 손님이 주문할 음식을 결정하는 데 필요한 정보를 제공한다. 합리적 사고의 관점에서 보면 손님이 음식 가격을 볼 때 유일하게 중요

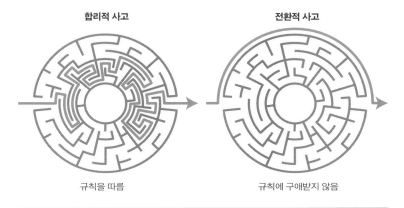

합리적 사고 **전환적 사고**

규칙을 따름 규칙에 구애받지 않음

출처: 저자, 로리 서덜랜드

한 것은 숫자다. 평균적인 손님은 가격이 높은 음식보다는 가격이 낮은 음식을 주문할 가능성이 크다. 그러므로 연어 요리 옆에 적힌 숫자가 클수록 그것이 주문될 가능성은 적어진다.

하지만 전환적 사고의 관점으로 보면 그것이 전부가 아니다. 가격을 나타내는 숫자 이외에 손님의 주문에 영향을 미치는 또 다른 요인은 바로 해당 숫자 옆의 화폐 기호다. 달러를 나타내는 '$'나 파운드를 나타내는 '£' 말이다. 연구에 따르면 화폐 기호는 사람들에게 돈을 지출해야 하는 괴로움을 연상시킨다. 따라서 메뉴판에 '연어: £22'가 아니라 '연어: 22'라고 적으면 매출을 약 8퍼센트 증가시킬 수 있다.[•] 엄청난 증가분은 아니겠지만 매출 극대화를 위

● 시빌 S. 양(Sybil S. Yang) 외, "$ 또는 달러: 메뉴 가격 형태가 식당 매출에 미치는 효과($ or Dollars: Effects of Menu- price Formats on Restaurant Checks)", 환대산업연구센터 간행물, 2009년 5월.

해 전환적 사고를 택하지 않는다면 늘릴 수도 있는 매출을 고스란히 놓치는 셈이다.

두 번째로 기부라는 영역을 보자. 좋은 대의를 위해 기부해 달라고 요청할 때도 합리적 사고가 역효과를 낼 수 있다. 1990년 영국 정부는 시민들의 기부를 촉진하기 위해 기프트에이드(Gift Aid) 프로그램을 도입했다. 만일 납세자가 자선 단체의 기부자로 등록하면 그 단체는 해당 납세자의 기부금 1파운드당 25펜스를 추가로 더 모을 수 있다. 예컨대 내가 20파운드를 기부하면 자선 단체는 세무 당국으로부터 5파운드를 지원받아 결과적으로 25파운드를 기부받게 되는 것이다. 이 방식에 대해서는 논란도 있다. 특히 자선 부문에 세금 혜택이 너무 많다는 이유 때문이다. 그러나 합리적 사고를 하는 사람들은 이것이 당연히 효과적인 프로그램이라 주장할 것이다. 자신의 기부금에 다른 누군가(정부)가 일정 비율을 지원해 주므로 사람들이 더 많이 기부하게 될 것이기 때문이다.

그런데 꼭 그렇지만은 않다. 일부 경우에는 기프트에이드의 장점을 강조하는 것이 오히려 사람들의 기부 의향을 감소시킨다. 왜일까? 많은 이들에게 자선 단체에의 기부란 사회적 활동이기 때문이다. 그들은 기부라는 행위를 통해 자신의 신념이나 관심사를 표현한다. 그런데 기프트에이드는 갑자기 기부를 금융 거래처럼 느껴지게 만들었고 이에 일부 기부자들은 거부감을 느꼈다. 오길비 행동과학 연례 보고서(2018~2019년)에 따르면 자선 단체들이 모금 전략의 일환으로 기프트에이드 로고가 찍힌 봉투를 사용하자 시민들의 회신 비율과 전체 기부액이 크게 줄었다. 기부금의 25퍼센트를 얹어주는 방식은 기부자와 기부금 사이의 관계에 혼란을 야기했다.

이 경우 전환적 사고란 금전적 결과물을 최대화하는 것에만 집중하지 않고 기부라는 행위에 담긴 복잡한 사회적, 경제적 동기를 이해하는 것이다. 사람들이 기부하기로 마음먹는 것은 정서적 이로움과 사회적 기여에 관심이 있기 때문이다. 기부는 단순히 금전적 지출의 문제가 아니다. 혹자는 더 나아가 기프트에이드가 다른 사회 문제들을 해결하는 데 쓸 수도 있는 정부의 세수를 빼간다고 주장할 수도 있다. 합리적 사고에서는 기프트에이드의 이런 측면을 전혀 고려하지 못한다. 그것은 전환적 사고를 해야 비로소 보이는 것들이다.

세 번째 예를 위해 다시 해변으로 가보자. 미국의 통계학자 겸 경제학자 해럴드 호텔링(Harold Hotelling)의 인상적 연구를 소개하겠다. 만일 당신이 왜 라디오 방송이 다들 비슷하고 왜 베스트셀러 책들의 주제가 비슷한지 궁금증을 품은 적이 있다면 호텔링의 해변에서 그 답을 얻을 수 있다.

호텔링은 판매자들이 직선형 시장에서 위치를 선택하는 방식을 연구했다. 호텔링은 모든 판매자가 비슷한 상품을 판매하는 경우 고객들은 자신에게서 가장 가까운 판매자에게 물건을 구입할 것이라고 가정했다. 그것이 가장 효율적인 선택이기 때문이다. 이런 상황을 가정해보자. 일직선 형태의 해변을 절반으로 나누고 왼쪽 영역과 오른쪽 영역의 각 중앙에 아이스크림 가판대가 하나씩 들어선다. 피서객들이 해변에 균일하게 분포돼 있다고 가정한다면 두 판매자는 각각 아이스크림 시장의 절반을 확보하게 된다.

하지만 호텔링은 이런 구도가 안정적이지 않음을 보여줬다. 만일 판매자 A가 판매자 B 쪽을 향해 조금 이동하면 판매자 B의 영역 일부를 차지해 그만큼 매출을 늘릴 수 있다. 따라서 A는 자신의 이익을 위해 B 쪽으로 더 이동한다. 실제로 A에게 가장 이익이 되는 위치는 B의 '바로 옆'이라고 호텔링은 설명한다. 그러면 아이스크림 시장의 4분의 3을 차지할 수 있다. 그리고 마찬가지로 B도 A 쪽으로 가판대 위치를 옮기려는 인센티브를 갖는다. 유리한 위치 확보를 위해 이동하다 보면 결국 A와 B 둘 다 해변의 정 가운데에 자리를 잡게 된다. 처음과 마찬가지로 두 판매자는 각각 시장의 절반을 차지하지만 해변의 양 끝에 있는 피서객들은 이제 아이스크림을 사려면 더 많이 걸어야 한다. 아이스크림을 사서 돌아가는 동안 아이스크림이 녹을 것이므로 손님 입장에서는 별로 이상적인 결과가 아니다.

무언가가 비슷한 수준으로 수렴하는 현상들, 다시 말해 최신 유행곡들이 비슷한 종류로 수렴하는 것이나 주식 시장의 특정 영역에 사람들이 몰리는 현상, 또는 합의 기반의 정치가 나타나는 경향도 이 호텔링 모델을 토대로 설명할 수 있다.

그런데 기억할 것이 있다. 좋은 아이디어의 반대도 좋은 아이디어가 될 수 있다는 점이다. 해변의 아이스크림 판매자들은 전환적 사고를 발휘해 해변 양쪽 끝으로 이동해서 새로운 기회를 발견할 수도 있다. 예컨대 금융 분야에서 해변의 중앙에 해당하는 인덱스 펀드로 고객이 몰릴수록 독립적인 펀드 매니저는 가장자리 영역에

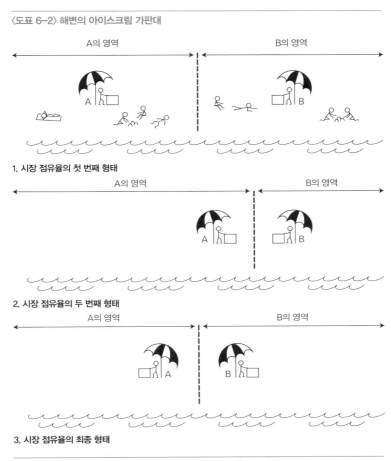

〈도표 6-2〉해변의 아이스크림 가판대

1. 시장 점유율의 첫 번째 형태

2. 시장 점유율의 두 번째 형태

3. 시장 점유율의 최종 형태

출처: 호텔링의 '경쟁에서의 안정성[〈이코노믹저널(Economic Journal)〉, 1929년]'을 저자가 수정함

서 더 뛰어난 성과를 낼 수도 있다. 정치계의 경우 사회가 중도적 합의로 수렴할수록 극단적 견해를 가진 정치인들이 포퓰리스트적 대안을 추구하는 경우가 많은 듯하다. 그리고 때로는 해변 자체에 변화가 생기기도 하며 그 경우엔 아이스크림 판매자도 변화해야 한다. 이 지점에서 타잔 경제학이 필요해진다.

영국의 쇼핑 문화를 예로 들어보자. 여기에는 최근 흥미로운 트렌드가 나타나고 있는데, 같은 소비자들이 알디(Aldi, 저렴한 가격을 내세우는 독일 슈퍼마켓 체인)와 막스앤드스펜서(Marks & Spencer, 영국의 고급 소매 업체)를 모두 즐겨 찾는다는 점이다. 그렇다면 패자는 누구일까? 그 중간에 위치한 업체들이다. 대표적으로 테스코(Tesco, 중간 수준의 슈퍼마켓)가 경쟁에서 고전하고 있다. 사람들이 저렴한 상품과 고급 상품에서는 만족을 느끼지만 중간의 상품은 외면하는 것이다.

하늘로 눈을 돌려보자. 코로나19 위기가 찾아오기 전 이지젯(EasyJet) 같은 저가 항공사들의 시장 점유율이 늘고 있었지만 싱가포르항공(Singapore Airlines) 같은 고급 항공사들 역시 시장 점유율이 줄지 않았다. 즉 영국항공(British Airways, 현재 세계 항공사 순위 중 19위)을 비롯한 중간급 항공사들이 시장 점유율을 잃고 있었다는 의미다.

가정용품을 살펴보자면 아마존에서는 약 20파운드에도 진공청소기를 살 수 있다. 한편 다이슨(Dyson)은 기존 어떤 모델보다도 흡입력이 강력하면서 훨씬 더 비싼 모델로 진공청소기 시장에 혁신을 일으켰다. 진공청소기는 매우 일상적인 물건이지만 이제 사람들은 수백 파운드짜리를 기꺼이 구입한다.

아이스크림, 항공사, 진공청소기를 거쳐 이제 음악으로 돌아가보자. 알다시피 음악 스트리밍 서비스는 월 9.99파운드라는 정액제를 기반으로 성장했다. 이 이용료는 2002년 이래로 바뀌지 않았다[당시 음반사들은 초기 스트리밍 사이트 랩소디(Rhapsody)의 사용료가 비디오 대여 업체 블록버스터의 대여 카드 비용과 비슷해야 한다고 주장했다]. 음악의 수는 해마다 늘어나므로 소비자 입장에서는 같은 돈을 내고도 점점 더 유리한 조건으로 세상 모든 음악에 접근할 수 있다. 한편 10년 전부터 판매량이 다시 증가하기 시작한 20파운드짜리 바이닐 음반이 현재도 계속 부활세를 이어가고 있다. CD에 밀려 퇴출되다시피 한 지 30년이 흐른 후에 말이다. RIAA의 음반 판매 통계에 따르면 2020년 상반기 바이닐 매출은 카세트테이프와 CD, 디지털 앨범(바이닐의 뒤를 이었던 '소유권' 기반의 세 가지 포맷)의 매출을 추월했다.

음반 업계 리서치 및 컨설팅 업체 뮤직워치의 자료에 따르면 바이닐 음반 구매자의 거의 절반이 음악 스트리밍 서비스 역시 구매하고 있다. 사람들은 월 10파운드(10달러)를 지불하면서 저렴한 서비스가 주는 만족감을 즐기고 20파운드(25달러)짜리 바이닐 음반을 구매하면서 비싼 상품이 주는 만족감을 즐기지만, 그 중간에 있는 상품(CD와 다운로드)에는 돈을 쓰지 않는 것이다. 이는 합리적 사고의 관점에서는 예측할 수 없는 현상이다. 그러나 전환적 사고는 이 현상을 설명할 수 있다.

이것은 전에 없던 완전히 새로운 시각은 아니다. 260년 전 애덤 스미스(Adam Smith)도 《도덕감정론》 제4부에서 비슷한 견해를 밝혔다.

──── 마찬가지로 시계에 관심을 가진 사람은 하루에 2분 이상 느리게 가는 시계를 싫어한다. 아마도 그는 그 시계를 몇 기니에 팔고 2주일에 1분 이상 늦지 않는 50기니짜리 새 시계를 살 것이다. 시계의 유일한 용도는 시간을 알려줌으로써 우리가 약속을 어기거나 정확한 시간을 몰라서 여타의 불편함을 겪게

되는 일을 막는 것이다. 하지만 시계와 관련해 그토록 까다로운 사람이 항상 남들보다 더 약속 시간을 정확하게 지키는 것은 아니며, 어떤 이유로든 지금이 몇 시인지 정확하게 알려고 유달리 더 강한 관심을 갖는 것도 아니다. 그가 관심을 두는 것은 정확한 시간이라는 정보의 획득이라기보다는 그 정보를 알려주는 기계의 아름다움이다.*

요즘 우리는 스마트폰 덕분에 언제나 정확한 시간을 알 수 있다. 하지만 고급 잡지나 간행물에는 여전히 고급 시계의 화려한 광고가 양면 페이지에 걸쳐 실린다. 아이러니하게도 합리적 사고를 할 것으로 기대되는 〈이코노미스트〉 독자들을 타깃으로 해서 말이다. 그리고 그런 광고는 효과를 거두고 있다. 스마트폰의 대중화에도 불구하고 2019년 스위스의 시계 수출 규모는 217억 프랑(170억 파운드)에 달했다. 이는 전년 대비 2.4퍼센트 증가한 것이고 2000년대 초반보다는 두 배 늘어난 수치다. 합리적 사고에서는 시장이 중간으로 수렴한다고 가정한다. 그러나 애덤 스미스는 사람들이 중간이 아닌 극단에 있는 것을 선택하는 이유를 간과하고 있었다. 당신도 그 이유를 알 수 있다.

전환적 사고에서 중요한 것은 '추정치'를 포착하는 일이다. 우리 눈에 보이지 않는 것, 측정할 수 없는 것 말이다. 우리 아버지가 수영

● 애덤 스미스, 《도덕감정론》 제4부 '효용이 승인의 감정에 미치는 효과', 1759년.

할 줄 모르는 아이들이 아니라 할 줄 아는 아이들에 의해 생겨나는 리스크를 상기시켰던 것도, 월드가 발생 데이터보다 미발생 데이터를 더 중요하게 여긴 것도 같은 맥락이다.

내가 이와 같은 개념에 처음 눈뜬 것은 조지프 콘래드(Joseph Conrad)의 단편소설 〈태풍〉을 읽고서였다. 〈태풍〉은 항해 도중 거친 폭풍우를 만나는 증기선 선장의 이야기다. 소설 속 맥워 선장은 "하루하루를 헤쳐나갈 수 있는, 딱 그만큼의 상상력만 지녔으며 어떤 폭풍도 자신의 믿음직한 배에게 상대가 안 된다고 믿는" 인물이다. 그런 그가 항해 중 기압계를 통해 전방에 도사리는 위험을 인지했을 때 스스로 침착함을 유지하면서 시간 절약을 위해 항로를 바꾸지 않기로 결심한다. 그의 결정을 좌우하는 요인은 미발생 데이터를 측정할 수 없다는 사실, 즉 '추정치'를 보여줄 수 없다는 사실이다.

— 만일 우리가 악천후 때문에 지체된다면 그건 상관없어. 날씨는 항해 일지에 전부 기록되니까. 하지만 항로를 변경했다가 이틀 늦게 도착한다면 사람들은 이렇게 물을 거야. '대체 이틀 동안 뭘 했습니까?' 그럼 나는 뭐라고 대답할까? 이렇게 말하겠지. '태풍을 피해 돌아서 왔소.' 사람들은 '태풍이 정말 끔찍했던 모양이군요'라고 하겠지. 그러면 나는 이렇게 답하겠지. '모릅니다. 우리는 태풍을 피해 완전히 다른 항로로 왔으니까요.' 알겠나, 주크스? 나는 오후 내내 이 생각을 했다네.

만일 맥워 선장이 항로를 바꿔 돌아서 갔다면 강한 태풍을 우회하느라 늦게 도착했다는 사실을 납득시킬 수 없었을 것이다. 항해 일지 상에서 태풍은 발생 데이터가 아니라 미발생 데이터였을 것이기 때문이다. 귀환하지 못한 전투기의 총탄 자국처럼 말이다. 맥워 선장은 기회비용을, 즉 우리 삶에 늘 영향을 미치는 추정치를 측정할 수 없었을 것이다. 콘래드의 〈태풍〉은 우리가 정작 측정해야 하는 대상은 눈에 보이지 않는 것, 즉 미발생 데이터인 경우가 많다는 사실을 내게 일찌감치 일깨워줬다. 하지만 실제 현실에서 미발생 데이터는 외면받는 경우가 많다.

이제 화폐 기호나 기부 활동보다 훨씬 더 큰 문제로 눈을 돌려 우리를 둘러싼 세상이 실제로 작동하는 방식에 더 부합하도록 생각을 전환하는 방법을 살펴보자.

민주주의 사회에는 일반적 패턴에서 벗어난 이상치가 늘 등장하기 마련이다. 중간으로 수렴하기를 거부하면서 극단으로 향하는 정당들도 그런 예다. 어떤 정당은 꼭 선거에서 이기기 위해서가 아니라 유권자에게 모종의 메시지를 던지거나 때로는 즐거움을 주려고 선거 운동을 펼친다. 1963년에서 1997년 사이 영국에서는 선거일 저녁이면 후보들이 모인 가운데 해당 선거구의 결과가 발표되는 장면이 TV에 나오곤 했다. 이때 점잖은 옷차림의 주요 정당 후보들 사이에는 화려한 색상의 롱코트에 큼지막한 장미 모양 장식을 붙이고 머리에는 높은 실크 해트를 쓴 남자가 서 있곤 했다. 그의 이름은 스크리밍 로드 서치(Screaming Lord Sutch)였고, 공식 괴물 미치광이당(Official Monster Raving Loony Party)을 대표해 선거에 출마한 후보였다.

본명이 데이비드 에드워드 서치(David Edward Sutch)인 그는 시대를 앞선 엔터테이너였다. 1960년대에 쇼크록(shock rock) 뮤지션으로 출발했는데, 잭 더 리퍼(Jack the Ripper) 분장을 하고 검은 관에서 나오면서 무대에 등장하는 등 파격적인 공연으로 유명했다. 쇼킹한 무대 연출로는 둘째가라면 서러울 앨리스 쿠퍼(Alice Cooper)보다도 선배였던 셈이다. 기이하고 엉뚱한 공연 방식에도 불구하고 서치는 꽤 괜찮은 뮤지션이었다. 미국 록밴드 화이트 스트라입스(The White Stripes)도 그의 노래를 커버했는데, 아마도 그가 이따금 제프 벡(Jeff Beck)이나 지미 페이지(Jimmy Page)와 함께 공연했다는 사실에 경의를 표하는 의미였을 것이다. 이 둘은 화이트 스트라입스의 멤버 잭 화이트(Jack White)가 가장 큰 영감을 받았다고 밝힌 뮤지션이었다. 서치는 1960년대 초 정치계에 모습을 드러내며 청년 중심의 여러 당에서 활동하다가 1983년 공식 괴물 미치광이당을 창당했다. 이 당을 대표해서 나간 첫 번째 선거에서 그는 불과 97표를 얻었다.

서치의 정치적 영향력이 나름 정점에 오른 것은 1990년으로, 이해에 출마한 선거에서 서치는 1.2퍼센트의 득표율로 사회민주당(SDP) 후보보다 더 많은 표를 얻었다. 치욕스러운 결과를 맞이한 사회민주당은 곧 해체됐다. 서치는 선거에 약 40회 출마해 모두 패배했으며 이는 영국 정치에서 유례없는 기록이다. 영국 유권자들에게 그는 선거 풍경에서 빠지면 서운한, 너무나도 익숙한 존재였다.

그는 웃음거리가 되는 것을 기꺼이 즐겼다. 웃음거리가 된다는 것은 곧 사람들이 그의 말을 듣고 있다는 의미였다.

그리고 서치가 주장한 정책 중 일부는 나중에 실제로 실현되기도 했다. 그는 1960년대에 투표 연령을 21세에서 18세로 낮추자고 주장했다. 실제로 영국은 1969년에 투표 연령을 18세로 하향 조정했다. 또한 서치는 영국에서 BBC가 라디오를 독점하는 현실을 바꾸고 상업 라디오를 활성화해야 한다고 주장하면서, 템스강에 세워진 옛 군사 기지에서 라디오 서치(Radio Sutch)라는 자체 방송국을 운영했다. 이후 1972년 민간 상업 라디오 방송이 처음 도입되었다. 공식 괴물 미치광이당은 1980년대에 펍의 24시간 영업을 허가해야 한다고 주장했는데 이는 1995년 실제로 이뤄졌다.

하지만 과녁을 맞히지 못한 시도들도 물론 있었다. 유럽위원회가 만들어놓은 '버터 산'(후한 농업 보조금 때문에 유제품이 과잉 생산되는 것을 은유한 표현이었다)들을 스키 리조트로 바꾸자는 서치의 주장은 실현되지 못했다. 또 그는 실수로 웅덩이에 빠트려도 물속으로 가라앉지 않는 20파운드짜리 지폐를 만들자는 주장도 했다. 그게 진짜 변동환율제 통화(floating currency, 'floating'은 '떠 있는, 유동적인'이란 뜻 - 옮긴이)라면서 말이다.

그의 실현되지 못한 아이디어 중에는 전환적 사고를 뚜렷이 보여주는 것도 있었다. 1996년 그는 주차 단속원에게 개똥 치우는 일을 맡겨야 한다고 주장했다. 이는 운전자와 보행자 모두의 표심을 얻을 만한 아이디어였다. 보행자 입장에서는 거리가 깨끗해지니 반길 만한 정책이었고, 운전자는 사회에 뭔가 기여하는 주차 단속원에게 존경심이 생겨 주차 법규를 더 잘 지키려는 마음이 들 터였다. 게다가 주차 단속원은 위반 딱지를 떼느라 어차피 길거리를 계속 돌아다니므로 비용과 노고가 크게 추가되는 것도 아니었다. 서치의 이 엉뚱한 아이디어에 의하면, 주차 단속원은 마찰을 일으키는 존재가 아니라 편리함과 쾌적함을 가져오는 존재가 되는 것이었다.

또한 서치의 전환적 사고는 "왜 독점위원회(Monopolies Commission)는 단 하나만 존재하는가?"라는 물음에도 담겨 있었다. 그는 경쟁 규제 기관이 두 개여야 한다고 주장했다. 그는 이렇게 생각했다. 독점을 막고 경쟁을 활성화한다면서 그 책무를 정작 경쟁자가 아무도 없는 독점 기관이 맡는다니?

오늘날 독점 빅테크 기업들을 둘러싼 논란을 보노라면 서치의 말이 자연스레 떠오른다. 구글, 페이스북, 마이크로소프트, 아마존, 애플 같은 거대 기술 기업들은 일하는 법에서 노는 법에 이르기까지 우리 삶의 모든 영역을 지배하고 있다. 이들 기업의 힘이 계속 커지는 것에 대한 비판이 점점 더 많이 들려온다. 의회에서는 이들 독점 기업을 분할해야 한다는 목소리가 높다. 하지만 이 기업들이 가져오는 이로움보다 피해가 더 크다는 것을 보여주는 증거는 제시되지 않고 있다. 사람들은 독점은 나쁜 것이며 더 이상 깊이 생각할 필요도 없다는 반사적인 반응을 보이는 듯하다.

독점이라는 개념은 경제학을 가르치고 현실에 적용하는 방법에 꽤 많은 영향을 미친다. 아이러니하게도 기업 경영자라면 누구나 경쟁에서 이겨 모든 것을 독차지하는 독점자가 되고 싶어 하지만, 일반적으로 경제학 수업에서는 독점이 나쁜 것이므로 해체돼야 한다고 배운다. 여기서 딜레마가 생겨난다. 만일 자신이 일군 황금 같은 사업이 몇 년 후에 해체되고 말 것이라면 그 누가 자본과 노력을 투자해 시장을 만들고 승리자가 되려 하겠는가?

이것은 내게 늘 풀리지 않는 딜레마였다. 경쟁 규제 기관이 두 개 있어야 한다던 스크리밍 로드 서치의 주장은, 깨트려야 할 것은 독점 자체가 아니라 독점을 바라보는 우리의 사고 틀이라는 사실을 일깨워준다.

하나뿐인 경쟁 규제 기관이 우리의 일상에 영향을 미치는 방식을 살펴보자. 일상을 유지하기 위해 누구나 내야 하는 공공 요금을 예로 들겠다. 민영화를 경제 정책으로 추구해온 서구 사회의 많은 국가에서는 시민들이 전기나 가스, 수도 요금을 민간 사기업에 납부하고, 이들을 감독 및 규제하는 경쟁 규제 기관이 존재한다. 이 같은 경쟁 시장에서 소비자들은 불만을 느끼면 서비스 공급자를 언제든 변경할 수 있다.

이러한 공익 사업을 감독하는 단일 경쟁 규제 기관은, 민영화 덕분에 생긴 선택권을 행사해 서비스 공급자를 변경하는 소비자가 많으면 경쟁 시장이 원활히 작동하고 있다고 생각할 것이다. 그 지표에 주목하는 것은 좋은 아이디어일지 모르지만 반대의 해석 역시 가능하다. 공급자를 바꾸는 소비자가 많다는 것은 서비스 수준이 떨어지고 있다는 부정적 신호일 수도 있다. 이 경우 공급자를 바꾸는 소비자가 적은 것이 경쟁 시장이 원활하게 작동한다는 신호일 수 있다. 대다수 소비자가 서비스 수준에 만족한다는 의미이기 때문이다.

그러나 경제학적 관점에서 다시 들여다보면 그렇게 간단하지가 않다. 우리는 소비자의 공급자 변경에 수반되는 비용(시간, 에너지, 돈)을 고려해야 하며, 이 비용은 소비자가 자신의 공급자와 맺은 계약에 따라 각자 다를 것이다. 어떤 소비자는 공급자를 바꾸고 싶긴 하지만 거기에 드는 비용이나 번거로움 때문에 바꾸지 못하고 있을 수도 있다. 또 공급자를 바꾸는 소비자가 불완전한 정보를 토대로 변경을 결심하기도 한다. 가격 비교 사이트가 그런 문제의 해결에 도움이 되긴 하지만 가격 뒤에 숨겨진 세부적 측면까지 알려주지는 못할 때가 많다. 예컨대 주택 보험 시장에서 하향 가격 경쟁이 벌어지는 상황인데 보험의 보장 수준도 그만큼 낮아지는 경우를 떠올려보라. 만일 서치가 현재 살아 있다면 이런 예들이 경쟁 시장을 하나의 기관이 관리하는 상황의 리스크를 보여준다고 말할 것이다. 하나뿐인 기관은 자신이 가진 좋은 아이디어의 반대도 좋은 아이디어가 될 수 있다는 생각을 하지 못하기 십상이기 때문이다.

우리는 오늘날 독점이 어떤 식으로 작동하는지, 그것을 규제해야 하는지, 그리고 만일 그렇다면 어떤 방식으로 해야 하는지 다시 생각해봐야 한다. 스미스는 독점이 다음 세 단계를 거쳐 형성된다고 말했다. (1) 강한 시장 지배력을 가진 기업이 진입 장벽을 세워 경쟁자의 진출을 막는다. (2) 경쟁이 제한되므로 해당 독점 기업은 시장에 공급되는 상품의 양을 결정할 힘과 (3) 가격을 고정할 힘을 갖게 된다. 어떤 의미에서 보면 1700년대 후반 이후로 상황은 크게 달라지지 않았다. 합리적 사고로 이익을 추구하는 기업이라면 진

6. 전환적 사고

입 장벽을 세워 시장 지배력을 강화하고 상품 공급량을 통제하고 가격을 고정해 이윤을 취하려는 동기를 갖기 마련이다. 교과서에 흔히 등장하는 나쁜 독점가의 예는 집을 너무 많이 지어놓으면 자신의 시장 지배력이 없어질까 봐 주택 위기에도 집을 더 짓지 않으려 하는 부동산 개발업자다.

하지만 이것은 애덤 스미스 시대에도 그렇게 단순한 문제만은 아니었고 오늘날도 마찬가지다. 특히 경제학 책이 가르쳐주는 것과 달리 독점 기업이 더 높은 편리함을 제공하려 경쟁하는 상황에서는 더욱 그렇다.

디지털 시대 이전에, 예컨대 1990년대 이전에 독점 기업은 사회에 해로운 존재로 여겨졌다. 특정 서비스를 제공하는 기업이 하나뿐이면 경쟁이 없으니 혁신도 일어나지 않고 가격도 떨어지지 않으므로 소비자에게 이로울 것이 없다고 말이다. 정부에서는 반독점 정책으로 그런 결과를 막고자 애썼다. 예를 들어 1974년 미국 법무부는 미국의 통신 산업을 사실상 독점하고 있던 AT&T를 상대로 반독점 소송을 제기했다. 결국 1984년 AT&T라는 '벨 시스템(Bell System)'은 여러 회사로 분할됐고 이후 통신 시장이 경쟁 체제로 바뀌면서 새로운 혁신이 연이어 일어나고 통신 가격도 떨어졌다.

과거의 통신 독점 기업이 여럿으로 쪼개진 사례는 오늘날의 독점 빅테크 기업들이 생겨난 과정과 관련해 많은 것을 말해준다. 과거에는 힘이 네트워크의 중앙에 형성돼 소수 기업이 그 힘을 가졌지만, 오늘날은 힘이 네트워크의 가장자리에 형성되고 다수 기업이 그 힘을 동시에 가질 수 있다.

이러한 변화(중앙의 독점 기업에서 가장자리의 여러 독점 기업으로)의 시발점은 1968년 미국의 기념비적인 카터폰(Carterfone) 사건이었다. 카터폰은 전화기와 무선 송수신 장치를 사용해 일정 거리 내에서 무선으로 통화할 수 있게 해주는 장비였다. 소비자가 기존 전화망에 해당 망을 구축한 전화 회사와 경쟁하게 될 기기를 부착해서는 안 된다는 통념에 도전한, 간단하면서도 획기적인 발명품이었다. 당시 AT&T는 이 장치를 불법으로 규정하고 판매를 막으려 했지만 FCC(연방통신위원회)는 카터폰의 손을 들어주면서, 전화망에 피해를 주지 않는 한 특정 기기를 통신 회사의 망에 연결하는 것이 불법이 아니라고 결론 내렸다. 카터폰 판결의 중요성은 전화망과 연결해 인터넷을 사용하게 해준 모뎀에서 목격할 수 있다. 모뎀이 없었다면 인터넷도 발전하지 못했을 것이다.

카터폰은 1960년대 말 집 밖에 들고 나갈 수 있는 일종의 무선 전화기에 불과했을지 모르지만 망에 피해를 끼치지 않는 한 연결해 사용할 수 있다고 허용된 것은 대단히 의미심장한 일이었다. 그것은 통신 회사의 독점적 지위를 조금씩 무너트린 일련의 사건들 중 실제로 유의미한 성공을 거둔 최초 사례였다. 카터폰의 발명가인 토머스 카터(Thomas Carter)는 1982년 〈뉴욕타임스〉 인터뷰에서 당시를 회상하며 이렇게 말했다. "우리가 그들에게 한 방 먹였다. 그들을 바보로 만든 셈이었다."● 카터폰의 성공은 모든 것을 바꿔놓았다.

● 앤드루 폴락(Andrew Pollack), "AT&T를 이긴 사나이(The Man Who Beat AT&T)", 〈뉴욕타임스〉, 1982년 7월.

카터폰은 1968년 통신 산업에 균열을 일으켰고 그로부터 16년 후인 1984년 1월에는 벨 시스템이 분할되기에 이르렀다. 그 결과 통신 네트워크의 중앙으로부터 가장자리로 힘이 분산됐다. 이는 기술 도구들의 민주화를 가져왔다. 카터폰은 모뎀보다 불과 2년 앞서 등장했지만 카터폰 사건의 결정은 모뎀 시장이 발전할 수 있는 길을 활짝 열어줬다. 데이터 통신망에 접근하려는 소비자들은 컴퓨터와 전화선만 있으면 되지 전화 회사에 연락해 통신망을 개조할 필요가 없었다.

타잔 경제학이라는 용어를 만든 기술 전문가 짐 그리핀은 벨 시스템이 분할되고 10년 후 기존 통신 회사라는 낡은 줄기를 놓고 네트워크 가장자리에 있는 새로운 혁신의 줄기를 붙잡았던 때를 이렇게 회상했다. "게펀 레코드(Geffen Records)의 우리 팀이 1994년 6월 노래 한 곡 전체를 최초로 온라인으로 출시했다. 에어로스미스(Aerosmith)의 '헤드 퍼스트(Head First)'였다. 이는 카터폰 이후 네트워킹에 혁신적 변화가 일어난 덕분이었다. 사람들은 모뎀을 구입해 전화선에 연결한 뒤 아메리카온라인(America Online)이나 컴퓨서브(CompuServe) 같은 네트워킹 서비스를 이용했다(이 두 곳에서 '헤드 퍼스트' 무료 다운로드가 가능했다). 통신망에 기기를 연결할 수 있는 자유가 없었다면 결코 가능하지 않았을 일이다."

카터폰이 가져온 변화는 기술 자체를 넘어서 그것이 사용되는 업계의 지형을 바꿔놓았다. 아레테 리서치(Arete Research)의 창립자 리처드 크레이머(Richard Kramer)는 말한다. "과거에는 기술이 통신 사업자들의 영역에 갇혀 있었다. 그러나 카터폰 이후로 그런 독점에서 해방되는 길이 열렸다." 카터폰은 통신 회사의 견고한 갑옷에 틈을 만들어냈고 이로써 기업들이 네트워크의 가장자리에서 경쟁하는 시대가 열렸다. 과거 IT 분야의 최강자였던 IBM은 중앙의 독점 기업으로 여겨졌지만 이후 가장자리에 있는 실리콘밸리 기업들에게 밀리고 말았다.

이쯤에서 이번 장의 주제를 다시 상기해보자. 우리가 생각하는 방식은 대개 학습의 결과물이다. 그리고 우리는 다르게 생각하는 법을 익혀야 한다. 우리가 오래전에 유의미성을 상실한 이유들 때문에 독점이 나쁜 것이라고 배우고 있다면, 이제는 '독점 빅테크 기업들'이라는 모순적 표현이 가능해진 만큼(독점 빅테크 기업은 하나가 아니라 여럿이다) 다른 관점을 가질 필요가 있다. 과거에는 존재하지 않던 편리함을 위해 경쟁하는 오늘날의 기업들 말이다. 우리는 물어야 한다. 독점 빅테크 기업이 정말 나쁜 것인가? 이들 기업을 쪼개고 분할해야 한다는 주장은 내가 해변에서 아버지의 질문에 보였던 반사적 반응과, 또는 측정할 수 있는 총탄 자국만 분석한 통계학자들의 의견과 비슷하다. 문제를 해결했다는 기분이 들지 몰라도 그런 반응은 문제의 근원이 전환적 사고의 결핍이라는 사실을 전혀 이해하지 못한 접근법이다.

네트워크의 가장자리에 위치한 기술 독점 기업들의 확산에는 스크리밍 로드 서치가 살아 있었다면 분명히 주목했을 아이러니가 존재한다. 정치인들이 "이 독점 기업들을 분할해야 한다"고 목소리를 높일 때 '독점 기업'이 아니라 '독점 기업들'이라는 복수 형태를 사용하고 있다는 아이러니 말이다. 서치라면 곰곰이 생각하다가 아마 이런 질문을 던졌을 것이다. "경쟁 시장에서 골칫거리가 안 되려면 도대체 기술 독점 기업이 몇 개나 돼야 하는 거야?"

네트워크의 가장자리에 있는 이런 독점 빅테크 기업들의 동기와 과거에 중앙을 점유했던 단일한 통신 독점 기업의 동기가 다르다는 사실을 이해하려면 우리는 전통적인 경제학적 사고에서 벗어나야 한다. 독점 기업의 이익이 곧 소비자의 고통을 의미하던 세계에서 경쟁의 동기가 편리함이고 이익이 공유되는 세계로 방향을 틀어야 한다.

우선 잉여라는 기본 개념부터 설명해야겠다. 소비자 잉여(consumer surplus)란 소비자가 지불할 용의가 있는 최대 금액과 실제로 지불한 금액의 차이를 말한다. 반대로 생산자 잉여(producer surplus)는 생산자가 재화를 판매한 가격과 재화의 판매 시 최소한 받아야 겠다고 생각한 금액의 차이를 말한다. 생산자 잉여와 소비자 잉여를 합친 것은 재화의 생산 및 거래에 참여한 이들의 총편익이다.

이 개념에 실제 가격을 적용해보기 위해 스포티파이라는 구독 서비스를 토대로 설명하겠다. 간단한 가상의 숫자들을 이용해 이런 상황을 가정해보자.

- 스포티파이의 서비스 제공에 드는 총비용은 구독자 1인당 8 파운드다.
- 스포티파이가 구독자에게 부과하는 가격은 10파운드다.
- 스포티파이 구독을 고려 중인 소비자가 10명 있다. 그중 5명

(♪)은 13파운드나 그 이상을 낼 용의가 있고, 나머지 5명(△)
은 10~12파운드를 낼 용의가 있다.

수요 곡선 아래쪽의 구역들을 〈도표 6-3〉과 같이 나타낼 수 있으
며 가격이 변화하는 경우 어떤 상황이 벌어지는지 살펴보자. 이때
스포티파이가 다음 둘 중 하나를 선택해야 한다고 치자.

- 가격이 10파운드면 자신이 지불할 용의가 있는 금액보다 구
  독료가 낮으므로 소비자 10명 모두 구독을 한다. 스포티파이

〈도표 6-3〉 스포티파이 서비스의 소비자 잉여와 생산자 잉여

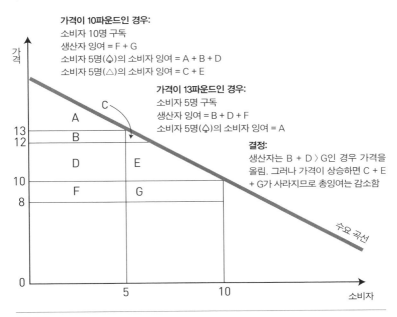

출처: 저자

6. 전환적 사고 |

에게는 구독자당 2파운드(10파운드 – 8파운드), 즉 총 20파운드의
생산자 잉여가 발생한다.

- 만일 스포티파이가 가격을 13파운드로 올리면 10명 중 5명의
  소비자만 구독을 한다. 하지만 스포티파이에게는 구독자당
  5파운드(13파운드 – 8파운드), 즉 총 25파운드의 생산자 잉여가
  발생한다.

스포티파이의 선택은 간단해 보인다. 가격을 3파운드 올리면 생산
자 잉여가 총 5파운드 늘어나는 것이다. 가격 상승 후 5명의 소비
자는 구독을 하지 않을 것이고, 구독을 신청하는 5명의 소비자는
지불할 용의가 있는 최대 가격에 더 가까운 금액을 내게 된다. 따
라서 생산자의 이익이 곧 소비자의 고통이 된다. 무엇보다도 가격
이 상승하면 총잉여는 줄어들고 생산자보다 소비자가 잃는 것이
더 많다(C와 E와 G가 사라짐).

　이와 같은 전통적인 트레이드오프 사례에서 거래의 한쪽 당사자
는 이익을 얻고 다른 당사자는 손실을 본다. 그리고 위의 경우 소
비자가 더 많은 것을 잃는다. 우리는 이를 〈도표 6-4〉와 같은 단순
화한 그래프로 표현할 수 있다. 전통적 독점 기업에서는 이러한 잉
여의 이동이 일어나곤 했다. 다시 말해 전통적 독점 기업은 애덤
스미스가 설명했던 방식을 통해 잉여를 소비자로부터 생산자 쪽으
로 이동시키려 애썼다. 진입 장벽을 세운 후 가격을 높이고 생산량
을 통제하는 것이다. 다시 강조하지만 생산자의 이익은 곧 소비자
의 고통이었다(더 높은 가격을 지불하거나, 생산자가 만든 재화나 서비스 사용

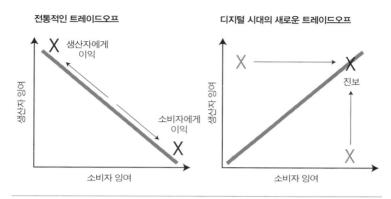

〈도표 6-4〉소비자 잉여와 생산자 잉여

전통적인 트레이드오프

생산자 잉여 / 소비자 잉여

생산자에게
이익

소비자에게
이익

디지털 시대의 새로운 트레이드오프

생산자 잉여 / 소비자 잉여

진보

출처: 저자

을 포기하거나). 그리고 규제의 목적은 잉여의 일부를 다시 소비자에
게 되돌려주는 것이었다.

　그러나 이것은 시대에 뒤떨어진 모델이다. 전통 경제학의 가정
과 반대로 디지털 플랫폼은 한계비용에 신경 쓸 필요가 없다. 디지
털 플랫폼에서는 서비스를 제공하는 고객이 100명에서 101명으로
늘어나도 추가 비용이 발생하지 않는다. 게다가 과거의 기업들과
달리 디지털 플랫폼은 네트워크 효과를 발생시킨다. 플랫폼을 이
용하는 소비자가 많아질수록 사용자들이 얻는 가치와 편리함이 증
가한다.

　독점위원회가 왜 하나뿐이냐고 물었던 서치의 틀을 깬 사고방식
이 우리에게도 필요하다. 〈도표 6-4〉의 왼쪽 그래프를 뒤집은 오
른쪽 그래프를 보라. 이는 한계비용 같은 한물간 개념에 구속받지
않고 대신 네트워크 효과를 만들어내는 혁신적 디지털 플랫폼들에

서 일어나는 상황을 표현하고 있다. 이런 모델에서는 참여자가 많아질수록 편리함도 증가한다.

네트워크 효과는 그 무엇보다 강력한 힘을 발휘한다. 디지털 플랫폼에서는 편리함이 새로운 통화이기 때문이다. 특정 플랫폼을 이용하는 소비자가 늘어날수록 그들에게 돌아가는 잉여가 많아진다. 그리고 플랫폼이 커질수록 생산자 잉여가 늘어난다. 전기 자동차를 사용하는 사람이 많아지면 충전소도 늘어나고, 그러면 그만큼 진입 문턱이 낮아져 더 많은 사람이 전기 자동차를 몰게 된다. 이제 트레이드오프 그래프가 오른쪽 모양이 된다. 우리는 생산자의 이익이 소비자의 고통이 되는 제로섬 게임을 하지 않아도 된다. 사실상 시장의 양측 모두가 독점으로부터 이익을 얻을 수 있기 때문이다.

오늘날 디지털 플랫폼들의 발전은 독점이 단순히 공급을 통제하고 가격을 끌어올리는 '나쁜 것'이 아니라는 사실을 보여준다. 이들 혁신적인 디지털 플랫폼은 생산자와 소비자 양쪽 모두를 위한 편리함을 창출하므로 종종 '양면 시장(two-sided market)'이라 불린다. 앞서 살펴봤듯 스포티파이는 과거 어느 때보다 더 많은 아티스트와 더 많은 소비자를 연결해주며 스포티파이라는 플랫폼이 커질수록 양쪽 집단 모두 더 커진다. 페이스북은 과거에 존재하지 않던 이용자 집단들을 만들어내며 이용자 집단이 증가할수록 그 하위 집단도 많아진다. 유튜브는 이용자가 세계 곳곳에 포진해 있어 국경에 구애받지 않는 문화적 교류를 가능케 하며 이는 한 나라에서 활동하는 독점 기업은 만들어낼 수 없는 일이다. 그리고 이용자가 늘어날수록 더 많은 문화가 서로 연결된다. 이들은 모두 구매자와 판매자를 연결해주는 '매치메이커(matchmaker)'다. 이는 네트워크 효과와 제로 한계비용을 활용하기에 가능한 일이다. 이런 모델은 '나쁜 것'이 아니라 '좋은 것'으로 불러야 마땅해 보인다.

뛰어난 경제학자인 데이비드 에번스(David Evans)와 리처드 슈말렌지(Richard Schmalensee)는 공저 《매치메이커스》에서 이러한 플랫폼 경제를 분석했다. 새로운 플랫폼들에 대한 그들의 선구적인 연구는 불편한 진실 하나를 드러낸다. 전통적인 경제학자들과 경제 이론들이 편리함 창출을 핵심으로 하는 오늘날의 디지털 경제를 따라가지 못하고 있다는 점이다. 전통적 경제 이론에 따르면 생산자의 상품 가격은 한계비용과 같아야 한다. 가격이 그 이상이면 경쟁자를 발생시키고, 그 이하면 이윤이 사라지기 때문이다. 반면 매치메이커의 시장에서는 한쪽 이용자 그룹에게서 받는 가격을 내리면 다른 쪽 이용자 그룹에서 더 높은 가격을 받을 수 있고 결과적으로 전체 파이 크기를 늘릴 수 있다. 나이트클럽에서 더 비싼 입장료를 내고서라도 들어오고 싶어 하는 남성들을 늘리기 위해 여성들에게 입장료를 받지 않는 것과 비슷한 맥락이다.

누구나 한 번쯤은 파일을 열기 위해 어도비(Adobe) 제품을 사용해봤을 것이다. 우리는 어도비 리더(Reader)를 무료 다운로드해 사용할 수 있다. 하지만 PDF 파일을 생성하고 다양한 부가 기능을 이용해 편집하고 싶다면 1년에 200파운드 가까운 금액을 지불해야 한다. 다시 말해 편집 프로그램 사용자는 돈을 내지만 리더 사용자는 돈을 내지 않는다.

예전에도 그랬던 것은 아니다. 한때 어도비는 자사의 소프트웨어에 접근하는 양쪽 그룹 모두에게 비용을 부과했다. 그러나 가격 전략을 변경해 리더를 무료로 배포했다. 이후 긍정적 네트워크 효과가 발생해 편집 프로그램 사용자 쪽의 수요가 증가했고, 이들은 어도비 제품을 소비하는 주요 사용자 베이스가 됐다. 어도비는 PDF 파일을 (편집이 아니라) 보기만을 원하는 이들에게 어크로뱃 프로그램을 판매함으로써 창출하던 수익을 잃었지만(〈도표 6-5〉 왼쪽 그래프의 짙은 회색 부분), 유료 편집 프로그램을 이용하려고 기꺼이 돈을 내는 소비자들이 증가한 데서 발생한 수익(오른쪽 그래프의 옅은 회색 부분)이 그 손실분을 충분히 상쇄하고도 남았다. 옅은 회색의 증가분이 짙은 회색의 상실분보다 더 크므로 이러한 가격 차별 전략은 어도비에게 이로움을 안겨줬다.

어도비가 택한 이 같은 가격 전략의 성공은 디지털 플랫폼 경제를 정의하는 가장 중요한 두 가지 개념의 힘을 잘 보여준다. 제로 한계비용과 네트워크 효과가 그것이다. 가격(상품에 부과하는 금액)과 한계비용(한 단위를 추가 생산할 때 드는 비용의 증가분) 사이의 전통적인 관계가 깨진 것이다. 제로 한계비용과 네트워크 효과를 활용하는 기업은(플랫폼을 이용하는 소비자가 늘어날수록 플랫폼에 참여하는 생산자도 늘어나며 그 반대도 마찬가지다) '플라이휠(flywheel)' 효과를 창출할 수 있고, 이는 독점에 가까운 모델을 가능케 한다. 그러나 이것은 과거와는 다른 종류의 독점 기업이다. 사실 이런 기업들은 오히려 가격을 점점 더 낮추려고 애쓰는 경우가 많다. 따라서 경제학자들과 변호사들 사이에 의견이 분분하다. 독점 기업이 이론상으로는 나쁜 것

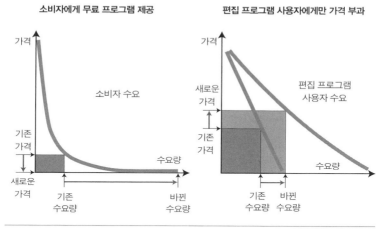

〈도표 6-5〉 어도비의 가격 정책: 리더 사용자와 편집 프로그램 사용자

출처: 저자

인데도 소비자 경험이 향상되는 현실은 그 반대를 가리키기 때문이다.

플라이휠 효과는 기존의 비즈니스 논리와 완전히 다르다. 사용자 증가와 함께 편리함도 증가하는 메커니즘이 기반이기 때문이다. 우리는 보통 독점 기업의 덩치가 커질수록 소비자를 더 착취할 수 있다고 생각한다. 플라이휠 효과를 성장 동력으로 삼는 기업은 그 반대인 경우가 많다. 즉 덩치가 커질수록 소비자에게 더 많은 편리함을 제공할 수 있다. 이런 기업은 비즈니스 구조에 내장된 선순환의 힘을 바탕으로 성장하며, 규모가 커질수록 점점 더 강력한 기업이 된다. 한번 돌아가기 시작하면 가속도가 붙어 계속해서 돌아가는 플라이휠처럼 말이다. 이런 메커니즘은 실리콘밸리 스타일의 파괴적 혁신 기업에서 흔히 목격되는 특성이다. 플라이휠의 작동 원리는 일반적인 경제학 이론서에 나오지 않는다. 이 비즈니스 모델의 내부에는 가속도가 내장돼 있다. 일단 움직이기 시작하면 멈추는 것보다 계속 움직이는 것이 더 쉽다. 쳇바퀴에 올라간 쥐가 계속 달리는 것보다 거기서 내려오기가 더 어려운 것을 떠올려보라.

이런 플라이휠 효과를 성공적으로 구현한 가장 유명한 사례는 아마존일 것이다. 아마존에서는 고객에게 다양한 상품 종류를 제공하고, 그러한 다양한 상품군과 선순환 구조로 긴밀하게 연결된 5가지 힘을 통해 성장이 일어난다. 향상된 고객 경험, 트래픽 증가, 판매자 증가, 그리고 저비용 구조와 낮은 판매 가격이 그것이다. 이런 모델은 에어비앤비(Airbnb)와 우버 같은 다른 디지털 플랫폼 기업에서도 흔하게 목격된다. 이런 플라이휠 효과로 인해 지난 이삼십 년간 수십억 달러의 부가 창출되었다.

플라이휠 모델은 분명 디지털 시대의 기업에서 빈번히 나타나지만 그렇다고 완전히 새로운 개념은 아니다. 사실 월트 디즈니(Walt Disney)도 디즈니 스튜디오를 설립할 당시 미디어의 다양한 영역이 서로 긴밀하게 연결되는 속성을 지녔음을 간파하고 있었다. 그는 음악, TV, 머천다이징, 테마파크를 아우르는 디지털 미디어 제국을 예견했다. 각각의 영역이 서로의 사용자를 증가시키고 브랜드 인지도를 높이는 상승 작용을 일으키는 제국 말이다. 그가 1957년에 그린 유명한 도식(〈도표 6-6〉)은 디즈니 제국에 속한 각 영역이 서로의 성장을 촉진하는 과정을 보여준다. 그 결과 디즈니는 역사상 가장 강력한 미디어 기업이 되었다.

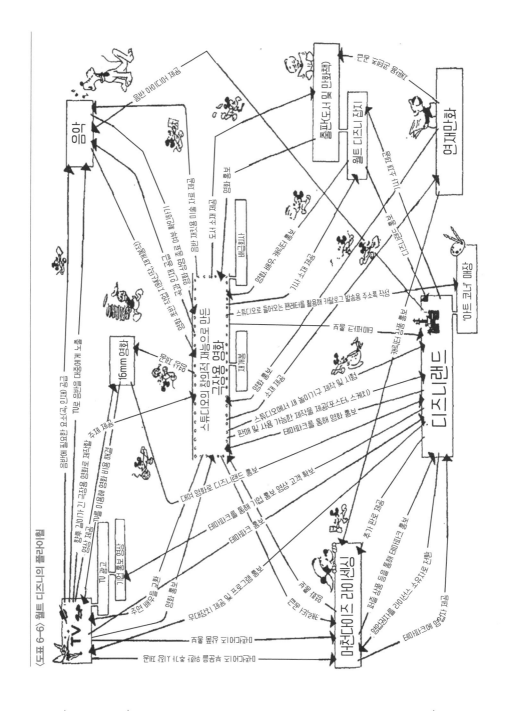

〈도표 6-6〉 월트 디즈니의 플라이휠

지금까지 우리는 독점 빅테크 기업들이 합리적으로 행동한다고 가정했다. 하지만 잠시 멈춰 전환적 사고를 발휘해 우리의 모든 가정에 의문을 던져볼 필요가 있다. 이 점을 생각해보라. 소비자들은 아마존에 돈을 지불하면서 동시에 상당량의 개인 정보도 넘겨주고 있다. 이것은 합리적 결정인가? 여기에 '결정'이라는 표현을 사용해도 될 만큼 그들은 자신이 개인 정보를 넘겨준다는 사실을 충분히 숙지하고 있는가? 그리고 만일 숙지하고 있음에도 온라인 쇼핑의 편리함을 얻는 대가로 개인 정보를 넘겨주는 거래를 선택한다면 우리는 그것을 합리적 행동이라 불러도 되는가?

거래되는 개인 정보의 가치를 둘러싼 우려도 실제적인 것이지만 개인 정보를 공유함으로써 발생하는 편리함 역시 실제적인 것이다. 혹자는 그 정보를 이용하는 것이 악용 행위라고 주장할 수도 있지만, 다른 쪽에서는 바로 그것 덕분에 다른 방식으로는 실현 불가능했을 효용과 편리함을 소비자에게 안겨줄 수 있지 않느냐고 반박할 수 있다. 이는 경쟁 규제 기관이 두 개여야 한다는 서치의 틀을 깬 발상이 우리에게 필요한 또 다른 이유다.

현재 기술 독점 기업들을 둘러싸고 벌어지는 논란에서는 플랫폼의 양면적 특성을 제대로 이해하지 못하고 있다. 플랫폼은 시장 양쪽에 있는 소비자들과 조직들을 얼마나 효과적으로 연결하고 만족시키느냐에 따라 성패가 좌우된다. 코로나19의 세계에서 빠르게 성장 중인 줌(Zoom), 마이크로소프트 팀즈(Microsoft Teams), 스카이프(Skype), 블루진스(BlueJeans) 같은 화상 회의 툴을 생각해보라. 이들이 성장할 수 있었던 것은 이들을 지원하는 플랫폼 기업들 때문이다.

그런데 이들 플랫폼 기업이 움직이는 방식에는 눈에 잘 띄지 않지만 주목할 만한 점이 있다. 더 나은 편리함을 제공하기 위해서 종종 자기 자신의 독점을 지양해 스스로 규제를 실행한다는 점이다. 코로나19가 세계를 강타한 2020년 초반 화상 회의 수요가 급증했을 때 사람들은 구글 캘린더(Google Calendar)를 이용해 쉽게 줌 화상 회의를 할 수 있었다. 구글 캘린더에 들어가 참석자들을 초대하고 줌 화상 회의를 선택하면 구글에서 참석자들에게 초대 이메일을 보내줬다. 흔히들 알아채진 못했지만 사실 구글의 자체 툴인 구글 미트(Google Meet)를 이용하는 것보다 구글 캘린더를 통해 줌을 이용하는 것이 훨씬 더 쉬웠다.

생각해보라. 왜 구글은 자사 제품을 희생시켜가면서 경쟁 제품이 더 돋보일 수 있게 할까? 구글 캘린더의 프로덕트 매니저는 자사의 화상 회의 제품을 널리 알리려는 동기보다 구글 캘린더라는 제품의 가치를 높이고 싶은 동기가 더 강하기 때문이다. 기술 업계의 저명한 분석가 베네딕트 에번스(Benedict Evans)는 이를 '전략세(strategy tax)'라고 부른다. 보다 높은 차원의 기업 전략을 위해 자사 제품의 가치 저하를 감수하는 것이다. [애플이 2012년 출시한 애플맵스(Apple Maps)의 실패 이후 iOS에 다시 구글맵스를 채택한 것도 전략세를 감수한 예다. 당장 지도 서비스를 이용해야 하는 소비자들은 업그레이드된 애플맵스가 나올 때까지 기다릴 수 없었고, 애플은 오류투성이인 애플맵스로 브랜드 이미지가 추락하는 것을 원치 않았다.]

기술 중심의 독점 기업들은 이러한 전략세 부담에 조심스러운 입장을 취한다. 때로는 전략세를 감수하지 않는 쪽을 선택하는데, 2012년 페이스북이 자신이 소유한 인스타그램의 사진을 트위터 카드(Twitter Cards)에서 볼 수 있는 기능을 차단한 것이 그 예다. 그러나 대개 기술 독점 기업들은 플랫폼의 편리함 향상을 위해 전략세를 감수한다. 경쟁사의 화상 회의 앱을 지원하는 구글 캘린더, 〈나르코스(Narcos)〉를 비롯한 넷플릭스 오리지널 시리즈를 자신의 홈페이지에서 홍보하는 아마존 프라임, 경쟁 음악 스트리밍 서비스를 지원하는 애플 워치를 생각해보라. 모두 경쟁보다 고객에게 편리함을 제공하는 것을 더 중요하게 여기는 사례다.

반독점이 낡은 개념이 되어가는 중이라면 전략세는 이제 막 생겨난 개념이다(법률적 정의도 아직 확립되지 않았다). 나는 브뤼셀의 한 콘퍼런스에 참석했다가 이와 같은 문제를 진지하게 생각해보게 됐다. 유럽집행위원회의 '반독점 관리 기관'인 경쟁총국(Directorate General for Competition)에서 주최한 콘퍼런스였다. 저명한 학자와 주요 정책 입안자가 다수 참여해 구글의 검색 시장 점유율을 계산하고 분석하는 슬라이드를 검토했다. 그날 나는 토론에서 뭔가 빠져 있다는 생각이 들었다. 회의장의 모든 이들이 주머니 안에 갖고 있으며 회의장을 빠져나가자마자 사용할 그것은 앱이었다.

앱은 같은 목적을 이루기 위한 다른 수단을 제공한다. 구글의 핵심 사업인 검색 서비스는 구글의 안드로이드 운영체제에서 사용되는 앱들로 인해 우회될 수 있다. 요즘 많은 사람들은 가장 필요하고 시급한 정보(예: 교통편, 날씨)를 구글 검색창이 아니라 해당 정보와 관련된 앱(예: 유로스타, BBC)에서 얻기 때문이다. 하지만 그날 브뤼셀 콘퍼런스의 전문가들은 세미나 내내 앱을 전혀 언급하지 않았고 검색 시장 규모를 정의할 때도 앱은 빼놓고 생각했다. 그렇지만 내가 앱을 고려해야 하지 않느냐고 말하자, 그들도 집에 돌아가는 유로스타 열차편을 검색하고 도착 시점의 날씨를 체크하기 위해 앱을 사용할 것이라고 인정하기는 했다. 앱 시장은 자신을 지탱시키는 안드로이드 운영체제의 주인인 구글의 검색 서비스를 위태롭게 하고 있었다.

전략세는 우리의 사고방식을 새로운 방향으로 전환시킨다. 오늘날 독점 빅테크 기업들이 제품을 혁신하는 과정의 핵심이(그리고 프로덕트 매니저의 목적이) 단순히 수익이 아니라 주요 제품의 활용도와 가치를 더 높이는 것임을 일깨워준다. 만일 플랫폼이 사용자들이 원하는 것을 차단함으로써 그들의 경험을 저하시키면 이는 플랫폼의 근본적 목표에 득이 되지 않는다. 다시 말해 이들 독점 기업은 모종의 비용을 감수하고서라도 고객에게 편리함을 제공하려는 인센티브를 가진다.

잠시 생각해보라. 오늘날 독점에 관한 이러한 전환적 사고를 학교에서 얼마나 가르치고 있으며 경쟁 규제 기관들은 얼마나 채택하고 있을까?

전환적 사고는 당신의 목을 뻐근하게 만들 것이다. 경제학의 전통적 개념들이 시의성을 잃고 멀리 뒤처지고 있는 것을 보느라 계속 뒤를 돌아보게 될 것이기 때문이다. 오늘날의 독점 빅테크 기업들은 생산을 통제하고 가격을 올리는 과거의 공식에서 벗어나 있다.

그들은 가격을 내리고 생산을 최대화하고 시장에서 불필요한 비용과 불편함을 제거하는 데 집중한다. 우리는 독점은 '나쁜 것'이라는 기존 사고방식 대신 그 반대 관점을 가질 필요가 있다. 편리함 제공을 위해 경쟁하는 독점 기업들이 '좋은 것'이 될 수도 있다는 관점 말이다.

소비자의 행동이 경제학자들의 경제 모델에서 예측하는 대로 흘러가지 않으면 그들은 소비자가 비합리적이라고 비난하곤 한다. 그러나 전환적 사고는 그런 오만함이 사라져야 할 때라 말하며 이론과 현실이 다른 방향으로 전개되는 이유를 드러내준다. 좋은 것과 나쁜 것을 판단하는 낡은 프레임워크를, 타당성을 잃어버린 관점을 언제까지고 붙잡고 있어서는 안 된다.

전환적 사고에는 '행동을 통한 학습'이 필요하다. 방관자적 태도를 버리고 토론에 적극적으로 참여해야 하고 실제로 결과에 영향을 미쳐야 한다. 손을 번쩍 들고, 바보처럼 보일까 봐 교실 안의 아무도 하기 싫어하는 질문을 던질 용기를 가져야 한다. 나는 어릴 적 스코틀랜드 해변에서 총리가 됐다고 상상하고 문제를 해결해보라는 아버지의 질문을 받고서 전환적 사고의 방법을 배웠다. 해결책이랍시고 제안한 아이디어가 오히려 상황을 악화시킬 수 있다는 것을 깨달았다. '추정치'를 측정하는 것의 중요성을 알게 됐다. 에이브러햄 월드의 총탄 자국, 맥워 선장의 항해 일지, 스크리밍 로드 서치의 엉뚱한 발상, 이들은 모두 추정치를 포착하고 '놓치고 있는 것'을 생각해보는 것이 중요함을 일깨워준다. 측정 불가능한 미발생 데이터가 결국 측정 가능한 발생 데이터보다 더 중요할 수도 있기 때문이다.

이것은 다음 장의 주제와도 연결된다. 독점 빅테크 기업들이 제공하는 많은 편익을 우리는 무료로 누린다. 그리고 어떤 재화가 무료이면 정부에서는 그것이 경제에 기여하는 정도를 측정하기 힘들다. 위키피디아를 생각해보라. 이 무료 웹사이트는 세상의 모든 지식을 한데 모아 백과사전 시장을 독점했지만 환경에 끼치는 피해도 제로이고 경제 규모 산출에도 전혀 반영되지 않는다. 이제 약간의 전환적 사고를 발휘해보라. 세상의 모든 지식을 한데 모으는 일은 하지 않되 엄청난 환경 피해를 야기하는 동시에 경제에 상당히 기여하는 산업들(예: 국방)을 떠올리기는 전혀 어렵지 않다.

우리는 여기서 '무엇이 선인가?'라는 질문을 떠올리게 된다. 환경을 파괴하는 경제 성장이 좋은 것인가, 아니면 환경을 파괴하지 않는 경제 수축이 좋은 것인가? 환경오염 수준이 코로나19 이전의 정점 때보다 얼마나 떨어졌는지를 토대로 코로나19 이후의 경제 회복을 측정해야 할까? 만일 아니라면, 우리는 왜 팬데믹 이전에 사용했던 것과 동일한 '낡은' 관점을 이용해 경제를 측정해야 하는가? 이제는 경제 자체를 측정하는 방식에도 타당한 회의주의를 적용할 필요가 있다. 현재 상태를 판단하는 더 나은 방법을 찾을 수 있다는 자신감을 가져야 한다.

우리의 현재 상태 판단하기

요즘 세상에서는 우리 머릿속에 있는 아이디어의 가치가 우리가 살고 있는 집의 가치보다 더 높다. 즉 현재 지적 재산에 대한 투자(아이디어를 토대로 한 산업)가 주거용 부동산(유형의 건물을 토대로 한 산업)보다 미국 경제에 더 많은 기여를 하고 있다(〈도표 7-1〉 참조). 이렇게 흐름이 바뀐 것은 불과 20년도 안 됐다. 과거 주거용 부동산은 지적 재산보다 더 높은 가치를 지녔을 뿐만 아니라 계속 가격이 상승했다. 하지만 주택 시장 붕괴가 가져온 나비 효과로 결국 글로벌 경제가 위기에 빠졌고 이후 10년간 소용돌이를 겪어야 했다. 그리고 현재는 아이디어 산업의 규모가 주택 시장 규모를 꾸준히 앞지르고 있는 뉴노멀 시대가 됐다. 그러나 그런 아이디어 산업의 기여도를 측정하는 우리의 능력은 여전히 우려스러울 만큼 제한적이다.

〈도표 7–1〉 아이디어 산업이 부동산 산업보다 더 큰 가치를 창출한다　(단위: 10억 달러)

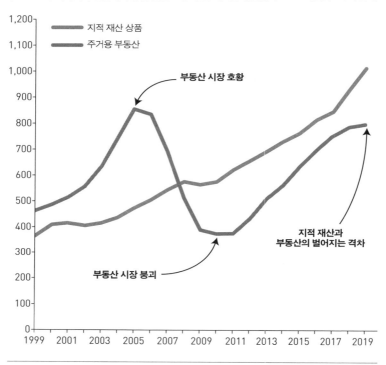

출처: www.bea.gov

　타잔 경제학은 우리에게 자신감을 가질 것을 요구한다. 낡은 줄기를 손에서 놓고 새로운 줄기를 붙잡아야 하기 때문이다. 1999년 여름 냅스터라는 불청객을 마주한 음반 업계도, 2009년 서브프라임 모기지 사태의 참혹한 여파를 마주한 정부도 그런 변화의 기로에 있었다. 그러나 새로운 줄기로 옮겨 탈 시점에 대해 자신감을 가지려면 현재 자신의 상태와 위치를 정확히 파악했다는 확신이 있어야 한다. 누군가에게는 새로운 줄기로 옮겨 타는 모험을 하기보다 낡은 줄기와 오랫동안 익숙해진 특정한 방식을 고수하는 편이 나을 수도 있다. 그러나 우리가 현재 상태를 판단하는 데 사용하는 도구는 전통적 경제학에 기반을 둔 경우가 많고, 그런 도구가 새로운 줄기로의 이동을 더 주저하게 만들 수 있는 것 또한 사실이다. 이런 낡은 도구는 우리의 현재 상태에 대한 판단을 바꿔놓을 수 있다.

1849년 스코틀랜드의 역사가이자 문필가 토머스 칼라일(Thomas Carlyle)은 경제학을 '우울한 학문(dismal science)'이라고 칭했다. 식량보다 인구가 더 빠른 속도로 증가하므로 결국 인류는 식량난에 직면할 수밖에 없다는 토머스 맬서스(Thomas Malthus)의 비관적 예측을 읽고 한 말이었다. 이런 우울한 관점은 우리가(그리고 무엇보다 우리의 정부가) 현재 상태를 판단하는 방식에 계속 영향을 미쳐서, 낙관론보다는 비관론을 더 만들어내고 편익보다 비용에, 긍정적 시나리오보다 부정적 시나리오에 더 초점을 맞추게 한다. 경제학자 앤드루 맥아피(Andrew McAfee)는 뛰어난 저작《포스트 피크, 거대한 역전의 시작》에서 그런 비관주의에 본격적으로 도전한 바 있다.

비관론은 대중을 장악할 수 있는 힘을 지닌다. 주요 뉴스들은 늘 주식 시장 폭락을 보도하지만 꾸준한 상승세는 거의 강조하지 않는다. 일자리 감소는 언제나 신문 일면 헤드라인에 올라가지만 순일자리 창출이 증가했다는 보도는 경제면 한쪽을 차지하는 데 그치곤 한다. 충격적인 내용의 법원 판결은 온 국민의 관심을 끌지만 날마다 내려지는 수많은 합리적인 판결은 거의 언급되지 않는다. '비관론의 역설'을 나타낸 〈도표 7-2〉에서 보듯 잡음을 물리치고

〈도표 7-2〉 비관론의 역설

	호황기	불경기
경제학자들이 긍정적 전망을 내놓음	아무도 듣지 않는다	비난을 받는다
경제학자들이 비관적 전망을 내놓음	아무도 듣지 않는다	관심을 받는다

출처: 저자

청중의 관심을 끌어당기는 유일한 방법은 불경기에 비관론을 강조하는 것이다.

이러한 비관론은 우리가 신뢰할 만하다고 하는 통계에 근거해 내리는 판단에 의해 더 강화된다. 우리는 기술이 일자리 창출보다 파괴에 더 기여한다는 것을 뒷받침하는 통계 자료가 있으므로 그것을 사실로 믿는다. 그런데 파괴적 혁신을 통해 피벗하기 위해서는 그런 통계 역시 모종의 판단에 기초한다는 사실을 인지해야 한다. 우리는 무엇을 측정하고 무엇을 배제할지를 판단하고 주어진 도구를 토대로 측정하는 방법 또한 판단하기 때문이다. 그 도구의 불완전함에 관계없이 말이다. 예컨대 그동안 고용 통계 분석 방식은 기술 분야의 유동적이고 비유형적인 활동보다는 제조업이라는 고정적이고 유형적인 활동에 맞춰져 있었는지도 모른다. 그 결과 기술이 파괴하는 (일부) 일자리들은 쉽게 측정되는 반면, 기술이 창출하는 (훨씬 더 많은) 일자리는 포착하기 힘들어진 것이다. 이런 불완전한 통계는 비단 정부 정책에만 영향을 미치는 것이 아니다. 우리 모두가 시야를 흐리는 안개를 헤치고 새로운 줄기의 가치를 알아볼 수 있는 능력을 방해한다.

　이런 통계와 판단에 의문을 품을 줄 아는 자신감을 키우는 일은 매우 중요하다. "불경기를 발생시키고 싶으면 가정부와 결혼하라"라는 오래된 우스갯소리가 있다. 어째서일까? 정부에서 자기 집의 가사 노동을 하는 것은 경제에 기여하지 않지만 임금을 받고 남의 집 가사 노동을 해주는 것은 경제에 기여하는 것으로 판단하기 때문이다. 우리는 여기에 담긴 논리를 다시 생각해볼 필요가 있다. 어떤 동네에 열 가구가 있고 각각의 집에 주민이 한 명씩 살며 그들이 동일한 양의 가사 노동을 한다고 치자. 이들의 노동은 경제적 통계에 잡히지 않을 것이다. 그러나 만일 열 명의 주민이 동일한 보수를 받고 각자 옆집의 가사 노동을 해준다면(현금의 주인이 바뀌는 회전목마가 돌아가는 셈이다) 정부에서는 서비스가 생산 및 제공되어 GDP를 증가시켰다고 판단한다. 사실상 달라지는 것은 없지만 정부만 이 둘을 다른 상황으로 판단한다. 우리는 이 지점에 주목해야 한다.

　현재 상태에 대한 고찰의 출발점으로, 앞서 언급한 부동산이라는 유형의 산업으로 다시 돌아가서 주택이 경제에 기여하는 방식을 살펴보자. 경제의 가장 오래된 구성물인 주택과 그것의 측정에 이용되는 통계가 임의적 판단의 결과물에 불과하다는 것을 알고 나면 당신 스스로 판단할 수 있는 자신감을 얻게 될 것이다.

나는 로코노미스트가 되기 전에 정부 기관의 경제학자로 일했다. 거기서 일하는 동안 정부의 통계에 관한 건강한 냉소주의를 갖게 됐다. 하지만 그런 회의감이 생겨나기 시작한 것은 정부 기관의 건물 안에서가 아니라 에든버러 구시가의 어느 우중충한 나이트클럽 안에서였다. 2006년 영국 부동산 시장은 침체될 기미라고는 전혀 없이 한창 호황을 누리고 있었다. 하이먼 민스키(Hyman Minsky)의 책을 읽은 소수 사람을 제외하면 '신용 경색'이라는 말에 주목하는 이도 거의 없었다. "안정성이 불안정성을 낳는다"고 말한 미국 경제학자 민스키는 사망하고 10년 후 그의 금융 위기 이론이 옳은 것으로 드러나며 재조명받았다.

그날 클럽 밖에는 공연을 기다리는 관객이 길게 줄을 서 있었고 바에도 사람들이 붐볐다. 무대에서는 밴드가 분주하게 악기를 세팅하는 중이었다. 그런데 공연 기획자가 나를 한쪽으로 데리고 가더니 리즈에서 온 자기 친구를 소개했다. 얼마 전 리즈대학교에서 우수한 성적으로 법학 학위를 딴 인재였다. 일자리를 찾으려고 애를 쓸 필요가 없는, 오히려 오라는 데가 많아서 고민할 만한 스펙이었다.

내가 말했다. "축하합니다. 이제 런던 중심가에서 일하느라 바쁘겠군요?" 그는 이렇게 답했다. "예, 요즘 바쁘긴 합니다. 하지만 회사에 다니진 않을 겁니다. 부동산 거래를 할 거예요." 나는 좀 의아했다. "하지만 곧 '일'을 하시겠죠? 스펙도 훌륭하신데 좋은 직장에 들어가시겠죠." 그는 무시하는 표정을 지으며 고개를 저었다. "아뇨, 이제는 남의 밑에 들어가 일하는 게 능사가 아닙니다. 나는 졸업하자마자 부동산들에 뛰어들었어요. 건물을 사들여 가치를 높인 후에 다시 파는 거죠."

경제 통계 자료를 매일 분석하는 게 직업인 나로서는 호기심이 일었다. 때는 2006년 여름이었고, 이 똑똑해 보이는 명문대 졸업생은 정규직 일자리에 취업하는 대신 부동산이라는 도박을 하겠다고 선언하고 있었다. 나는 그가 '부동산들'이라고 말한 것에 궁금증이 일었다. "실례가 안 된다면 여쭤봐도 될까요? 현재 부동산을 몇 개나 갖고 있습니까?" 그는 양손을 들어 손가락으로 세기 시작했다. 손가락은 여섯 개째에서 멈췄다. 나는 깜짝 놀라 되물었다. "여섯 개나요?"

남의 재정 상태를 꼬치꼬치 캐물을 자리는 아니었지만, 나는 대학을 갓 졸업한 청년(학자금 대출을 잔뜩 안고 있을 것 같은)이 어떻게 그런 부동산 포트폴리오를 구성할 돈을 융통할 수 있었는지 궁금했다. "그렇게 많은 건물을 사들일 돈을 어떻게 마련했어요?" 그가 대답했다. "쉬웠어요. 자가 증명 모기지(self-certification mortgage)를 이용했거든요. 은행에서는 소득 증명 자료도 요구하지 않던걸요."

나는 입이 떡 벌어졌다. 그리고 방금 들은 이야기를 곰곰이 생각해보기 시작했다. 2006년 영국 부동산 시장은 잔뜩 달궈져 있었다. 학생들도 대출을 받아서 집을 구입했다. 나중에 부동산을 팔아서 생기는 소득으로 학비를 충당하고도 남을 것이라는 확신을 갖고서 말이다. 그리고 부동산 투자 붐으로 단기간에 거래량이 급증하는 와중에 많은 사람들이 부동산 거래에 따른 세금 신고를 누락했다. 내 고향의 스코틀랜드왕립은행(Royal Bank of Scotland)은 그 리즈 졸업생이 하던 것과 같은 활동을 통해 세계적 규모의 금융 기관으로 변모하고 있었다. 다만 훨씬 큰 규모라는(그리고 훨씬 더 위험하다는) 점만 달랐을 뿐이다.

그로부터 10년 후 나는 마이클 루이스(Michael Lewis)의 동명 소설을 바탕으로 만든 영화 〈빅쇼트〉에서 똑같은 대화를 목격하게 됐다. 차이가 있다면 내가 있던 곳은 스코틀랜드의 어둑한 클럽이었고 영화 속 장소는 조명이 환한 플로리다의 스트립 바였다는 점이다.

영화에서 헤지펀드 매니저 마크 바움[스티브 카렐(Steve Carell)]은 미국 부동산 시장이 얼마나 위험한 상태인지(그리고 얼마나 빠르게 악화되고 있는지) 알아보기 위해 플로리다를 찾는다. 바움은 지역 모기지 브로커와 대출자를 비롯한 여러 사람을 만나보던 중 한 스트립 바를 방문한다. 스트립 댄서는 섹시한 춤을 추며 자기 할 일을 하지만 바움은 그녀의 몸에는 관심이 없다. 대신 그녀의 채무 상태를 파악하기 위한 대화에만 집중한다.

바움은 댄서가 모기지 신청에 대해 거짓말을 했다는 것을 알게 되고, 그녀에게 티저 금리(모기지 차입자에게 상환 기간 중 첫 2~3년간 적용되는 낮은 금리-옮긴이) 기간이 끝나면 월 납입금이 200퍼센트 뛰어오를 것이라고 설명한다. 시끄러운 음악 속에서 느리게 폴 댄스를 추면서 대화를 이어가던 댄서는 약간 놀란 표정으로 그 말이 자신이 받은 모든 '대출들'에 해당되느냐고 묻는다. 그러자 나처럼 바움도 '대출들'이라는 복수 표현에 주목하고 다시 묻는다. "잠시만요, '대출들'이라뇨?" 댄서는 춤을 멈추고 대답한다. "난 주택 다섯 채랑 콘도 하나를 샀어요."

상황은 다르지만 나와 바움의 얼굴 표정은 똑같았을 것이다.

2006년에는 그야말로 너도 나도 부동산 시장에 뛰어들었다. 에든버러의 어둑한 클럽에서 밴드의 공연이 시작될 때 내 머릿속에는 금융 버블이 시작되는 이유를 빗대 흔히들 하던 말이 떠올랐다. "음악이 시작되면 당연히 신나게 춤을 춰야 한다."

그날 클럽을 나와 집에 돌아온 나는 문제의 규모를 가늠해보려 애썼다. 부동산이라는 도박에 뛰어든 이들의 숫자가 과연 얼마나 될까? 더 중요한 것으로, 정부에서는 그들의 도박을 어떻게 측정하고 있을까? 내가 본 사례에서만 해도 그 대학 졸업생은 헌 집을 사서 수리한 후 다시 파는 부동산 단기 투자를 위해 사실상 무담보 대출이나 마찬가지인 대출을 받아 한 달에 한 번꼴로 거래를 하면서 양도소득세는 거의 신경 쓰지 않고 있었다. 나는 정부에서 그가 부동산으로 얻는 소득을 제대로 측정하고 있는지 의문이 들었다. 부동산 거래로 발생하는 평균 양도소득은 영국 정규직 근로자의 연소득 중앙값인 2만 3,000파운드를 훨씬 초과했다.

그때부터 내 마음속에는 정부 통계에 대한 불신이 고개를 들었다. 나는 공무원으로 일하는 한 통계학자와 커피 약속을 잡았다. 부동산 시장이라는 거대한 도박장의 실상이 제대로 파악되지 않고 있는 것 같다는 내 우려가 맞는지 알고 싶어서였다. 전에 없던 부동산 호황 속에서 사람들이 보이고 있는 행동들이 제대로 측정되고 있는가? 만일 그렇다면 어떤 식으로 측정되고 있는가? 그런 대화를 나누던 중 그 통계학자는 귀속 임대료(imputed rent)라는 이상한 개념을 내게 설명해줬다.

귀속 임대료는 소유주가 거주하는 부동산과 임대료가 없는 여타 부동산에 정부가 할당하는 가치를 말한다. 그렇게 함으로써 수익이 발생하지 않는 부동산(예: 소유자가 직접 거주하고 있는 주택)을 GDP에 포함시킬 수 있다. 경제학자들은 귀속 임대료가 없으면 주택 시장의 상당 부분이 계산에서 제외되므로 GDP가 불완전한 지표가 된다고 주장할 것이다. 그들은 실제 거래 행위는 전혀 동반되지 않는 귀속 임대료라는 개념을 만들어내 미국과 영국의 경제 규모의 가치를 약 10퍼센트 늘렸다. 나는 의문이 들었다. 그런 개념이 왜 필요한가? 존재하지도 않는 것을 GDP 같은 경제 지표에 포함하는 것은 잘해야 혼란을 야기하고 최악의 경우 현실을 왜곡하는 일처럼 보였다.

귀속 임대료 같은 수치는 우리의 현재 상태에 대한 정확한 판단을 더 어렵게 만드는 통계의 대표적 예다. 2006년 영국 부동산 시장은 곧 다가올 거품 붕괴와 신용 경색은 예상하지 못한 채 10년 넘게 가파른 상승 곡선을 그리는 중이었다. 그리고 영국의 통계 당국 자신이 그 상승 곡선을 만들어내는 동시에 추정하고 있는 것처럼 보였다. 첫째, 정부는 존재하지도 않는 소득을 만들어냈다(주택 소유주는 자신에게 임대료를 내지 않는다). 둘째, 정부는 집주인들이 지불하는 금액을 추정해 그것을 GDP에 포함시켰다(다시 말하지만 집주인은 자신에게 임대료를 내지 않는다). 셋째, 그 추정치는 시장의 실제 임대료를 조사한 자료를 토대로 만들었는데 그 자료 자체도 오류가 많았다. 그리고 마지막으로 부동산 시장을 과열시키고 있던, 임대 목적의 부동산 구입 활동 대부분이 세금 신고가 제대로 이뤄지지 않고 있었다.

그 통계학자와 이야기를 나눌수록 머릿속이 복잡해졌다. 나는 정부의 주택 시장 평가가 허구의 통계를 기반으로 한다는 사실을 알게 됐다. 그런데 나는 그 허구의 통계를 믿어야 하는 직업을 갖고 있었다. 어쨌든 GDP를 계산하려면 그 통계가 필요했으니까. 현실에서는 부동산이라는 카지노에서 발생하는 실제 소득이 실제 경제 활동으로 이어졌지만 그 대부분이 정부가 경제를 측정하는 통계 레이더에 잡히지 않고 있었다. 우리는 안정적이고 신뢰할 만한 '통계'라는 것을 믿고 있었지만 실상은 통계가 점점 더 불안정하고 믿을 수 없는 것이 되어가고 있었다.

그날 나는 공식적 통계와 지표 앞에서 더는 위축될 필요가 없다는 사실을 깨달았다. 내가 커피를 홀짝이며 통계학자에게 던진 질문은 꽤 단순했지만 이후 풀어져 나온 이야기들은 머릿속을 한없이 복잡하게 만들었다. 세상이 실제로 돌아가는 방식에 대한 기본적 관찰을 토대로 용기 있게 기존 방식에 의문을 던지면 뭔가 얻어지는 법이다. 그날 내가 확실히 알게 된 것은 우리가 영국의 또는 미국의 경제 규모라고 알고 있는 것의 10분의 1 이상이 사실은 만들어진 가짜라는 점이었다.

나는 그날 퇴근하면서 경제 측정과 관련된 이 문제가 얼마나 넓게 퍼져 있는지 분석해보기로 마음먹고 버스표 뒷면에 세 단어를 적었다. 부동산, 상속, 전자상거래였다. 이 세 가지 소득 창출 방식이 사람들의 실제 경제생활에서 점점 더 중요해지고 있다는 확신이 들었다. 그리고 이 세 가지가 GDP에 제대로 반영되지 않고 있다는 확신도 들었다.

7. 우리의 현재 상태 판단하기

먼저, 부동산은 방금 살펴봤듯 대체로 통계적 추정치의 구조물이었다.

두 번째로 상속을 보자. 영국은(그리고 미국도) 자가 주택 소유자들의 나라가 된 지 오래고 그들은 집을 자식에게 상속하곤 한다. 통계 숫자만 보면 이야기는 간단하다. 즉 50만 파운드짜리 집을 상속받은 젊은이는 자산이 50만 파운드 증가한다. 하지만 이 젊은이의 상황 변화는 그 숫자가 보여주지 못하는 다른 더 복잡한 결과를 낳을 수 있다. 그는 집세를 내거나 모기지 대출을 갚아야 하는 부담이 없으므로 자신의 노동 시간을 줄일 가능성이 있다. 이 생산량 감소는 전체 경제 성장 측면에서는 순손실이 된다. 그는 상속받은 집 때문에 훨씬 부자가 됐을지언정 말이다.

다음은 전자상거래다. 나는 전자상거래(2006년에는 아직 초기 단계였다)가 GDP에 어떻게 반영되는지 생각해봤다. 당시 아마존 주가는 42달러도 안 됐지만(이 글을 쓰는 현재는 약 3,000달러다) 이미 아마존은 오프라인 가게들의 수익을 잠식하기 시작하고 있었다. 나는 직업상 소매업 통계 자료와 그 기반이 되는 시장 조사를 늘 분석했다. 일반적으로 국내의 오프라인 소매상은 자신의 판매 관련 데이터를 정부의 통계 기관에 신고했다. 그런데 글로벌 온라인 유통 업체들의 활동은 GDP에 어떻게 반영되는지 분명하지 않았다. 만일 소비자가 아마존에서 가전제품을 구매하면 누가 그 거래를 신고하는가? 아마존이라는 플랫폼인가, 판매자인가, 아니면 둘 다인가? 해당 거래는 어디에서 발생한 것으로 봐야 하는가? 구매자나 판매자가 있는 곳인가, 아니면 플랫폼이 사업자 등록을 한 지역인가?

내가 받은 경제학 교육에 따르면 이 세 가지 영역은 일반적 규칙의 예외여야 했다. 그리고 그 교육은 경제의 내구력에 관한 그림을 보여주는 통계들이 기본적으로 믿을 만한 것이라 말하고 있었다. 하지만 내 머릿속의 목소리는 다른 말을 하고 있었다. 이제는 이 사회의 상당히 많은 사람이 부동산으로 돈을 벌고, 가족으로부터 부를 상속받고, 온라인 상점에서 소비를 하고 있었다. 그것들은 예외가 아니라 일반적 규칙이었다. 소비자들은 이미 새로운 줄기로 손을 뻗었지만 통계는 낡은 줄기를 붙잡고 있었다. 그리고 이런 회의감을 가진 것은 나뿐만이 아니었다. 얼마 후 딕 체니(Dick Cheney) 미국 부통령은 이베이(eBay)를 통해 돈을 버는 사람들을 반영하지 않으므로 소매 통계와 지표들을 믿어서는 안 된다고 말했다.

영국 경제학자 다이앤 코일(Diane Coyle)은 GDP의 속성과 특징을 그 어떤 학자보다 탁월하게 분석했을 뿐만 아니라 GDP를 대체할 대안적 지표의 필요성을 주장한 바 있다. 그녀는 인상적인 저서 《GDP 사용설명서》에서 현재의 경제 상태를 판단하는 표준 척도로 굳게 자리 잡은 GDP의 의미를 파헤친다.

코일이 가진 회의적 시각의 기원은 사실 1934년 GDP 개념을 개발한 사이먼 쿠즈네츠(Simon Kuznets)에게서 찾을 수 있다. 쿠즈네츠조차도 "GDP로 정의된 국민소득의 측정을 통해서는 그 나라의 후생을 알아내기 어렵다"고 말했다. 쿠즈네츠의 설명에 따르면 GDP는 생산물을 측정하는 지표이지 한 나라의 전반적 후생을 보여주는 지표가 아니다.

코일의 분석에서 특히 인상적인 부분은 정부 통계가 사실은 만들어진 것이라고 설명하는 내용이다. 인플레이션을 예로 들어보자. 언론에서는 이 지표를 마치 절대적 진리인 양 언급하면서, 약간의 인플레이션율 변화도 사람들의 삶에 엄청난 영향을 끼치는 것처럼 보도하곤 한다. 인플레이션율이란 어떻게 나오는 것일까? 인플레이션율은 사람들이 많이 소비하는 '대표적' 품목들의 가격 변동을 토대로 산출된다. 그런데 경제학자들은 그 조사 대상 장바구니에 담길 '대표적' 품목을 어떻게 결정할까? 예컨대 디지털 카메라와 스마트폰은 둘 다 대표적 품목으로 간주할 수 있을 것이다. 하지만 후자가 전자의 역할을 충분히 할 수 있다. 그러므로 이제는 많이 쓰지 않는 디지털 카메라를 장바구니에서 빼면 될까? 하지만 디지털 카메라를 그냥 빼버리면 장바구니 전체의 가격이 내려가고, 그러면 실제와 다르게 물가 상승률이 낮아지는 계산 결과가 나올 수 있다. 따라서 디지털 카메라를 다른 품목으로 대체해야 한다. 하지만 무엇으로 대체할 것인가?

품목 교체 문제를 차치하더라도 다른 문제들이 있다. 음악 CD가 인플레이션 조사용 장바구니에 포함된 것은 하나의 평균적인 가격 포인트를 정할 수 있다고 판단됐기 때문이다. 하지만 실제로는 결코 그렇지 않았다. 일반 소매 시장에서는 공격적인 가격 할인 전략을 펼쳤고, 중고 시장에서도(특히 아마존을 비롯한 새로운 디지털 상점들에서) 가격 하락 분위기가 충만했다. 그리고 10년 넘게 대중을 장악해온 불법 다운로드가 음악을 사실상 공짜로 만들면서 소비자의 체감 물가를 왜곡했다.

영국에서 CD는 2015년 3월까지 인플레이션 장바구니의 품목에 들어 있었다. 이후 통계 당국에서는 CD의 소매 가격을 장바구니에서 빼고 대신 스포티파이 월 구독료를 집어넣었다. CD가 사라진 것은 아니었지만 경제 지표 산출에서 스포티파이보다 덜 중요하다고 판단한 것이다. 그런데 이 경우 우리는 10곡이 담긴 CD 한 장을 이따금 구입하는 비용을 6,000만 곡 이상에 접근하기 위해 정기적으로 지불하는 비용으로 대체한 것이 된다. 후자의 경우 음악의 단위 가격이 낮아져 사실상 음악 소비 비용이 더 저렴해진 것이다. 하지만 CD 가격은 오래전부터 계속 하락하고 있었던 반면, 스트리밍 서비스 가격은 오래전부터 줄곧 9.99파운드였으므로 이 두 품목을 서로 교체하면 순인플레이션 효과가 생긴다.

물론 이런 품목 교체는 1장에서 살펴본 음악 구독 서비스의 ARPU(사용자당 평균 매출) 증가와 전혀 관계가 없고, CD가 이제 더는 존재하지 않는다는 의미도 아니다. 통계 당국에서는 장바구니에 어떤 품목을 넣고 빼야 할지를 임의로 판단했다. 그리고 그 품목들의 가치를 계산할 때 어떤 요인을 고려하고 고려하지 말아야 할지도 임의로 판단했다. 우리가 안다고 믿는 것을 손에서 놓고 제대로 알아야 할 것을 붙잡으려면 그런 판단들에 의문을 제기할 줄 알아야 한다.

타잔 경제학은 정부 통계를 볼 때 세상의 다른 많은 현상을 바라볼 때와 같은 태도를 취하라고 말한다. 의심과 호기심, 그리고 오랜 통넘에 도전해도 좋다는 자신감을 갖고 바라봐야 한다는 얘기다. 우리는 인플레이션 같은 주요 통계 지표가 임의적 판단을 토대로 한다는 사실을 살펴봤다. 이제 타잔 경제학이 앞으로 나아갈 방향을 어떻게 제시하는지 살펴보자. 대표적인 예는 '클라우드 스토리지(cloud storage)'의 부상이다. 많은 개인과 기업, 정부가 자신의 로컬 서버 대신 데이터 저장 인프라로 클라우드 서비스를 이용하고 있다. 현재 구글, 마이크로소프트, 아마존 같은 빅테크 기업들이 제공하는 대규모 클라우드 서비스는 과거 개인 컴퓨팅으로는 불가능했던 일을 가능하게 해주고 있다.

2018년 약 36억 명의 인터넷 사용자가 클라우드 컴퓨팅 서비스를 이용했으며 이는 2013년의 24억 명에서 훨씬 증가한 숫자다.[*] 플렉세라(Flexera)의 2020년 '클라우드 현황 보고서(State of the Cloud Report)'는 클라우드 기반 기업의 93퍼센트가 이미 멀티 클라우드 전략을 실행하고 있다고 추산했다.[**] 클라우드 컴퓨팅은 이제 너무나 보편화되어 경쟁 관계의 기업들이 클라우드에서 협력하는 것도 더는 특별한 모습이 아니다. 일례로 아마존과 넷플릭스는 동영상 스트리밍 서비스 분야에서는 치열하게 경쟁하지만 넷플릭스는 자신의 사업을 위해 아마존의 클라우드 인프라를 사용한다. 아이스크림 판매자들이 유통비를 줄이기 위해 같은 밴을 공유하지만 일단 해변 가판대에 제품을 다시 채우고 나면 손님을 두고 치열하게 경쟁하는 것과 비슷한 맥락이다.

그러나 클라우드 컴퓨팅 서비스 이용 증가와 그것이 가져오는 생산성 증가에도 불구하고 정부 통계가 이를 제대로 반영하는지 여부는 의심스럽다. 클라우드 서비스 이용량이 많아질수록 관련 통계 지표는 구름에 가려진 듯 흐릿해질 위험이 있다.

클라우드의 영향력이 통계 당국의 시야에 제대로 포착되지 않을 수 있는 첫 번째 요인은 가격이다. 클라우드라는 항목을 GDP 통계에 집어넣는 것과 그 가격을 추적하는 것은 다른 문제다. 그동안 클라우드 스토리지의 가격은 급격히 하락해왔다. 2014년 앱제로(AppZero) 창립자 그렉 오코너(Greg O'Connor)는 "클라우드 서비스 가격이 약 3년마다 50퍼센트씩 떨어진다"면서 이를 아마존 창립자 제프 베이조스(Jeff Bezos)의 이름을 따 '베이조스의 법칙(Bezos's Law)'이라 불렀다. 그리고 클라우드 스토리지 산업은 어느 정도 그 예측에 맞는 방향으로 흘러왔다.*** 이처럼 데이터 스토리지 서비스 가격이 파격적으로 낮아지는 상황에서는 기업의 사용량이 늘어나도 명목 지출은 훨씬 감소하게 된다(따라서 디플레이터를 적용해 명목 지출을 실질화시켜야 한다).

클라우드 이용 증가는 회계 영역에서 두 번째 문제를 야기한다. 온디맨드 방식 디지털 인프라의 부상으로 기업들은 서버 같은 고정 자본 설비 대신 클라우드 서비스를 택하고 있다. 물리적 장비의 소유에서 서비스를 빌려 쓰는 방식으로 변화하는 것을 대차대조표

● "2013년과 2018년 전 세계 소비자 클라우드 서비스 이용자 수(Number of consumer cloud-based service users worldwide in 2013 and 2018)", 스태티스타(Statista), 2013년.
●● "플렉세라 2020 클라우드 현황 보고서(Flexera 2020 State of the Cloud Report)", 플렉세라, 2020년.
●●● 빌 수퍼노어(Bill Supernor), "클라우드 컴퓨팅 가격이 급격히 낮아지는 이유(Why the cost of cloud computing is dropping dramatically)", 〈앱 디벨로퍼 매거진(App Developer Magazine)〉, 2018년 1월. 그렉 오코너, "이제는 무어의 법칙 대신 베이조스의 법칙이다(Moore's law gives way to Bezos's law)", 〈기가옴(Gigaom)〉, 2014년 4월.

에 어떻게 반영해야 할까? 클라우드 사용은 다른 기업이 소유한 장비를 빌려서 쓰는 것과 비슷하다. 그러나 많은 기업이 클라우드 비용을 설비 투자 비용으로 분류하고 싶어 한다. 자신이 사용비를 지불하는 디지털 인프라를 소유하는 것처럼 말이다. 그리고 가장 최근 규정인 국제회계기준(IFRS 16)도 그런 관점의 회계 처리를 용이하게 만들고 있다. 기업 입장에서는 설비 투자 비용이 증가하는 것으로 생각하지만 정부 입장에서는 설비 투자 비용이 감소한다고 판단할 수 있다. 그렇다면 기업들이 설비 투자를 더 적게 하고도 더 많은 생산량을 달성한다는 얘긴데 이는 전통적인 정책 사고와 상충하는 현상이다.

세 번째 문제는 경제 활동 자체의 위치를 특정하는 것과 관련된다. 미국의 주요 클라우드 컴퓨팅 업체들이 서비스를 제공하는 각 해외 시장들의 당국에 자신의 투자 지출을 보고하고 있는지 확실하지 않다. 우리는 '이것은 과연 누구의 클라우드인가'라는 정치적 게임 쇼를 상상해볼 수 있다. 각 나라가 자신의 국경 안에서 이뤄지는 클라우드 서비스를 자국 경제 활동으로 간주해야 한다고 주장하고, 서비스 제공 업체가 속한 나라 역시 똑같은 주장을 하는 상황 말이다. 클라우드 서비스는 대개 훨씬 더 큰 조직에 속한 사업 부문이므로(구글은 검색엔진, 아마존은 소매업, 마이크로소프트는 소프트웨어가 주력이고 클라우드 사업은 그다음이다), 이들 기업은 영향력을 높이기 위해 해외 클라우드 사업 활동을 자신의 사업 본부가 위치한 나라에서 회계 장부에 올리려는 인센티브를 지닌다. 이들 세 주요 제공 업체는 해외 클라우드 사업 활동의 근거지를 자국으로 삼으려 할 것이다. 경제에 대한 기여도가 다른 나라들로 옮겨가는 것을 막는 것이다. 그렇다면 이중 계산의 위험이 생긴다. 서비스를 이용하는 다른 나라들도 각자의 측정 수단을 이용해 자국 시장에서 동일한 클라우드 서비스 활동을 측정할 가능성이 있기 때문이다.

클라우드 서비스의 통계적 측정에 수반되는 난문제는 제번스 패러독스(Jevons Paradox)를 상기시킨다. 이 패러독스는 스토리지 가격이 낮아지면 사용량이 더욱 늘어나게 됨을 암시한다. 19세기 영국 경제학자 윌리엄 스탠리 제번스(William Stanley Jevons)는 저서 《석탄 문제(The Coal Question)》에서 기술 발전으로 석탄 에너지 효율이 높아져도 사람들의 석탄 소비량이 줄어들지 않는다고 주장했다. "연료의 효율적 사용이 소비를 감소시킨다고 생각하는 것은 완전히 착각이다. 오히려 그 반대로 사용량이 더욱 늘어난다." 제번스 패러독스의 예는 주변에서 쉽게 볼 수 있다. 냉장고는 과거에 비해 에너지 효율이 높아졌고, 따라서 우리는 점점 더 큰 냉장고를 구매하고 효율이 높아진 냉장 기술을 더 많이 사용한다. 자동차도 연료 효율이 높아졌으므로 사람들은 자동차를 더 구매하고 훨씬 더 먼 거리를 운전해 다니면서 연료를 더 많이 소비한다. 클라우드도 비슷하다. 클라우드에 데이터를 저장하는 가격이 싸질수록 더 많은 이들이 클라우드를 이용한다. 도로에 차선 개수를 늘리면 다니는 자동차가 많아지고, 하늘에 공간이 늘어나면 더 많은 구름이 생기는 법이다.

GDP라는 개념은 그동안 역사 속에서 나름의 부침을 겪어왔다. 하지만 이 경우엔 클라우드 속에서 결국 길을 잃을 가능성이 있다.

정부가 통계를 내는 방식은 관성에 의존하면서 과거 사건들을 소환하는 자료를 이용하는 경우가 많고, 따라서 가격 하락, 회계 처리 방식, 경제 활동의 위치 중복 등의 영향 요인을 고려하기 힘들 것이다.

게다가 이런 문제도 있다. 설령 한 나라가 새로 등장한 요인과 변화를 정확히 고려해 경제를 측정한다 할지라도 다른 나라들은 의도적으로 기존 방식을 고수할 수도 있다. 새로운 통계 도구로 측정해서 나온, 경제 상황에 관한 보다 정확한 그림이 경제가 기존 도구로 측정했을 때만큼 건실하지 않음을 보여주면, 전통적 도구와 그것이 만들어내는 부풀려진 경제 평가치를 고수하려는 인센티브를 갖게 되는 것이다. 정부는 자국 경제가 탄탄해 보이게 만드는 자료는 발표하고 그렇지 못한 자료는 공개하지 않으려는 인센티브를 갖는다. 그로 인해 국민들이 모종의 고통을 겪는다 할지라도 말이다.

우리 삶 속의 실제 경제가 클라우드라는 새로운 줄기를 붙잡으면서 기업들은 더욱 생산성이 높아졌지만, 그것의 측정 임무를 맡은 정부는 여전히 낡은 줄기를 붙잡고 있고 그 결과 우리의 현재 상태를 잘못 판단하고 있는 것 같다. 클라우드는 현재 상태를 바라보는 잘못된 관점 때문에 익숙한 것을 놓기를 두려워하게 된다는 사실을 보여주는 수많은 사례 중 하나일 뿐이다.

GDP는 사람들이 재화와 서비스에 지불한 돈을 토대로 산출된다. 무료인 재화나 서비스는 GDP에 포함되지 않는다. 페이스북과 구글은 대표적인 글로벌 거대 기업이며 이들의 주요 상품(페이스북의 소셜 미디어 플랫폼, 구글의 검색 플랫폼)은 사용 비용이 무료다. 페이스북이나 지메일, 위키피디아 같은 무료 정보재가 우리 삶에서 차지하는 비중은 계속 커지고 있지만 이것들은 경제적 통계에 나타나지 않는다. 리서치 회사 이마케터(eMarketer)의 자료에 따르면 코로나19의 영향으로 2020년 미국 소비자들이 페이스북이나 유튜브 같은 미디어 포맷들을 사용하는 평균 시간은 하루 1시간 이상 증가한 13시간 35분이 될 것이라 한다.[●] 그러나 오늘날 정보 부문이 전체 경제에서 차지하는 비율은 약 4.7퍼센트이며 이는 이러한 미디어 포맷들 대부분이 등장하기 훨씬 전인 1997년과 동일한 수준이다. 그렇다면 경제의 상당 부분이 GDP에 반영되지 않고 있다는 얘기가 된다.

경제 규모가 실제보다 낮게 측정되고 있다면 이를 바로잡는 가장 좋은 방법은 소비자 잉여라는 개념을 다시 소환하는 것이다. 소비자 잉여는 특정 재화나 서비스에 대해 소비자가 지불할 용의가 있는 최대 금액과 실제로 지불하는 금액의 차이다. 4장에서 언급했던 중고 바이닐 거래 사이트 디스코그스에서 거래하는 상황을 가정해보자. 만일 당신이 〈인 레인보우즈〉 고급 박스 세트에 최대 91파운드까지 지불할 의사가 있었는데 실제로 40파운드를 주고 구매했다면 이때 소비자 잉여는 51파운드다. 소비자의 지출액은 쉽게 측정할 수 있지만 소비자 잉여는 그렇지 않다.

● 마크 돌리버(Mark Dolliver), "2020년 미국인의 미디어 소비 시간: 코로나19 발생 시기 및 그 이후 소비자 사용량의 증가(US Time Spent with Media 2020: Gains in Consumer Usage During the Year of COVID-19 and Beyond)", 이마케터, 2020년 4월.

우리는 사용자들이 페이스북 같은 무료 정보재의 가치를 얼마큼이라 평가하는지 어떻게 알아낼 수 있을까? 무료 재화의 소비자 잉여를 알아보는 가장 간단한 방법은 사용자들에게 무료 재화의 이용을 포기해야 하는 상황을 피하기 위해 돈을 얼마나 지불할 용의가 있는지 물어보는 것이다. 매사추세츠공과대학교(MIT)의 에릭 브린욜프슨(Erik Brynjolfsson), 아비나시 콜리스(Avinash Collis), 이재준(Jae-Joon Lee)은 '경제 측정 프로젝트(Measuring the Economy Project)'를 진행하면서 이 주제와 관련해 의미 있는 시도를 했다. 브린욜프슨과 콜리스는 〈하버드비즈니스리뷰〉에 실은 글에서 자신들의 연구 과정을 이렇게 설명했다.•

── 우리는 참가자들에게 선택을 요청한다. 일부 경우에는 그들에게 다양한 재화 중 하나를 선택하게 한다(예: '한 달 동안 사용하지 못하게 된다면 위키피디아 또는 페이스북 중 어느 것을 포기하겠습니까?'). 다른 경우에는 디지털 재화를 사용하거나, 또는 사용하지 않는 대신 금전적 보상을 받는 것, 둘 중 하나를 선택하게 한다('한 달 동안 위키피디아를 쓰지 않으면 10달러를 드리겠습니다. 어떻게 하겠습니까?'). 사람들의 진짜 속마음을 파악해야 하므로, 이후 우리는 그들이 실제로 해당 디지털 서비스를 이용하지 않아야만 금전적 보상을 제공한다.

● 에릭 브린욜프슨, 아비나시 콜리스, "디지털 경제를 어떻게 측정해야 하는가?(How Should We Measure the Digital Economy?)", 〈하버드비즈니스리뷰〉, 2019년 11~12월.

실험 참가자들의 답변으로 파악된 소비자 잉여는 꽤 폭넓은 범위에 걸쳐 있었다. 20퍼센트의 사람들은 불과 1달러를 받으면 한 달 동안 페이스북을 사용하지 않겠다고 했지만, 또 다른 20퍼센트는 금전적 보상이 1,000달러 이하이면 페이스북 사용을 포기하지 않겠다고 했다. 전체적으로 페이스북 이용자들이 답한 금액의 중앙 값은 48달러였다. 이 조사 결과 및 후속 연구를 종합한 결과, 연구팀은 2004년에서 2019년 사이 미국의 페이스북 이용자들이 해당 플랫폼에서 2,310억 달러의 가치를 얻었다고 결론 내렸다. 즉 거래를 기준으로 하는 경제 규모 측정치에 잡히지 않는 액수가 2,310억 달러인 것이다.

이와 같은 소비자 잉여 접근법을 비판하는 이들은 페이스북의 광고 수익이 이 플랫폼의 가치가 GDP에 반영된다는 증거라 말할 것이다. 그러나 연구팀은 미국의 연간 소비자 잉여가 1인당 약 500달러임을 발견했고 이는 연간 약 140달러에 불과한 사용자당 평균 매출보다 훨씬 높았다. 다시 말해 페이스북이 광고로 버는 수익이 이 기업이 사용자들에게 제공하는 가치보다 더 적다. 광고 수익은 소비자 잉여의 대체물이 되지 못하는 것이다.

MIT 연구팀은 이와 같은 잉여를 포착할 수 있는 새로운 경제 측정 지표 GDP-B를 제안했다. GDP-B의 B는 'Benefits(편익, 후생, 혜택)'을 의미한다. 소비자들이 무료 재화에서 얻는 가치와 편익을 수량화함으로써 기존 GDP를 보완하자는 개념이다. 입법자들이 이와 같은 편익을 고려한다면, 정책 입안 시 충분한 근거를 토대로 결정을 내릴 수 있을 뿐만 아니라 잘못된 현실 인식으로 정책이 먼저 나오고 나서 뒷받침하는 증거가 수집되는 함정을 피할 수 있을 것이다.

물론 대규모 선택 실험에는 나름의 한계가 있다. 첫째, 정확한 분석을 위해서는 모든 종류의 재화를 포함해야 하는데 그 수많은 품목을 측정은 고사하고 파악하기도 쉽지 않다. 둘째, 무료 재화는 편익과 동시에 비용도 발생시킨다. 예컨대 그런 재화가 우리의 크게 줄어든 주의력 지속 시간에 미치는 영향이 그렇다. 셋째, 무료 재화는 목적을 위한 수단으로 간주될 수도 있다. 유료 재화의 구매 촉진을 위한 로스 리더(loss leader)의 역할을 하는 것이다. 앞서 말한 페이스북의 소비자 잉여와 광고 수익의 차이는 사람들이 이 플랫폼에서 광고되는 상품의 구매에 지출하는 금액으로 갈음할 수 있을지도 모른다. 마지막으로, 사용자가 무료 재화에 실제로 돈을 지불하는 것보다 돈을 지불할 용의가 있다고 말하는 것이 더 쉽다는 것은 분명한 사실이다.

그럼에도 GDP-B 같은 새로운 개념을 무조건 배척하는 것은 기존 사고를 놓는 것에 대한 두려움의 표시다. 물론 새로운 지표의 한계를 강조하고 불분명한 계산법이라고 일축하면서 전통적 경제 지표와 통계라는 낡은 줄기를 고수하기는 쉽다. 그러나 그 낡은 줄기가 부적절하다는 사실을 부인하기가 점점 어려워지고 있다. 귀속 임대료와 인플레이션, 클라우드 사용량 증가의 사례에서 봤듯이 GDP를 집계하는 현재 방식에도 이미 불분명한 계산법이 수두룩하다. 대신 GDP-B는 우리에게 새로운 줄기를 붙잡으라고 촉구한다. 돈은 지불하지 않지만 갈수록 우리 삶에서 값을 따질 수 없을 만큼 중요해지고 있는 상품과 서비스에 대한 가치를 스스로 판단하라고 말이다.

우리에게 가치 있지만 측정은 되지 않는 무료 재화를 반영하는 GDP-B와 더불어 '현재 GDP(GDP-of-now)'라는 개념도 고려해볼 필요가 있다. 과거에 발생한 거래들을 합산하는 부적절한 측정법을 택하는 것이 아니라 일찍이 1934년에 쿠즈네츠도 말했듯 현재 우리의 '후생'을 파악하는 것이다.

프롤로그에서는 음악 산업이 남들과 다르게 이미 그런 모델을 채택했다는 점을 살펴봤다. 이 모델에서는 지난 분기의 음반 판매량에 의지하는 대신 새로운 데이터 툴을 활용해 사람들의 음악 소비를 실시간으로 파악한다. 이런 접근법은 건강(헬스클럽 회원 숫자로는 그중 몇 명이 실제로 헬스클럽을 이용하는지 알 수 없다), 교통(지난달 자동차 판매량으로는 현재 얼마나 많은 자동차가 이용되는지 알 수 없다), 주택(사람들이 어떤 생활을 하느냐를 파악하는 것이 어떤 주택이 판매됐느냐보다 더 중요하다) 등 다른 분야에도 적용할 수 있다. '현재 GDP'라는 지표를 고안하려면 정부의 공식 통계에서 이용하는 데이터보다 세분화 정도는 낮을지 몰라도 시의성은 더 높은 데이터를 활용해야 한다. 오늘날 기술 변화는 가속화되고 있는데 정부 통계는 그 속도를 따라가지 못하고 한참 뒤처져 있다는 점을 감안하면, 이것은 충분히 시도할 가치가 있는 트레이드오프다.

내가 '현재 GDP'를 떠올리게 된 데는 뜻밖의 계기가 있었다. 전혀 예상치 못한 일련의 사건 이후에 뜻밖의 인물을 통해서였다. 스포티파이에서 일할 때 PR 팀이 언론이나 대중과의 관계에 생겨난 골치 아픈 상황을 처리하는 과정을 돕는 것도 내 주요 업무 중 하나였다. 스포티파이는 테일러 스위프트(Taylor Swift, "나는 정당한 보상을 제공하지 않는 '실험'에 내 삶을 바친 작품을 제공하지 않겠다")부터 닐 영(Neil Young, "스트리밍 업체의 역사상 최악의 음질로 인해 내 음악이 평가 절하되길 원치 않는다")에 이르기까지 많은 아티스트에게 공격을 받아왔다. 심지어 런던 지사에서는 스포티파이의 휴게 공간에서 열리는 음악 공연에 대해 아래층 이웃이 불만을 토로했다. 만일 그 이웃이 라이브네이션(Live Nation, 세계적인 뮤직 엔터테인먼트 기업-옮긴이)이 아니었다면 그런 불만 제기는 이해할 만했을 것이다.

2018년 4월의 그날 아침 나는 출근하자마자 스포티파이가 이제 개인 정보 보호 단체들에게도 공격당하고 있다는 소식을 들었다. 영국 중앙은행인 뱅크오브잉글랜드(Bank of England)의 수석 경제학자 앤디 홀데인(Andy Haldane)이 킹스칼리지 경영대학원에서 연설하는 도중, 영국 중앙은행이 스포티파이 회원들의 개인 정보를 이용해 '국민 정서'를 가늠하고 있다는 식의 발언을 한 모양이었다.

〈가디언〉은 "'스포티파이의 트렌드가 국민 정서 판단에 도움이 될지도', 뱅크오브잉글랜드"라는 머리기사를 실었고, 곧 다른 많은 신문도 뒤따랐다. 〈파이낸셜타임스〉는 "스포티파이가 우리의 영혼과 지갑을 들여다보는 창이 되다"라는 기사를 냈다. 기술로 무장한 기업이 나라의 담보대출 비용에 영향을 미칠 수 있는 중앙은행과 고객의 개인 정보를 거래하고 있다면서 많은 이들이 분노의 목소리를 높였다.

전부 다 말도 안 되는 얘기였다. 스포티파이는 고객의 개인 정보를 거래하지 않았음은 물론이거니와 중앙은행도 그런 거래를 기대한 적이 없었다. 하지만 내가 기업과 대중의 관계에 대해 배운 한 가지 교훈이 있다면 부정적 뉴스는 변기에 꽉 막혀 좀처럼 내려가지 않는 배설물과 비슷하다는 것이다. 자신이 초래한 후폭풍 때문에 미안했던 모양인지, 홀데인은 자기 입장을 해명하기 위해 소호 중심가[존 손(John Soane) 경이 설계한, 포틀랜드석으로 꾸며진 중앙은행과는 완전히 다른 분위기다]의 스포티파이 사무실을 직접 찾아오겠다고 밝혔다. 이것은 스포티파이로서도 처음 있는 일이었다. 이곳에서 콜드플레이(Coldplay) 같은 밴드들은 자주 공연하지만 영국 중앙은행 통화정책위원회의 핵심 인물이 찾아온 적은 한 번도 없었다.

홀데인은 자신의 발언이 가져온 여파를 인정하면서 깊이 사과했다. 그러고는 자신이 한 발언의 배경을 설명했다. "우리는 3개월 전 제조업 분야의 통계를 참고해 이번 주 후반에 금리를 정해야 합니다. 내 생각에는 제조업 수주량에 대한 철 지난 자료로는 상황 파악에 한계가 있습니다. 게다가 거기서 뭔가 파악한다 해도 거기에는 우리가 정말 알아야 할 것이 빠져 있습니다. 국민 정서 말입니다. 지난 분기에 자동차가 얼마나 생산됐는지가 아니라 현재 국민이 무엇을 느끼고 있는지를 파악해야 합니다."

이 말에 방 안에 있던 스포티파이 직원들이 전부 귀를 쫑긋 세웠다. 홀데인은 말을 이었다. "브렉시트와 관련해 계속 진행되는 협상과 논의들을 생각해보십시오. 지금 영국 국민들은 굉장히 불안할 겁니다. 아마도 금리에 대한 그들의 반응에는 지난 분기 자동차 생산량보다 불안감이 훨씬 큰 영향을 미칠 겁니다. 나는 국민 정서를 알려주는 실시간 신호를 찾기 위해 최대한 많은 곳을 살펴본 후 정책을 구상하고 싶습니다. 바로 그래서 스포티파이를 언급한 겁니다."

불안감이 핵심이었다. 당시 영국에 있는 많은 이들(특히 브렉시트 찬반 여부를 묻는 국민투표에 참여하지 않은, 영국 내의 많은 유럽인들)이 불확실성으로 가득한 브렉시트 추진 과정의 결과를 불안해하고 있었지만 그 불안감을 포착할 수 있는 경제 통계나 지표는 존재하지 않았다. 모든 경제 지표가 밝은 상태라 해도 금리의 작은 움직임이 불안감 수준을 확 끌어올려 소비자 행동의 급격한 변화를 초래할 수 있다.

홀데인의 이야기를 들으면서 나는 시의성과 데이터 세분화의 트레이드오프를 다시 떠올렸다. 우리는 시간이 흐른 후 세분화 정도가 높은 데이터를 이용할 수도 있고, 아니면 지금 당장 세분화 정도가 낮은 데이터를 이용할 수도 있다. 가장 구체적이고 확실한 생산량 통계도 홀데인이 정말로 알고 싶어 하는 것에 대한 질문을 이끌어낼 수 없었으며 당연히 그에 대한 답도 줄 수 없었다. '지금 국민들이 무엇을 느끼고 있는가'라는 질문 말이다. 홀데인은 스포티파이가 실시간 데이터를 파악하므로 그것이 실시간 국민 정서를 드러낼지 모른다고 생각했다. 현재 영국에 사는 사람들은 브렉시트로 인한 불안감을 느끼고 있는가? 만일 그렇다면 금리 인상이 그들에게 어떤 영향을 미칠 것인가? 사람들의 정서는 생산량 통계보다 훨씬 더 중요하다. 지난 분기의 GDP는 이 질문의 답을 찾으려는 시도조차 하지 않지만 '현재 GDP'라는 개념은 그 답을 찾을 수 있을지 모른다.

타잔 경제학과 관련해 홀데인의 사례가 주는 교훈은 이것이다. 새로운 접근법에 대한 두려움은 스스로 만들어내는 것이다. 우리가 두려움 뒤에 무엇이 존재하는지 알아내려는 노력을 하지 않기 때문에 두려움이 생긴다. 따라서 과거의 생산량 수치가 아니라 현재 우리가 무엇을 느끼고 있는지 실시간으로 파악하는 일이 중요하다.

현 상태를 판단하는 완전히 다른 접근법을 택해야 한다고 말하는 것과 그것을 실천하는 것은 다른 문제다. 정부에서 경제를 측정해온 방식은 그릇된 확실성을 만들어냈고, 그런 확실성은 사람들 마음속에 매우 뿌리 깊게 박혀서 낯설고 새로운 대안의 리스크를 과장해서 받아들이게 한다. 우리는 GDP라는 단순한 지표를 받아들이는 데는 익숙하지만 소득과 생산량, 지출의 측정을 모두 합리적으로 반영하기 위한 낯설고 혼란스러운 묘책은 알고 싶어 하지 않는다. 앞으로 언제고 경제 전문가가 저녁 뉴스에 나와 GDP에 나타난 소수점 단위의 작은 변동을 언급하면서 "우리 모두가 조금 더 잘살게 됐다고 느껴도 되는 거죠"라는 식으로 말하면, 실제로 모두가 그렇게 느끼고 있다는 확신이 당신 마음속에 드는지 스스로 질문을 던져보라.

코로나19 위기는 이런 문제를 훨씬 더 부각시키고 있다. 전례 없는 전염병과 일련의 상황 전개 속에서 외견상의 전문가들은 봉쇄 이후의 경제 회복을 예측하며 알파벳 문자를 동원한 지나치게 단순화한 전망을 내놓곤 한다. 그들은 V자형(짧고 강렬한 침체기를 겪음) 또는 U자형(침체기가 좀 더 길게 나타남) 회복을 들먹인다. 나는 그들을 보면서 저지 코진스키(Jerzy Kosinski)가 쓴 소설 《정원사 챈스의 외출》의 주인공 촌시 가디너를 떠올렸다.

1979년 피터 셀러스(Peter Sellers) 주연의 영화로도 제작된 이 소설은 지능이 떨어지는 정원사 챈스를 통해 사회를 풍자한 우화다. 평생을 정원사로 살아온 챈스에게는 정원의 식물과 TV에서 본 세상이 그가 아는 세상의 전부다. 의도치 않게 상황이 꼬이면서 정원사 챈스는 사람들 사이에서 '촌시 가디너'가 되고 이후 사교계와 정계, 재계의 상류층을 만나는 자리에 불려 다닌다. 촌시가 백악관에 들어가는 장면에는 유미르 데오다토(Eumir Deodato)가 재즈 펑크 스타일로 편곡한 "차라투스트라는 이렇게 말했다"(영화 〈2001: 스페이스 오디세이〉에 사용된 음악)가 배경으로 깔린다. 대통령은 물론이고 그의 경제 보좌관들도 촌시의 조언을 앞다퉈 들으려 하는데, 그들은 촌시가 정원을 떠올리며 한 단순한 말을 거시 경제학에 대한 심오한 비유로 받아들인다. 귀가 얇은 대통령 '바비'는 정원 일에 대한 촌시의 접근법에 홀딱 반해, 급기야 연설에서 그의 말을 인용하면서 국민들에게 현 상황이 겉으로 보이는 것처럼 나쁘지만은 않을 수도 있다고 말한다.

━━ 나는 촌시 가디너 씨가 이 나라를 바라보는 관점이 우리에게도 필요하다고 생각합니다. 누구보다 직관적인 가디너 씨의 말을 인용하자면, '산업의 뿌리가 국가라는 토양에 굳건히 박

혀 있는 한 경제 전망은 틀림없이 밝습니다'. (…) 그러므로 나는 현재 위치를 다시 생각해보며 또 다른 해법을 찾을 것입니다. (…) 여러분, 가을과 겨울에 불가피하게 찾아오는 추위와 폭풍을 두려워하지 맙시다. 대신 만물이 빠르게 소생하는 봄을 기대합시다. 여름이 가져다줄 보상을 기다립시다. 정원을 가꿀 때처럼 나무가 앙상해지는 계절과 열매를 딸 수 있는 계절이 있다는 사실을 받아들이고 이해합시다.

풍자적인 소설 속 등장인물 촌시가 실제 인물(생존했든 죽었든)이나 실제 상황과 닮은 측면이 혹시 있다면 순전히 우연의 일치라는 점은 기억할 필요가 있다. 그럼에도 작가는 그의 입에서 나오는 정원 이야기를 통해 당시 전문가들의 경제 담론 수준을 조롱한 것이다. 마찬가지로 우리 역시 자신감을 갖고 질문을 던질 필요가 있다. 현재 V자형, U자형 운운하는 말들이 과연 경제 회복 전망을 제대로 나타내고 있는가?

낡은 줄기를 손에서 놓기 위해서는 먼저 위험(risk)과 불확실성(uncertainty)의 차이를 알아야 한다. 존 케이(John Kay)와 머빈 킹(Mervyn King, 영국 중앙은행 전 총재)은 공저 《근본적 불확실성(Radical Uncertainty)》에서 과거에 경제학은 불확실성과 그것이 만들어내는 미스터리를 이해하려고 애쓰는 학문이었다고 주장한다. 그러나 오늘날 경제학은 확률론적 난문제에, 그리고 위험을 계산하기 위한 방법과 테크닉에 더 골몰한다. 그 결과 비유동적이고 쉽게 수량화할 수 있는 문제와 정확성에 집착하게 됐으며 정부에서도 쉽게 측

7. 우리의 현재 상태 판단하기 |

정할 수 없는 데이터는 무시하곤 한다.

제조업 생산 수치의 증가 및 하락과 같은 난문제는 명확한 정의가 가능하고 문제 해결 시 폭넓은 합의가 형성되는 반면, 국민 불안감 수준 같은 불확실성 이슈는 합의를 만들어내지 못하는 경우가 많다. 정책 입안자들 입장에서는 폭넓은 합의를 도출할 수 있고 명확히 정의되는 문제가 편할 것이다. 그들은 "연이은 두 분기의 통계 자료를 보면 현재 우리는 경기 침체기에 들어섰다" 하는 식의 분석을 선호한다. 하지만 그렇다고 해서 확실성은 훨씬 부족할지라도 우리의 진정한 발전에 훨씬 더 중요할 수도 있는 미스터리를 해결할 필요성을 무시해서는 안 된다.

앞서 언급한 홀데인 사례를 다시 떠올리자면, 몇 개월 전의 제조업에 관한 다량의 세분화된 데이터는 구체적이고 명확히 정의된 데이터세트를 제공해줄 것이고 이를 활용해 수학자들은 중앙은행의 금리 결정에 수반되는 위험을 계산할 수 있다. 그러나 그 데이터는 브렉시트를 마주하고 불안감에 가득 찬 영국인들의 삶에 대한 실제적 그림은 보여주지 못한다. 그 그림을 얻으려면 수치로 쉽게 환산되지 않는 삶의 요소들을, 우리 시대의 불확실성들을 평가해야 한다. 불안감 같은 요소 말이다. 다음 장에서 살펴보겠지만 우리에게는 더 많은 '틱데이터(thick data)'가 필요하다. 설령 그 데이터가 측정하기 더 어렵다 할지라도 말이다.

우리는 머릿속의 아이디어가 우리가 살고 있는 집보다 더 중요해지는 뉴노멀 시대가 됐음을 살펴봤다. 그런 아이디어들의 가치가 GDP에 제대로 반영될 가능성이 거의 없다는 점도 살펴봤다. 각각의 경제 성과를 가진 나라들의 국경이 존재함에도 우리의 경제 활동은 국경 없는 클라우드로 계속 이동하고 있다. GDP-B와 현재 GDP는 확률론적 난문제에 집착하는 대신 쉽게 수량화되지 않는 미스터리들의 불확실성을 다룰 수 있게 도와주는 두 가지 길잡이다. 앞장에서 말한 전환적 사고의 필요성을 떠올려보라. 만일 우리의 현재 상태 측정이라는 과제를 단순히 합리적 사고로 해결할 수 있다면, 즉 올바른 데이터를 찾아 올바른 방정식에 끼워 넣기만 하면 정확한 답이 나온다면 벌써 그렇게 했을 것이다.

현재 상태를 정확히 판단하면 앞으로 나아갈 방향에 대한 자신감은 커지고 불필요한 두려움은 줄어든다. 기술이 우리 삶에 미치는 영향에 대한 우려가 과장되게 보도되는 부분적 이유는 기술의 이로움이 과소평가되기 때문이다. 위키피디아가 경제에 기여하는 가치가 군사 무기 제조의 경우와 같은 방식으로 산출된다면 어떨지 상상해보라. GDP 같은 척도는 현재 우리가 던져야 하는 질문들에 답해줄 수 없게끔 설계돼 있다. 심지어 이 개념을 개발한 쿠즈네츠도 그렇게 말했다. 만일 GDP라는 개념을 폐기한다면 완전히 새로운 세상이 시작될 것이다. 완전한 백지 상태에서 우리의 현 상태를 판단하는 작업에 착수하게 될 것이다.

현재 겪고 있는 코로나19 위기는 기존 방식을 고수하려는 변명에 더는 의존할 수 없게 만들었다. 경제가 급격히 악화되자 경제를 측정하려는 모든 시도가 무의미해졌다. 공교육 영역의 소득 지표는 해고된 교사가 없으므로 안정되게 나타났겠지만 아이들이 학교에 가지 않았으므로 산출물(교육 성과) 지표는 크게 떨어졌을 것이다. 따라서 GDP를 정확히 계산하려면 이 이질적인 두 수치를 결합할 방안을 찾아야 한다. 전문가들은 코로나19로 인한 경제 수축을 과거의 대공황에 비견했지만(앞서 말한 '비관론의 역설'이 떠오른다) 주식 시장은 일시 하락 후 전에 없던 기세로 빠르게 회복했다. 시스템에 뭔가 문제가 있다.

우리는 중요한 것은 제대로 측정되지 않고 중요하지 않은 것이 측정되는 세상에 살고 있다. 미국 경제에 대한 스마트폰 발명의 기여도는 매우 낮다. 스마트폰이 미국인 수억 명의 삶을 변화시켰지만 '부가가치' 부분이 아시아의 생산 기지에 배치되기 때문이다. 한편 자동차 사고 발생은 경제 기여도 측면에서 긍정적 승수 효과를 발생시킨다. 긴급 출동 서비스, 보험 시장, 새로 구매되는 자동차 생산 및 소비 등의 측정 가능한 산출물이 사용되기 때문이다. 시스템에 뭔가 문제가 있다.

내가 좋아하는 영화 〈모두가 대통령의 사람들〉에는 매우 인상적인 장면이 나온다. 밥 우드워드 기자가 비밀스러운 취재원 '딥 스로트'를 어둑한 주차장에서 만나는 장면이다. 워터게이트 사건을 파고들던 우드워드는 여기에 백악관이 개입돼 있음을 점점 직감하면서 자신이 너무 깊이 들어왔을지 모른다는 두려움을 느낀다. 딥 스로트는 우드워드를 진정시키며 말한다. "언론에서 백악관에 대해 만들어낸 신화 따위는 잊어버려. 사실 그들은 똑똑한 인간들이 전혀 아니야. 상황을 감당하지도 못해."

외견상의 전문가들이 철 지난 통계 자료를 이용해 경제를 분석하는 것을 들을 때 우리도 그런 시각이 필요하다. 사실 그들의 주장은 별로 똑똑하지도 않고 통계 자료는 전혀 믿음직스럽지 않다는 시각 말이다.

눈앞의 통계에 의심이 드는 순간 재빨리 머리를 작동시켜 우리의 현 상태를 판단하기 위한 더 신뢰할 만한 무언가를 구축하는 일이 필요하다. 여기에는 불가피하게 데이터가, 그것도 다량의 빅데이터가 필요하다. 하지만 우리는 두 번째 로리즘을 잊어서는 안 된다. 로리즘은 모든 빅데이터가 발생한 기원이 과거라는 사실을 우리에게 상기시킨다.

8

빅데이터와 큰 실수

펜실베이니아대학교의 경제학자 프랜시스 다이볼드(Francis Diebold)
는 한 지면에 이렇게 썼다. "경제학과 통계학, 컴퓨터과학에서 널리
쓰이는 '빅데이터(Big Data)'라는 용어는 1990년대 중반 존 매시(John
Mashey)가 중심인물로 참석한 실리콘그래픽스(Silicon Graphics)의 점
심 식사 자리에서 처음 등장한 것 같다."● 아마존에는 제목에 '빅데
이터'라는 단어가 포함된 책이 9,000권 이상이다. 어떤 책들은 빅데
이터를 엑셀로 다룰 수 있다고 말하고, 어떤 책들은 크기가 너무 커
서 스프레드시트에 담을 수 없어야 빅데이터라고 말한다. 심지어 어

● 프랜시스 다이볼드, "'빅데이터'의 기원과 발전에 대하여: 현상과 용어, 학문 분야로서의 빅데이터[On
the Origin(s) and Development of "Big Data": The Phenomenon, the Term, and the Discipline]",
2019년 보고서.

떤 이들은 빅데이터와 빅파머(big pharma, 거대 제약 회사)를 늘 연관 지어 설명한다. 실제 데이터 내용보다는 그 데이터를 활용하는 기업들의 규모에 초점을 둔 탓이다.

내가 취하는 관점은 좀 다르다. 빅데이터라는 말을 쓰려면 데이터가 수량화 편향(quantification bias)이라는 큰 문제를 일으킬 만큼 커야 한다. 수량화 편향이라는 용어는 뒤에서 다시 언급할 트리시아 왕(Tricia Wang)에 의해 널리 알려졌다. 수량화 편향은 측정 불가능한 것보다 측정 가능한 것을 선호하며, 측정할 수 없는 것은 중요하지 않다고(또는 심지어 아예 존재하지 않는다고) 치부한다. 수량화 편향은 우리가 일하는 방식과 노력을 기울일 대상을 선택하는 데 영향을 미친다. 더 중요하게는 우리가 일한 성과를 평가받는 방식에도 영향을 미친다. 수량화 편향은 심지어 취업에도 영향을 미칠 수 있다. 최근에는 채용 면접에서 AI(인공지능) 소프트웨어를 활용하는 기업이 늘고 있다. 심각하게 편향된 결정을 낳는다는 증거에도 불구하고 말이다.

수량화 편향은 데이터를 발생시키는 행동을 그렇지 않은 행동보다 더 중요하게 간주하면서 우선시하는 문제점을 지닌다. 조직 내에 두 명의 근로자가 있다고 가정하자. 한 명이 맡은 업무는 좋은 일이 일어나게 만드는 것이고, 다른 한 명이 맡은 업무는 나쁜 일이 일어나지 않게 예방하는 것이다. 전자는 업무를 완료하면 다량의 실제 데이터가 생긴다. 즉 이것은 측정 불가능한 미발생 데이터가 아니라 측정 가능한 발생 데이터다. 하지만 예방하는 일을 맡은 후자의 경우 일을 끝내도 측정 가능한 데이터가 발생하지 않는다.

즉 이것은 측정 불가능한 미발생 데이터다. 수량화 편향은 후자의 근로자를 불리한 입장에 빠트린다. 이 근로자는 일을 잘하면 티가 나지 않고 일을 제대로 못하면 금세 눈에 띈다.

이런 현상은 기업의 PR 및 커뮤니케이션 부서에서 자주 나타난다. 이런 부서에는 대개 두 가지 핵심 업무가 있다. 일부 직원들은 매출이나 기업 성과 통계와 관련된 긍정적 언론 보도가 나가도록 힘쓴다. 빅데이터는 그들의 친구다. 긍정적 헤드라인이 많이 나올수록 기업 브랜드, 제품이나 서비스의 인지도가 높아지고 그러면 측정할 데이터도 더 많아진다.

한편 다른 직원들은 부정적 보도를 막는 일을 한다. 이들은 하루 중 많은 시간을 전화기에 매달려 기업 이미지를 손상시키는 보도가 나가지 않게 막느라 분주하다. 이들은 성공적으로 업무를 해내도 측정 가능한 결과물이 생기지 않는다. 원치 않는 결과의 부재가 곧 결과물이니까 말이다. 이들은 부정적인 발생 데이터를 안전한 미발생 데이터로 바꿔놓는다. 그러나 이 중요한 미발생 데이터는 아무리 쌓여도 눈에 보이지 않는다.

수량화 편향은 측정 불가능한 예방보다 측정 가능한 성취를 더 선호한다. 우리는 체크할 수 없는 가정적 상황이 아니라 체크할 수 있는 기준만을 토대로 성과를 측정한다. 승진 심사 자리에서는 무엇을 성취했느냐는 질문을 받지, 무엇을 예방했는지 설명할 시간은 거의 주어지지 않는다. 이런 불균형은 비단 직원 사기뿐만 아니라 조직의 전략에도 영향을 미칠 수 있다.

요즘은 빅데이터의 황금기라 해도 과언이 아니다. 기업들은 더 많은 데이터 과학자를 채용하고, 점점 더 큰 데이터세트를 처리할 도구를 이용 및 개발하고 있다. 이는 대체로 좋은 현상이며 수많은 책과 블로그에서도 그런 변화를 긍정적 의미로 해석한다. 그러나 빅데이터가 큰 실수를 초래하는 상황을 피하려면 한 발 뒤로 물러나 빅데이터의 폭증이 야기할 수 있는 문제를 짚어봐야 한다. 빅데이터가 가져오는 커다란 진보에 의문을 제기하는 사람은 아무도 없다. 그러나 큰 실수들을 간과할 위험은 줄여야 한다.

디스커버 위클리(Discover Weekly, 스포티파이 한글 버전에서는 '새 위클리 추천곡'-옮긴이) 플레이리스트는 스포티파이에게도 그리고 미디어 산업 입장에서도 일종의 패러다임 전환을 의미했다. 오랫동안 스포티파이는 자사가 지닌 음악 큐레이션 기술을 자랑해왔지만 그 기술이 최적화된 서비스는 충분히 구현하지 못하고 있었다. 2015년 초여름 스포티파이 월 이용자 수는 1억 명에 가까워지고 있었다. 그들 각각에게 맞는 개인 맞춤형 플레이리스트를 만들 방법은 없을까? 2015년 7월 20일(그달의 셋째 월요일)에 세상 사람들은 이 질문에 대한 답을 목격했다. 이날은 디스커버 위클리 서비스가 론칭한 날이다.

디스커버 위클리는 단순히 새로운 음악을 소개하는 플레이리스트가 아니었다. 그것은 미디어 소비 방식의 커다란 발전을 의미했다. '일대다 관계' 모델에서 '수많은 일대일 관계' 모델로의 변화였기 때문이다. 디스커버 위클리 플레이리스트를 통해 모든 스포티파이 사용자는 매주 월요일에 자신만을 위해 선별된 30곡의 음악을 추천받았다. 그들 각자가 추천받는 플레이리스트의 구성은 전부 달랐다. 그리고 매주 일요일 밤이면 이 30곡은 사라지고 또 다른 새로운 30곡이 채워졌다. 서비스 개시 이후 일 년도 안 돼 디스커버 위클리를 이용한 사람은 4,000만 명에 이르렀고 50억 곡 이상이 스트리밍됐다.[•]

디스커버 위클리의 성공 비결은 두 가지 요인에 있었다. 첫째, 스포티파이는 사용자들의 라이브러리에 있는 모든 음악을 파악하고 사용자가 음악을 듣거나 플레이리스트에 추가할 때마다 생성되는 데이터를 수집했다. 둘째, 그 데이터를 분석해 각 사용자의 음악 취향 패턴을 알아내는 기술을 개발했다. 스포티파이는 월요일 아침마다 영리한 필터링 작업을 수행해 다른 사용자들의 플레이리스트에는 있지만 당신은 모르고 있던 음악들로 이뤄진 추천 리스트를 제공했다. 그렇게 각 사용자 취향에 정확히 맞는 고유한 플레이리스트가 탄생한 것이다.

스포티파이는 대규모 개인 맞춤형 큐레이션을 실현했다. 디스커버 위클리는 음악 수요에 즉각 영향을 미쳤다. 소비자들이 음반사의 전통적 홍보의 영향권에서 벗어나 민주적 방식으로 콘텐츠에 접근하게 만들었다. 음반사들은 두 가지 반응을 보였다. "디스커버 위클리는 정말 놀라운 서비스다!"와 "어떻게 하면 우리가 거기에 영향을 미칠 수 있을까?"였다. 하지만 디스커버 위클리가 놀라운

● 벤 포퍼(Ben Popper), "스포티파이의 디스커버 위클리, 이용자 4,000만 명과 50억 곡 스트리밍 달성: 사내의 실험적 프로젝트가 스포티파이의 가장 성공적인 상품 중 하나가 되다(Spotify's Discover Weekly reaches 40 million users and 5 billion tracks streamed: What started as an in-house hack has become one of the company's most successful products)", 〈버지(The Verge)〉, 2016년 5월.

서비스인 것은 그 어떤 음반사나 다른 외부 신호도 영향을 미칠 수 없기 때문이었다. 만일 외부 영향을 받을 수 있는 플레이리스트라면 그것은 더 이상 놀라운 서비스가 아니었다.

디스커버 위클리는 매슈 오글(Matthew Ogle)의 아이디어였다. 오글은 스포티파이에 합류하기 전에 해나 도노번(Hannah Donovan)과 함께 온라인 음악 공유 서비스인 '디스 이즈 마이 잼(This Is My Jam)'이라는 스타트업을 운영했다. 사용자가 일주일에 한 곡을 자신의 '잼'으로 선택해서 소셜 네트워크에서 공유하고 친구들이 선택한 곡들로 이뤄진 플레이리스트도 들을 수 있는 사이트였다. 도노번은 이 사이트의 매력을 설명하면서 빅데이터 대신 '노터블 데이터(notable data)'라는 표현을 사용했다('notable'은 '중요한, 주목할 만한'이란 뜻 – 옮긴이). 이 사이트는 최대한 많은 데이터를 포착하려 애쓰는 대신 중요한 하나의 데이터 조각(사용자가 친구들과 꼭 공유하고 싶은 노래 한 곡)에 집중했기 때문이다.

오글은 2015년 1월 15일 스포티파이에 첫 출근했고, 그가 이끄는 팀은 2015년 7월 20일 월요일에 디스커버 위클리를 세상에 공개했다. 불과 반년 만이었다. '애자일(agile)'의 의미를 논하는 수많은 콘퍼런스 및 파워포인트 자료와 상관없이 내가 생각하는 애자일의 정의는 간단하다. 한 개인이 음악의 민주화를 이뤄내면서 시장의 판도를 바꾸는 상품을 개발해낸다면(그것도 스포티파이에 출근하기 시작한 지 6개월 만에), 내 생각에는 그것이야말로 애자일 프로세스의 완벽한 예다.

공교롭게도 2015년 7월 음악 팬들을 찾아간 새로운 서비스는 디스커버 위클리뿐만이 아니었다. 디스커버 위클리가 론칭한 날은 애플 뮤직(Apple Music)이 서비스를 시작하고 한 달도 안 된 시점이 었다. 언론에서는 스포티파이를 다윗에, 애플을 골리앗에 비유했다. 틀린 말은 아니었다. 기술 업계의 거인 애플은 세계 최초로 1조 달러 규모의 기업으로 성장하는 중이었으니 말이다.

2015년 여름 〈빌보드〉의 글렌 피플스(Glenn Peoples)는 애플이 얼마나 거대해졌는지를, 그리고 애플 뮤직이 스포티파이만큼 구독자를 갖는다 해도 여전히 애플이라는 제국의 극히 일부분에 불과하다는 사실을 언급하며 이렇게 썼다.

— 애플의 거대한 규모를 생각해보라. 〈파이낸셜타임스〉에 따르면 분석가들은 애플의 이번 회계연도 매출이 2,320억 달러가 될 것으로 전망한다. 만일 애플 뮤직이 스포티파이처럼 2,000만 구독자를 모은다면 1년 매출은 19억 2,000만 달러가 될 것이고 이는 애플 연매출의 0.8퍼센트에 불과하다. 비유하건대 애플의 무게가 88킬로그램(미국 성인 남성의 평균 몸무게)이라면 애플 뮤직은 0.7킬로그램에 불과하다. 0.7킬로그램이면 오리지널 아이패드의 무게다.[•]

음악 스트리밍 시장에 새로 들어온 골리앗이 기존의 다윗을 처참히 무너트릴 것이라는 예상이었다. 하지만 디스커버 위클리의 론

● 글렌 피플스, "애플 뮤직의 목표: 약간의 구독자는 지금, 다량의 하드웨어 판매는 차후에(Apple Music's Goal: Some Subscribers Now, Lots of Hardware Sales Later)", 〈빌보드매거진〉, 2015년 6월.

칭은(그리고 예상치 못한 성공은) 스포티파이라는 성을 보호하는 해자 역할을 했다. 디스커버 위클리에서 전에 없던 수준의 빅데이터가 쏟아졌다. 스포티파이의 데이터 과학자들은 체류 시간(지속적으로 음악을 들은 시간의 길이), 건너뛴 곡(재생 시간이 30초를 넘지 않아 저작권료가 발생하지 않은 곡), 추가한 곡(사용자가 자신의 개인 플레이리스트에 추가한 곡) 등의 신호들을 분석했다. 데이터 양이 급속도로 늘어나자 그들은 이전에 별로 중요하지 않게 보였던 데이터에도 주목하기 시작했다. 일테면 시간대 같은 신호 말이다. 데이터 분석 결과 월요일 오후 4시가 사용자가 디스커버 위클리 플레이리스트를 듣는 최적의 시간임을 알 수 있었다. 또 일요일 저녁 8시는 사용자가 스포티파이에 다시 접속해 디스커버 위클리 구성이 업데이트되기 전 그 안의 곡들을 자신의 플레이리스트에 저장해놓는 시간이었다.

그런데 데이터 과학자들이 엄청난 양의 데이터를 분석했음에도 우리는 여전히 가장 중요한 질문에 답하지 못하고 있었다. 그동안 시도한 다른 플레이리스트 서비스는 대부분 실패했는데 디스커버 위클리는 왜 성공했을까? 스포티파이의 많은 이들이 이 질문을 불편해했다. 디스커버 위클리는 별다른 마케팅 전략 없이도 성공했다. 스포티파이는 과거에 대형 마케팅 활동을 여러 차례 펼쳤지만 이 정도 수준의 결과를 낸 적은 한 번도 없었다. 게다가 우리에게 훨씬 혼란스러운 지점은 이것이었다. 만일 디스커버 위클리가 입소문 덕에 성공했다면 어째서 사람들은 자기 자신에게 맞춤화된 목록을 소셜 네트워크에 공유하며 추천하는 것일까? 타인과 공유할 만한 부분이 전혀 없는데 왜 입소문을 탔을까?

우리는 디스커버 위클리에 관한 수량화 가능한 데이터를 모두 갖고 있었다. 그리고 당장 위 질문의 답을 찾아야 했다. 애플 뮤직의 존재는 점점 우리를 불안하게 했다. 애플은 스포츠 생중계 등 황금시간대 프로그램에 광고를 대대적으로 내보내면서 힘자랑을 하고 있었다. 스포티파이는 할 수 없는 일이었다. 애플은 독점 공개 서비스도 시도하고 있었다. 아티스트들에게 상당한 선인세를 지불하고 그들의 새 앨범을 애플 뮤직에서 독점 공개하는 전략이었다. 이 역시 스포티파이가 할 수 없는 일이었다. 그리고 애플 뮤직에서는 음성 인식 기능 시리(Siri)를 이용해 말로 음악을 재생할 수 있었다. 스포티파이에게는 없는 기술이었다. 스포티파이는 수량화 가능한 데이터를 엄청나게 갖고 있었지만 그 데이터들은 디스커버 위클리를 둘러싼 질문들에 속 시원히 답해주지 못했다. 따라서 우리는 양적인 접근법 대신 디스커버 위클리 사용자들이 실제로 살고 있는 세상에 대해 모종의 질적인 접근법을 취할 필요가 있었다.

3장에서 살펴봤듯 외견상 우연의 결과처럼 보이는 히트 상품을 분석하면 의도된 히트 상품, 즉 공격적인 홍보와 마케팅 자금 투입으로 탄생한 히트 상품을 분석할 때보다 종종 더 많은 것을 알 수 있다.

데이터의 안개

수량화 편향에 대해 더 살펴보기 전에 잠시 음악 스트리밍 전쟁에서 진짜 전쟁으로 눈을 돌려보자. 나는 미국 정치에 남달리 관심이 많아서 이 분야의 책을 꽤 읽었고 미국 대통령에 관한 다큐멘터리도 모조리 찾아서 봤다. 그중 단연 강렬했던 것은 〈전쟁의 안개(The Fog of War)〉다. 1961~1968년 미 국방장관을 지낸 로버트 맥나마라(Robert McNamara)의 증언으로 이뤄진 인상적인 인터뷰 형식의 다큐멘터리다. 맥나마라는 베트남전을 치르면서 통계 수치의 활용을 중요하게 여겼다. 그러나 그는 25년 후 베트남전쟁을 회고하면서 기준 지표로 선택한 통계 수치가 상황 판단을 왜곡할 수 있다는 사실을 지적했다. 이 다큐멘터리 제목은 맥나마라가 인터뷰 도중 사용한 표현에서 따왔다. '안개'는 전쟁이라는 혼돈 속에서 수집된 정보는 언제나 불완전하기 때문에 그 어떤 전략적 결정도 흐릿해질 수밖에 없다는 불가피한 사실을 나타낸다. 다큐멘터리 속에서 맥나마라는 전쟁의 안개를 극복하는 데 도움이 되는 11가지 교훈을 들려준다. 그중 가장 중요한 것은 '자신의 판단을 언제든 재점검할 준비가 돼 있어야 한다'이다.

맥나마라는 자신의 판단을 재점검하고 실수를 인정하는 데 25년이 걸렸지만, 미국이 베트남전에서 철수하기 시작한 무렵 세상에 거의 알려지지 않은 책 한 권이 이미 자신의 판단을 재점검하는 일의 필요성을 강조하고 있었다. 1972년 출간된 대니얼 얀켈로비치(Daniel

Yankelovich)의 《기업의 우선순위(Corporate Priorities: A Continuing Study of the New Demands on Business)》다. 이 책에서 저자는 '수량화 오류'가 일어나는 네 단계를 이렇게 설명한다.

> 첫째, 쉽게 측정 가능한 모든 것을 측정한다. 이건 어느 정도까지는 괜찮다. 둘째, 쉽게 측정할 수 없는 것은 무시하거나 그것에 임의적인 정량적 가치를 부여한다. 이것은 인위적이고 오해를 유도한다. 셋째, 쉽게 측정할 수 없는 것은 중요하지 않다고 간주한다. 이것은 무분별함이다. 넷째, 쉽게 측정할 수 없는 것은 존재하지 않는 것과 같다고 말한다. 이것은 자멸 행위다.*

맥나마라가 말한 전쟁의 안개는 눈앞의 풍부한 데이터에도 불구하고 디스커버 위클리의 성공 요인을 명확히 설명하지 못하는 우리에게도 몰려와 있었다. 우리도 맥나마라와 같은 실수를 저지르고 있었을까? 믿고 싶은 것만 보려고 하면서 우리의 판단을 재점검하지 못하고 있었을까? 수량화 오류에 빠져 측정 불가능한 것은 외면하고 있었던 것일까?

과거에 실패한 다른 많은 마케팅 전략과 달리 디스커버 위클리가 성공한 이유를 알아내려 고심하던 나는 어느 지독히 추운 겨울

● 대니얼 얀켈로비치, 《기업의 우선순위》, Stanford, CT: Yankelovich Inc., 1972년.

날 시카고대학교로 향했다. 이 학교는 경제학부가 묘하게 물리적으로 나뉘어 있었다. 길 한쪽에는 경제 주체가 완벽한 정보를 바탕으로 합리적 결정을 내린다고 굳게 믿는 유명한 경제학과가 위치했다. 그리고 다른 쪽에는 전통 경제학과 다른 입장을 취하는 행동경제학의 선구자이며 노벨경제학상 수상자인 리처드 탈러(Richard Thaler)의 연구실이 있었다. 행동경제학에서는 사람들이 완벽한 정보를 갖지 못하며 합리적 선택을 하는 성향을 지니지도 않는다고 본다. 나는 이 두 진영을 보면서 영화 〈블리트〉에 나온 스티브 매퀸(Steve McQueen)의 유명한 대사를 떠올렸다. "믿고 싶은 대로 믿으시오. 당신은 당신 일을 하시오. 난 내 일을 할 테니." 탈러는 미시경제학과 심리학을 결합해 새로운 통찰력을 얻은 학자였으므로, 어쩌면 그에게서 스포티파이 이용자들이 독특하게 개인화된 경험을 남들에게 추천하는 이유에 대한 힌트를 얻을 수 있을지 모른다는 생각이 들었다.

탈러와 처음 만난 날 그는 내게 '소비자들이 디스커버 위클리 플레이리스트가 자신에게 맞춤화된 목록이라는 사실을 알고 있는가?'라는 질문을 생각해보라고 했다. 어쩌면 그들은 여전히 라디오같은 '일대다' 방식의 커뮤니케이션만 생각하고 있을지도 모른다는 것이었다. 청취자들이 휴게실에 모여 어제 들은 라디오를 주제로 수다를 떠는 것은 우리에게 익숙한 장면이다. 우리 스포티파이 팀원들은 플랫폼에서 생성되는 데이터에 몰두하고 있었으므로, 사용자들도 자신이 얼마나 개인화된 맞춤형 플레이리스트를 경험하고 있는지 알 것이라고 가정했다. 탈러의 말마따나 우리는 '지식의 저주(curse of knowledge)' 때문에 믿고 싶은 대로 믿은 것이었다. 우리는 사용자들이 정교한 개인화 알고리즘이 작동한다는 사실을 아는 상태에서 디스커버 위클리를 추천한다고 생각했다. 그러나 사실은 아니었다. 그들은 복잡한 알고리즘에는 관심이 없었다. 그저 화면의 버튼을 누르고 전화기를 주머니에 넣은 뒤 새로운 음악을 즐길 뿐이었다.

탈러는 지식의 저주에 관해 꽤 오래 이야기했다. 이것은 전문가가 자기 분야의 지식을 다른 이들도 알고 있을 것이라고 잘못 가정하는 현상이다. 무의식적으로 자신이 잘 아는 것을 상대방도 당연히 알 것이라 오해하는 것이다. 지식의 저주의 또 다른 사례를 찾기 위해 멀리 갈 필요도 없었다. 탈러는 자신의 스마트폰을 꺼내 스포티파이 앱을 실행하면 누구나 그 사례를 찾을 수 있다는 사실을 보여줬다. 화면에는 큼지막한 셔플 플레이(shuffle play) 버튼이 가장 눈에 띄는 위치에 자리 잡고 있었고 해당 플레이리스트의 재생 버튼은 아래쪽 구석에 숨겨져 있었다. 우리는 사용자들이 항상 무작위 재생을 좋아할 것이라 마음대로 가정한 것이다. 심지어 일부러 특정 순서로 곡들을 수록한 앨범이나 플레이리스트를 들을 때도 말이다. 프로그래머들은 앨범 수록곡의 원래 순서대로 듣고 싶은 사용자가 그 방법을 쉽게 알 수 있을 것이라 생각했지만 그것은 착각이었다. 그것은 프로그래머들에게만 당연하게 쉬운 일이었다. 탈러는 "그들은 코드를 직접 쓴 장본인이잖아요!"라고 강조했다. 이런 지식의 저주는 빅데이터에서는 쉽게 포착할 수 없었다.

건너뛰기인 스킵(skip)도 우리가 잘못 해석한 또 다른 데이터였다. 사용자가 디스커버 위클리 플레이리스트에서 특정 곡을 건너뛸 때 발생하는 정량적 데이터를 우리는 부정적 신호로 파악했다. 해당 음악이 사용자 취향에 맞지 않는 것이라고 말이다. 그러나 만일 그들이 이미 알고 있고 좋아하는 곡이지만 디스커버 위클리 플레이리스트에서 자기가 몰랐던 새로운 노래를 듣고 싶어 건너뛴 것이라면? 다시 말해 취향에 '너무 잘 맞는' 곡이라 건너뛰었다면? 그렇다면 스킵은 부정적 신호가 아니었다. 그보다는 사용자에게 딱 맞는 곡이 엉뚱한 목록에 들어간 셈이었다. 그들은 그 곡을 좋아하지만 디스커버 위클리에서 듣고 싶진 않은 것이니 말이다. 우리의 데이터는 사용자들이 현재 듣고 있는 음악에 관해 많은 것을 말해줬지만 그들이 스포티파이를 사용하기 전부터 좋아하던 음악에 대해서는 말해주지 못했다. 스포티파이의 (당시) 사용자 1억 명은 스포티파이가 존재하기 훨씬 전부터 음악을 좋아하고 즐기던 이들이었다. (이런 면에서 보면 페이스북의 타임라인은 매우 값진 기능이다. 사용자가 페이스북이 생겨나기 전의 자신의 삶을 연도별로 기록할 수 있으니까.)

탈러는 측정 가능한 것에서 멀리 물러날수록 측정되지 않는 것이 더 중요하다는 사실이 눈에 들어온다는 것을 일깨워줬다. 탈러와 나는 디스커버 위클리의 행동경제학을 이해하기 위해 학생 여섯 명의 도움을 받아 프로젝트를 진행했다. 6개월 동안 디스커버 위클리의 소비자 경험을 테스트한 후 탈러와 함께 결과를 분석했다. 안타깝게도 내 손에 남은 분석 결과는 명료한 그림이 아니었다. 우리는 소비자들이 디스커버 위클리 플레이리스트가 7일 동안만 유지되고 사실상 '소멸'된다는 사실을 잘 모른다는 것을 암시하는 몇 가지 증거를 발견했다. 하지만 정확히 그렇다고 단정할 만큼 충분한 증거는 아니었다. 마찬가지로 소비자들이 이 플레이리스트가 자신에게 맞춤화된 목록임을 모른다는 모호한 신호들이 있었다. 하지만 스트리밍 서비스가 비교적 발전 초기 단계임을 감안하면 결정적 신호는 아니었다. 나는 처참한 기분이었다. 나는 탈러에게 답답함을 토로했다. 이제 더 분석할 데이터도 없었다. 분석은 했지만 보여줄 만한 성과가 없었다. 데이터를 전부 긁어모아 면밀히 살피고 소비자 행동도 테스트했지만 우리 손에 남은 것은 없었다.

탈러는 내게 데이터만 보지 말고 반(反)사실적 상황으로 눈을 돌리라고 조언했다. 디스커버 위클리는 놀라운 성공을 거뒀다. 하지만 과거의 실패한 프로젝트들을 되돌아보면 얻을 수 있는 교훈이 있지 않을까? 그는 발생 데이터의 분석만으로는 별다른 성과가 없으므로 미발생 데이터를 점검해보라고 했다.

그와 스승 대니얼 카너먼(Daniel Kahneman), 아모스 트버스키(Amos Tversky)의 책들로 가득한 연구실에서 탈러는 팔걸이에 양손을 올린 채 의자에 등을 기대며 말했다. "그러니까 예전에 시도한 '추억을 회상하는 목요일(Throwback Thursday)' 플레이리스트는 실패했다는 말이죠?"

나는 방어적으로 대답했다. "실패라는 표현은 우리 큐레이션 팀에겐 가혹한 말이네요. 하지만 잘 안 됐던 건 사실입니다."

그는 어떤 패턴이 있음을 감지한 것 같았다. "좋습니다. 그리고 '기분 좋은 금요일(Feel-Good Friday)' 플레이리스트도 망했다고 했지요?"

"네, 사용자들의 반응이 별로였어요."

탈러는 의자에서 몸을 떼 내 쪽으로 기울였다. "그런데 월요일에 론칭한 디스커버 위클리는 엄청난 성공을 거둬 4,000만 명이 4,000만 개의 맞춤화된 플레이리스트를 즐겼다는 거죠?"

나는 고개를 끄덕였다.

"아직도 그 이유를 모르겠습니까?"

"네. 우리는 이 플레이리스트에서 발생한 모든 수량화 가능한 데이터를 관찰하고 측정하고 점검했습니다. 그런데도 성공 이유를 모르겠어요. 답답해 죽을 지경입니다."

그는 빙긋 미소를 지었다. 누가 교수님이고 누가 학생인지 상기시키는 그런 종류의 미소였다. 그는 책꽂이에서 논문들을 꺼내며 말했다. "그건 바로 월요일에 론칭했기 때문이에요! 와튼스쿨의 캐서린 밀크먼(Katherine Milkman)과 동료들은 '새 출발 효과(Fresh Start effect)'에 대한 풍부한 연구 결과를 내놓았죠. 하고 싶었거나 해야 하는 행동이 있을 때 한 주나 달의 첫날, 또는 새 학기 첫날 같은 심리적 기준일이 그 실천을 더 쉽게 만들어준다는 겁니다."●

순간적으로 나는 한 주가 시작되는 날 런던의 지하철역 풍경을 떠올렸다. 지하철역 근처에서 밝은색 재킷을 입은 사람들이 헬스클럽이나 요가 학원의 전단지를 나눠주는 날은 항상 월요일이다. 탈러는 이 밝은 재킷과 전단지들이 다른 요일에는 눈에 띄지 않는

● 헹첸 다이(Hengchen Dai), 캐서린 밀크먼, 제이슨 리스(Jason Riis), "새 출발 효과: 시간적 랜드마크가 행동 변화에 동기를 부여한다(The Fresh Start Effect: Temporal Landmarks Motivate Aspirational Behavior)", 〈매니지먼트사이언스(Management Science)〉, 2014년.

다는 사실을 내게 상기시켰다.

　내가 찾던 답은 그동안 줄곧 내 코앞에 있었다. 월요일은 사람들이 새로운 것을 잘 받아들이는 요일이다. 헬스클럽 등록이든, 무료 신문이든, 새로운 디스커버 위클리 플레이리스트든 말이다. 탈러는 내 앞에서 답을 가리고 있던 데이터의 안개를 말끔히 걷어줬다. 나는 수량화 오류에 빠져 요일의 중요성처럼 측정 불가능한 것을 무의미한 것으로 치부했다. 그것은 나의 큰 실수였다. 내가 찾던 답은 '한 주의 첫날'이라는 간단한 사실이었다. 그 답은 수많은 사용자가 매주 만들어내는 엄청난 빅데이터 속에 있지 않았다. 나는 글로벌 음반 업계가 그즈음 내린 '큰 결정', 즉 신곡의 음원 공개일을 화요일에서 금요일로 바꾼 결정이 떠올랐다. 그 역시 큰 실수가 아닌가 하는 생각이 들었다.

　흔히 범죄소설에서 독자가 범인을 찾지 못하게 다른 곳으로 관심을 유도하는 장치처럼 데이터는 우리를 특정한 방향으로 유도할 수 있다. 그사이 진짜 단서들은 알아채지 못한 채 지나가버리고 만다. 나의 많은 경제학자 동료가 빅데이터의 잠재력을 강조하고 있었지만 나는 그들이 놓친 다른 단서와 증거를 찾는 아웃사이더가 되기 시작했다. 나는 빅데이터의 가치에 대해 타당한 회의주의를 갖게 됐다.

　수량화 편향의 유혹에 빠지지 않으려면 경제학에서 종종 간과되는 사고방식을 택해야 한다. 바로 상식적 관점이다. 사람들이 자주 저지르는 오류인, 상관관계와 인과관계의 혼동을 살펴보자. 이 둘은 데이터과학의 기본 개념이다. 빅데이터를 이용해 상관관계를 알아내기는 매우 쉽다. 데이터 상으로 두 변수 사이에 관계가 있음이 관찰되는 경우이기 때문이다. 반면 인과관계(두 변수 사이의 연관성을 초래한 원인이 무엇인가)는 훨씬 더 판명하기 어렵다. 어떤 두 변수 사이에 상관관계가 있다고 해서 실제로 그 두 변수가 서로에게 영향을 주었다는 의미는 아니다.

타일러 비겐(Tyler Vigen)은 '그럴듯한 상관관계(Spurious Correlations)'라는 사이트(동명의 책으로도 나와 있음)에서 그런 오류를 보여주는 재밌는 사례들을 소개한다. 여기에는 상식적 관점으로 보면 서로 전혀 관계가 없는 미국의 통계 수치들 사이의 상관관계를 보여주는 그래프가 나와 있다.● 개인적으로 특히 기억에 남는 것은 수영장에 빠져 익사한 사람의 수와 니콜라스 케이지(Nicolas Cage)가 출연한 영화의 숫자 사이의 강한 상관관계다. 그리고 메인주의 이혼율과 일인당 마가린 소비량 사이에도 강한 상관관계가 나타난다.

프레스턴 맥아피(Preston McAfee)는 기술 분야의 수석 경제학자가 몇 안 되던 시절에 그 직함을 단 인물이다. 2007년 야후(Yahoo!)의 수석 경제학자가 됐고 이후에는 마이크로소프트와 구글에서 경제학 팀을 이끌었다. 그는 내 스승이기도 하다. 맥아피가 경제학을 기술 대기업에서 선구적으로 활용하는 모습을 보면서 나는 음악 업계에 정착하는 최초의 경제학자가 되겠다는 용기를 낼 수 있었다. 그가 성공을 거둔 이유 중 하나는 전문적 기술과 상식적 관점을 겸비한 올바른 균형 감각을 지녔기 때문이다. 그런 균형 감각은 빅데이터와 관련해 큰 실수를 저지르지 않게 해준다.

리치먼드 연방준비은행과의 인터뷰에서 맥아피는 마이크로소 프트 재직 시절 상관관계와 인과관계의 문제를 고심했던 경험을 이렇게 회상했다. "컴퓨터 회사들이 으레 그렇듯 마이크로소프트 도 신학기 시즌과 연말연시에 서피스(Surface) 제품들을 할인 판매 한다. 이때는 원래 수요가 높아지는 시기이기도 하다. 따라서 가격 변화의 영향과 시기적 영향을 구분하기가 쉽지 않다. 이 둘은 매우 밀접하게 상호 연관돼 있다."[**]

맥아피의 말은 판매량 급증이라는 현상을 분석할 때 상관관계가 곧 인과관계를 뜻한다고 가정하는 것이 위험함을 보여준다. 판매 증가를 견인한 것은 할인 가격이었을까, 아니면 그저 시즌에 따른 구매 패턴이었을까? 그리고 왜 마이크로소프트는 수요가 가장 높 은 시기에 가격을 할인할까?

맥아피는 마이크로소프트 팀원들과 인과관계 분석을 위한 머신 러닝 기술을 개발했다. 그는 아마존을 비롯한 많은 기업의 미시 경 제학 팀들 역시 과거에는 해결할 수 없었던 문제들에 대한 답을 찾 고 있다고 말한다. 다시 말해 기술 대기업들에서 빅데이터 수요가 계속 커지고 있다. 문제는 대개 기업 내에 경제학자보다 마케팅 직 원이 월등히 많다는 사실이다. 그리고 이들은 자신이 추진한 마케 팅 캠페인이 매출 증가와 단순히 상관관계를 갖는 것만이 아니라 그것이 매출 증가를 일으킨 원인이라는 사실을 보여줘야 보상을

●   타일러 비겐, 《그럴듯한 상관관계》, Hachette Books, 2015년.
● ●   https://www.richmondfed.org/publications/research/econ_focus/2018/q4/interview

받는다.

　잠깐이라도 광고팀이나 마케팅팀에서 일했거나 그들과 협업해본 사람이라면 이 말을 한번쯤 들어봤을 것이다. "내가 광고에 쓰는 돈의 절반은 낭비된다. 문제는 그 낭비가 어디서 발생하는지 알수 없다는 것이다." 미국의 초기 백화점과 마케팅의 선구자인 존 워너메이커(John Wanamaker, 1838~1922)가 한 말이다. 빅데이터 옹호자들은 빅데이터가 이 질문에 답해줄 수 있다고 주장한다. 빅데이터 분석으로 효과가 있는 광고를 파악해 활용하고 효과가 없는 광고는 폐기하면 된다는 것이다. 그러나 워너메이커 사후 100년이 지난 현재, 빅데이터가 그가 말한 혼란을 해소하기는커녕 더욱 악화시킬 가능성이 있다는 사실이 분명해지고 있다.

　전통적인 방송 광고는 인과관계 문제를 안고 있었다. 즉 얼마나 많은 시청자가 특정 광고를 봤는지는 대략 파악할 수 있지만 어떤 광고가 실제로 시청자의 제품 구매로 이어졌는지는 알 수 없었다. 빅데이터는 사용자의 클릭을 측정함으로써 그런 문제를 해결할 수 있는 무기로 여겨졌다. 얼마나 많은 사람이 특정 광고를 보고 그것을 클릭해 제품을 구매했는지 측정할 수 있기 때문이다. 그런데 지난 수십 년간 디지털 광고는 인쇄 광고를 밀어내고 점유율을 상당히 빼앗았지만 TV와 라디오 광고에는 의미 있는 타격을 가하지 못했다.

　스태티스타(Statista)에 따르면 미국의 TV 광고 매출은 2018년 710억 달러에서 2023년 720억 달러로 증가할 것으로 전망된다. 또 전 세계 TV 광고 매출은 2018년 1,730억 달러에서 2022년 1,920

억 달러로 증가할 것으로 전망된다.● 라디오의 경우도 비슷한 추세가 보인다. 미국의 라디오 광고 매출은 2019년 179억 달러에서 2023년 184억 달러로 증가할 것으로 예측된다(다만, 코로나19의 영향에 따라 이 모든 예측은 재조정이 필요할 것이다).●● 지난 20년간 "선형적(linear) 방송 미디어는 이제 죽었다"고 외쳐온 많은 비선형적(non-linear) 기술 기업들의 말이 맞는다면, 소폭일지언정 광고 매출의 이런 상승이 예측된다는 것은 방송 미디어가 죽고 나서 오히려 생명력이 더 강해졌다는 얘기가 된다.

〈미디엄(Medium)〉 웹사이트에 "낭비되는 절반이 어느 부분인가?(Which Half is Wasted?)"라는 글을 실은 저술가 겸 기업가 릭 웹(Rick Webb)은 광고에서 빅데이터 활용을 옹호하는 이들이 큰 실수를 저지른 이유에 대한 통찰력 있는 의견을 제시한다. 웹은 거의 100년 전에 이 주제를 연구한 영국 경제학자 조앤 로빈슨(Joan Robinson)과 하버드대학교 경제학자 에드워드 헤이스팅스 체임벌린(Edward Hastings Chamberlin)을 인용하면서, 오늘날 기업들의 광고 방식이 두 가지라는 점을 설명한다. 하나는 직접 광고(direct advertising), 다른 하나는 브랜드 광고(brand advertising)다. 직접 광고는 할인율 등을 제시하면서 소비자가 구매를 결정하기 직전의 시점을 겨냥한 광고다. 브랜드 광고는 특정한 종류의 제품으로 소비자 마음에 긍정적 연상 작용을 일으키는 것을 목표로 한다. 나중에 소비자가

● 2018, 2019, 2023년 미국의 TV 광고 매출, 〈스태티스타〉, 2020년.
●● 2019, 2023년 미국의 라디오 광고 매출, 〈스태티스타〉, 2020년.

구매를 결정해야 하는 상황에서 해당 브랜드로 마음이 끌리게 만들기 위해서다. 브랜드 광고의 대표적 예는 나이키(Nike)의 "일단 해봐(Just Do It)", 로레알(L'Oréal)의 "당신은 소중하니까요(Because You're Worth It)" 광고다.

웹은 인터넷이 직접 마케팅 영역의 전투에서는 승리했지만 브랜드 구축에 영향을 미치는 데는 실패했다고 주장한다. 페이스북과 구글이 만든 고도로 정밀화된 대규모 데이터 중심의 플랫폼들은 특정 순간에 구매를 유도하는 것에는 최적화돼 있다. 우리가 페이스북에서 무언가에 '좋아요'를 누르거나 구글에서 무언가를 검색하면 구매할 가능성 내지는 의사를 표현하는 것이고, 해당 제품이나 서비스와 관련된 광고가 우리를 링크 클릭이나 구매로 유도할 수 있다. 브랜드 마케팅은 단일 구매 행위보다 더 느리고 더 복잡한 목표를 갖는다. 소비자로 하여금 나이키 신발을 신으면 나도 멋진 운동선수가 될 수 있다는 기분, 이 화장품을 쓰면 더 예뻐질 것이라는 기분을 느끼게 하는 것이 목표다. 직접적 판매가 아니라 이와 같은 희망과 꿈의 영역은 TV와 라디오 같은 전통적 매체가 확실히 장악하고 있다. 이들 매체는 청중에게 개별적으로 접근하는 것이 아니라 한 번에 다수의 청중에게 섬세한 메시지를 강력하게 전달한다. 또한 전통적 미디어 특유의 장점도 있다. 시청자가 자신이 좋아하는 프로그램의 중간에 나오는 광고를 보면 프로그램에 대한 긍정적 감정과 해당 제품이 머릿속에서 연결되는 것이다.

그리고 여름 시즌에 하나의 블록버스터 영화로 관객이 몰리곤 하는 '승자독식'의 미디어 시장에서는, 전국 곳곳에 광고판을 설치하면 그 블록버스터 영화가 당신이 제작한 영화가 될 확률을 높일 수 있다. 할리우드 영화 회사의 한 간부는, 윌 스미스(Will Smith) 출연 영화의 마케팅 예산을 짤 때는 미국인 세 명 중 한 명은 이 영화의 존재를 알게 만든다고 말했다. "세 명 중 한 명은 알 만큼 인지도를 높이기 위해 예산을 아끼지 않고 투입하면 블록버스터는 성공한다. 그 티핑포인트에 도달하지 못하면 영화는 망한다."

상식적 관점으로 광고의 효과를 검토한 대표적 경제학자는 스티브 타델리스(Steve Tadelis)다. 캘리포니아대학교 버클리캠퍼스 교수인 그는 (프레스턴 맥아피처럼) 학계에서 기술 업계로 방향을 틀어 2011~2013년 이베이(eBay)에서 경제학자들로 이뤄진 팀을 이끌었다. 당시 그는 구글에 하는 이베이 브랜드 키워드 광고가 과연 효과가 있는지 의문이 들었다.* 그래서 일부 제품 시장에서 구글 광고를 중단하고 그것이 매출에 미치는 영향을 관찰했다. 그 결과 대부분의 경우에 유료 광고가 의미 있는 매출 증가를 발생시키지 않는다는(또는 매출 변화에 전혀 영향을 미치지 않는다는) 사실이 드러났다. 매출 증가와 관련성이 있는 경우라도 광고비가 매출 증가분을 초과했다. 유료 광고가 없어도 소비자들은 검색 키워드에 따라 생성된 자연 검색 결과를 클릭하거나(구글에 '이베이 빈티지 의류'라고 치면 검색 결과에 당연히 이베이 사이트도 나온다) 직접 이베이 사이트에 접속하는 (또는 이베이 앱을 쓰는 사람도 늘고 있었다) 방식으로 사이트에 들어오고

● 스티브 타델리스, 톰 블레이크(Tom Blake), 크리스 노스코(Chris Nosko), "소비자 검색에 대한 수익: 이베이의 증거(Returns to Consumer Search: Evidence from eBay)", 17회 ACM 전자상거래 콘퍼런스 (EC 2016), 2016년, p.531~545.

있었다.

이베이의 기존 고객들에게 이베이를 광고하는 것은 순효과가 거의 없었다. 타델리스의 실험은 모든 기업이 검색 마케팅 비용의 투자 수익률을 신중하게 검토해봐야 함을 시사한다. 또한 측정 가능한 클릭 수만을 토대로 상관관계나 인과관계를 주장하는 기존 관점에 의문을 제기하고 상식적 접근법을 택할 필요성을 말해준다.

상식적 접근법은 클릭, 판매, 다운로드 수치를 해석할 때 특히 중요하다. 제시 프레데릭(Jesse Frederik)과 모리츠 마르티즌(Maurits Martijn)은 "새로운 닷컴 버블의 도래: 온라인 광고(The new dot com bubble is here: it's called online advertising)"라는 글에서 이런 수량 데이터들이 두 가지 다른 효과를 구분하지 못할 때가 많다고 주장한다. 하나는 선택 효과(광고와 상관없이 어차피 발생했을 클릭, 구매, 다운로드), 다른 하나는 광고 효과(광고가 없었다면 발생하지 않았을 클릭, 구매, 다운로드)다.●

선택 효과와 광고 효과가 명확히 구분되지 않을 위험을 더욱 높이는 것은, 온라인 광고에 사용되는 알고리즘이 선택 효과를 증가시키는 경향이 있다는 사실이다. 이런 경우를 생각해보라. 만일 나이키가 페이스북과 구글에 광고를 내면 이들 플랫폼의 알고리즘은 나이키 제품에 관심을 보인 적이 있는 사용자들을 타깃으로 삼아 광고를 노출한다. 그렇다면 누가 나이키 광고를 클릭할 가능성이

● 제시 프레데릭, 모리츠 마르티즌, "새로운 닷컴 버블의 도래", 〈코레스판던트(The Correspondent)〉, 2019년 11월.

가장 높을까? 바로 나이키의 기존 고객들이다. 따라서 알고리즘이 사용자의 관심을 유도하더라도 그것이 반드시 나이키가 광고를 통해 끌어오길 원하는 종류의 관심은 아닌 것이다. 빅데이터는 기존 고객의 브랜드 재구매를 유도하는 데는 효과적이지만 새로운 고객 확보에도 똑같이 효과적이라 생각하는 것은 큰 실수다.

19세기 미국 사업가 클라크 스탠리(Clark Stanley)는 뱀 기름으로 만든 특허 의약품을 판매했다. 그는 이것을 방울뱀을 끓여 나온 기름으로 만든 제품이라 주장하면서 온갖 종류의 병을 치료해주는 만병통치약이라고 선전했다. 이 '발명품'은 1893년 시카고 세계박람회에서 큰 주목을 받았다. 이 자리에서 그는 방울뱀을 산 채로 잘라 즉석에서 뱀 기름을 추출하는 것을 시연하기도 했다(요즘 같으면 그 장면이 인스타그램에 돌아다닐지도 모를 일이다).

그러나 스탠리의 만병통치약은 결국 정체가 들통났다. 전문가들이 그의 주장과 제품 성분에 의문을 제기한 것이다. 그의 제품은 치료 효과가 없었을 뿐만 아니라 실제로 뱀 기름이 들어 있지도 않았다. 그는 식품 및 의약품 법을 위반하고 사기 판매 행위를 한 죄목으로 벌금 20달러(오늘날 가치로 따지면 약 429달러)를 내라는 판결을 받았다.

프린스턴대학교 컴퓨터과학과 부교수 아빈드 나라야난(Arvind Narayanan)은 빅데이터와 인공지능에도 뱀 기름 제품 같은 문제가 있다고 말한다. 그는 "인공지능이라는 뱀 기름을 알아보는 법(How to recognize AI snake oil)"이라는 제목의 프레젠테이션에서 인공지능이 다양한 관련 기술을 아우르는 포괄적 용어가 됐다고 말했다. 이들 기술 중 일부는 실제로 놀라운 발전을 이뤄냈고, '인공지능'이라는 용어는 마케팅적 가치를 갖게 됐다. 그러자 혁신과 별로 관련이 없는 다른 기업들이 질 낮은 제품을 판매할 때도 이 용어를 사용하기 시작했다. 예를 들어 자신들이 개발한 인공지능 시스템이 인사부 직원보다 더 효과적으로 입사 지원자를 추려낸다고 주장하는 기업들이 엄청난 투자금을 확보했다. 하지만 이런 기술이 효과적이라는 증거는 거의 없다. 오히려 실제로는 편향된 판단과 선입관을 지속시킬 수 있다.

나라야난은 이런 '일반' 인공지능과 '좁은' 인공지능을 구별하는 것이 중요하다고 설명한다. 후자의 대표적 예는 딥마인드 테크놀로지스(DeepMind Technologies)가 개발한 바둑 프로그램 알파고(AlphaGo)다.● 나라야난은 말한다. "알파고는 박수를 보내야 마땅한 대단히 뛰어난 지적 성취물이다. 10년 전이라면 대부분의 전문가가 이런 성취를 상상도 못했을 것이다. 그러나 그것은 인간의 업무 능력을 예측할 수 있다고 주장하는 시스템과 아무 공통점이 없다." 그는 업무 능력을 예측하는 소프트웨어에 인공지능이라는 이름표가 붙어 있다면 그것은 정교한 난수 생성기에 불과할 뿐이라고 말한다.

'인공지능 편향'은 본질적으로 수량화 편향의 조카쯤 된다. 우리

● 아빈드 나라야난, "인공지능이라는 뱀 기름을 알아보는 법", 과학 및 윤리학을 주제로 한 아서 밀러 강연, MIT, 2019년 11월.

가 흔히 '인공지능'이라고 부르는 것은 대부분의 경우 정확히 말하면 '머신러닝(machine learning)', 즉 컴퓨터가 다량의 데이터를 분석해 모종의 결정을 내리거나 다른 데이터에 대한 예측을 수행하는 기술이다. 이를 채용 프로세스에 적용하면 이렇게 된다. 머신러닝 알고리즘에 다량의 채용 데이터를 주입하면 기계가 올바른 채용 결정을 내리는 방법을 '학습'할 수 있다. 베네딕트 에번스는 이때 핵심 문제는 기계가 내리는 모든 결정이 인간이 주입한 데이터를 토대로 내려진다는 사실이라고 주장한다. 불완전하거나 불충분한 데이터, 또는 편향된 데이터를 집어넣으면 기계가 잘못된 결정을 내리게 된다는 것이다. 그는 머신러닝 기술을 이용해 보안카메라 영상에서 절도범을 식별해낼 수 있다고 주장한 기업을 예로 든다. 그런데 여기에 사용된 데이터세트는 십여 명의 사람에게 일당을 주고 하루 동안 절도범처럼 행동하라고 해서 만들어낸 영상들이었다. 당연히 충분한 데이터 양도 아닐뿐더러 설령 충분하다 해도 이 프로그램은 실제 도둑이 아니라 연기자만 식별할 것이다.

어니스트 데이비스(Ernest Davis)와 함께 《2029 기계가 멈추는 날》을 쓴 게리 마커스(Gary Marcus)는 2019년 발표한 "인공지능에 대한 오해라는 유행병(An Epidemic of AI Misinformation)"이라는 글에서 빅데이터, 특히 인공지능에 수반되는 훨씬 더 큰 위험을 날카롭게 지적했다. 그가 말하는 것은 과도한 약속이라는 위험이다. 마커스는 이것이 공유지의 비극의 또 다른 버전이라고 설명한다. 공유지의 비극은 어부들이 이기심으로 특정 수역에서 남획을 일삼으면 물고가 급격히 줄어들어 결국 모두가 불행해지는 상황을 말한다. 너무 많은 기업이 마케팅 잠재력을 가진 인공지능이라는 표현을 남용하는 바람에 인공지능이 우리에게 줄 수 있는 것에 대한 비현실적 기대가 형성되기 시작했다는 게 그의 주장이다. 일부 기업이 인공지능과 관련해 약속한 놀라운 성과를 보여주는 데 실패하면, 인공지능에 대한 대중의 인식 및 정서가 바뀌게 되고 이는 세상을 바꿀 수도 있는 훌륭한 인공지능 프로그램들의 개발을 지체시킬 수도 있다. 그는 이렇게 썼다. "만일 대중과 정부, 투자 기관들이 인공지능의 장점과 약점에 대한 비현실적 전망에 속아 넘어갔다고 느끼게 되면 인공지능의 겨울이 또다시 찾아올지 모른다." 기대치에 못 미치는 인공지능의 성과에 대한 실망은 자칫 빈대 잡으려다 초가삼간 태우는 상황을 초래할 수도 있다.

마커스는 〈이코노미스트〉에서 펴낸 《2020 세계경제대전망》에 실린 "AI도 할 수 있다: AI는 다가올 해를 어떻게 내다보고 있을까?"라는 글을 언급했다.* 이 글의 필자는 〈이코노미스트〉에서 이 잡지의 기사 데이터베이스를 인공지능 시스템에 학습시켜 인간 능력에 놀라울 만큼 가까운 일련의 예측을 얻어냈다고 주장했다. 마커스는 〈이코노미스트〉 측에서 인공지능 예측들이 "편집되지 않은" 것이라 말하면서 독자의 오해를 초래했으므로 뱀 기름 사기꾼과 흡사한 죄를 범한 셈이라고 지적했다. 실제로 그들이 지면에 실은 각각의 예측은 인공지능이 내놓은 다섯 개의 답변 중 가장 논리 정연하고 재미있는 답변을 고른 것이었기 때문이다. 이 분야의 한 전문가는 빅데이터의 성과에 깊은 인상을 받았다면서 "이 예측들은 많은 인간이 내놓은 전망보다 더 일관성이 높다"라는 트윗을 올리기도 했다. 이는 인공지능 시스템이 사람이 쓴 기사로 이뤄진 방대한 데이터베이스에 의존했다는 점, 선별 작업을 수행한 인간 저널리스트들이 개입됐다는 점을 간과한 큰 실수였다. 마커스는 해당 전문가가 올린 과장된 평가의 리트윗 횟수가 자신이 그 평가의 맹점을 정정한 내용의 리트윗 횟수보다 약 75배 많다는 사실을 발견했다. 이는 또 다른 종류의 편향을 보여주는 지표다. 빅데이터에 대한 소식이 빅데이터가 큰 실수를 범하고 있다는 소식보다 더 빠르게 퍼져나가는 편향 말이다.

머신러닝과 관련된 큰 수치 데이터를 다룰 때든, 시장 조사로 얻은 하나의 수치를 해석할 때든 큰 실수가 발생할 위험은 늘 존재한다. 2003년 12월 프레더릭 라이켈트(Frederick F. Reichheld)는 〈하버드비즈니스리뷰〉에 실은 글에서 성과 측정의 새로운 지표인 순추천고객지수(Net Promoter Score, NPS)를 제안했다.** 라이켈트는 간단한 계산 방식 덕분에 이 지수가 기업 리더들의 마음을 사로잡았다면서 이렇게 말했다. "이것은 당신이 높여야 할 유일한 숫자다. 이 숫자는 간단하면서도 강력하다." 모든 조직에 적용할 수 있다는 단순한 수치가 등장한 것이었다.

NPS가 등장한 타이밍이 흥미롭다. 그로부터 열 달도 안 된 시점에, 기업의 미래가 다양한 제품을 소량씩 파는 것에 달렸다고 주장

- 게리 마커스, "인공지능에 대한 오해라는 유행병", 〈그레이디언트(The Gradient)〉, 2019년 11월.
- ●● 프레더릭 라이켈트, "당신이 높여야 할 유일한 숫자(The One Number You Need to Grow)", 〈하버드비즈니스리뷰〉, 2003년 12월.

하는 크리스 앤더슨의 유명한 '롱테일 이론'이 〈와이어드〉에 소개된 것이다. 영향력 높은 이 두 글은 우연히도 비슷한 시기에 발표됐고, 두 글 모두 십수 년이 흐른 지금도 사람들이 일하고 성과를 측정하는 방식에 영향을 미치고 있다. 우리는 앞서 롱테일 이론이 반격을 받을 수 있다는 사실을 살펴봤다. 선택할 종류가 다양한 것이 그렇지 않은 것보다 낫지만 종류가 많다고 무조건 좋은 것은 아니기 때문이다. 이제 라이켈트가 말한 '유일한 숫자'에 대해 살펴보자. 이 역시 큰 실수를 낳을 수 있다.

그동안 나는 답답한 마음을 감추지 못하고 NPS 설문 조사에 내재한 단점에 관해 사람들에게 귀가 닳도록 이야기했다. 이 설문 조사가 온갖 분야에서 너무나 빈번히 활용되기 때문에 그만큼 잔소리를 할 기회도 많다(나 때문에 진짜로 귀가 닳는다면 안경 쓰는 사람한테는 큰일이다!). 그러니 나와 똑같은 생각을 가졌을 뿐만 아니라 그것을 나보다 더 명료하게 표현할 줄 아는 다른 누군가가 있다는 사실을 알았을 때 내 기분이 어땠을지 상상해보라. 디자인 및 사용자 경험 전문가 재러드 스풀(Jared M. Spool)은 2017년 발표한 "우리에게 해로운 NPS(그리고 사용자 경험 전문가들은 무엇을 해야 하는가)[Net Promoter Score Considered Harmful(and What UX Professionals Can Do About It)]"라는 글에서 문제의 핵심을 찔렀다. 나와 마찬가지로 스풀도 더는 이 숫자에 기대서는 안 된다고 생각한다.

NPS는 기업에서 즉시 활용 가능한 지표의 조건을 모두 갖췄다. 산출하기도 쉽고 결과를 한눈에 이해하기도 쉽다. 그래서 조직 내 세력 다툼에서 흔히 목격되는 CYA(cover your ass, 장래의 비난이나 불이익, 책임을 피하려고 미리 보호막을 치는 행위-옮긴이) 전술을 사용할 때 꽤 유용하다. 하지만 지금쯤이면 당신도 조직의 건강함을 정확히 대변한다는 수치가 문제를 해결하기보다 오히려 문제를 만들어낸다는 사실을 알아도 별로 놀라지 않을 것이다. NPS는 리더들로 하여금 더 이상 질문을 하지 않게 만드는 수량화 오류를 부추긴다.

NPS 설문 조사에서는 "이 기업의 제품/서비스를 친구나 동료에게 추천할 의향이 얼마나 됩니까?"라고 질문한다. 응답자들은 0점(전혀 추천할 생각 없음)에서 10점(적극 추천하겠음) 사이의 점수를 매긴다. 그런데 여기에는 맹점이 있다. 모든 점수를 똑같이 취급하지 않는 것이다. NPS가 응답자가 말한 점수들의 평균이라고 생각할 독자가 있을지 모른다. 고객이 해당 제품을 추천할 가능성이 평균적으로 얼마인지 보여주는 수치라고 말이다. 하지만 그렇지 않다. NPS에서는 고객이 매긴 점수에 따라 그들을 이렇게 세 집단으로 나눈다.

9~10점: 추천 고객(Promoter)
7~8점: 소극적 고객(Passive)
0~6점: 비추천 고객(Detractor)

NPS는 추천 고객(9점 이상을 매긴 사람들)의 비율에서 비추천 고객(6점 이하를 매긴 사람들)의 비율을 빼서 산출한다. 스풀이 들었던 간단한 예로 설명하겠다. 응답자 10명의 점수가 "0, 0, 1, 4, 5, 6, 7, 8, 9, 10"이라고 하자. 이 열 개의 숫자의 평균은 5다. 하지만 NPS는

'-40'이다. 이는 20퍼센트(9~10점을 매긴 두 명)에서 60퍼센트(0~6점을 매긴 여섯 명)를 뺀 결과다. NPS는 양극단의 집단에 중요한 비중을 둔다. 만일 고객이 당신 기업의 제품에 크게 만족하면 남들에게도 추천할 것이므로 그 고객은 NPS에서 중요하게 여겨진다. 그리고 제품을 싫어해서 추천하지 않는 고객도 NPS에 반영된다. 하지만 미적지근한 고객(제품을 추천하지도 비방하지도 않는 고객)은 전혀 중요하지 않으므로 NPS 산출 공식에서 제외된다.

응답자들은 이런 이상한 계산 방식을 잘 모른다. 또는 적어도 몰라야 마땅하다. 그러나 현재 NPS가 너무 보편화돼 있다는 점을 감안할 때(모두가 알아야 할 유일한 숫자라고들 하지 않던가), 만일 설문 조사 참여자가 이 계산 방법을 이미 알고 있으면 선택적 점수 매기기를 함으로써(예컨대 속마음은 7점인데 실제로는 9점이나 10점을 준다) 결과를 왜곡할 수 있다. 자신의 생각대로 점수를 매기지 않고 심사원들의 생각을 추정해 점수를 매기는 케인스 미인 대회가 또 떠오른다.

이것은 간단한 숫자를 얻어내는 간단한 방법론이고 유행하게 된 이유를 이해하기도 어렵지 않다. 그러나 NPS에서는 앞서 언급한 여러 오류의 증거가 목격된다. NPS는 설문 조사 자료에 의존하는데 이 자료는 결코 믿음직하지 않다. 설문 조사는 사용자가 자기자신의 행동을 파악해 대답하도록 요구한다. 그들의 자기 평가가 실제에 부합함을 보여주는 어떤 외부 점검 프로세스도 없이 말이다. 게다가 표본의 크기가 언제나 턱없이 작아서 훨씬 더 큰 실제세계의 트렌드를 추론해내기에는 부적합하다. 에이브러햄 월드가 전투기의 총탄 구멍을 보강하는 수리공에 주목했던 것을 떠올려보

라. 수리공은 총탄을 맞은 지점들은 파악할 수 있었지만 그것으로는 다음번에 총탄을 맞을 자리가 어디일지는 알 수 없었다. 마찬가지로 우리는 설문 조사에 응한 사람들이 내놓은 답변만 알 수 있을 뿐 그것만으로 모든 소비자의 생각을 알 수는 없다.

게다가 NPS는 고객들을 좁은 관점으로 평가한다. 즉 제품을 추천할 의사가 있는지 여부만 본다. NPS는 다양하고 복잡한 인간의 심리와 행동을 하나의 숫자로 대변할 수 있다고 가정한다.

또 다른 문제도 있다. NPS는 사용자 경험 전문가 케이트 러터(Kate Rutter)가 말한 '분석쇼(analytics theatre)'의 주범이다. NPS가 매력을 갖는 이유 중 하나는 숫자의 극적인 변화를 보여준다는 점이다. NPS는 숫자의 변동성은 두드러지게 부각시키지만 중요도는 감춘다. 따라서 언론 기사에서(또는 CYA 전술에서) 사용하기 좋지만 제품이나 서비스를 개선하는 데는 별 도움이 안 된다. 거시 경제학 영역에도 이와 유사한 극적 효과를 가진 지수가 있다. PMI(purchasing managers' index, 구매관리자지수)다. PMI 산출 과정에서는 향후 경기에 변화가 없을 것이라고 보는 응답자들은 거의 반영하지 않고 경기 개선을 전망한 이들과 악화를 전망한 이들의 순차이만 반영한다. 따라서 응답자의 97퍼센트가 동의하지 않는 지수가 나올 수도 있다(경기가 좋아진다고 보는 사람 3명, 나빠진다고 보는 사람 2명, 변동이 없을 것으로 보는 사람 95명인 경우).

앞서 언급한 스풀의 글을 읽어보면 이 '하나의 숫자'가 조직 구성원의 성과에, 더 중요하게는 그들의 사기에 부정적 영향을 끼칠 수 있음을 알 수 있다. 스풀은 이런 상황을 가정해보게 한다. 당신은 성과 부진을 겪고 있는 부서를 회생시킬 임무를 맡았다. 현재 NPS는 −100이다. 설문에 참여한 고객 10명 모두가 0점을 매겼기 때문이다. 그런데 당신이 1년 동안 열심히 노력한 결과 그 10명의 점수가 모두 0점에서 6점으로 상승했다. 이는 보너스를 받거나 부서에 추가 예산 및 지원을 받을 만한 상당히 긍정적 성과다. 하지만 그들은 6점을 매겨서 여전히 비추천 고객군에 속하므로 최종 NPS에는 변화가 없다. 실제로는 상당한 변화를 만들어냈지만 NPS 지수에는 반영되지 않으니 업무 의욕이 떨어질 수밖에 없다.

이제 이런 상황을 가정해보자. 당신은 정당한 인정을 못 받는다는 기분이 들어 회사를 그만둔다. 그리고 새 임원이 합류해 당신의 뒤를 잇는다. 새 임원은 설문 조사 응답자들의 점수를 불과 3점 상승시켜 9점으로 만들면 NPS 잭팟을 터트리게 된다. 이 '분석쇼'에서, 고객 점수를 0점에서 6점으로 올려놓은 사람은 야유를 받으며 무대에서 퇴장하는 반면, 겨우 눈금 3개를 움직여 9점으로 올린 사람은 기립 박수에 앙코르 요청까지 받는 것이다.

모두가 당연히 활용해야 한다는 이 하나의 숫자 뒤에는 많은 경고 요인이 숨겨져 있다. 특히 응답률이 그렇다. 일반적으로 설문 조사 응답률은 끔찍하게 저조하기 때문에, 비응답자들(부정적 경험을 하고서 제품이나 서비스에서 등을 돌린 소비자일 가능성이 있다)이 응답자들과 유사한 답변을 할 것이라 추정하기 어렵다. 그래서 NPS는 신뢰성이 매우 낮은 지표일 수밖에 없다. 일례로 내 이동통신사는 NPS에만 의지할 뿐 나의 서비스 경험이 실제로 어떤지 파악하려는 그 어떤 다른 방법도 쓰지 않는다. 사실 나는 서비스가 불만족스럽고 설문 조사에도 응하기가 싫다. 설문 조사에서 나 같은 고객들은 빠지므로 그들은 부정확한 추론을 하고 있을 확률이 높다. 게다가 그들은 이 하나의 숫자를 신봉하므로 다른 질문들을 할 생각조차 하지 않는다. 예를 들어 그들은 나에게 왓츠앱을 친구에게 추천한 적이 있느냐고 물어본 적이 없다. 당신은 그런 질문을 받아봤는가?

평가 대상인 데이터세트의 규모가 크면 완벽함에 대한 욕구가 생길 수 있다. 특정 모델을 모든 변수를 고려한 완벽한 상황으로 제시하고 싶어진다. 하지만 실제 현실에 완벽한 시스템이란 존재하지 않는다. 따라서 우리는 데이터를 자꾸 더 추가해 포괄적인 데이터세트를 만들려고 시도한다. 그러나 그런 충동을 억제해야 한다. 수량화 편향은 우리를 측정 불가능하고 눈에 보이지 않는 활동보다 측정 가능한 활동으로 유도한다.

우리는 빅데이터에서 사람 중심의 '틱데이터'로 약간 방향을 틀어야 한다. 틱데이터는 고객제일주의 실천을 돕는 컨설팅 회사 서든컴퍼스(Sudden Compass)의 기술 에스노그라피 전문가 트리시아 왕이 만든 용어다. 그녀는 사람들이 만들어내는 수치가 아니라 사람들이 곧 데이터라고 강조한다. 틱데이터는 빅데이터와 정반대 지점에 있다. 뭔가 개입되지 않은 가장 직접적인 데이터를 사람들로부터 얻어내고, 그들을 만나 감정과 스토리라는 전체 맥락을 포착하는 것을 목표로 한다. 이것은 빅데이터를 둘러싼 과도한 열풍을 상쇄할 멋진 개념이다. 한쪽에 방대한 양의 데이터를 무기 삼아 기대치를 증가시키는 뱀 기름 상인들이 있다면, 반대쪽에는 사람과 대화를 나누고 사람을 깊고 끈기 있게 관찰하는 이들이 있는 것이다. 트리시아 왕은 '틱데이터'가 에스노그라피나 질적 데이터, 또는 분별력 있는 사고처럼 이미 존재하던 용어들과 같은 맥락의 말이라고 공개적으로 인정한다. 그녀는 최근 인터뷰에서 이렇게 말했다.

"틱데이터는 물론 여러 다른 용어로도 표현할 수 있다. 불확실한 미지의 것에 열린 태도를 갖는다는 것은 두꺼운(thick) 데이터를 받아들이는 것을 의미한다. 표면상 그것은 아직 정량화되지 않은 데이터다. 그것은 당신이 수집해야 한다는 사실조차 모를 수도 있는 데이터다. 당신은 열린 태도를 갖고 나서야, 미지의 정보가 건네는 초대를 수락하고 나서야 그 사실을 알게 된다."•

다시 말해 인간의 감정, 개인적 상황, 문화적 특성처럼 수량화할 수 없는 중요한 데이터를 붙잡아야 한다는 얘기다. 빅데이터로는 수집할 수 없는, 사람과 관련된 맥락을 포착해야 한다. 왕의 설명에 따르면 빅데이터는 사건들의 추상화된 그림을 보여주는 계기판을 만들어내곤 하지만, 틱데이터는 앞 유리 너머 저 앞에서 실제로 무슨 일이 벌어지고 있는지, 무엇이 우리를 향해 오고 있는지, 향후 어떤 일이 일어날 가능성이 있는지 감지할 수 있게 해준다.

나는 영국 포크스턴에서 열린 행동과학 전문가 축제 2019년 넛지스톡(Nudgestock)에 갔을 때 무대에서 열정적으로 강연하는 트리시아 왕을 보고 깊은 인상을 받았다. 그녀의 강연을 들으면서, 그동

● 캐리 닐(Carrie Neill), "사람이 데이터다(People Are Your Data)", 디스카우트(Dscout), 2018년 5월.

안 우리 스포티파이 팀원들이 측정할 수 있는 것(사람들이 만들어내는 수치)만 신뢰하고 측정할 수 없는 것(사람들 그 자체)은 무시했던 여러 사례가 떠올랐다.

디스커버 위클리 이야기를 다시 해보자. 디스커버 위클리는 2015년 여름 론칭했다. 그로부터 1년이 안 된 시점에 우리는 또 다른 인기 상품 '패밀리 플랜(Family Plan)'을 선보였다. 애플 뮤직에서 6명이 함께 이용 가능한 가족 요금제를 내놓은 것처럼 스포티파이도 프리미엄 서비스를 14.99파운드에 6명이 함께 사용할 수 있게 한 것이다. 패밀리 플랜이 나오고 얼마 안 됐을 때 나는 케임브리지에 있는 고객지원센터를 방문했다. 거기야말로 가장 중요한 고객 피드백을 들을 수 있는 곳이고 남들에게 없는 통찰력을 얻을 수 있는 곳이기 때문이다.

디스커버 위클리가 한 열의 데이터를, 패밀리 플랜이 또 다른 열의 데이터를 만들어내고 있었지만, 그 전까지만 해도 이 두 종류의 데이터를 함께 입체적으로 파악하기 위해 가족 사용자들과 대화를 나눠본다는 생각을 하지 못했다. 고객지원센터를 찾아온 가족들이 가장 자주 하는 질문 중 하나는 이런 식이었다. "왜 〈겨울왕국〉 주제가 '렛잇고(Let It Go)'가 내 디스커버 위클리에 들어 있는 거죠?" 그러면 고객지원센터 직원은 고객에게 자녀가 있느냐고 물었다. "네, 딸 둘이요." 분명히 자녀들이 알고리즘에 영향을 미치고 있었고 고객들은 그것을 원치 않았다. 이것은 우리가 패밀리 플랜이라는 상품을 더욱 매력적으로 개선할 수 있는 지점이었다. 사람들이 만들어내는 수치 데이터에만 몰두하지 않고 그들의 사용 경험을 직접 들어야만 맞춤형 서비스가 비즈니스를 성장시킬 수 있음이 분명했다.

나는 빅데이터가 큰 그림을 놓치고 있다는 것을 깨달았다. 아이폰 초기 모델들에서 스포티파이 앱 설치를 불가능하게 한 결정이 그런 경우였다. 어느 시점이 되면 사용자 데이터와 운영체제 업데이트 주기를 토대로, 구형 스마트폰에서는 스포티파이를 사용할 수 없다는 결정을 내려야 했다. 하지만 가족 사용자들과 얘기를 나눠보니 대개 부모는 자신이 쓰던 아이폰을 자녀에게 물려주는 경우가 많았다. 그리고 패밀리 플랜은 여러 가족 구성원이 사용할 수 있어야 가입 동기가 높아지므로, 구형 아이폰을 물려주는 행동은 패밀리 플랜 가입을 촉진하는 요인이 될 수 있다. 스포티파이는 패밀리 플랜을 판매하면서도 다른 한편으로는 가족 구성원이 사용할 수 없게 함으로써 제 발등을 찍고 있었던 셈이다.

빅데이터가 놓치는 지점을 사람과의 상호 작용을 통해서만 찾아낼 수 있는 예는 그 밖에도 무수히 많다. 그리고 그것을 발견하기는 어렵지 않다. 판매 부서 팀원들과 회의만 하면서 '집단 사고'의 함정에 빠질 위험을 높이지 말고 고객 지원 부서에 찾아가 그들이 부딪히는 문제가 무엇인지 들어보라. 그리고 만일 당신 조직의 고객 지원 부서가 어디 있는지 잘 모른다면 그것은 당신이 아직도 모르는 게 한참 많다는 의미다.

정부가 내놓는 데이터의 타당성에 대해서든 빅데이터의 신뢰성에 대해서든 적당한 회의주의를 갖는 것은 나쁘지 않다. 7장과 8장을 읽으며 당신은 바보처럼 보일까 봐 어느 누구도 하지 않으려는 질문을 손을 번쩍 들고 던질 자신감이 생겼을 것이다. 거시 경제학자의 권위적인 견해나 설득력 있게 들리는 데이터과학자의 예측에 의문을 갖고 말이 안 된다고 생각되는 부분을 지적하라. 과장된 선전과 함께 판매되는 뱀 기름을 찾아내라. 데이터 자체만이 아니라 그 데이터를 생성시킨 사람들을 깊게 이해하려고 노력하라.

우리에게 시급한 것은 저울의 균형을 되찾는 일이다. 측정 가능한 것을 분석하는 데이터과학자도 있어야 하지만, 한편에서는 에스노그라피와 문화에 대한 이해, 또는 고객과의 상호 작용에 대한 투자도 이뤄져야 한다. 만일 이 둘 사이의 확실한 불균형이 있다고 판단되면 조치를 취해야 한다. 측정 가능한 것으로부터 측정 불가능한 것으로 초점을 돌리고 상관관계-인과관계 논의에 상식적 관점을 적용하라. 고객 지원 부서를 방문하라. 실제 고객들과 대화를 나눠보면 더 좋다. 그들을 데이터 포인트로 환산하려는 시도를 멈춰라.

이 주제와 관련해 우리가 빠질 수 있는 위험은 결코 간과해도 되는 것이 아니다. 만일 빅데이터에 대한 과도한 열광을 억제하지 못하면 인공지능은 '지능'이 빠지고 '인공'만 남은 무언가가 될지도 모른다. 자동차 가격이 상승하고 도로에 다니는 자동차 수가 증가했다면 머신러닝은 이 데이터에서 가격탄력성이 양(+)의 값이라는 결론을 도출할 것이다. 여기서 당신은 손을 번쩍 들고 자동차 품질과 소비자들의 부유해진 재정 상태가 영향을 미쳤을 것이라는 점을 지적해야 한다. 더 극단적인 예로, 머신러닝은 사람들이 도심에서 대형 교통사고가 났을 때 모여들어 부상자를 바라보는 경향이 있음을 포착하면 그들이 반원형 구도로 서서 교통사고 부상자 구경하기를 좋아한다는 결론을 도출할 것이다. 이때도 당신은 손을 번쩍 들고 그것이 당연히 사실과 다르다고 지적해야 한다.

광고 업계에는 "상대에게 당신을 납득시키지(sell) 못하면 아무것도 팔(sell) 수 없다"라는 말이 있다. 그리고 빅데이터가 유용한 설득 도구가 될 수 있음을 감지한 이들은 빅데이터의 힘을 과장해 어떻게든 납득시키려 한다. 나는 기술 스타트업의 재무 부서에서 일하는 친구를 보며 그것을 확실히 깨달았다. 그녀는 분기 회계 결산을 하느라 종일 애를 먹었다. 광고 부서에서 주장하는 수익 성과와 그녀의 손익계산서 데이터가 맞아떨어지지 않았기 때문이다. 결국 그녀는 스트레스를 풀기 위해 나와 마주 앉아 아르헨티나산 말벡 와인을 마셨다. 한참 술잔을 기울이다가, '빅데이터'와 관련해 광고 부서와 마케팅 부서에서 하는 주장들 중에 '알갱이와 쭉정이를 구분하는 일'이 할 만하냐고 그녀에게 물었다. 그녀의 대답은 업무 현장에 오랫동안 몸담은 사람만이 할 수 있는 대답이었다. "광고 쪽 사람들은 그렇게 나쁘진 않아요. 적어도 거짓말하는 게 빤히 보이니까요. 사실 조심해야 할 건 마케팅 쪽 사람들이에요. 그 사람들은 과학적인 방식으로 거짓말을 하거든요."

데이터를 다룰 때는 군중 심리에 휩쓸리지 마라. 그 유명한 로리즘, 다시 말해 결국 그 모든 데이터는 같은 곳, 즉 과거에서 온다는 사실을 잊어서는 안 된다. 우리는 정말 중요한 것은 숫자로 가격을 매길 수 없으며 상식적 관점도 그 범주에 들어간다. 아이러니하게도, 현재 우리는 빅데이터라는 새로운 줄기를 붙잡으라는 얘기를 사방에서 듣지만 때로는 오래된 줄기(상식적 관점, 데이터를 생성시킨 사람들과 대화하고 그들의 의견에 귀 기울이는 것)가 최고 효과를 발휘한다. 이 경우만큼은 타잔이 무조건 앞쪽의 새로운 나무줄기로 옮겨 타지는 않는다. 지금까지 살펴봤듯 사람들은 빅데이터가 항상 옳다고 가정하지만 사실 데이터란 우리가 올바르게 이해하지 않으면 세상에서 가장 똑똑한 사기꾼보다도 더 설득력 높은 거짓말쟁이가 될 수 있기 때문이다.

건설자와 농부

나는 담배를 피워본 적이 없고 커피를 특별히 좋아하지도 않지만 이 두 중독성 물질에 큰 빚을 지고 있다. 담배나 커피를 좋아하는 사람들과 보낸 엄청난 시간이 이 책을 쓰는 데 상당한 도움을 줬기 때문이다. 물론 이것은 바람직한 경제 활동이다. 돈을 들이거나 부작용을 겪지 않고도 중독성 물질의 효과만 얻은 셈이니까. 독자들이 이 책의 내용을 현실적으로 활용하는 데 도움이 될 표현을 생각해낸 것도 커피와 담배 덕분이었다. 감히 자신하건대, 이 표현은 내가 그것을 처음 떠올린 테이블의 맞은편에서 소비되고 있던 물질보다 더 중독성이 강할 것이다.

2017년 스포티파이는 뉴욕 증시 상장을 준비하고 있었다. 우리 모두가 한편으론 조마조마했다. 스포티파이는 평범한 스타트업이 아니었고 당시 추진한 것도 평범한 기업공개(IPO)가 아니었기 때문이다. 전통적인 IPO는 화려한 팡파르와 복잡한 회계 술수가 동반되곤 하지만, 스포티파이는 별도의 공모 절차 없이 기존 주주의 주식을 곧바로 증시에서 거래하는 직상장이라는 이례적인 방식을 택했다. 당시는 업계의 경쟁이 한창 뜨거워지고 있을 때였다. 애플 뮤직의 등장 이후 스포티파이는 스트리밍 분야의 치열한 경쟁을 제대로 경험하는 중이었다. 음악 스트리밍 시장의 풍경이 점점 흥미로워지고 있었다.

나는 운 좋게도 스포티파이의 초기 투자자 중 한 명과 꽤 깊은 친분을 유지하고 있었다. 우리는 거의 정기적으로 만났는데 우리가 만나는 곳은 소호에 있는 화려한 스포티파이 사무실이 아니었다. 그는 우리 회사 앞의 거리에서 만나는 것을 선호했다. 그가 좋아하는 두 중독물인 커피와 담배를 마음 편히 즐기기 위해서였다. 이것은 편한 친구와 아무렇게나 수다를 떠는 자리가 아니었다. 그는 커피를 홀짝이고 담배를 피우면서 스웨덴의 이 거대한 스트리밍 사업체의 운영 상황에 대한 가감 없는 솔직한 설명을 내게 요청하곤 했다. 손에 들린 담배가 다 타기 전에 이해할 수 있을 만큼 간단명료하면서도 정확한 설명을 말이다.

스포티파이의 직상장을 몇 개월 앞두고 나는 그를 다시 만났다. 런던의 추운 초겨울 오전이었다. 이탈리안 로스트 커피 향과 니코틴 냄새가 공중에 맴돌았다. 그는 격변기를 지나고 있는 기술 업계에 대한 질문을 쉴 새 없이 쏟아냈다. 주식 시장의 대규모 매도세, 바이백(buy-back), 직원 채용과 해고 문제, 기업 합병과 스핀오프 등 여러 주제가 테이블에 올랐다. 스포티파이가 곧 상장을 앞둔 시점인 만큼 그는 내게 스포티파이도 그 격변기의 영향을 받고 있는지 모호함 없이 간명하게 말해 달라고 했다. 언론 보도 내용이야 다 뻔했으므로 그는 진짜 현실 점검을 하고 싶어 했다. 지체 없이 당장 말이다.

나는 서둘러 이렇게 대답했다. "음, 건설자들은 떠나고 농부들이 들어오고 있습니다." 음악 산업을 재정의한 10년 된 기술 스타트업의 현 상황을 내 나름대로 최대한 간단히 요약한 말이었다. 글로벌 음악 산업은 당시 160억 달러 규모였고 업계 역사상 가장 큰 폭의 매출 상승을 목전에 두고 있었다.

그는 담배를 마지막으로 한 모금 빨고는 더 상세한 설명을 요청했다. 나는 말했다. "그러니까 스포티파이를 만든 사람들이 떠나고 스포티파이를 운영할 사람들이 그 자리를 채우고 있다는 얘깁니다. 건설자들은 유연성과 창의성, 민첩함을 중요하게 여깁니다. 이 것들은 그들이 회사를 세울 때 빈손으로 스포티파이를 창립할 때 발휘한 자질이지요."

그는 고개를 끄덕였다. "하지만 상장을 준비하는 지금 합류하고 있는 이들은 농부와 비슷합니다. 그들은 앞으로 스포티파이가 거둬들일 수확에 집중합니다. 그래서 프로세스, 예측 가능성, 프레임워크 같은 것을 중요하게 여깁니다."

그는 다시 고개를 끄덕였다. 나는 또 한 차례 질문이 쏟아지길 기다렸다. 하지만 잠시 후 그는 그저 "고맙소"하면서 담배를 비벼 끄고 커피 컵을 재활용 쓰레기통에 던져 넣은 다음 자리를 떠났다.

이런 종류의 만남은 전에도 수없이 겪었지만 그날만큼은 좀 다르게 느껴졌다. 우리가 다음번 만날 즈음엔 뉴욕증권거래소에 'SPOT'라는 종목 코드가 생겨 있을 것이었다. 2006년 여섯 명이서 시작한 회사인 스포티파이의 주식 거래가 시작되기 전에 진지한 상황 점검이 필요한 시기였다.

스포티파이와 조금이라도 관련 있는 모든 이들에게 2018년 4월 IPO는 기념비적 사건이었다. '위기를 먼저 겪고 먼저 회복한' 음악 업계의 험난했던 여정이 마무리되는 듯한 기분도 들었다. 스웨덴에게 스포티파이의 성공은 명예 훈장과도 같았다. 스톡홀름에 본사를 둔 이 회사는 스웨덴 대표 기업인 볼보(Volvo)보다도 시가총액이 높았다. 상장 시 스포티파이의 모국을 혼동한 뉴욕증권거래소에서 실수로 건물 앞에 스위스 국기를 게양하는 해프닝도 있었다.

스포티파이 상장 후 몇 개월이 지나서 나는 또 그 투자자를 만나러 회사 사무실을 나섰다. 디지털 음악 같은 파괴적 혁신의 업계에서 변화는 피할 수 없는 현실이다. 그럼에도 나는 건물 밖에 도착했을 때 목격한 변화에 놀라지 않을 수 없었다. 그가 담배를 끊은 것이었다. 그렇다고 해서 우리의 대화 속도가 느려지거나 분위기가 침체됐다는 의미는 아니다.

그가 말했다. "지난번 만났을 때 당신이 사용한 표현 말입니다. 완전 인기예요. 당신한테 듣고서 내가 알려줬더니 사람들이 유용하게 쓰던걸요."

"어떤 표현이요?" 내가 뭐라고 했었는지 잘 기억이 안 났다.

"건설자와 농부 말이에요. 기술 회사의 생애 주기를 정확히 포착했어요. 건설자 또는 농부가 될 수는 있지만 동시에 둘 다 될 수는 없지요. 건설자들이 떠나고 농부들에게 회사를 넘겨줘야 할 때를 아는 것이 핵심입니다. 기술 회사의 생애에 비춰 자신이 어느 단계에 적합한 유형인지 알아야 합니다. 영원히 남아 있을 수는 없으니까요."

나는 내가 했던 말을 잊어버렸지만 그가 상기시켜주는 것을 듣다 보니 고개가 끄덕여졌다. 나는 '건설자와 농부' 표현이 얼마나 유용한지 확인해보고 싶어서 투자자에게 자신이 어느 쪽에 속한다고 생각하는지 물었다. 질문을 하면서도 왠지 기분이 어색했다. 내가 규정한 이 두 타입은 스포티파이의 성공에서 그가 한 역할과 어울리지 않는 것 같아서였다. 어쨌거나 그는 회사 창립의 본격적인 단계가 시작되기도 전에 합류했으니까 말이다. 그는 잠시 생각하더니 이렇게 대답했다.

"나는 측량사라 하면 될 것 같군요. [스포티파이 공동창립자 대니얼 에크(Daniel Ek)와 함께] 산에 올라가 건너편의 땅을 관찰하고 거기에 회사를 세워도 되겠다는 결론을 내렸으니까요. 충분히 가치 있는 땅이라 판단돼 자금 조달을 도왔고 그 후엔 건설자들이 들어올 수 있도록 뒤로 물러났지요."

건설자, 농부, 측량사. 우리는 모두 제각기 맡은 역할이 달랐다. 이 비유 목록에 또 다른 누구를 집어넣을 수 있을까? 벤처캐피털리스트는 토지 개발업자다. 규제 기관은 지역 계획 당국과 비슷하다. 그리고 미식축구 포지션으로 치면 오펜시브 태클에 해당하는 중요한 사람들은 업계 정책에 영향을 미치기 위해 활동하는 로비스트들이다. 목록을 만들자면 끝이 없을 것이다. 어떤 기업에서든 건설자들을 떠나보내고 농부들을 합류시켜야 하는 시점을 현명하게 판단해야 한다. 또 개인 차원에서도 우리는 건설자에서 농부로 변화해야 할 때를 알아야 한다.

'체 게바라'로 널리 알려진 에르네스토 게바라 데 라 세르나(Ernesto Guevara de la Serna)는 아르헨티나 태생의 쿠바 혁명가다. 1960년 알베르토 코르다(Alberto Korda)가 찍은 그 유명한 〈게릴레로 에로이코(Guerrillero Heroico)〉 사진 속의 체 게바라 얼굴을 모르는 이는 아마 없을 것이다. 역사적으로 지금까지 가장 많이 복제된 사진이라 해도 과언이 아니다. 아이러니하게도 이 마르크스주의 혁명가는 자본주의 세계의 티셔츠 판매상들이 많은 돈을 벌게 해줬다. 하지만 사진작가는 돈을 벌지 못했다. 공산주의자였던 알베르토 코르다는 이 작품에 대한 권리를 주장해 돈을 벌 생각이 없었기 때문이다. 하지만 보드카 브랜드 스미노프(Smirnoff)에서 광고에 체 게바라 사진을 사용한 것에 대해서는 단호하게 반대하며 저작권을 행사했다.[•]

게바라는 1954년 멕시코로 갔고 이듬해 그곳에서 쿠바의 혁명 지도자 피델 카스트로(Fidel Castro)를 만났다. 이후 게릴라전을 벌이며 쿠바 독재자 풀헨시오 바티스타(Fulgencio Batista)를 성공적으로

[•] 맷 웰스(Matt Wells), "수많은 복제가 이뤄진 40년 후, 체 게바라의 사진작가가 저작권 소송을 내다(After 40 years and millions of posters, Che's photographer sues for copyright)", 〈가디언〉, 2000년 8월.

축출하는 데 핵심 역할을 했다. 1959년 카스트로가 정권을 장악한 후 게바라는 쿠바 국립은행 총재와 산업부 장관을 역임했다. 게바라는 국내에서 토지 재분배와 산업 국유화를 위한 계획을 수립했으며, 미국은 불과 약 150킬로미터 떨어진 곳에서 이 모든 상황을 분노하며 지켜보고 있었다. 대외적으로 게바라는 가는 곳마다 마르크스주의 혁명을 외치면서 쿠바의 대사 역할을 자처했다.

한편 카스트로는 미국을 향해 자신은 '공산주의자'가 아니라 '카스트로주의자'라 맹세하면서 뒤에서는 신속하게 주요 산업을 국유화하는 교묘한 위장술 게임을 벌였다. 미국계 기업들에 대한 국유화 조치는 미국과의 관계가 급속히 틀어지는 계기가 됐다. 미국이 피그만 침공 작전에서 참담하게 실패한 사건은 카스트로가 소련과 더욱 밀착 관계를 구축하게 만드는 엉뚱한 결과를 가져왔으며, 게바라는 그런 관계가 마음에 들지 않았을 뿐만 아니라 소련을 공개적으로 비난하기도 했다. 이후 미국의 금수 조치와 여타 여러 요인으로 쿠바의 경제 상황이 갈수록 어려워지는 가운데 게바라는 쿠바의 다른 지도자들과도 사이가 틀어지기 시작했다.

표면적으로 카스트로와 게바라는 혁명을 위한 투쟁이라는 목표 하에 하나로 뭉친 것처럼 보였다. 그러나 두 사람의 지향점은 꽤 달랐다. 카스트로는 권력을 원했고 게바라는 혁명을 원했다. 카스트로는 통치자를 꿈꿨고, 게바라는 세상을 바꾸기를 꿈꿨다. 카스트로는 통제력을 유지하기 위해 항로를 변경할 수 있는 노련한 정치꾼이었지만, 게바라는 정의에 집착하는 이데올로기 사상가였다. 시간이 흐르자 이런 차이들은 양립할 수 없는 것으로 드러났고, 게

바라는 자신의 혁명 목표를 다른 곳에서 추구하기에 이르렀다. 그는 볼리비아에서 정부군에 맞서 투쟁을 벌이다가 1967년 처형당했다. 반면 카스트로는 반세기 가까운 세월 동안 쿠바의 지도자로 군림했다.

게바라는 새로운 쿠바 건설을 위해 기존 질서를 전복하려는 열정은 충분했지만 실제로 나라를 이끌어가는 데 필요한 인내심은 부족했다. 반면 카스트로에게는 끊임없이 세상을 변화시키겠다는 욕망은 없었지만 정치와 통치에 필요한 기술이 있었다. 다시 말해 게바라는 건설자, 카스트로는 농부였다. 이 두 사람은 건설자와 농부가 잠시 동안은 서로를 보완할 수 있지만 결국은 헤어질 수밖에 없다는 사실을 보여준다.

그렇다면 이런 질문을 하지 않을 수 없다. 건설자가 나가고 농부가 들어와야 할 때는 언제인가? 인사 부서의 관점에서 볼 때 이것은 대단히 중요한 문제다. 조직에 너무 오래 남아 있는 건설자들은 불안하게 동요하면서 산만해질 수 있다. 농부들이 너무 일찍 합류하면 그 회사는 경직되고 리스크 회피 성향이 강하며 변화에 느린 조직이 될 수 있다. 한마디로 말해 건설자는 농부가 하지 못하는 것을 만들어내고 농부는 건설자가 하지 못하는 것을 단계적으로 이뤄낸다. 중요한 것은 건설자나 농부를 합류시켜야 할 시점을 제대로 아는 일이다. 건설자들이 나가고 농부들이 들어올 최적기일 가능성이 가장 높은 세 시점은 아래와 같다.

(1) 기업이 수익을 내기 시작할 때

(2) IPO 이후

(3) 정부 규제의 영향 이후

이론상 이 셋은 각기 다른 시기가 될 수 있지만 실제 현실에서는 동시에 일어나는 경우가 많다.

수익성부터 살펴보자. 일반적으로 혁신 기업은 초창기에 적자를 보다가 어느 시점 티핑포인트에 도달하면 수익을 내기 시작한다. 연쇄창업가이자 신원 확인 기술 기업 아이프루브(iProov)의 설립자인 앤드루 버드(Andrew Bud)는 말한다. "허황된 사업 모델을 진정한 파괴적 혁신과 혼동하기 쉽다. 파괴적 혁신의 외양을 뒷받침하던 자금이 바닥나기 전까지는 말이다." 건설자는 이처럼 위험한 '현금 고갈' 가능성이 있는 시기에 역량을 더 잘 발휘할 수 있고, 농부는 지속 가능성이 확보된 시기를 선호한다. 지속 가능성을 갖는다는 것은 한계수입이 한계비용을 초과해 회사가 안정적 이윤 창출을 기대할 수 있는 계속 기업이 됨을 의미한다.

우리가 이용한 배달 서비스의 비용 일부는 투자자가 낸다

언젠가 한 똑똑한 친구가 나더러 음식 배달 서비스 업체들이 '계속 기업'으로서 존속하는 동안 배달 앱을 최대한 활용하라고 말했다. 내가 배달 앱을 이용할 때마다 해당 기업에 투자한 벤처캐피털리스트들이나 주식을 매입한 일반 투자자들이 비용의 일부를 내게 된다면서 말이다.

그것은 꽤 예리한 발언이었다. 이들은 시장 점유율을 높이기 위해 사업 초기의 적자를 감수한다. 이것은 건설자들이 운영하는 단계다. IPO 이후에는 건설자들이 빠지고 이제 농부들이 합류한다. 주식 시장에서 공개적으로 거래되는 기업이 되어 주주들의 감시가 이뤄지기 시작하면 기업은 고객 숫자뿐만 아니라 현금 흐름 마진도 증가시켜야 할 요구를 받는다.

시장의 감시가 시작되고 건설자에서 농부로 교체되는 티핑포인트를 거치면서 기업은 상당한 혼란을 겪을 수 있다. 그런데 반드시 그런 이분법적 교체가 이뤄져야 하는 것은 아니다. 다시 말해 '핵심' 사업을 농부들이 넘겨받으면서 운영 효율성을 달성하고 현금 흐름(꼭 이윤은 아니더라도)을 발생시키면, 건설자들이 그 현금을 활용해 새로운 사업 영역에 뛰어들 수도 있다는 얘기다.

승차 공유 서비스 사업을 성공적으로 개척한 우버가 대표적인 예다. 2019년 5월 주식 시장에 상장한 우버는 매출의 대부분을 원래의 승차 공유 비즈니스(현재 10년이 넘었다)에서 얻고 있으며 추가적으로 음식 배달 사업체인 우버이츠(Uber Eats)를 운영한다. 농부들은 승객을 실어 나르는 사업의 운영 효율성 제고를 위해 노력하고, 다른 한편에서 건설자들은 지속 가능한 음식 배달 시스템을 만들려고 애쓴다.

독립 리서치 서비스 회사 아레테(Arete)는 우버의 재무제표를 검토한 후, 우버의 운행 1건당 평균 이익과 음식 배달 서비스 우버이츠의 평균 비용에 관한 유닛 이코노믹스(unit economics, 단위경제학, 특정한 단위를 기반으로 비즈니스 모델의 수익과 비용을 산정하는 분석-옮긴이) 분석을 실시했다(기업 경영 시 발생하는 간접 비용을 반영할 경우 두 사업 영역의 수익이 사라지므로 이는 반영하지 않음).

<도표 C-1>에서 알 수 있듯 우버는 차량을 1회 운행할 때마다 비용을 뽑는다. 즉 농부가 수확할 수 있는 이윤이 발생하는 사업이다. 그에 비해 우버이츠는 아직 충분한 성장기에 이르지 못했으며 배달이 1건 일어날 때마다 적자를 본다. 안정적 시장 점유율 확보를 위해 경쟁하는 중이다. 이 사업은 건설자에게 더 적합하다. 특히 배달 업계의 다른 여러 업체들 역시 적자를 감수하며 경쟁할 것이기에 더 그렇다.

여기서 부담을 떠안는 쪽은 식당이 아니라 우버이츠다. 그래프에 나타난 단위 비용은 생산이 아니라 유통 영역에서 발생하는 것이기 때문이다. 만일 소비자가 우버이츠를 통해 40파운드짜리 음식을 배달받으면 총 결제 금액이 45파운드다. 식당은 40파운드에서 수수료를 뗀 금액을 우버이츠로부터 받는다. 하지만 우버이츠 입장에서는 배달 및 운영 비용을 전부 커버할 수 없기 때문에 모회사인 우버에서 약 2파운드를 지원한다. 우버는 이 금액을 '추가 배달원 인센티브'라고 부른다. 여기에 담긴 의미는 이렇다. "우리는 소비자가 내는 5파운드 미만의 배달비를 주고 배달원에게 일을 시킬 수 없었으며 그보다는 더 지불해야 했다." 내 친구 말이 맞았다. 우버이츠를 이용하면 우버 투자자들이 비용 일부를 부담하게 된다. 그러니 당신도 우버의 현금이 바닥나기 전에 부지런히 배달 앱을 이용하라.

〈도표 C-1〉 우버 승차 공유 서비스와 우버이츠: 농부들은 승객을 나르고, 건설자들은 음식을 배달한다

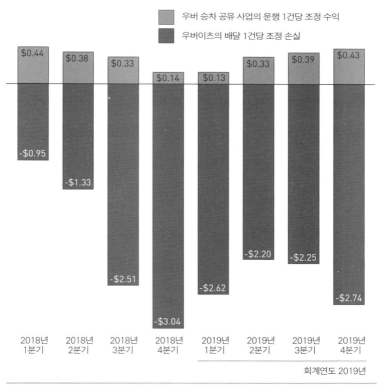

■ 우버 승차 공유 사업의 운행 1건당 조정 수익
■ 우버이츠의 배달 1건당 조정 손실

	2018년 1분기	2018년 2분기	2018년 3분기	2018년 4분기	2019년 1분기	2019년 2분기	2019년 3분기	2019년 4분기
수익	$0.44	$0.38	$0.33	$0.14	$0.13	$0.33	$0.39	$0.43
손실	-$0.95	-$1.33	-$2.51	-$3.04	-$2.62	-$2.20	-$2.25	-$2.74

회계연도 2019년

출처: 아레테 리서치

두 번째 티핑포인트는 앞서 이미 언급한 IPO다. 초창기 기술 기업은 자전거와 비슷하다. 페달을 밟아 전진하지 않으면 넘어지고 만다. 수많은 시행착오와 혼란, 변수가 혼재하는 IPO 이전 단계에서는 회사에 건설자들이 필요하다. 하지만 증시에서 주식이 거래되기 시작한 이후에는, 시장의 규칙들을 준수하는 동시에 자전거가 경기에 상관없이 안정적이고 예측 가능한 속도로 달려나갈 수 있

는 추진력도 유지해야 한다. 이때는 농부들이 들어와 활약해야 할 시기다.

세 번째 티핑포인트는 정부 규제다. 직관적으로 표현하자면 건설자는 시장 틈새를 발견해 독점 기업을 만들고 농부는 나중에 합류해 그 독점적 지배력이 만들어놓은 이윤을 거둬들인다. 건설자는 경쟁 규칙이 아직 형성되는 중인 새로운 영역을 개척하는 데 관심이 많다. 반면 농부는 일련의 규제가 확립된 환경에서 활동하는 것을 선호한다.

이미 말했듯 이 세 티핑포인트는 개별적 사건일 수도 있지만 동시에 일어나 하나의 큰 사건을 형성할 수도 있다. 우연히든 의도적 결과든 말이다. 예를 들어 시장에 새로운 규제가 시행되면 기업이 현금 고갈을 줄이고 IPO 추진을 서둘러야 할 수도 있다. 또는 IPO를 계획하면 규제 기관이 해당 기업에 더 주목할 수 있고 해당 기업은 장기적 성장 전략에서 단기 수익성을 위한 전략으로 이동해야 할 수 있다.

건설자와 농부가 필요한 시기를 알려주는 세 티핑포인트는 이와 같다. 그렇다면 이제 정말 중요한 다음 질문을 생각해봐야 한다. 당신은 자신이 어느 쪽이라 생각하는가? 건설자인가, 농부인가, 아니면 둘 다인가?

인간을 단지 두 부류로 나누는 것은 지나친 단순화처럼 느껴질지 모른다. 하지만 그런 분류의 선례는 꽤 많다. 1920년 2월 미국 배우 겸 작가 로버트 벤츨리(Robert Benchley)는 〈배니티페어(Vanity

Fair)〉에 실은 글에서 "세상에는 두 부류의 사람이 있는 것 같다. 항상 세상 사람들을 두 부류로 나누는 이들과 그러지 않는 이들이다"라고 말했다. 미국 작가 데이먼 러니언(Damon Runyon)은 전자에 속했다. 그는 세상 사람을 "델리를 사랑하는 사람들과 당신이 어울리지 말아야 할 사람들"로 나눴으니까. 조직심리학자 애덤 그랜트(Adam Grant)는 그보다는 좀 더 복잡하게 나눠 사람은 세 가지 유형이 있다고 말했다. 받은 것보다 더 많이 주려는 기버(giver), 준 것보다 더 많이 받으려는 테이커(taker), 받은 만큼 주는 매처(matcher)가 그것이다. 그랜트가 사람들로 하여금 자신의 정체성을 돌아보게 하려 했듯, 건설자와 농부로 나눈 나의 분류법도 당신이 기술 기업의 생애 주기에서 능력을 발휘할 수 있는 단계가 어디인지 판단할 수 있게 돕기 위한 것이다.

정규분포 곡선과 같은 간단한 종형 곡선을 상상해보라. 한쪽 끝에는 순수한 건설자가 있다. 이들은 건설자의 능력만 갖췄고 농부의 능력은 없다. 다른 끝에는 순수한 농부가 있다. 이들은 농부의 능력만 있고 건설자의 능력은 없다. 어떤 사람은 이 양 극단에 속하고, 어떤 사람은 종의 가장 두꺼운 부분인 중앙 어딘가에 속하면서 건설자의 특성과 농부의 특성을 함께 지닌다. 우리가 주목해야 할 부분은 이 종형 곡선의 양 극단이다. 심리학에서는 이처럼 극단으로 향할 때 문제가 될 수 있는 특성을 '어두운 성격 특성(dark trait)'이라 부른다. 이 양쪽 끝에 속한 이들은 해당 특성을 매우 강하게 가졌지만 반대쪽 유형의 역할을 할 수 없고, 해서도 안 되는 이들이다. 설령 인사팀에서 특정한 경력 개발 프레임워크를 고안해 그들이 다른 역할을 맡고 싶은 마음이 들게 부추긴다 해도 말이다.

노르웨이경영대학원의 에이드리언 펀햄(Adrian Furnham) 교수는 저명한 조직심리학자다. 그의 이름으로 나온 책만 해도 95권, 학술 저널에 발표된 논문은 1,200편에 이른다. 그는 어두운 성격 특성들을 규명하기 위한 접근법으로서, 어떤 개인이 극단으로 기울어져 있는지 여부를 알려주는 초기 신호들을 탐색한다. 이 방법을 적용하면 건설자와 농부의 신호를 감지할 수 있다. 예컨대 "당신은 대학에 다닐 때 저축액이 늘었습니까, 아니면 빚이 늘었습니까?"처럼 개인의 과거에 대한 간단하고 직관적인 질문을 던질 수 있다. 또는 설계 과제에 대한 접근법이 어떤지를 살펴볼 수도 있다. 건설자는 '이 방을 어떻게 꾸밀까?'를 생각하는 반면, 농부는 '카펫 바닥재가 얼마나 필요할까?'를 계산할 것이다. 또한 학업 전공 선택은 수렴적 사고와 확산적 사고 성향을 잘 드러낼 수 있다. 예술 전공자는 확산적 사고 성향을, 과학 전공자는 수렴적 사고 성향을 지니곤 한다. 졸업 후 선택하는 직장은 책임성에 대한 태도를 말해줄 수 있다. 건설자는 높은 책임성을 갖고 일해야 하는 작은 회사를 선호하지만, 농부는 상대적으로 책임성 수준이 낮은 큰 회사를 선호할 것이다.

이러한 경험적 관찰들 외에 직업심리학자들을 위한 핵심 도구도 존재한다. 약 20년 전 심리학자인 로버트와 조이스 호건(Robert and Joyce Hogan) 부부는 어두운 성격 특성들을 진단하는 프레임워크를 개발했다. 여기에 정리된 11가지 특성은 극단으로 흐를 경우 우리가 흔히 목격하는 인격 장애와 유사해진다. 11가지 특성은 다시 세

범주로 구분된다. 즉 사람을 끌어당기는 유혹적인 성격, 밀어내며 거리를 두는 성격, 환심을 사려고 노력하는 성격이다. 호건발달성향조사(Hogan Development Survey, HDS)가 독특하면서도 널리 쓰이는 검사 도구가 된 이유는 성공뿐만 아니라 실패에도 초점을 맞춘다는 점에 있다. 즉 리더십 실패를 낳을 수 있는 성격 특성들을 규명한 것이다. "우리를 죽이지 않는 시련은 우리를 더 강하게 만든다"라는 말도 있듯이 실패에서 배우는 것은 성공을 위한 가장 중요한 조건이 아니던가?

성격 특성은 우리를 완전히 정의하지는 못한다. 성격 특성은 유동적인 것이다. 그것은 상황이나 맥락에 따라 다양한 형태로 나타날 수 있다. 하지만 이러한 성격 특성들은 우리에게 명확하고 반복적으로 사용 가능한 언어를 제공해준다. 우리는 그 언어를 사용해 주변 세상과 현실을 명료하고 단순화된 모델로 재구성할 수 있다. 호건의 모델은 직업심리학을 위한 새로운 언어를 제공했다. 나는 비록 거창하진 않아도 내 모델을 통해 당신이 동료, 친구, 가족을 관찰하는 데 활용할 언어를 제공하고 싶다. 건설자와 농부라는 언어를 통해 바라보라. 당신은 어느 쪽에 속하는가?

당신이 가진 어두운 성격 특성들을 점검하면 당신이 어떤 유형인지(건설자인지 농부인지), 한쪽 극단에 속하는지 아닌지 아는 데 도움이 된다. 만일 당신이 일터에서 경력 개발을 위한 프레임워크가 부족해 불만을 느낀다면 농부인데 건설자 역할을 맡고 있을 가능성이 크다. 만일 회사 운영상의 관료주의적 절차 때문에 새로운 사업 아이디어를 추진할 수 없어 답답하다면 건설자인데 농부 역할

특성	건설자와 농부의 차이	
모호함에 대한 수용	건설자	모호함에 대한 수용력이 높고 절차에 대한 수용력이 낮다
	농부	모호함에 대한 수용력이 낮고 절차에 대한 수용력이 높다
위험 선호도	건설자	운항 중에 비행기를 설계하는 위험을 즐긴다(창업부터 해놓고 사업 방식을 연구한다)
	농부	비행기를 안전하게 착륙시킬 방법을 아는 것을 선호한다
목표 달성	건설자	목적지 자체보다는 과정을 즐긴다
	농부	과정보다 목적지에 의해 동기를 부여받는다
기회 발견	건설자	시장의 틈새를 발견하려는 욕구가 강하다
	농부	더 신중한 태도로 틈새에 시장이 존재하는지 재차 질문을 던진다
회의주의	건설자	회의적 태도로는 아무것도 이룰 수 없다고 생각하므로 회의주의를 거부한다
	농부	조직의 힘과 장기 생존을 위해 회의주의를 택한다
실패에 대한 두려움	건설자	실패를 성공으로 가는 수단이라고 생각한다
	농부	성공을 보여주기 위해 실패를 기피한다
아이디어 적용	건설자	아이디어의 질을 기준으로 자신을 판단한다
	농부	아이디어의 실현 여부를 기준으로 자신을 판단한다
익숙함과 새로움	건설자	익숙한 시장에 새로운 규칙을 적용하는 것을 선호한다
	농부	새로운 시장에 익숙한 규칙을 적용하는 것을 선호한다
정보의 세분화	건설자	청중을 끌어모을 때 세부적 사항을 무시한다
	농부	청중을 상대하기 전에 세부적 정보에 집중한다

출처: HDS를 참고해 저자가 작성함

을 맡고 있는 것이다. 스포티파이의 투자자가 내게 일깨웠던 교훈을 떠올려보라. 핵심은 '때'를 아는 것이다. 기업의 전체 생애를 놓고 봤을 때 건설자들이 나가야 할 때가 언제인지, 농부들이 들어와야 할 때가 언제인지 아는 것 말이다.

당신이 자신을 어떤 유형으로 생각하느냐와 관계없이, 파괴적 변화라는 지향점을 갖고 있을 때 이 두 역할의 균형을 잡는 일은 결코 쉽지 않다. 얼핏 생각하기엔 건설자가 파괴적 혁신을 이룰 수 있는 최상의 유형인 것 같다. 변화를 주도하는 영웅 말이다. 우리는 혁신가를 우상화하는 경향이 있고, 농부를 불확실성을 최소화하기 위해 건설자의 혁신을 억누르려 하는 유치원 선생님처럼 생각하기 쉽다. 분배보다는 창조라는 단어가 우리의 흥미를 더 자극하기 마련이다.

그러나 세상에는 농부도 필요하다. 이들은 산업 시스템을 만드는 법을, 비즈니스를 단계적으로 성장시키는 방법을 안다. 메시지를 담아 세상에 퍼트릴 유리병을 찾아낼 줄 안다. 건설자가 무언가를 만드는 이들이라면 그것을 세상에 퍼트리는 것은 농부다.

지금까지 당신은 파괴적 혁신을 통해 피벗하기 위한 8가지 원칙을 충분히 숙지했고, 자신이 건설자와 농부 중 어느 유형인지도 판단할 수 있는 상태다. 이제 본문에서 설명한 8가지 원칙을 하나씩 다시 떠올리면서 당신이 자신을 어떤 유형으로 생각하느냐에 따라 해당 원칙의 적용이 어떻게 달라지는지 살펴보자.

이 과정이 필요한 이유는 이렇다. 많은 경제경영서에 붙은 문구와 달리 '우리 모두의 삶을 변화시킬 단 하나의 법칙' 같은 것은 없다. 만일 당신이 그 낚시성 문구에 걸려든다면 별다른 성과를 얻지 못할 가능성이 크다. 세상에는 수많은 법칙이 존재하고 우리 모두는 저마다 다르기 때문이다. 그런 문구는 공항 서점에서 시선을 끌지는 모르지만 주의력을 놓고 치열한 경쟁이 벌어지는 시장에서 파괴적 혁신을 이루는 데는 도움이 되지 않는다. 이제 두 성격 유형에 따라 다르게 적용할 수 있는 우리의 8가지 원칙을 차례로 짚어보자. 당신도 익숙한 것을 손에서 놓고 새로운 것을 붙잡을 때를 알 수 있다는 자신감이 생길 것이다.

🌳 더 나은 뭔가를 만들면 사람들이 찾아올 것이다

1장에서는 타잔 경제학을 바탕으로 '먼저 겪고 먼저 회복한' 음악 산업의 여정을 살펴봤다. 지난 20년은 두 시기로 나뉜다. 첫 10년 간 음악 업계는 변화에 저항하면서 불법 파일 공유 사이트와 이용자, 인터넷 서비스 제공 업체에 대한 고소라는 방어적 전략을 택했다. 즉 농작물을 지키기 위해 땅을 새로 갈기보다는 살충제에 의존하는 농부와 비슷했다. 음악 산업이 뿌린 살충제는 생산성을 높이기는커녕 피해만 키웠다. 엄청난 비용을 쓰고 나서 그보다 더 엄청난 손실을 입었다.

두 번째 10년에 음악 산업은 스트리밍이라는 새로운 줄기를 붙잡는 것이 옳다는 거시 경제학적 그리고 미시 경제학적 증거를 보여줬다. 지속적으로 성장해온 음악 산업은 이제 각자의 냅스터 순간을 경험하고 있는 많은 업계로부터 부러움을 사고 있다. 건설자들은 횡행하는 불법 음악 공유라는 문제를 수익 창출 전략 수립을 위한 기회로 봤다. 사람들은 그 어느 때보다 더 많이 음악을 소비하고 있었으므로 그 소비를 발판 삼아 수익을 창출할 더 나은 플랫폼을 만들면 되는 것이었다. 이것이 스포티파이의 초창기 비전이었다. '더 나은 뭔가를 만들면 사람들이 찾아올 것이다.' 반면 농부들은 법적 대응이라는 흑백논리로 문제를 바라봤다. 소비자들이 돈을 내지 않고 음악을 훔치고 있으므로 그 도둑질을 막으면 음악 산업이 다시 살아날 것이라 생각했다. 하지만 정작 음악 산업을 회복시킨 것은 건설자들이었다. 그런데 내 투자자 친구가 상기시켜줬듯이 스토리에는 뜻밖의 방향 전환점이 있다. 이제 농부들이 다시 들어와 활약해야 할 때라는 것이다. 앞으로 음악 산업의 회복세를 안정시키고 장기적 성장을 달성하는 것은 농부들에게 달려 있다.

▶ **요약:** 건설자는 소수의 큰 문제들을 해결하는 것을 좋아한다. 농부는 다수의 작은 문제들을 해결하는 것을 좋아한다.

🪙 전문화냐 최적화냐

2장에서는 우리 삶의 모든 측면과 관련돼 있는 무언가, 즉 주의력을 다뤘다. 타잔 경제학이 안내하는 길에서 마주치는 첫 번째 주제는 주의력 경제학이다. 주의력과 관련해 두 가지 결과밖에 없는 것처럼 보일 수 있지만(주의력을 차지하거나, 차지하지 못하거나) 주의력은 중첩 가능성도 지닌다. 다시 말해 여러 미디어가 동시에 우리의 주의력을 끌어당길 수 있다. 주의력의 경합성은 한 주의력 상인이 이득을 보면 다른 주의력 상인이 손해를 볼 수 있음을 말해준다. 우리는 많은 주의력 상인이 우리의 시간을 가져가려고 경쟁하는 동안 우리의 주의력은 점점 고갈되는 '공유지의 비극'을 목격하고 있다. 주의력을 독점하기 위해서는 단순히 '주의력을 끌어오는 것'만이 아니라 '주의력 분산 요소를 차단하는 것'도 중요해지고 있다.

넷플릭스가 우리를 〈나르코스〉 시즌 1부터 시즌 5까지 정주행하게 유인하는 데 성공해 우리의 소중한 50시간을 가져간다면 그것은 다른 주의력 상인들이 빼앗을 수 없는 50시간이다. 주의력 쟁탈전에서 패한 나머지 상인들은 차지할 수 있는 주의력이 훨씬 줄어든다. 이런 점을 감안하면 주의력의 경합성을 이해하는 일이 더욱 중요하다.

건설자는 주의력을 독점하는 작업에 뛰어나며 '모 아니면 도' 식의 관점을 갖는다. 농부는 주의력 활용을 최적화하는 일에 더 적합하다. 즉 주의력을 동시에 여러 곳에 사용하는 것이 가능한 경우 서로 다른 미디어가 서로를 보완하게 하는 것이다. 건설자는 한 가지 유형의 콘텐츠로 주의력을 독점하는 넷플릭스 모델과 더 어울린다. 농부는 애플의 서비스를 최대 6개까지 묶어서 하나의 간편한 요금제로 제공하는 애플원(Apple One)처럼 더 규모가 크고 다양한 속성을 가진 번들 상품을 다루는 능력이 뛰어나다.

➡ **요약:** 주의력 쟁탈전이 벌어지는 시장에서 건설자는 전문화 능력이 뛰어나고, 농부는 최적화 능력이 뛰어나다.

⑤ 양이냐 질이냐

3장을 통해 우리는 과거의 두 청중 모으기 사례가 여전히 우리에게 유의미한 교훈을 던져준다는 사실을 깨달았다. 타파웨어의 브라우니 와이즈는 하향식 마케팅이 실패하자 상향식의 입소문 마케팅으로 전환했다. 타파웨어 파티는 사교 네트워크와 사회적 압력을 이용함으로써 전통적인 광고를 할 때보다 훨씬 더 많은 제품을 판매하는 데 성공했다.

러셀 솔로몬의 타워레코드는 선택할 종류가 없는 것보다 있는 것이 낫지만 무조건 많다고 좋은 것은 아니라는 사실을 일깨웠다. 솔로몬의 음반 매장에서 보유한 음반 종류는 오늘날 스트리밍 사이트에서 제공하는 음악의 양과 비교하면 티끌 정도 수준이었다. 하지만 그들의 앨범 종수는 오늘날 스트리밍 업체에서 음악 수요의 약 90퍼센트를 차지하는 앨범 수와 비슷했다. 청중을 모으기 위해 지구상의 모든 콘텐츠가 필요한 것은 아니다. 적절한 콘텐츠를 갖추는 것이 중요하다.

건설자는 자신이 모으는 청중의 종류에 관심이 덜하고 어떻게든 빠른 속도로 규모를 늘리려는 경향이 있다. 농부는 어떤 청중이 다른 청중보다 더 가치 있다는 사실을 안다. 건설자는 그런 미묘한 측면에는 관심을 잘 기울이지 않고 대신 '활성 사용자' 같은 주요 지표들과 청중의 규모에 집중한다. 농부는 그 사용자들의 활동 강도를 파악하는 데 주력한다.

▶ **요약:** 건설자는 청중의 양을 늘리는 데, 그리고 농부는 청중의 질을 확보하는 데 관심을 둔다.

🌱 스스로 해결하는 전략

4장에서는 음반사와 결별하고 직접 앨범을 발매한 라디오헤드의 유명한 〈인 레인보우즈〉 실험을 소개했다. 라디오헤드는 이 '배짱 두둑한 시도' 덕분에 이전 앨범들보다 더 많은 수익을 거뒀으며 원하는 것을 시도하고 팬들과 소통할 수 있는 자유도 더 커졌다. 그들은 이 실험으로 '생산이냐 구매냐(스스로 해결할 것이냐, 외부 주체를 참여시킬 것이냐)' 결정과 관련된 새로운 영역을 탐험했으며 이후 많은 뮤지션이 따라갈 수 있는 지도를 남겼다.

패트리온과 킥스타터 같은 플랫폼들은 스스로 해결하려는 이들에게 새로운 도구를 제공하고 있다. 한편 전통적으로 청중을 모으는 역할을 하던 주체에 변화가 찾아왔다. 예전에는 창작자가 중개자에게 작품에 대한 통제권을 넘겨주면 중개자가 청중을 모았지만 이제 그 중개자는 창작자가 직접 청중을 모으기를 기대한다. 따라서 스스로 해결하려는 건설자(전통적 게이트키퍼에 의존하지 않고 새로운 길을 구축하려는 창작자)가 늘어나는 환경이 됐다. 그리고 농부(전통적 중개자)들은 가치 체인에서 자신이 유의미한 역할을 할 수 있는 길을 찾아내야 한다.

따라서 건설자와 농부 사이의 거리가 멀어지고 있다. 건설자는 스스로 해결해나가고 청중을 직접 형성시키면서 많은 것을 배운다. 만일 중개자를 참여시켜야 한다면 과거보다 더 나은 조건으로 계약을 맺을 것이며, 그동안 구축해온 팬들과의 직접적인 관계를 포기할 필요가 없다.

농부는 자신의 존재 의미를 유지하고 이런 새로운 거래 관계에 적응하려면 변화해야 한다. 케인스 미인 대회와 비슷하게 심사원을 설득하려 애쓰는 세계를 잊고 소비자와 직접 소통하는 세계를 받아들여야 한다.

▶ **요약:** 건설자는 소비자를 설득하고, 농부는 심사원을 설득한다.

💲 자본주의가 가미된 공산주의

5장에서는 창작자들이 외부 주체에 의존하지 않는 독립성을 추구하는 과정에서 창작물의 유통과 수익 실현을 위해 공동체에 의지하게 되는 원리를 살펴봤다. 모든 플레이어가 각자 개별적으로 움직이는 대신 공동체에 참여하는 방식은 나름의 타당성을 지닌다. 공동체가 없으면 시장이 지나치게 파편화돼 '비공유지의 비극'이 발생해 제대로 기능하지 못할 가능성이 있다. 파편화된 시장의 수많은 플레이어를 조정하기가 너무 복잡해지면 결국 자원이나 재화가 과소 이용되는 결과로 이어진다. 그런데 '그루초 마르크스주의'는 이 과정을 한층 미묘하고 까다롭게 만드는 지점을 우리에게 상기시킨다. 가장 큰 가치를 가진 참여자가 공동체에 참여하려는 인센티브가 가장 약하다는(그리고 공동체를 떠나려는 인센티브가 가장 강하다는) 사실이다.

공동체 모델은 '공산주의가 가미된 자본주의' 또는 '자본주의가 가미된 공산주의'라고 할 수 있다. 이는 미묘한 균형 잡기가 필요한 사안이다. 건설자는 상대적으로 좁은 범위에 초점을 맞추면서 '넘버 원'이 되는 것을 추구하는 경향이 있고 공동체를 구축 및 유지하는 일에 관심이 더 적다. 농부는 공동체를 지속시키고 그루초 마르크스주의를 물리치기 위한 미묘한 정치적 활동에 더 적합하다.

▶ **요약:** 건설자는 공동체 형성에 필요한 인내심이 부족하다. 농부는 공동체의 와해를 막는 데 필요한 인내심이 있다.

🌲 경쟁 규제 기관이 두 개 필요한 이유

6장에서는 '경쟁 규제 기관이 두 개여야 한다'는 위대한 스크리밍 로드 서치의 유명한 정책 제안을 소개하면서 '전환적 사고'에 대해 설명했다.

경쟁을 유지하고 관리하는 역할을 어떻게 경쟁자 없는 독점 기관에 맡길 수 있겠는가? 오늘날 강의실에서 가르치는 경제학 내용을 들여다보면 이 질문의 물음표는 더 커진다. 대학들은 경제학의 핵심 개념들, 특히 '독점'이라는 개념을 정확히 가르치지 않고 있으며 정책 입안자들은 그것을 현실에 제대로 적용하지 못하고 있다. 독점이 생산량을 줄이고 가격을 치솟게 한다고 경제학 책에서 가르치는 것과 달리 오늘날 독점 빅테크 기업들은 생산량을 늘리고 가격을 낮춘다(심지어 없애기도 한다). 오늘날 독점 기업들은 한계비용에 신경 쓸 필요가 없고 대신 더 많은 편리함을 제공하기 위해 경쟁한다.

시장을 정의하는 문제와 관련해서도 건설자와 농부는 차이를 보인다. 시장이 정의되지 않으면 시장 점유율도 계산할 수 없다. 건설자가 과거에 없던 무언가를 만들어내는 상황이라면 시장 점유율이라는 개념 자체가 무의미하다. 농부는 반대로 명확히 정의된 시장, 선례가 이미 확립돼 있는 시장을 선호한다. 당신 조직의 현재 상황에서 주도권을 잡아야 할 것이 건설자인지 농부인지 판단하는 간단한 테스트가 있다. 이런 질문을 던져보라. "시장 점유율이 얼마나 되는가?" 만일 어리둥절한 표정으로 "무슨 시장 점유율?" 하고 되묻게 된다면 농부들이 아니라 건설자들이 활약해야 할 때다.

▶ **요약:** 건설자는 이론을 우회해 시장의 틈새를 개척한다. 농부는 틈새에 형성된 시장을 이해하는 데 이론을 적용한다.

💲 중요한 것이 제대로 측정되지 않는 세상

7장에서는 우리의 현재 상태를 평가하는 문제를 다루면서 정부가 경제를 측정하고 지표화하는 방식에 내재한 우려스러운 맹점들을 짚어봤다. 부동산으로 돈을 벌고 가족에게 부를 상속받고 전자상 거래 사이트에서 소비하는 행위는 이제 많은 이들에게 당연한 일 상이 됐지만, 이런 활동이 정부 통계에 정확히 반영되고 있는지는 확실치 않다. 클라우드 컴퓨팅 서비스 이용이 크게 증가하고 있지 만 실제 현실과 정부 통계 사이에는 커다란 격차가 있다. 위키피디 아나 페이스북 같은 무료 정보재가 우리 삶에서 차지하는 비중은 계속 커지는데도 이것들은 경제적 통계에는 제대로 잡히지 않는 다. 경제학자 로버트 솔로(Robert Solow)의 말을 약간 변형해 표현하 자면 "디지털 경제는 정부 통계만 제외하고 모든 곳에 존재"한다.

건설자와 농부는 측정 가능한 것과 불가능한 것에 대한 접근법 이 다르다. 농부는 현재 상태에 만족하는 경향이 있다. 즉 오랜 기 간 축적된 데이터와 거기서 유추되는 트렌드를 믿는다. 반면 건설 자는 그런 관성을 경계하고 새롭게 시작하려는 경향이 강하다. 건 설자라면 전통적 통계에서 아직 분류되어 있지 않은 직업군의 고 용 및 해고에 관한 실시간 신호들을 찾으려 할 것이다. 고용과 관 련해 공식적 통계가 외면한 범주들(예: 인공지능)에 주목하는 링크드 인(LinkedIn) 경제학자들의 인상적 연구에서처럼 말이다. 이 지점에 서 긴장 관계가 생겨난다. 농부는 오랫동안 구축된 유산을 대체하 는 이런 새로운 접근법에서 위협을 느낄 것이다.

➡️ **요약:** 농부는 측정 가능한 것을 중심으로 정책 해법을 구상한다. 건설자는 정책 수립 시 측정 불가능한 것과 관련된 질문을 던진다.

💲 추측과 논박

8장에서는 요즘 가장 중요한 교통 수단인 '밴드왜건', 즉 빅데이터에서 뛰어내려야 할 필요성을 논했다. 큰 실수를 범할 위험성이 존재하기 때문이다.

우리는 빅데이터라는 방향으로 과도하게 치우쳐 있으므로 '틱데이터'로 균형을 잡아야 한다. 사람들이 만들어내는 정량적 데이터가 아니라 사람들 자체를 이해해야 한다. 빅데이터 이용 및 남용에 대한 유혹, 상관관계와 인과관계를 연결하고 싶은 유혹이 우리의 상식적 관점을 방해하고 수량화 오류에 빠질 위험을 높인다. 쉽게 측정할 수 없는 것은 무가치하다고 간주하는 것이다. 그런 점에서 볼 때 NPS의 사용을 철저히 재검토할 필요가 있다. 많은 것을 말해준다는 이 하나의 수치는 실제로 우리에게 말해주는 것이 거의 없다.

건설자와 농부의 차이를 고찰할 때 철학자 카를 포퍼(Karl Popper)가 말한 '추측과 논박' 이론이 유용하다. 우리가 제시하는 주장의 진실성을 입증하려면 비판(또는 논박)을 거쳐야 한다는 이론이다. 건설자는 스타트업이나 학술 단체의 자금 모금을 위해 빅데이터 기반의 과감한 추측을 더 과감하게 밀고 나가는 반면, 농부는 수량화 편향에 도전하는 경향이 강하고 그런 추측에 반박하면서 더 효과적인 접근법을 찾으려 시도한다. 건설자는 빅데이터 예측을 시장에서 서둘러 활용하려 하지만, 농부는 모든 데이터는 과거에서 온 것이라는 사실을 우리에게 상기시킨다.

▶ **요약:** 건설자는 측정 가능한 빅데이터를 통해 추측한다. 농부는 측정 불가능한 것에서 의미를 발견해내 그 추측에 반박한다.

당신이 어떤 유형인지 이해하면 타잔 경제학을 더욱 효과적으로 활용할 수 있다. 변화와 생존을 위해 피벗하기 위한 8가지 원칙을 적용하는 과정이 더 수월해질 것이다. 우리는 저마다 다른 강점과 약점을 갖고 있으며 각자의 동기와 가치관, 선호도 다르다. 우리는 서로 다른 코스에 최적화된 경주마다. 파괴적 혁신에 대처하는 '방법'과 그 '이유'에 관한 책은 수없이 많다. 그러나 당신의 유형을 알고 있으면 '언제'를 파악하는 데 도움이 된다. 파괴적 혁신을 향한 여정에서 당신이 가장 값진 기여를 할 수 있는 때가 언제인지, 뒤로 물러나야 할 때가 언제인지를 말이다.

"나는 어떤 유형인가?"라는 질문은 당신이 언제 어떻게 피벗해야 하는지를 깨닫게 도와준다. 그런데 독자인 당신 입장에서는 이 질문을 되받아쳐 지금까지 피벗의 8가지 원칙을 설명한 저자인 나에게 "그럼 당신은 어떤 유형인가?"라고 묻고 싶어질지도 모르겠다. 동기, 가치관, 선호의 스펙트럼 상에서 나의 위치는 어디쯤일까? 이에 답하기 위해 건설자와 농부라는 개념 대신 훨씬 오래된 비유로 눈을 돌려야겠다.

애덤 스미스는 명저 《도덕감정론》에서 수학자와 시인의 차이점을 논했다. 그는 이렇게 썼다. "이러한 서로 다른 문필가 부류의 도덕률은 때로 대중과 관련된 상황의 커다란 차이점에서 어느 정도 영향을 받는 듯하다." 이어서 이렇게 언급했다.

— 수학자들은 (…) 자신의 명성을 유지하거나 경쟁자의 명성을 떨어뜨리기 위해 파벌이나 분파를 만들고 싶은 유혹을 거의 느끼지 않는다. 그들은 자신의 저작이 인정받으면 기뻐하지만 외면당해도 크게 마음이 상하거나 분노하지 않는다.•

스미스는 수학자들이 큰 영향력을 가질 수 있지만 애써 영향력을 끼치는 사람이 되려 하지는 않는다고 말한다. 만일 1700년대 후반에 소셜 미디어가 존재했다면 스미스가 설명하는 이 수학자들은 그것을 멀리했을 것이다. '좋아요'와 리트윗은 조지 왕조 시대의 수학자들에게는 거의 공감을 일으키지 못했을 것이다.

스미스에 따르면 스펙트럼의 다른 쪽 끝에는 시인이 있다.

— 시인들은 일종의 문학 파벌들로 나뉘기 매우 쉽다. 각 파벌은 때로 공공연하게, 대개는 암암리에 다른 파벌의 명성을 위협하는 불구대천의 적이다. 그리고 자기 파벌의 구성원의 작품

● 애덤 스미스, 《도덕감정론》 제3부 제2장 '칭찬의 애호와 칭찬받을 만한 속성에 대한 애호 및 비난의 두려움과 비난받을 만한 속성에 대한 두려움'.

에는 우호적이고 경쟁자와 적의 작품에는 적대적이 되도록 여론을 선점하기 위해 음모와 간청이 동반된 온갖 비열한 술수를 이용한다.

시인은 요즘으로 치면 관심을 끌어모으고 여론을 흔들기 위해 애쓰면서 낚시성 기사를 올리는 사람들에 비유할 수 있다. 또 페이스북 그룹을 만들어 거기에 가입한 멤버들은 감싸고 반대 의견을 가진 다른 사람들은 트위터에서 공격하는 이들을 떠올려보라.

  염치없이 말해보자면 선천적 이유로든 후천적 이유로든 나 같은 경제학자들은 수학자와 시인의 중간쯤 위치한다. 다시 말해 진리에 대한 욕구와 인정에 대한 욕구 사이를 왔다 갔다 한다. 이렇게 중간에 갇힌 것이 비단 우울한 학문인 경제학뿐만은 아닐 것이다. 본문에서 청중을 끌어가려는 경쟁이 치열한 오늘날의 상황을 꽉 찬 방에 비유한 것을 떠올려보라. 방안을 채우는 구성원이 갈수록 늘어나서 맨 뒤에 있는 사람은 알아보기가 점점 더 어려워지고 있다. 과거에 무리에서 눈에 띌 필요성을 느끼지 못해 그저 자기 자리만 지키고 있던 직업군의 사람들은 존재감을 잃어버리고 있다. 다시 말해 스스로 피벗해 방 앞쪽으로 나아가지 않으면 당신의 직업은(그리고 그 유의미성은) 무서운 기세의 디지털 파도에 밀려 방 뒤쪽에서 시들게 될 것이다.

  이런 피벗의 필요성을 일깨우는 것이 이 책의 목적이다. 현재 지구상의 모든 이들이 코로나19로 각자의 삶에서 파괴적 혼란을 경험하고 있다. 우리는 여태껏 이렇게 단기간에 이처럼 큰 충격을 경험한 적이 없다. 우리 모두가 각자의 냅스터 순간을 응시하고 있다. 우리는 거기에 어떤 방식으로든 대처해야 한다. 이 책은 당신을 위한 일종의 자명종이다. 파괴적 변화라는 현실은 당신에게 여덟 시간의 수면을 허락하지 않을 수도 있다. 만일 당신이 잠깐 졸고 있었다면 어서 일어나 뒤처진 거리를 따라잡도록 이 8가지 원칙이 당신을 깨워줄 것이다. 잠시 멈춰서 당신이 붙들고 있는 낡은 줄기를 생각해보라. 그 줄기가 당신의 손가락 사이로 미끄러지고 있는가? 힘껏 뛰어 새로운 줄기를 붙잡아야 할 때가 되었는가?

나는 이 책에서 파괴적 혁신을 이룬 음악 산업의 여정에서 내가 목격하고 깨달은 모든 것을 들려줬다. 음악 산업이 첫 10년 동안 했던 실수를 피하고 두 번째 10년 동안 이룬 성공을 배우도록 당신을 돕고 싶었다. 파괴적 혁신으로 가려면 우리는 반드시 어둠을 응시해야 한다. 그리고 타잔 경제학이 일러주는 8가지 원칙은 어두운 터널 끝에 빛이 있다고 말해준다. 저 끝에 빛이 있다는 사실을 알고 있으면 당신도 더 큰 자신감을 갖고 피벗할 수 있다.

이 8가지 원칙을 활용할 때 무엇보다 중요한 것은 자신감이다. 현재에 안주하지 않고 변화에 적응할 수 있다는 자신감, 경계에 구속받던 환경을 잊고 경계가 사라진 세상으로 나아가겠다는 자신감, 소비자에 대한 하향식 커뮤니케이션을 버리고 소비자가 정보를 퍼트리는 새로운 주체가 된 상향식 세상에 적응할 수 있다는 자신감이 필요하다. 당신에게 필요한 청중을 직접 모을 수 있다는 자신감, 근시안적 이기주의를 버리고 공동선을 위한 더 나은 미래를 위해 협력할 수 있다는 자신감, 좋은 아이디어의 반대도 더 좋은 아이디어가 될 수 있다는 확신, 가장 중요한 것이 정작 측정되지 않는 경우가 많으므로 미발생 데이터를 측정할 필요가 있다는 자신감, 수량화 오류가 우리를 엉뚱한 방향으로 인도할 수 있다는 사실에 대한 확신, 데이터 자체보다는 그것을 발생시킨 사람들에 집중함으로써 기존 접근법을 보완해 더 나은 방향으로 나아갈 수 있다는 자신감이 필요하다.

우리 모두 각자의 분야에서 냅스터 순간이 발생할 가능성을 마주하고 있는 만큼 때를 놓치지 않고 서둘러 도전 과제들을 해결하려면 타잔 경제학을 끌어안아야 한다. 때를 놓치면 문제가 더 커져 해결하기 힘들어진다. 이 책을 읽고 어떤 선택을 할지는 당신의 결정에 달렸다. 그러나 한 가지는 확실하다. 이제 당신은 다른 누구보다도 더 빠르게 그리고 더 효과적으로 피벗할 수 있을 것이다. 당신 앞에 놓인 미래를 위해 해주고 싶은 내 마지막 조언은 이것이다.

당신에게 꼭 맞는 직무 기술서가 나타나기를 기다리지 말고 당신이 직접 만들어라.

그루초 마르크스주의 수학

5장 '이기심과 공동선'의 내용을 현실에 더 효과적으로 적용하는 데에는 약간의 수학적 계산이 도움된다. 일명 '마르크스주의 수학'이다. 본문에 언급한 그루초 마르크스주의는 공동체의 지속 가능성을 위협하는 불편한 진실을 상기시킨다. 가장 가치가 높은 참여자가 공동체를 떠나려는 인센티브가 가장 강하다는 사실이다. 그루초 마르크스주의는 공동체 모델에 내재한 불균형을 우리에게 일깨운다.

공동체 모델의 설득력을 높이기 위해서는, 거래 비용 감소와 포괄적 라이선스의 높은 가치가 공동체의 이로움에 무게를 실어주는 동시에 그루초 마르크스주의에 담긴 골치 아픈 인센티브의 문제를 해결할 수 있음을 보여주는 간단한 모델이 필요하다. 이 문제가 해결될 경우 공동체 참여자는 이제 적절히 보살펴지므로 공동체를 나갈 마음이 없어지고, 공동체 바깥에 있던 이에게는 공동체에 참여하려는 충분한 인센티브가 생긴다.

지금부터 공동체를 유지시키는 내적 원리를 보여주는 간단한 모델을 설명하겠다. 구매자(권리 사용자)는 모든 권리 보유자를 대변하는 공동체 관리 조직(collective management organization, CMO)과 계약을 맺고, 권리 보유자들은 이 계약에 관여하지 않으면서 수익을 공정하게 분배받는다. 공동체를 형성한 CMO는 사용료를 받고 '포괄적 이용' 서비스를 제공한다. 공동체 유지에 중요한 역할을 하는 것은 바로 이 사용료다.

부르제의 카페 콩세르 이야기에 빗대 표현하자면 이렇다. 식당에 간 손님은 메뉴의 모든 음식을 먹을 수 있는 포괄적 라이선스를 위해 웨이터와 계약을 맺는다. 그리고 웨이터는 주방의 모든 요리사(권리 보유자)가 공동체에 참여하게 만들어야 한다. 포괄적 라이선스라는 담요는 침대 전체를 덮어야 한다. 즉 메뉴의 모든 음식에 대한 접근권을 보장해야 한다. 99퍼센트 커버하는 것으로는 충분하지 않으며 '전부'가 아니면 의미가 없다. 만일 메뉴의 음식 중 하나가 빠진다면 포괄적 서비스 사용료를 지불할 가치가 없다.

이 모델에서 권리 사용자(구매자)는 CMO와 계약을 맺고 모종의 금액을 지불하는데 이 금액은 세 부분으로 구성된다. 첫째는 권리 보유자들에게 돌아가는 총 수익(L_B), 둘째는 포괄적 서비스에 대한 사용료(P_B), 셋째는 거래 비용(t)이다. 식으로 표현하면 다음과 같다.

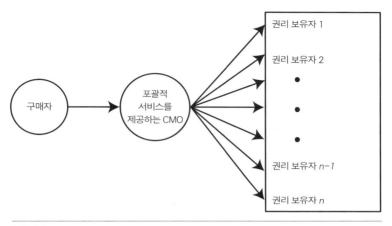

출처: 저자

$$L_B + P_B + t$$

구매자가 택할 수 있는 다른 대안은 각 권리 보유자들(권리 보유자의 수=n)과 개별적으로 직접 계약하는 것이다. 이 경우 각 권리 보유자에게 지불할 금액(Li)과 거래 비용이 발생하며, 이것은 단 하나의 대상과의 거래 비용(CMO와 거래할 경우 t)이 아니라 권리 보유자 여럿과의 거래 비용(nt)이다. $\sum_{i=1}^{n} Li$는 CMO를 통해 분배되는 금액의 합이 모든 권리 보유자가 개별 계약으로 지불받을 경우의 금액의 합과 같다고 가정함을 나타낸다. 다시 말해 CMO가 권리 보유자들에게 분배하는 금액은 그들이 구매자와 개별적으로 계약해 받을 수 있는 금액과 동일하다. 다만 CMO는 포괄적 서비스의 사용료를 지불받고 거래 비용은 부담하지 않는다. 권리 보유자들 개개인과 직접 계약할 경우 구매자에게 발생하는 총 비용을 식으로 나타내면 다음과 같다.

$$\sum_{i=1}^{n} L_i + nt$$

따라서 두 가지 선택지를 마주한 구매자는, 아래 조건이 충족될 경우 각 권리 보유자와 개별 계약하는 것보다 CMO를 이용하는 쪽을 선택한다.

$$L_B + P_B + t < \sum_{i=1}^{n} L_i + nt$$

여기서 좌변은 구매자가 CMO에 지불하는 금액, 우변은 모든 권리 보유자에게 지불하는 금액의 합이다. 위의 부등식에서 중복되는 부분을 삭제하고 간단히 줄이면 이렇게 된다.

$$P_B < (n{-}1)t$$

혹시 수식이 어렵게 느껴져도 너무 걱정하지는 말길 바란다. 다시 간단히 말하자면, 구매자는 수많은 권리 보유자와 개별적으로 계약하는 번거로움을 감수하는 것보다 포괄적 서비스에 대한 사용료를 지불하는 것이 낫다고 판단되면 기꺼이 그렇게 할 것이라는 얘기다. 아마존 프라임의 구독 서비스도 이와 유사한 모델을 기반으로 한다.

이제 식당 홀을 떠나 주방으로 들어가되 권리가 구매된 양에 비례해 참여자들에게 수익이 분배된다는 가정을 삭제해보자. 이제 CMO는 약간의 재량을 발휘해 권리 보유자에게 그가 구매자와의 개별 계약으로 받는 것보다 더 많거나 적은 금액을 줄 수 있다. 이 경우 우리는 그루초 마르크스주의를 해결할 방법을 찾을 수 있다.

계산을 단순화하기 위해 일단 거래 비용은 무시하자. 권리 보유자는 L_B(CMO를 통해 받는 금액)에서 L_i(개별 계약으로 받는 금액)를 뺀 값이 0보다 크면 CMO와의 거래에 참여할 동기를 느낀다. 수식으로 표현하면 이렇다.

$\frac{L_B}{n} - L_i \geq 0$이면, 권리 보유자는 CMO와의 거래에 참여한다.

L_B에서 L_i를 뺀 값이 0보다 작으면, 그루초 마르크스주의가 작동한다. 이 경우 권리 보유자는 구매자와 직접 계약하면 더 많은 금액을 받을 수 있으므로 CMO와의 거래를 원치 않는다. 수식으로 표현하면 이렇다.

$\frac{L_B}{n} - L_i < 0$이면, 권리 보유자는 CMO와의 거래에 참여하지 않는다.

주방에 있는 그루초들의 수에 따라서, 또는 그들이 가진 가치의 크기에 따라서 CMO가 포괄적 서비스 사용료 P_B를 일종의 활동 자금으로 이용할 필요성이 생길 수 있다. 예를 들어 포괄적 라이선스 공동체를 나가려고 하거나 공동체에 참여할 동기를 느끼지 못하는 그루초에게 P_B의 일부를 지불하는 것이다. 본질적으로 P_B는 공동체 와해를 막는 접착제 같은 역할을 한다.

이 모델은 공동체가 실현하는 공동선이 작동하는 원리를 보여준다. 거래 비용이 줄어든 포괄적 모델의 가치가 이기심 때문에 독자적으로 움직이는 가장 가치 높은 참여자보다 높아야 한다. 기본적으로 공동체는 모든 참여자를 공평하게 대해야 하지만, CMO는 포괄적 서비스 사용료를 이용해 재량과 융통성을 발휘함으로써 가장 가치 있는 참여자들을 공동체에 머물게 할 수 있다. 그런 모종의 혜택이 없다면 혼자 움직여도 아쉬울 것 없는 사람이 자신의 가입을 허용하는 클럽에 뭐 하러 들어가겠는가?

💲 마르크스주의 수학을 이용한 스카이스캐너

마르크스주의 수학은 우리가 최선의 항공편을 검색할 때 이용하는 많은 여행 관련 플랫폼에서도 힘을 발휘한다. 영국 에든버러의 스카이스캐너(Skyscanner)가 대표적 예다. 이 사이트는 '모든 하늘 길을 안내한다'는 독특한 슬로건을 내세운다.

스카이스캐너의 성공에서 핵심 역할을 한 것은 네트워크 효과다. 이 플랫폼을 이용하는 소비자가 많아질수록 이곳에 항공편 정보를 공유하려는 항공사도 많아지고 이 플랫폼은 (가격 수용자가 아닌) 가격 설정자가 될 확률이 높아진다. 2016년 11월 중국 최대의 온라인 여행사 트립닷컴그룹(Trip.com Group)이 스카이스캐너를 17

억 5,000만 달러에 인수했다.

그러나 스카이스캐너 초창기에는 위에 설명한 마르크스주의 수학을 계산해보고는 이 플랫폼과 계약을 맺지 않으려고 버티는 항공사가 하나 있었다. 기내식 등 부대 서비스를 제공하지 않는 아일랜드의 저가 항공사 라이언에어(Ryanair)였다. 라이언에어의 항공편 정보가 빠진다면 스카이스캐너는 모든 하늘 길을 안내한다고 말할 수 없었다. 침대 전체를 덮지 못하는 포괄적 라이선스는 사용료를 부과할 수 없는 것처럼 말이다.

라이언에어는 자신은 가치가 높은 항공사지만 스카이스캐너는 별로 가치가 없다면서 강경한 태도로 일관했다. 스카이스캐너는 자신의 가치가 세계 모든 항공편 정보를 제공하는 것에 달려 있다고 생각했으며 라이언에어도 그런 플랫폼 구조를 알고 있었다. 결국 라이언에어는 '후발 주자의 이점'을 십분 활용해 항공편 정보 공유 계약을 맺는 대가로 스카이스캐너로부터 모종의 금액을 지불받았다. 자신을 필요로 하는 클럽에 합류하기로 한 것이다.

항공편 정보의 포괄적 서비스는 스카이스캐너와 라이언에어뿐만 아니라 네트워크 효과 덕분에 수많은 다른 저가 항공사들에게도 윈-윈 결과를 가져다줬다. 이들 저가 항공사는 스카이스캐너 사이트의 검색 결과에서 종종 상위에 등장했다. 스카이스캐너 공동창립자이자 당시 CEO였던 개러스 윌리엄스(Gareth Williams)는 자사의 포괄적 서비스가 여행 업계에 미친 영향에 대해 이렇게 말했다.

"네트워크 효과는 사용 빈도가 아니라 플랫폼 참여자들의 포괄성을 통해 발휘됐다. 소비자들이 존재하는지도 몰랐던 항공사들을(심지어 자국 항공사도) 발견했기 때문이다. 심지어 대형 항공사들도 자신의 허브 이외의 다른 공항들에 대한 인지도가 높아지면서 이로움을 얻었다. 그동안 우리 여행 업계는 경쟁에 치중하느라 이와 같은 포괄적 서비스가 지닌 가치를 과소평가했다."

스카이스캐너의 성공은 공동체 모델이 공동선에 기여할 수 있음을 잘 보여주는 사례다. 거래 비용이 줄어든 포괄적 모델의 가치가 이기심 때문에 독자적으로 움직이는 가장 가치 높은 참여자보다 커야 한다. 오늘날 스카이스캐너 사이트에 들어가 런던에서 프랑크푸르트까지 가는 항공편을 검색하면 라이언에어가 독일 항공사 루프트한자(Lufthansa)의 절반 가격이라는 결과를 보여준다. 두 항공사 사이트에 들어가 비교해야 하는 번거로움도 없다. 물론 공동체는 기본적으로 모든 참여자를 똑같이 대해야 하지만, 포괄적 라이선스가 만들어내는 가치는 가장 가치 높은 참여자를 머물게 만들기 위한 재량을 발휘하게 해준다. 이것이 바로 어느 통찰력 있는 여성이 말한 '자본주의를 가미한 공산주의'다.

○

감
사
의
글

○

하나. 내가 이 책을 한창 집필 중이던 2019년 12월 31일 세상을 떠나신 나의 스승 앤드루 휴스-핼릿의 가르침과 조언에 감사를 전하고 싶다. 2002년 독일 통일 10년 후의 후유증을 주제로 논문을 쓰고 에든버러대학교를 졸업했을 때 교수님은 남한과 북한이 통일되지 않는 한 내가 밥벌이하기는 힘들 거라고 부드럽게 말씀하셨다.

둘. 내 여정의 출발점에 존재하는 두 명에게 감사하고 싶다. 한 명은 앞으로 절대 알지 못할 사람이고, 다른 한 명은 앞으로 더 깊이 알아가야 할 사람이다. 나는 2006년 3월 16일 저녁 에든버러의 35번 버스에 〈파이낸셜타임스〉를 두고 내린 그분께 신문 값 이상을 빚지고 있다. 스포티파이 평생 구독권이라도 주고 싶은 심정이다! 그리고 PRS 전 CEO 애덤 싱어 덕분에 나의 이 모든 여정이 시작됐다. 싱어는 〈파이낸셜타임스〉에 실린 자신의 기고문에 대한 나의 비판에 귀 기울이고 응답해줬다. 그는 음악 산업에 경제학이 들어갈 수 있는 문을 열어줬고 내게 그의 조직의 '로코노미스트'가 될 기회를 주는 모험을 했다. 그가 이 책을 보고 자신의 모험이 충분히 가치 있었다고 확신했으면 좋겠다. 만일 그날 35번 버스를 타지 않았다면 이 모든 일이 일어나지 않았을 거라고 생각하면 지금도 소름이 돋는다.

셋. 내 첫 책의 집필을 시작해 이런저런 어려움을 거쳐 완성에 이르기까지 큰 도움을 준 다음의 출판 관계자 분들께 감사드린다. 필 마리노, 버네사 모블리, 엘리자베스 개스먼, 엘리자베스 가리가(리틀브라운), 이언 마셜, 프랜시스 제섭, 루이즈 데이비스, 수 스티븐스, 제너비브 배럿(사이먼앤슈스터), 일러스트레이터 마틴 루비코프스키, 어밀리아 아틀라스, 빌리 홀록(ICM 파트너스). 이 환상의 팀과 작업하기 전에는 세라 카로, 다이앤 코일(프린스턴대학교 출판부), 랠프사이먼(모빌리움), 데이비드 새파이어(뮤직 이코노믹스)가 이 책의 주제를 구체화하는 데 중요한 역할을 해줬다. 내게 음악 업계에 발을 들일 중요한 첫 번째 기회를 준 폴 브래드쇼와 질 피터슨, 〈스트레이트 노 체이서〉 관계자 분들께도 감사를 전한다. 에이전트의 역할을 설명해주고 최고의 에이전트 고든 와이즈(커티스브라운)를 소개해준 닉 글린과 헤나 실베노이넨(오더블)에게도 감사드린다.

넷. 짐 그리핀은 2007년 노르웨이 남부의 한 술집에서 내게 '타잔경제학'이라는 표현을 알려줬다. 그곳의 터무니없이 비싼 술값 덕분에 정신이 말짱해서 다음 날 아침에도 그 표현을 기억해낼 수 있었다. 그 이후 줄곧 짐은 내게 영감의 원천이었으며 글의 뼈대를 세우고 주장을 제시할 때 나만의 칼날을 세울 수 있도록 도움을 주었다.

다섯. 이 프로젝트를 시작할 수 있었던 데는 다음 분들의 기여가 크다. Q&A 창립자 트로이 카터는 내가 책을 쓰겠다고 결심하기 전부터 이미 내가 책을 쓸 사람임을 알았다고 말해줬다. 리처드 데이비스(《2030 극한 경제 시나리오》 저자)도 집필 과정에 큰 도움을 주었다. 루시 왓슨과 하가 그레이저, 덴질 페이겔슨(플래툰)은 처음부터 줄곧 내 작업을 응원해줬다. 케이트 오리어던(《파이낸셜타임스》)은 7년 동안 한결같이 이것이 실행 가능한 도전이라고 말해줬다. 로렌 자비스(스포티파이)가 지닌 직업관은 실제로 목표를 이루려면 무엇이 필요한지 일깨워줬다. 질 스마요는 내 출간 제안서를 5분 만에 훑어보고는 책을 낼 적기라고 말해줬다. 그녀가 속한 로스앤젤레스 라디오 방송국 KCRW의 프로그램은 내가 런던에서 밤중에 하는 원고 작업에 적지 않은 도움이 됐다.

여섯. 원고 집필 초기에 베일리 기퍼드의 최고투자책임자 제임스 앤더슨은 우울하게 득점 없는 무승부로 끝난 하트 오브 미들로디언과 로스 카운티의 축구 경기를 보고 나서 나를 한쪽으로 끌고 가더니, "책을 쓴다는 건 끔찍한 일이라고들 하던데요. 혼자서 테니스를 치는 것과 비슷하다고요"라고 말했다. 운 좋게도 나는 부탁할 때마다 기꺼이 내 서브를 되받아쳐준 많은 테니스 선수를 만날 수 있었다. 그들은 다음과 같다. 레베카 아이딘, 샘 블레이크, 알렉스 배런, 스튜어트 매키, 톰 프레데릭스, 소힛 캐럴, 맷 로크, 데이비드 엘란드슨, 애슐리 더턴, 나이절 히크멧, 리처드 크레이머, 대니얼 레빈, 샘 로렌츠, 크리스 타이넌.

일곱. 세상에 '로코노미스트'는 그리 많지 않겠지만 이 우울한 학문을 새로운 영역으로 끌고 가 의미 깊은 성과를 이뤄낸 중요한 경제학자들을 여기에 호명하지 않을 수 없다. 수전 애시, 팻 바자리, 다이앤 코일, 브렛 다나허, 앤디 홀데인, 팀 하포드, 카린 킴브로우, 앨런 크루거, 스티븐 레빗, 프레스턴 맥아피, 조지 매그너스, 제임스 포메로이, 스테판 지만스키, 스티브 타델리스, 할 바리안, 조엘 월드포겔, 존 케이가 그들이다. 이들은 늘 내게 비즈니스를 좋아하는 것이 반드시 시장을 좋아하는 것과 같지는 않다는 사실을 상기시켰다.

여덟. 다음 분들에게서 직접적 또는 간접적으로 영향이나 도움을 받았음을 밝혀둔다. 버네사 베이크웰, 데이비드 바쿨라, 피터 바잘게트 경, 에밀리 프렌치 블레이크, 존 블라우파브, 톰 브로턴, 에드 부게, 밀레나 보그다노바 부르슈틴, 앤드루 버드, 스티븐 캐넌(AMB 그룹), 크리스텔 샤무통(블룸즈버리 출판사), 에드 크라이스트먼, 살만 초드리, 잭 콕스, 제임스 크리들랜드(팟뉴스), 러스 크럽닉(뮤직워치), 대니얼 데이(오프컴), 크리스 디어링, 스튜어트 드레지(뮤직앨라이), 브라이스 에지(ATC 매니지먼트), 나이절 엘더튼(피어뮤직), 존 이닉, 베네틱트 에번스, 조 플라이셔, 에이드리언 펀햄, 크리스 가드너, 에릭 갈런드, 스콧 갤러웨이, 스티븐 개릿, 빈스 길리건(〈브레이킹 배드〉 각본 및 연출), 세스 거슨(서비오스), 앨리 글레룸(MRC 미디어), 프레드 골드링, 빌 고전스(피어뮤직), 시미 그로버, 마리나 하이든(〈이코노미스트〉), 그레그 허먼(스포티파이), 켄 허츠, 알렉스 홈스(AWS), 코트니 홀트, 크리스 허포드(코트야드 매니지먼트), 크리스핀 헌트, 세븐 일리어스, 팀 잉엄(MBW), 데이비드 제번스(옥세라), 미치 캐너, 해나 카프(〈빌보드〉), 팀 켄트, 샤키 라구아나, 아나이스 랑프뢰르, 맷 르메이, 제프 메이필드, 리처드 마호니(옴디아), 마리아노 마메르티노(링크드인), 리엄 맥스웰(AWS), 제니퍼 매캐런(넷플릭스), 숀 맥과이어(올리버앤올바움), 브라이언 메시지(ATC 매니지먼트), 로스 마이클스, 사이먼 데이비드 밀러, 래리 밀러(뉴욕대학교), 마크 멀리건(미디어), 아빈드 나라야난, 케니 닝, 매슈 오글, 마크 올리버(올리버앤올바움), 오사키 요시오(IDG 컨설팅), 마이클 파이, 랠프 피어 2세(피어뮤직), 조마르 페레스, 숀 리처즈, 폴 샌더스, 데바 산티아고, 마이클 스몰(정글 브라더스의 마이크 지), 크리스 스미스(바버숍뮤직), 루스 시먼스(사운드라운지), 로리 서덜랜드(오길비), 벤 톰프슨(스트라테커리), 크리스 타이넌, 돕스바이, 트리시아 왕, 릭 웹, 앨리슨 웬햄, 개러스 윌리엄스(스카이스캐너 창립자 겸 전 CEO).

아홉. 정식 입사 전의 인연까지 포함해 내가 스포티파이와 함께한 세월은 10년이 넘는다. 이곳에서 감사할 이들의 목록은 알고리즘으로 생성한 그 어떤 플레이리스트보다도 길다. 이름이 빠진 분들께는 미리 사과드린다. 다음 분들께 감사드린다. 대니얼 에크, 켄 파크스, 니클라스 이바르손, 페트라 핸슨, 앤절라 와츠, 사친 도시, 니클라스 룬드버그, 마크 하잔, 요한 베르크비스트, 알렉스 노스트룀, 제임스 더핏-스미스, 서맨사 맨들-달랄, 앨리슨 보니, 마크 윌리엄슨, 브라이언 존슨, 니컬러스 라이틀, 벡 클로스, 호라시오 구티에레스, 에머리 사이먼, 톰 매나토스, 크리스 베빙턴. 베빙턴은 2017년 4월 발생한 스톡홀름 트럭 테러 당시 목숨을 잃었다. 지금도 스톡홀름에 갈 때마다 그를 다시는 볼 수 없다는 생각에 가슴이 미어진다. 영국음악저작권협회의 수석 경제학자로 일한 6년 동안 여러 전문가의 도움 덕에 단기간에 많은 것을 배울 수 있었다. 다음 분들께 감사드린다. 로버트 애슈크로프트, 제스 벨, 윌리엄 부스, 크리스 케리, 팀 챔버스, 폴 커런, 제인 다이볼, 게리 에글턴, 크리스핀 에번스, 제러미 파비니, 앤디 히스, 바니 후퍼, 마틴 밀스, 델리스 리치, 데비 스톤스, 데이비드 투브.

열. 음반사와 퍼블리싱 회사, 음악 업계 단체들에서도 소중한 스승들을 만났다. 업계 현황과 향후 트렌드를 포착할 수 있게 도와준 조지프 카시올라(워너뮤직그룹), 찰스 칼더스(멀린), 스티브 쿠퍼(WMG), 마크 데니스(소니뮤직엔터테인먼트), 조슈아 프리들랜더(RIAA), 미치 글레이저(RIAA), 애덤 그래닛(유니버설뮤직그룹), 크리스 그린(BPI), 존 케네디, 데니스 쿠커(SME), 데이비드 라이보비츠, 가브리엘라 로페스(UMG), 마틴 밀스(베가스그룹), 프랜시스 무어(IFPI), 가디 오론(CISAC), 미첼 시먼스티(UMG)에게 감사드린다. 이 책이 세상의 빛을 보려면 먼저 어둠을 응시해야 한다고 말해준 유나이티드마스터스의 스티브 스타우트에게도 고마움을 전한다.

그리고 마지막으로 맑은 날이나 궂은 날이나 늘 힘이 돼준 가족과 친지들을 빼놓을 수 없다. 데이비드, 이저벨, 토머스, 애니, 마거릿, 캐럴과 드릭 버논, 조니, 폴린, 제이미, 케이티, 피터, 에벌린 후드, 데이비드와 엘리자베스 에드워드, 콜린과 레나타 워, 랠프 풀, 안토니오, 레티시아, 와킨, 마리 크루스, 아델라에게 감사를 전한다. 특히 아내 후아나, 두 딸 가브리엘라와 이저벨에게 고마움을 전한다. 내가 음악 업계에서 일하고 싶은 꿈을 갖게 된 것은 다음 두 사람이 남긴 훌륭한 유산을 이어가고 싶었기 때문이다. 음악 업계가 '비정상이 정상'인 곳이 돼버렸음을 일깨워준 도린 로더(1952~2012)와 "레코드 가게에서 손님을 응대해본 적이 없는 사람은 음반 회사에서 일할 자격이 없다"고 항상 강조한 나이절 그레인지(1946~2018)다.

참고문헌

Albinsson, Staffan, 'A Costly Glass of Water: The Bourget v. Morel Case in Parisian Courts 1847-1849' (Swedish Journal of Music Research, 2014)

Anderson, Chris, *The Long Tail: Why the Future of Business is Selling Less of More* (Random House, 2006)

Bazalgette, Peter, *The Empathy Instinct: How to Create a More Civil Society* (John Murray Press, 2017)

Burrough, Bryan and John Helyar, *Barbarians At The Gate: The Fall of RJR Nabsico* (Vintage, 1990)

Conrad, Joseph, *Typhoon*, revised edition (OUP Oxford, 2008)

Coyle, Diane, *GDP: A Brief but Affectionate History* (Princeton University Press, 2015)

Csikszentmihalyi, Mihaly, *Flow: The Psychology of Optimal Experience* (Harper Perennial Modern Classics, 2008)

Davenport, Thomas H. and John C. Beck, *The Attention Economy: Understanding the New Currency of Business* (Harvard Business Review Press, 2001)

Davies, Richard, *Extreme Economies: Survival, Failure, Future—Lessons from the World's Limits* (Bantam Press, 2019)

Elberse, Anita, *Blockbusters: Hit-making, Risk-taking, and the Big Business of Entertainment* (Henry Holt, 2013)

Evans, David S. and Richard Schmalensee, *Matchmakers: The New Economics of Multisided Platforms* (Harvard Business Review, 2016)

Eyal, Nir, *Indistractable: How to Control Your Attention and Choose Your Life* (Bloomsbury Publishing, 2019)

Fishburne, Tim, *Marketoonist: Your Ad Ignored Here: Cartoons from 15 Years of Marketing, Business, and Doodling in Meetings* (Marketoonist, LLC, 2017)

Furnham, Adrian, *50 Psychology Ideas You Really Need to Know* (Quercus, 2014)

Garber, Meghan, 'A Brief History of Applause, the "Big Data" of the Ancient World' (*The Atlantic*, 13 March, 2013)

Harrison, Ann, *Music: The Business*, seventh edition (Virgin Digital, 2017)

Heller, Michael, *Gridlock Economy: How Too Much Ownership Wrecks Markets, Stops Innovation, and Costs Lives* (Basic Books, 2008)

Grant, Adam, *Give and Take: Why Helping Others Drives Our Success* (Weidenfeld & Nicolson, 2014)

Harford, Tim, *The Undercover Economist* (Little Brown, 2006)

Kay, John, *Obliquity: Why Our Goals Are Best Achieved Indirectly* (Profile Books, 2011)

Kay, John and Mervyn King, *Radical Uncertainty: Decision-making for an Unknowable Future* (The Bridge Street Press, 2020)

Krueger, Alan *Rockonomics: What the Music Industry Can Teach Us About Economics* (John Murray, 2019)

Kuznets, Simon, *National Income, 1929-1932. A report to the US Senate, 73rd Congress, 2nd Session.* (United States Government Printing Office, 1934)

Levitt, Stephen and Stephen J. Dubner, *Freakonomics: A Rogue Economist Explores the Hidden Side of Everything* (Penguin, 2007)

Lewis, Michael, *The Big Short: Inside the Doomsday Machine* (W. W. Norton & Company, 2010)

Marcus, Gary and Ernest Davis, *Rebooting AI: Building Artificial Intelligence We Can Trust* (Ballantine Books Inc., 2019)

Mayer-Schonberger, Viktor and Thomas Ramge, *Reinventing Capitalism in the Age of Big Data* (John Murray Press, 2018)

McAfee, R. Preston, *Competitive Solutions: The Strategist's Toolkit* (Princeton University Press, 2009)

McAfee, Andrew, *More from Less* (Simon & Schuster, 2019)

McLuhan, Marshall, *Understanding Media* (Routledge Classics, 2001)

Meyer, Erin, *Culture Map*, International Edition (Public Affairs, 2016)

Minsky, Hyman, *Stabilizing an Unstable Economy* (McGraw-Hill, 2008)

Moulin, Herve, *Fair Division and Collective Welfare* (MIT Press, 2003)

Niven, John, *Kill Your Friends* (Windmill Books, 2014)

Passman, Don, *All You Need to Know About the Music Business*, 10th Edition (Viking, 2020)

Penenberg, Adam, *Viral Loop: The Power of Pass-It-On* (Sceptre, 2010)

Pilling, David, *The Growth Delusion: The Wealth and Well-Being of Nations* (Bloomsbury Publishing, 2018)

Popper, Karl, *Conjectures and Refutations: The Growth of Scientific Knowledge* (Routledge Classics, 2002)

Randolph, Marc, *That Will Never Work* (Little, Brown, 2019)

Rosling, Hans, Ola Rosling and Anna Rosling Rönnlund, Factfulness: *Ten Reasons We're Wrong About the World—and Why Things Are Better Than You Think* (Sceptre, 2018)

Seabrook, John, *No Brow* (Methuen Publishing, 2000)

Seabrook, John, *The Song Machine: How to Make a Hit* (Jonathan Cape, 2015)

Slywotzky, Adrian, *Value Migration: How to Think Several Moves Ahead of the Competition* (Management of Innovation and Change) (Harvard Business School Press, 1995)

Smith, Adam (1776), *An Inquiry into the Nature and Causes of the Wealth of Nations* (University of Chicago Press, 1977).

Smith, Adam (1759), Knud Haakonssen (ed.), *The Theory of Moral Sentiments* (Cambridge University Press, 2002)

Susskind, Richard, *Tomorrow's Lawyers: An Introduction to Your Future* (Oxford University Press, 2017)

Sutherland, Rory, *Alchemy: The Surprising Power of Ideas That Don't Make Sense* (WH Allen, 2019)

Szymanski, Stefan, *Playbooks and Checkbooks: An Introduction to the Economics of Modern Sports* (Princeton University Press, 2009)

Taleb, Nassim Nicholas, *Incerto box set: Antifragile, The Black Swan, Fooled by Randomness, The Bed of Procrustes, Skin in the Game* (Penguin, 2019)

Thaler, Richard, H., *Misbehaving: The Making of Behavioural Economics* (Penguin, 2015)

Thaler, Richard H. and Cass R. Sunstein, *Nudge: Improving Decisions About Health, Wealth and Happiness* (Penguin, 2009)

Varian, Hal and Carl Shapiro, *Information Rules: A Strategic Guide to the Network Economy* (Harvard Business Review Press, 1998)

Varian, Hal, *Intermediate Microeconomics with Calculus: A Modern Approach: Media Update* (W. W. Norton & Company, 2019)

Waldfogel, Joseph, *Digital Renaissance: What Data and Economics Tell Us About the Future of Popular Culture* (Princeton University Press, 2018)

Wu, Tim, *The Attention Merchants: How Our Time and Attention Are Gathered and Sold*, main edition (Atlantic Books, 2017)

Zinsser, William, *On Writing Well*, 30th Anniversary Edition (Harper Perennial, 2016)

다큐멘터리 및 영화

All the President's Men (1976), Wildwood Enterprises

All Things Must Pass: The Rise and Fall of Tower Records (2015), FilmRise

Barbarians at the Gate (1993), HBO Films (as HBO Pictures), Columbia Pictures Television, Rastar Pictures

Being There (1979), BSB; CIP; Lorimar Film Entertainment; NatWest Ventures; New Gold Entertainment (co-production); Northstar Media

Fog of War (2003), Sony Pictures Classics

Kill Your Friends (2015), Unigram; Altitude Film Entertainment

The Big Short (2015), Paramount Pictures; Regency Enterprises; Plan B Entertainment

Vinyl (TV series, 2016), Sikelia Productions; Jagged Films; Cold Front Productions; Paramount Television; Home Box Office (HBO)

변화와 생존을 위한 8가지 경제 원칙

타잔 경제학 Tarzan Economics

제1판 1쇄 인쇄 | 2022년 5월 2일
제1판 1쇄 발행 | 2022년 5월 10일

지은이 | 윌 페이지
옮긴이 | 이수경
펴낸이 | 오형규
펴낸곳 | 한국경제신문 한경BP
책임편집 | 이혜영
교정교열 | 이근일
저작권 | 백상아
홍보 | 이여진 · 박도현 · 하승예
마케팅 | 김규형 · 정우연
디자인 | 지소영
본문디자인 | 디자인 현

주소 | 서울특별시 중구 청파로 463
기획출판팀 | 02-3604-590, 584
영업마케팅팀 | 02-3604-595, 583   FAX | 02-3604-599
H | http://bp.hankyung.com   E | bp@hankyung.com
F | www.facebook.com/hankyungbp
등록 | 제 2-315(1967. 5. 15)

ISBN 978-89-475-4820-5   03320